Redes que dan libertad

PAIDÓS ESTADO Y SOCIEDAD

Últimos títulos publicados:

21. K. R. Popper, *En busca de un mundo mejor*
22. D. Osborne y T. Gaebler, *La reinvención del gobierno*
23. J. Riechmann y F. Fernández Buey, *Redes que dan libertad*
24. F. Calderón y M. R. Dos Santos, *Sociedades con atajos*
25. J. M. Guéhenno, *El fin de la democracia*
26. S. G. Payne, *La primera democracia española*
27. E. Resta, *La certeza y la esperanza*
28. M. Howard Ross, *La cultura del conflicto*
29. S. P. Huntington, *El choque de civilizaciones*
30. G. Kepel, *Al oeste de Alá*
31. K. R. Popper, *La responsabilidad de vivir*
32. R. Bergalli y E. Resta (comps.), *Soberanía: un principio que se derrumba*
33. E. Gellner, *Condiciones de la libertad*
34. G. Bosetti (comp.), *Izquierda punto cero*
35. C. Lasch, *La rebelión de las élites*
36. J.-P. Fitoussi, *El debate prohibido*
37. R. L. Heilbroner, *Visiones del futuro*
38. L. V. Gerstner, Jr. y otros, *Reinventando la educación*
39. B. Barry, *La justicia como imparcialidad*
40. N. Bobbio, *La duda y la elección*
41. W. Kymlicka, *Ciudadanía multicultural*
42. J. Rifkin, *El fin del trabajo*
43. C. Castells (comp.), *Perspectivas feministas en teoría política*
44. M. H. Moore, *Gestión estratégica y creación de valor en el sector público*
45. P. Van Parijs, *Libertad real para todos*
46. P. Kelly, *Por un futuro alternativo*
47. P.-O. Costa, J. M. Pérez Tornero y F. Tropea, *Tribus urbanas*
48. M. Randle, *Resistencia civil*
49. A. Dobson, *Pensamiento político verde*
50. A. Margalit, *La sociedad decente*
51. D. Held, *La democracia y el orden global*
52. A. Giddens, *Política, sociología y teoría social*
53. D. Miller, *Sobre la nacionalidad*
54. S. Amin, *El capitalismo en la era de la globalización*
55. R. A. Heifetz, *Liderazgo sin respuestas fáciles*
56. D. Osborne y P. Plastrik, *La reducción de la burocracia*
57. R. Castel, *La metamorfosis de la cuestión social*
58. U. Beck, *¿Qué es la globalización?*
59. R. Heilbroner y W. Milberg, *La crisis de visión en el pensamiento económico moderno*
60. P. Kottler y otros, *El marketing de las naciones*
61. R. Jáuregui y otros, *El tiempo que vivimos y el reparto del trabajo*
62. A. Gorz, *Miserias del presente, riqueza de lo posible*
63. Z. Brzezinski, *El gran tablero mundial*
64. M. Walzer, *Tratado sobre la tolerancia*
65. F. Reinares, *Terrorismo y antiterrorismo*
66. A. Etzioni, *La nueva regla de oro*
67. M. C. Nussbaum, *Los límites del patriotismo*
68. P. Pettit, *Republicanismo*
69. C. Mouffe, *El retorno de lo político*
70. D. Zolo, *Cosmópolis*
71. A. Touraine, *¿Cómo salir del liberalismo?*
72. S. Strange, *Dinero loco*
73. R. Gargarella, *Las teorías de la justicia después de Rawls*

Jorge Riechmann
Francisco Fernández Buey

Redes que dan libertad

Introducción a los nuevos movimientos sociales

PAIDÓS
Barcelona • Buenos Aires • México

Cubierta de Víctor Viano

ISBN: 84-493-0051-7
Depósito legal: B-23.817/1999

Impreso en A&M Gràfic, S.L.,
08130 Santa Perpètua de la Mogoda (Barcelona)

Impreso en España - Printed in Spain

SUMARIO

PRÓLOGO A LA SEGUNDA EDICIÓN

Para un balance sobre la evolución y estado actual de los nuevos movimientos sociales

1

La mayor parte de los analistas comparte la idea de que el origen de los nuevos movimientos sociales debe buscarse en el ciclo de luchas y protestas de la década de los sesenta que culmina en 1968 y se prolonga, según los países, hasta mediados los años setenta. La expresión «nuevos movimientos sociales» comprendía entonces básicamente tres: feminismo, ecologismo y pacifismo.

Los tres (feminismo, ecologismo y pacifismo) han nacido en el marco y al rebufo de un movimiento social más amplio, el movimiento estudiantil o universitario que, entre 1965 y 1970, se extendió desde California a Frankfurt, desde París a Praga y desde Barcelona y Madrid a Italia y México.

Los tres (feminismo, ecologismo y pacifismo) tienen su origen en las capas medias de las sociedades llamadas de capitalismo tardío o avanzado, en una fase de crecimiento económico relativamente acelerado, de acentuada generalización de la enseñanza universitaria (lo que se llamó «masificación») y de incorporación relativamente rápida de la mujer al trabajo externo (no exclusivamente doméstico).

Los tres (feminismo, ecologismo y pacifismo) han crecido, sobre todo en Europa, discutiendo, polemizando y/o dialogando con el movimiento social crítico (e inicialmente alternativo) de la sociedad capitalista más implantado en la época, es decir, con el movimiento obrero y sindical.

Los tres (feminismo, ecologismo y pacifismo) han nacido y se han desarrollado criticando a la vez «la democracia realmente existente» (en EE.UU. y Europa occidental) y el «socialismo realmente existente» (sobre todo en la URSS y en los países del Pacto de Varsovia).

En su origen fueron básicamente movimientos antiautoritarios, antiburocráticos, antimilitararistas, antiimperialistas, antiproductivistas, antipatriarcales; y, por extensión, fueron también a la vez anticapitalistas (entendiendo por tal su oposición crítica al complejo industrial/patriarcal/militar del industrialismo productivista de la época) y antisocialistas (entendiendo por tal, básicamente, el modelo soviético de socialismo existente en la URSS, no todo socialismo).

Los tres (feminismo, ecologismo y pacifismo) han nacido en EE.UU. trasladándose rápidamente, a través de la cultura anglosajona, a todo el mundo. Luego se han ido diferenciando por regiones y/o países casi siempre en función de estos dos factores: a) las peculiaridades culturales y nacionales; b) la implantación relativa, en cada país, del movimiento obrero y sindical con el que polemizaban o dialogaban.

En efecto, allí donde el movimiento obrero y sindical era muy débil o estaba particularmente integrado en el sistema social (casos de EEUU, Alemania, Países Bajos y parte del norte de Europa) estos otros movimientos sociales alcanzaron bastante rápidamente un alto grado de autonomía, tanto teórica como práctica. En aquellos lugares en que, en cambio, el movimiento obrero y sindical (y los partidos políticos a ellos vinculados) habían conservado cierto espíritu de resistencia al sistema (por ejemplo, en la Europa del sur, en Latinoamérica y en otros lugares) feminismo, ecologismo y pacifismo tuvieron que moverse en los márgenes de la socialdemocracia organizada, fluctuando, por tanto, entre la afirmación de la autonomía y la tendencia a transformar desde dentro estas otras organizaciones y partidos. Tal fue el caso, hasta la década de los ochenta, de Francia (con importante implantación social de los partidos socialista y comunista en la década de los setenta), Italia (con un partido comunista a punto de llegar al gobierno a mediados de los setenta) y de España, Portugal y Grecia (en fase de transición a formas democráticas y con una muy fuerte implantación de los partidos y movimientos comunistas hasta la década de los ochenta).

2

Dicho eso, habría que añadir dos precisiones necesarias.

Una: hablando con propiedad, los tres movimientos sociales mencionados (feminismo, ecologismo y pacifismo) son sólo relativamente «nuevos». Se suele decir que son «nuevos» por comparación con el «viejo» movimiento obrero y sindical. Pero, de hecho, el feminismo como movimiento social (sufragista, por ejemplo) es tan antiguo como el movimiento obrero y sindical; el pacifismo como actitud es más antiguo que el movimiento obrero y sindical, y como movimiento propiamente dicho se remonta, en Europa, por lo menos a la antesala de la primera guerra mundial (o, en algunos aspectos, a la guerra franco-prusiana de 1870). De modo que «la novedad» de estos dos movimientos en los años sesenta-ochenta tiene que referirse sobre todo a su dimensión y a su orientación.

Sí era «nuevo», en todos los sentidos, el movimiento ecologista o medioambientalista, pues aunque antes de los años sesenta había habido personalidades individuales (muy pocas en nuestro ámbito geográfico) de las que puede decirse que eran «ecologistas» nunca hasta entonces había habido un movimiento social que tuviera como objetivo explícito rectificar abiertamente el productivismo industrialista de nuestras sociedades.

Y dos: además de estos tres movimientos sociales y del ya mencionado movimiento estudiantil o universitario no se debe olvidar, en este contexto, que por los mismos años se estaba configurando y desarrollando otro movimiento social: el movimiento ciudadano, de base urbana, organizado por barrios, cuyas reivindicaciones (creación y mejora de infraestructuras, de los servicios sanitarios, de las condiciones de salubridad e higiene, de enseñanza, de esparcimiento y ocio, etc.) se entrecruzaban con algunas de las reivindicaciones de los otros movimientos y también con las reivindicaciones tradicionales del movimiento obrero y sindical. Así, por ejemplo, algunas de las luchas de los años setenta en Erandio, en Avilés, en ciertas cuencas mineras o en algunos barrios de las ciudades industriales de Cataluña (Hospitalet, Badalona, Tarrasa, Sabadell, Cornellá, etc.) incorporan reivindicaciones transversales del movimiento obrero, del movimiento ecologista, del movimiento feminista y del movimiento ciudadano.

En la ciudad de Barcelona, en el cinturón industrial barcelonés y en algunos barrios de Madrid este movimiento enlazaba ya, desde principios de la década de los setenta, con las teorizaciones que por entonces se estaban haciendo sobre el sentido y la función de los movimientos urbanos (H. Lefèbvre, M. Castells, A. Touraine, J. Borja, A. Mattelart) en EE.UU., Europa occidental y algunos países latinoamericanos (sobre todo Chile).

Es interesante recordar, a este respecto, que el auge del movimiento ciudadano suscitó ya en esos años, sobre todo en Barcelona y Madrid, una notable controversia sobre si la centralidad movimentista debía estar en el lugar de trabajo (la fábrica, la obra, el tajo, los centros de enseñanza) o en el barrio. Y lo es porque esta controversia estaba poniendo de manifiesto un conflicto de dimensiones parecidas al suscitado por el ecologismo y por el feminismo, a saber: si hay que dar más importancia relativa a la actividad crítica y participativa del trabajador (o trabajadora) como productor (preocupado sobre todo por la venta de la fuerza de trabajo y por las condiciones en que ésta se produce) o como ciudadano (preocupado sobre todo por el consumo, el hábitat y el entorno).

El factor principal que contribuyó a suscitar esta controversia fue, sin duda, la mejora (relativa, pero ya muy perceptible al comienzo de la década de los setenta) de las condiciones de vida de la clase obrera en su conjunto. Y la controversia en sí tiene importancia para valorar la evolución posterior de los movimientos sociales críticos y alternativos, porque en ella se esboza un desplazamiento generalizado de las preocupaciones básicas de sectores muy importantes de la población hacia temas relacionados con el consumo, el entorno urbano y los servicios sociales, que es, por lo demás, lo que corresponde a una ampliación de las llamadas necesidades básicas también en los estratos bajos de la sociedad.

3

La acentuación, a partir de 1980, del ciclo conservador (tatcherismo y reaganismo) en las sociedades industrialmente desarrolladas del norte (EE.UU. y Reino Unido, sobre todo) no sólo quebró parcialmente la ética de la resistencia del movimiento obrero y sindical sino que afectó también, y profundamente, a los nuevos movimientos sociales. La primera mitad de la década de los ochenta estuvo marcada, en el plano internacional, por la inflexión ofensiva de los EE.UU. y de la OTAN en materia de estrategia nuclear. Esta inflexión, que fue captada muy bien, ya en sus inicios, por el historiador británico E.P. Thompson, hizo pasar a primer plano (sobre todo en Europa) el movimiento antimilitarista y pacifista. Sintomáticamente, gran parte de los militantes de los anteriores movimientos ecologista y feminista pasaron a trabajar en los movimientos anti-OTAN (aquí, en España) y en las organizaciones antimilitaristas y pacifistas. Así nació lo que se conoce con el nombre de ecopacifismo. Este desplazamiento es comprobable, en nuestro caso, a partir de la evolución, por ejemplo, de las actividades del Comité Antinuclear de Cataluña y otras organizaciones análogas: se pasa entonces de poner el acento en la denuncia de las centrales nucleares para la producción de electricidad a la denuncia del peligro inmediato de una guerra librada con armas nucleares. Al mismo tiempo el movimiento feminista se vio afectado por los efectos de la reestructuración industrial y por las restricciones impuestas al Estado asistencial que frenaron el ritmo de incorporación de la mujer al trabajo externo, no sólo doméstico.

Así, pues, se puede decir que el gran movimiento social de mediada la década de los ochenta ha sido el movimiento antibelicista y antimilitarista (con sus varias corrientes). Casi todas las grandes manifestaciones de esos años en Europa y buena parte de la literatura movimentista de esa época tienen que ver con la preocupación ante lo que se percibía, con razón, como un inminente peligro de guerra nuclear entre las dos grandes potencias, peligro que no empezó a decrecer hasta la proclamación de la Perestroika en la Unión Soviética y la declaración, por parte de Gorbachov, de un desarme unilateral. Durante ese período, y hasta la celebración del referéndum sobre la OTAN (1986), en la mayoría de las comunidades autónomas que componen el Estado español coincidió en este movimiento antibelicista y antimilitarista casi todo lo que quedaba en el país de la vieja izquierda social-comunista con casi todo lo que había nacido en la década de los sesenta como nueva izquierda (libertaria y antiestalinista). Ahí hay que ver, por lo demás, el origen de Izquierda Unida como movimiento político-social.

De ese período habría que subrayar otras dos cosas.

Primera: la incorporación (cuantitativa y cualitativamente importante) de sectores religiosos (en nuestro caso cristianos) al movimiento antimilitarista; incorporación favorecida no sólo por la actividad de las comunidades de base sino también por la actitud de la jerarquía de algunas iglesias ante las armas nucleares y por el desarrollo de la filosofía latinoamericana de la liberación. Todo eso contribuyó a dar una nueva dimensión ideológica, más mestiza, más plural, al movimiento, factor éste que lo diferencia de las marchas antibelicistas de las décadas anteriores en varios países europeos, como Alemania e Inglaterra. De hecho, tanto en la controversia como en la decantación progresiva del movimiento antimilitarista en esos años se pudo observar una tendencia a la aproximación entre el antibelicismo de base marxista o socialista y el punto de vista no-violento de inspiración tolstoiana o gandhiana. La fase ascendente del movimiento antimilitarista termina, sin embargo, hacia el final de la década, sin resolución de la controversia teórica y sin que acabara de producirse una decantación clara entre pacifismo esencialista y antimilitarismo.

Y segunda: la influencia, cada vez mayor en el conjunto de los movimientos sociales, de las reflexiones de origen feminista sobre vida cotidiana, nueva sensibilidad, educación de los sentimientos, diferencias de género e igualdad; una influencia que, independientemente de las fluctuaciones del movimiento feminista propiamente dicho en el aspecto organizativo, se hizo muy patente en el conjunto del movimiento antimilitarista de entonces. Este fenómeno es observable tanto en algunas de las manifestaciones antibelicistas de la época en Inglaterra como en numerosos documentos teóricos del movimiento en Alemania e Italia. Y por lo que hace a España se puede comprobar esta influencia analizando la evolución de una de las revistas más significativas e influyentes de esa fase: *En pie de paz*.

Paralelamente, en ese período, se produjo una importante crisis del anterior movimiento ciudadano, el cual fue perdiendo autonomía, bien por integración de sus miembros en los partidos políticos, bien por incorporación de los mismos en el más amplio movimiento antimilitarista y pacifista. Poco a poco el movimiento ciudadano fue colonizado por los diferentes partidos políticos y su actividad anterior generalmente sustituida por los profesionales de la gestión y de la animación cultural, con lo que el trabajo social voluntario pasó a un segundo plano. Naturalmente, esto no puede decirse por igual de todos los países. Es un proceso con oscilaciones cuyo factor determinante ha sido (casi siempre) la proximidad al gobierno y al poder de unos u otros partidos políticos.

Así, pues, cuando se entra en la nueva fase de distensión internacional (a partir de 1986-1987) todos los movimientos sociales anteriormente mencionados estaban en un nivel más bajo que el que habían alcanzado en la década de los setenta. En España el movimiento anti-OTAN se deshace después de la derrota en el referéndum. El más amplio movimiento antimilitarista se fragmenta en movimientos sociales menores, organizativamente menos articulados (objetores al servicio militar, objetores a los gastos militares, insumisos) y muy marcados, además, por las peculiaridades nacionales y regionales o por la influencia directa de los nacionalismos. Se diría, por tanto, que la nueva situación internacional y el proceso de institucionalización progresiva de estos movimientos han contribuido a hacerlos más plurales pero al mismo tiempo han tenido el efecto de limar las puntas críticas anticapitalistas con que nacieron.

Mientras tanto, paradójicamente, la catástrofe de Chernobyl confirmaba una intuición básica del movimiento ecologista (a saber: que el peligro que representa la industria nuclear no depende de la calificación de los sistemas políticos), y la evolución de los acontecimientos en la URSS y en el conjunto de los países que formaban parte del Pacto de Varsovia confirmaba otra intuición básica del movimiento pacifista (a saber: que el peligro principal, en este ámbito, estaba en el otro lado, el más poderoso tecnológica y económicamente, y el mejor armado).

4

La caída del muro de Berlín, la desmembración de la URSS y el final de la bipolarización en el plano internacional han significado, desde los inicios de la década en que aún estamos, un nuevo desplazamiento de los ejes principales de la conflictividad mundial. El conflicto del golfo Pérsico se puede considerar como el momento inicial de esta nueva fase, caracterizada por la guerra por los recursos (entre Norte y Sur, entre centro y periferia) así como por las latentes guerras por los mercados y comerciales entre los principales bloques económicos y financieros (EE.UU., Japón, UE y, potencialmente, China). Tras un breve momento inicial de relativa euforia, ideológicamente caracterizado en «Occidente» como «fin de la historia», se ha ido imponiendo la percepción de que las «guerras entre culturas» o «guerras entre civilizaciones» pasaban a ocupar el lugar de la antigua polarización entre los Estados Unidos de Norteamérica y la Unión Soviética. La dimensión étnico-cultural y/o religiosa de las guerras que han tenido lugar en los Balcanes, en Chechenia, en Argelia, en Turquía, en la región de los Grandes Lagos, en Oriente Medio, etc. parecen confirmar esta percepción, aunque también es verdad que en la presentación de los hechos se tiende a ignorar por lo general otras dimensiones de los mismos: la agudización paralela de los problemas económicos y sociales en el mundo pobre y la existencia de intereses geoestratégicos de las grandes potencias o uniones económicas anteriormente mencionadas.

Es una constante reiterada en la historia mundial desde el siglo XIX el que siempre que decae, por unas u otras razones, la lucha entre las clases reaparecen las viejas luchas religiosas y/o étnico-culturales, sobre todo en la periferia o en los márgenes de lo que I. Wallerstein llamó la «economía-mundo». Tambien esto está ocurriendo en la última década. El nuevo impulso adquirido por el proceso de globalización del sistema capitalista ha producido dos formas paralelas de fundamentalismo en el mundo: de un lado el esencialismo llamado «neoliberal», muy vinculado al etnocentrismo euronorteamericano, y, de otro, los nuevos integrismos religiosos, que tienen su parte de resistencia al proceso de uniformización cultural mediante la reafirmación de las identidades y su parte de reacción conservadora en el sentido más peyorativo. En efecto, la nueva situación, que se prolonga a lo largo de toda la década de los noventa, ha producido un desplazamiento de todo el sistema ideológico-político-cultural hacia el conservadurismo y los particularismos. Esto está afectando también a los movimientos sociales aquí considerados.

Es el momento de decir que «pacifismo», «ecologismo» y «feminismo», sin más consideraciones, ya no significan, en el contexto de esta década, lo que significaron hace veinte años. De la misma manera que cuando alguien pronuncia la palabra «izquierda» hoy en día es razonable preguntar «qué izquierda», así también cuando se pronuncian esas otras palabras hay que preguntar qué pacifismo, qué ecologismo, qué feminismo.

De hecho, los tres principales movimientos sociales surgidos en la década de los sesenta están pasando ahora por una decantación. Oscilan entre la institucionalización e integración en partidos políticos preexistentes (cuyos nombres no corresponden ya a sus programas), la utilización de los partidos políticos tradicionales para institucionalizar las propias reivindicaciones, la financiación estatal directa y la preservación de la ética de la resistencia o de la solidaridad internacionalista en el presente. Esto afecta muy sensiblemente a la autonomía de dichos movimientos. Y, en general, puede añadirse que también ellos cumplen la ley de Robert Michels sobre la burocratización necesaria de las grandes organizaciones sociopolíticas, incluso en los casos en que dichas organizaciones siguen afirmando ritualmente su vocación alternativa en la sociedad existente.

Un rasgo característico importante de la evolución de estos movimientos en la presente década es la mayor concreción y relativa desideologización de sus propuestas, la tendencia a lo que suele llamarse «realismo». Esto es muy patente, por ejemplo, en la transformación de una parte del movimiento ecologista en partidos verdes o ecopacifistas. Y vale, con variantes, lo mismo para España que para Alemania, Países Bajos, Francia o Italia. Al tiempo que una parte de las propuestas del feminismo, del ecologismo y del movimiento de objetores ha calado en el conjunto de la sociedad civil también se ha producido un debilitamiento del anterior movimentismo en favor del politicismo y, consiguientemente, una crisis en la autonomía de los tres movimientos.

5

En la actualidad hay ya en nuestras sociedades más movimiento organizado institucionalmente por arriba (y pagado o subvencionado por las instituciones) que por abajo; y se ha ido pasando de primar el trabajo estrictamente voluntario de los afiliados a la consideración, muy extendida, de que la profesionalización exige ampliar las subvenciones estatales. Al consolidarse tal sistema de relaciones el movimiento social tiende a convertirse en un grupo de presión, bien sea del Estado, bien de los autogobiernos autonómicos, bien de los partidos políticos preexistentes. Esta circunstancia puede explicar dos datos sociológicos, aparentemente contradictorios, según los cuales, por una parte, ha aumentado mucho el porcentaje de jóvenes afiliados a diferentes ONGs (mientras desciende entre ellos la aceptación de los partidos políticos) y, sin embargo, por otra parte, se consolida, y no sólo electoralmente, la ideología «neoliberal». Todo ocurre como si en la crisis del llamado Estado asistencial una parte relativamente importante de las asistencias y de las subvenciones estatales estuvieran siendo dedicadas ahora a la integración en el sistema de los antiguos «nuevos» movimientos.

Un análisis detallado del número de manifestaciones, participantes, entidades convocantes y orientación de las mismas, en el ámbito del ecologismo, del pacifismo y del feminismo desde 1991 hasta 1999 confirmaría seguramente esta impresión. Pero por el momento, y a falta de ese análisis, se puede dejar en eso: en impresión. La cual, de todas formas, se refuerza cuando se observa lo que está siendo la evolución o la tendencia de buena parte de las llamadas Organizaciones No Gubernamentales, a veces presentadas por los medios de comunicación como el movimiento social más importante de la década de los noventa.

Para empezar, parece una exageración calificar de movimiento (así, en singular) una amalgama tan heterogénea de organizaciones con objetivos, fines y metas sociopolíticos y socioculturales tan diversos. Éstos incluyen desde la práctica de la caridad (en el sentido más tradicional de la palabra) para con los segmentos sociales excluidos o en peor situación hasta la ayuda al desarrollo ecológicamente orientado pasando por el comercio justo o por la ayuda humanitaria a refugiados y desplazados, lo que incluye numerosísimos proyectos de colaboración internacional solidaria. Por consiguiente, al describir la evolución de las Organizaciones No Gubernamentales es mejor hablar de movimientos (en plural) y con orientaciones ideológicas contrapuestas.

En segundo lugar, se debe precisar que una parte importante de estas organizaciones sólo son «no-gubernamentales» nominalmente: muchas de ellas dependen (y no sólo en lo económico) de los gobiernos; otras han sido ya creadas directamente por los gobiernos (en sus diferentes instancias) con la intención política de contrarrestrar la influencia de organizaciones previamente existentes y que actuaban, éstas sí, con inequívoca autonomía; algunas aparecen como la forma posmoderna de la beneficencia organizada por los ayuntamientos y los gobiernos municipales o por instituciones eclesiásticas que compiten indirectamente en la alternancia gubernamental; y sólo algunas, la minoría, pueden ser consideradas como asociaciones voluntarias dependientes de los fondos aportados por sus afiliados. Reconocer que esto es así no implica juicio alguno sobre la mayor o menor eficiencia de cada una de ellas en relación con los fines propuestos, pero sí sugiere la existencia de un cambio general de orientación respecto de lo que fueron los movimientos críticos y alternativos de las décadas pasadas.

Por último, el carácter no-gubernamental de algunas de estas organizaciones tiene que entenderse en un sentido restrictivo, no en un sentido amplio. O sea: son independientes, cuando lo son, de este o de aquel gobierno, no del gobierno en general. Esta precisión se hace necesaria porque, en ocasiones, al hablar de las ONGs se desliza, equívocamente, la afirmación de que constituyen (o son parte de) la «sociedad civil» frente al Estado, incluyendo en éste, como algo contrapuesto a la «sociedad civil», todo el arco de los partidos políticos parlamentarios. En realidad, la actual apropiación neoliberal del concepto de «sociedad civil» y el uso vago que habitualmente se hace de la expresión «agentes sociales» es parte del equívoco. Es el mismo equívoco que sirve para trivializar la diferencia histórica entre liberalismo y libertarismo.

Contra las apariencias y por paradójico que pueda parecer eso en esta fase de ascenso del neoliberalismo conservador, el papel del Estado en nuestras sociedades se ha reforzado en todos los ámbitos importantes de la vida menos en uno: el control de los mercados y de las relaciones laborales. Ese proceso influye igualmente en la evolución de las ONGs y del conjunto de los movimientos sociales. A diferencia de lo que ocurría en los movimientos feminista, ecologista y pacifista de las décadas anteriores la decantación libertaria y/o voluntariamente extraparlamentaria o antisistema es ahora mínima, de modo que algunas de las hipótesis avanzadas por Guy Debord en *Consideraciones sobre la sociedad del espectáculo* se han hecho realidad. La única excepción importante a esta tendencia al final de la década de los noventa es seguramente el movimiento okupa, criminalizado en muchos países porque atenta contra la sacrosanta propiedad privada en sociedades que dicen garantizar constitucionalmente el derecho a la vivienda.

Pero, por otra parte, entre el movimentismo antisistema (libertario o neomarxista) y la institucionalización acelerada de muchas de las organizaciones no-gubernamentales hay hoy en día todo un abanico de actitudes y comportamientos críticos ante los poderes esablecidos. Ya la simple observación de la existencia de este abanico de actitudes, que van desde la ética de la resistencia a la propuesta de otras formas de hacer política, no permite concluir que la integración de los movimientos sociales en el sistema capitalista sea una característica general. Lo es, en cambio, su atomización.

En este ámbito de la no-integración hay que considerar las actividades críticas de algunas organizaciones con importante implantación en todo el mundo, como «Greenpeace» y «Amnistía Internacional». Pero también las de no pocas asociaciones y organizaciones (surgidas durante los últimos años en los cinco continentes) en favor de los inmigrantes pobres en países ricos, antirracistas, en defensa de los derechos sociales de los trabajadores, en defensa de las mujeres maltratadas, contra la esclavización de los niños, en defensa de las culturas indígenas, en favor de un uso alternativo de las nuevas tecnologías de la información y la comunicación, etc. La enumeración no es exhaustiva, pero ya estos rótulos sugieren pluralidad y atomización. Estas últimas asociaciones no siempre han logrado hasta ahora cristalizar en verdaderos movimientos coordinados y estructurados, pese a lo cual parecen estar anunciando al menos un concepto alternativo de ciudadanía para el siglo XXI, una revisión de la idea ilustrada de tolerancia y una ampliación de la idea tradicional de los derechos humanos.

FFB y JR
Primavera de 1999

PALABRAS PREVIAS

> La comunicación social está completamente destruida. Las tradiciones desaparecen. En la población afectada por la catástrofe cunde una psicología enfermiza. El «complejo de Chernóbil» que aqueja a estas poblaciones consiste en la pérdida de sentido de la vida. No podemos ignorar la realidad de este proceso trágico.

Así analizaba la Comisión de Expertos del Gosplan las consecuencias sociales de la catástrofe de Chernóbil en febrero de 1990 (puede leerse en *Politis* 101, del 26.4.1990). ¿Una situación extrema? Sin duda: pero Chernóbil, que no es la primera ni será la última de las catástrofes atómicas –aunque sí el más grave desastre nuclear «civil» hasta la fecha–, tiene valor paradigmático. *Hiroshima está en todas partes*, alertó el filósofo Günther Anders hace decenios; *Chernóbil está en todas partes*, parafrasearon los antinucleares alemanes en 1986. Por desgracia, es verdad. En una forma más difusa y cambiante, los mismos efectos de anomia y pérdida de sentido que registraban los científicos soviéticos caracterizan a todas las sociedades industriales del mundo actual.

La dinámica de las modernas sociedades industriales ha puesto en marcha un proceso probablemente irreversible de *disolución de los vínculos sociales y las identidades tradicionales*. Lo familiar, lo sólito, lo acogedor, parece desintegrarse a nuestro alrededor: y nos vemos expuestos, desguarnecidos, a la intemperie. Se diría, en efecto, que los seres humanos de la era industrial hemos perdido cobijo por partida doble: en primer lugar, el cobijo ofrecido por relaciones sociales estables y santificadas por la tradición, a menudo jerárquicas y opresivas, pero no por ello menos protectoras frente al sinsentido y las amenazas del «mundo exterior». Pero, en segundo lugar, también estamos perdiendo crecientemente el cobijo de recambio que la razón científico-técnica, tras el «desencantamiento del mundo», nos prometió levantar frente a las asechanzas de una naturaleza poderosa e imprevisible. Nuestro dominio colectivo sobre las fuerzas naturales ha crecido hasta lo inimaginable: pero, inesperadamente, nos vemos expuestos a riesgos también inimaginables que resultan precisamente de los esfuerzos por aumentar nuestro control. En una dialéctica llena de paradojas, nuestros esfuerzos por reducir riesgos engendran riesgos incomparablemente mayores: así, en la era nuclear, la extinción de toda vida sobre el planeta es posible *como fallo técnico*.

Con la disolución de los vínculos sociales y las identidades tradicionales quedan libres fuerzas que pueden *ponerse en movimiento*. Lo social parece adquirir una forma más fluida y amorfa, recorrida por poderosas corrientes que chocan, que se traban en luchas de nuevo tipo. Las luchas del movimiento obrero en el siglo XIX troquelan decisivamente la noción de movimiento social con la que todavía hoy operamos; paralelamente se desarrollan los cuestionamientos y los combates del primer movimiento feminista. En las sociedades industriales, los movimientos sociales (que desde luego ya existían en formaciones sociales anteriores) adquieren rasgos nuevos. Por no señalar ahora sino tres de ellos: los movimientos ganan *racionalidad estratégica* (se coordinan voluntades y se movilizan recursos para alcanzar objetivos previamente determinados), ensayan *nuevas formas organizativas* (desde los sindicatos de trabajadores hasta las ONGs de cooperantes voluntarios) y ganan también *autorreflexividad* (aprenden a actuar sobre sí mismos para obtener efectos sobre su entorno).

En el capítulo segundo de este libro nos esforzaremos por desentrañar lo que de nuevo pueda haber realmente en los «nuevos» movimientos sociales de los últimos tres decenios. Pero ahora hay que adelantar por lo menos lo siguiente: es cierto que algunos de los llamados «nuevos» movimientos sociales son en realidad viejos, señaladamente el pacifismo y el feminismo. Incluso al ecologismo, si nos ponemos a ello (lo haremos en el capítulo 3), podemos encontrarle tíos abuelos y otros ilustres antepasados (no «ancestros», como reza el anglicismo que se va imponiendo). *Lo nuevo, lo radicalmente nuevo, es la situación de la humanidad en la segunda mitad del siglo* XX. La gravedad de la situación, y las discontinuidades en el proceso histórico, son tales que, en nuestra opinión, puede hablarse de una verdadera *crisis de civilización* (cuya cronología se rememora en un apéndice a este libro), uno de cuyos componentes principales es la *crisis ecológica global* a la que hacemos frente (y en cuyo contexto ha surgido el ecologismo como movimiento social verdaderamente nuevo). Esta nueva e inquietante situación histórica es la que exige la renovación de las viejas fuerzas emancipatorias y la forja de una alianza en la que confluyan con los nuevos movimientos.*

El lector o lectora que haya recorrido ya el índice de este libro quizá haya creído advertir, en los temas tratados, cierto desequilibrio en beneficio del movimiento ecologista. En un librito de introducción a los nuevos movimientos sociales, cuyo «canon»

* Aunque este tema sólo se aborda lateralmente en la presente obra, lo trataremos con la detención que merece en un libro sobre ecologismo y movimiento obrero que estamos preparando en la actualidad, y que Ediciones HOAC publicará próximamente.

componen convencionalmente ecologismo, feminismo y pacifismo, ¿por qué dedicar tanta atención al primero? (capítulos 3, 4 y 5). La respuesta es doble. En primer lugar: esto no es una enciclopedia de movimientos sociales, es una *introducción*, y como tal no puede aspirar a la exhaustividad. Pero además, y como acabamos de observar, de esos tres nuevos movimientos sociales prototípicos en realidad sólo el ecologismo es auténticamente nuevo: ello justifica que se le dedique una atención especial en un texto de estas características.

Los partidos verde-alternativos europeos, que se han consolidado y en muchos casos han obtenido representación municipal y parlamentaria en los años ochenta, *constituyen una nueva familia de partidos*, con características afinidades programáticas, organizativas, y de perfil sociodemográfico de activistas y electores. Consagraremos a su estudio el capítulo 5 del libro. No son los partidos del movimiento ecologista (en el sentido en que, por ejemplo, los partidos socialdemócratas y socialistas eran, a finales del siglo XIX, los partidos del movimiento obrero), sino algo más: son *los partidos de los nuevos movimientos sociales*. Incluyen una componente ecologista/ambientalista más o menos fuerte según los países que consideremos, pero también otras componentes tienen un peso muy considerable. Así, por ejemplo, *Die Grünen* en Alemania es un partido pacifista y feminista en el mismo grado que un partido ecologista.

Si los nuevos movimientos sociales, como veremos en el capítulo 2, son *movimientos de supervivencia y de emancipación* (el ecologismo, más bien de supervivencia; el feminismo, más bien de emancipación), también encontraremos estos dos elementos en los partidos verde-alternativos. Habitualmente se aglutinan en ellos colectivos o personas que podemos adscribir más bien al elemento de emancipación, como grupos feministas, militantes pro-derechos humanos, colectivos de solidaridad con el Tercer Mundo, corrientes ecosocialistas y ecoautogestionarias, activistas del movimiento alternativo urbano; y otros cuya lucha se orienta más bien a la supervivencia –sobre todo pacifistas, antinucleares y ecologistas.

En este libro defendemos que el contenido cultural principal de los nuevos movimientos es la *conciencia de los límites civilizatorios alcanzados por las sociedades modernas en su continuada expansión*. La racionalidad de las sociedades industriales (manifestada en fenómenos como la expansión de la burocracia racional –en el sentido weberiano– y la economía) ha alcanzado límites en los que se torna contraproducente, la prosperidad material desigualmente repartida engendra una destructividad cada vez mayor. Las fuerzas productivas son siempre simultáneamente (pero ahora en grado creciente) fuerzas destructivas. «Progreso» y prosperidad acarrean consecuencias poco halagüeñas: riesgos tecnológicos acrecentados para la salud humana y el medio ambiente natural, restricciones burocráticas a la autonomía individual y límites a la participación democrática.

A riesgo de imputar a esos actores colectivos que son los nuevos movimientos sociales un grado de cohesión y capacidad para fijar objetivos comunes quizá excesivo, se nos permitirá que postulemos como sus dos grandes objetivos o metas históricas (su «proyecto» histórico) las siguientes: *evitar la destrucción del mundo* (verosímil, y cada vez más probable, como resultado no intencionado de las ciclópeas fuerzas movilizadas por un capitalismo industrial entregado a su ciega dinámica productivo-destructiva) y *reconstruir los vínculos sociales sobre fundamentos de igualdad, libertad y solidaridad*. Dicho de otra forma: la supervivencia en una biosfera habitable y la construcción de una socialidad emancipadora.

Una forma no regresiva de recuperar cobijos, abrigos frente a la intemperie; de dar sentido a un mundo (social y natural) cuya creciente fragilidad y dislocamiento hace desesperar hoy a tantos y tantas. Las gentes, hoy en día, tienen que aprender a relacionarse de otra manera (la socialidad está por reinventar) en una situación de aguda crisis. Éste es el áspero terreno de juego donde se mueven los nuevos movimientos sociales en las sociedades industriales avanzadas, movimientos a veces descritos como *redes de redes* donde cooperan personas en una lucha desigual por la supervivencia y la emancipación. Redes, por tanto, que no sirven para apresar, sino que intentan –desde la mínima, desesperada, residual esperanza aún posible en nuestro sombrío final de siglo– abrir una perspectiva de justicia y libertad.

F. F. B. y J. R.
Verano de 1993.

CAPÍTULO 1

HACIA UN MARCO TEÓRICO PARA EL ESTUDIO DE LOS NUEVOS MOVIMIENTOS SOCIALES

> En la versión de esta tarea con la que aquí se simpatiza, la de un racionalismo atemperado por la conciencia crítica de lo que ha sido y es la vida de los hombres, este atender al «polo de la profundidad» tiene otras implicaciones más modestas: reconocer, por ejemplo, que, efectivamente, hay y habrá más cosas en el mundo de las que caben en nuestras filosofías; admitir, con Toraldo di Francia, que ni siquiera estamos seguros de si esta falta de correspondencia entre mundo y filosofías se debe a la *complejidad del universo* o más bien a la circunstancia de que el cielo estrellado sobre nosotros es *demasiado simple* para las categorías con las cuales nos hemos habituado a operar; (...) aceptar con humildad que la construcción del Método sigue siendo casi siempre una ilusión, a veces una sana ilusión.
>
> FRANCISCO FERNÁNDEZ BUEY

> La ciencia es locura si buen seso no la cura.
>
> REFRÁN CASTELLANO

1.1. ENFOQUES TEÓRICOS EN EL ESTUDIO DE LOS MOVIMIENTOS SOCIALES: EL ENFOQUE DEL COMPORTAMIENTO COLECTIVO

La historia de las sociedades modernas, que convencionalmente se inicia con la Revolución Francesa de 1789, *es una historia de movimientos sociales*. Si éstos no han faltado precisamente en épocas anteriores (movimientos quiliásticos y rebeliones campesinas en la Edad Media, por ejemplo), las cambiadas condiciones sociales de la modernidad confieren a los movimientos sociales una naturaleza diferente:

> Los movimientos sociales son producto y productores de la modernidad. (...) Son un producto de la sociedad moderna, cuya creciente movilización y racionalización cuajan también en el nivel de la acción política. Las condiciones sociales transformadas mediante la industrialización, la urbanización, la alfabetización, exigen y posibilitan nuevas formas de acción política (Raschke, 1985, 11).

El impacto causado por el desarrollo de los movimientos sociales modernos está en la raíz del nacimiento de las ciencias sociales (empezando por la economía política y la sociología),[1] y sus fases de expansión han motivado ciclos de atención por parte de las mismas.

Así, son las dos principales «oleadas» o fases en el desarrollo del movimiento obrero decimonónico –la primera en los decenios de 1830-1840, la segunda en los de 1880-1890– las que están en la base de los primeros intentos de teorización de los movimientos sociales (en adelante abreviaremos MS) por parte de «padres fundadores» de la sociología como Karl Marx, Max Weber y Émile Durkheim; y también inspiran los ensayos de «psicología de masas» de Gabriel de Tarde, Gustave Le Bon o Sigmund Freud.[2]

Igualmente, las luchas de clases en el período de entreguerras, con el desarrollo de movimientos bolcheviques y fascistas, conducirán a estudiosos como Herbert Blumer a formular un primer enfoque de interaccionismo simbólico para el estudio de los movimientos (*Outline of Collective Behaviour*, 1934), o a Talcott Parsons otro enfoque desde su teoría funcionalista estructural (*Sociological Aspects of Fascist Movements*, 1942). En general, en estas reflexiones de entreguerras «los movimientos sociales se conceptualizaban como formas de comportamiento político no institucionalizado potencialmente peligrosas, las cuales, si se las dejaba actuar, amenazaban la estabilidad de los modos de vida establecidos» (Eyerman/Jamison, 1991, 10). En tanto formas supuestamente espontáneas e irracionales de acción colectiva, los MS despertaban una preocupada inquietud en los sociólogos comprometidos con la defensa de la democracia liberal. Se los veía, antes que nada, como un peligro para las instituciones democráticas; sus posibles efectos positivos apenas merecían atención.

Por último, será el sobresalto producido por los movimientos estudiantiles de los años sesenta y los «nuevos movimientos sociales» (en adelante abreviaremos: NMS) que les siguieron el que provocará otra nueva oleada de reflexión sociológica sobre estos fenómenos, reflexión que no ha cesado desde entonces, cristalizando en diferentes escuelas de pensamiento y una vastísima bibliografía. Vemos así que *los MS no son sólo generadores de cambio social, sino también determinantes en el desarrollo de la teoría social*. (Por esta razón, entre otras, *una ciencia social crítica no puede carecer de un momento autorreflexivo*.)

Lo que me propongo en este capítulo 1 es cartografiar someramente el frondoso bosque de interpretaciones y enfoques teóricos contemporáneos sobre MS,[3] a fin de que el amable lector o lectora atine a orientarse en él; indicar cuáles de estos enfoques creo incompatibles y cuáles complementarios, y finalmente declarar los que se asumen en este libro por parecer los más poderosos e idóneos.[4]

La línea de pensamiento del *interaccionismo simbólico* sobre los movimientos sociales, cuyo inicio puede fijarse en el ensayo de Herbert Blumer antes citado (véase Evans, 1969), se interesaba por la creación de nuevas normas, los procesos de autorregulación, así como los procesos espontáneos de aprendizaje social e innovación en el comportamiento colectivo. La creatividad social desplegada en formas innovadoras de «interacción simbólica» podía llevar a romper con las rutinas del comportamiento institucionalizado convencional: nuevas normas emergerían con la propia dinámica del comportamiento colectivo. El punto de vista era sociopsicológico, orientado a la investigación de la conducta individual. Esta perspectiva alcanza una expresión muy acabada con la obra de Ralph Turner y Lewis Killian (Turner/Killian, 1957).

Una segunda línea de pensamiento arranca del *funcionalismo estructural* de Talcott Parsons, que explicaba el surgimiento de MS en función de las «tensiones» (*strains*) originadas en el desarrollo desigual de los varios subsistemas de acción que constituyen un sistema social o una sociedad moderna diferenciada. Desde esta perspectiva macrosociológica, los vastos cambios sociales anejos a los procesos de modernización y racionalización (industrialización, secularización, democratización según el modelo anglosajón, cambios culturales) ocurrían esencialmente a espaldas de los individuos, pero los afectaban diferencialmente obligándoles a tomar posición. Un colaborador de Parsons, Neil Smelser, sistematizó este enfoque de manera duradera (Smelser, 1962).

Tanto la perpectiva interaccionista simbólica como la funcionalista estructural tenían lo bastante en común como para poder considerarlas partes compatibles de un único enfoque común, el del *comportamiento colectivo* (*collective behaviour approach*); se produjo una especie de división del trabajo que asignaba las tareas microsociológicas al interaccionismo simbólico y las macrosociológicas al funcionalismo estructural. La investigadora Jean L. Cohen ha resumido los supuestos comunes a todas las teorías del *collective behaviour* de la siguiente guisa:

> (I) Existen dos tipos distintos de acción: comportamiento institucional-convencional y comportamiento no institucional-colectivo. (II) El comportamiento no institucional-colectivo es acción que no se guía por normas sociales existentes, sino que se forma para enfrentarse con situaciones indefinidas o no estructuradas. (III) Estas situaciones se entienden en términos de colapso, o bien de los órganos de control social, o bien en la adecuación de la integración normativa, colapso debido a cambios estructurales. (IV) Las tensiones, descontento, frustraciones y agresividad resultantes llevan al individuo a participar en el comportamiento colectivo. (V) El comportamiento no institucional-colectivo se desarrolla siguiendo un «ciclo de vida»,

susceptible de análisis causal, que de la acción espontánea de masas avanza a la formación de opinión pública y movimientos sociales. (VI) El surgimiento y crecimiento de movimientos dentro de este ciclo se realiza mediante procesos de comunicación toscos: contagios, rumores, reacciones circulares, difusión, etc. (Cohen, 1985, 671-672).

1.2. Crisis del enfoque del comportamiento colectivo. Modelos de privación relativa

El enfoque del comportamiento colectivo, desarrollado en EE.UU. y más precisamente en la llamada «escuela de Chicago», *prevaleció en el estudio de los MS hasta finales de los años sesenta.* Pero *con la aparición de los NMS «sesentayochistas» este modelo explicativo entra en una profunda crisis*: en efecto, el desafío de los estudiantes antiautoritarios y los activistas de la «nueva izquierda» no cuadraba en absoluto con la imagen de comportamiento «desviado», anómico, fragmentado e irracional, que postulaban los esquemas del *collective behaviour.*

¿Por qué esta rebelión precisamente en la universidad, una de las instituciones más integralmente modernas, en la cual la élite de la sociedad moderna se prepara para asumir liderazgos y seguir lucrativas carreras profesionales? Si los MS surgían de la inadaptación en los márgenes sociales, ¿cómo explicar esta rebelión en el centro? Si eran esencialmente irracionales, ¿cómo explicar la manifiesta racionalidad estratégica de la mayoría de estas nuevas formas de acción colectiva?

> El modelo smelseriano (tensiones estructurales/creencias generalizadas/cortocircuito) no era adecuado para explicar la planificación temporal, el carácter cognitivo, la conducta o los objetivos de los actores en los [nuevos] movimientos. Los movimientos de los años sesenta y setenta no constituían respuestas a crisis económicas o colapsos. Entrañaban objetivos concretos, valores e intereses generales claramente articulados, y estrategias racionalmente calculadas. A todas luces era necesario un nuevo enfoque teórico para el análisis de los movimientos sociales (Cohen, 1985, 673).

En definitiva: *los movimientos sociales modernos constituyen un fenómeno racional.* Ello no significa que todos y cada uno de los MS persigan sus fines con la máxima economía de medios, de acuerdo con una lógica instrumental perfecta, ni tampoco que su acción no contenga elementos no instrumentales. Pero sí significa que en los MS causas, objetivos, movilización y acción están mutuamente vinculados de tal manera que la presunción de racionalidad global es casi siempre acertada (véase Raschke, 1985, 17), o al menos lo es tanto como en otros fenómenos cuya racionalidad no suelen discutir con semejante ahínco los científicos sociales (partidos políticos y grupos de interés).

Tampoco los enfoques marxistas tradicionales estaban bien preparados para lidiar con MS cuyos actores provenían fundamentalmente de las capas medias y a pesar de ello peleaban por causas «progresistas», que aparentemente no se organizaban según cuestiones o intereses de clase, y ante los que la clase obrera adoptaba, en el mejor de los casos, una actitud de sorprendida pasividad. Los MS «del 68» dejaron, de entrada, bastante perplejos tanto a los sociólogos del *collective behaviour* como a los sociólogos marxistas.

Pese a las evidentes dificultades indicadas, los primeros intentos de explicar las rebeliones estudiantiles de los sesenta se inspiraron en las teorías existentes sobre *collective behaviour* y violencia de masas para formular modelos de *privación relativa* (*relative deprivation*),[5] como, por ejemplo, el de Ted Gurr (Gurr, 1970). En su esquema sociopsicológico, los sentimientos de privación relativa despertados por una situación económica o social desventajosa conducían a la violencia política; esto es, la frustración inducía agresión.

Según estos modelos de privación relativa, los negros pedían derechos civiles porque la sociedad blanca no respondía a sus expectativas; los estudiantes se radicalizaban a causa de la masificación universitaria y su marginalidad económica; los ecologistas reaccionaban contra los excesos de las economías productivistas que estaban socavando su calidad de vida, y en general los grupos de ciudadanos y ciudadanas excluidos de la participación política o castigados por la crisis económica se movilizaban para exigir acceso, participación y reconocimiento de derechos. De nuevo, la rebelión de los márgenes.

Pero si bien ciertos aspectos de los MS modernos pueden leerse en esta clave,[6] como explicación global resulta totalmente insuficiente. A medida que avanzaban los años setenta y ochenta se hizo cada vez más evidente que aspectos esenciales de lo que se dio en llamar «nuevos movimientos sociales»[7] no eran conceptualizables como rebelión de los márgenes, sino como acción colectiva desde sectores del centro. Así lo ven tres cualificados especialistas como Russell J. Dalton, Manfred Küchler y Wilhelm Bürklin:

> Los activistas en los NMS a menudo experimentan intensos sentimientos en relación con su causa, pero dichos sentimientos no responden a las emociones primordiales de frustración/agresión que engendraron revueltas del hambre y protestas contra los impuestos en

el siglo XVIII, o movimientos revolucionarios en el XIX. Además, los estudiantes rebeldes y los activistas medioambientales no proceden mayoritariamente de las filas de los desposeídos sociales. Paradójicamente, los bastiones de estas nuevas protestas se hallaban en las instituciones guardianas de las jerarquías y privilegios tradicionales: Berkeley, Columbia, Oxbridge, la Sorbona, Heidelberg y Berlín Occidental. Mientras que muchas mujeres padecen desventajas sociales y económicas, el impulso para el nuevo movimiento de mujeres provino en general de las feministas más acomodadas. En pocas palabras, *se trata de movimientos predominantemente de clase media, cuyos miembros son beneficiarios del orden sociopolítico existente* (Dalton/Küchler, 1990, 7; el subrayado es mío. Investigaremos la radicación social de los activistas de los NMS en 2.6).

Los tres autores terminan señalando que *la abundante investigación empírica llevada a cabo sobre estas materias en los últimos treinta años no corrobora la tesis de la privación relativa*: «los sentimientos de privación relativa no ejercen más que un impacto marginal en la propensión a involucrarse en protestas» (Dalton/Küchler, 1990, 7).

Además de las razones anteriores, pueden aducirse cuatro objeciones de orden general contra las explicaciones de los NMS basadas en teorías de *relative deprivation*:

I. Ya en su temprano y clásico estudio sobre el movimiento pacifista británico de los sesenta, el sociólogo Frank Parkin (Parkin, 1968) argumentó explícitamente contra la utilización de un tipo especial de privación relativa, la «inconsistencia de *status*» (esto es: el ejercicio de una profesión que proporciona ingresos y *status* social mediocres en relación con el largo período de formación que requirió) para explicar la rebelión de aquellos «radicales de clase media». Parkin argumentaba sensatamente que los miembros de las capas medias –a las que pertenecían mayoritariamente los activistas de la *Campaign for Nuclear Disarmament* que él investigó– podían, en general, escoger su profesión; y que por tanto su «inconsistencia de *status*» mayoritariamente procedería de decisiones conscientes (por ejemplo, elegir un trabajo en los servicios públicos de carácter social para sustraerse a relaciones económicas capitalistas) difícilmente generadoras de frustración o «privación relativa».

II. Ha de señalarse, además, que la mayoría de los NMS surgieron *antes de la crisis económica de los setenta* (la cual, pese a algunos síntomas recesivos anteriores, no empieza verdaderamente antes de 1974; véase la cronología en el anexo final de este libro). La *crisis de civilización* a partir de la cual se desarrollaron los NMS precedió a la crisis económica. Característicamente, las primeras protestas (movimientos contra las armas atómicas en

Gran Bretaña y la RFA; movimiento por los derechos civiles en EE.UU., movimientos estudiantiles y contra la guerra de Vietnam en todo el mundo; movimientos antiautoritarios juveniles, como los *provos* holandeses) no prenden por motivos económicos: se dirigen contra las caducas formas de dominación y ahormamiento tecnocrático en los centros educativos, o se rebelan contra genocidios organizados en última instancia en defensa del *American way of life* (Vietnam).

III. En tercer lugar, hay que señalar que la «generación protestona» que se socializó políticamente en las luchas estudiantiles de los sesenta y después alentó la oleada de NMS comparativamente todavía padeció poco las limitaciones a las carreras profesionales, y por el contrario pudo aún aprovecharse de la expansión del Estado del Bienestar, el sector educativo y el sector de servicios privado (Kriesi, 1987, 320). Lo peor de la crisis económica y los ataques neoconservadores contra el *Welfare State* vendrían después, en los años ochenta.

IV. Finalmente, no puede obviarse (volveré sobre este punto en el capítulo siguiente) que los objetivos más característicos y dominantes de los NMS son *objetivos de carácter universalista*, y no metas atribuibles, en general, a un interés de clase o grupo. Se trata, típicamente, de la *obtención de bienes colectivos*: el ejemplo más inmediatamente evidente es el del movimiento pacifista.

La conclusión de que *movimientos sociales cuyos integrantes son su mayoría privilegiados relativos* («radicales de clase media» en la elocuente expresión de Frank Parkin) *no pueden explicarse cabalmente mediante mecanismos de privación relativa* me parece irrebatible.

1.3. Enfoques de elección racional

Si los NMS no nacen de la rabia de los desposeídos, ¿acaso lo harán del egoísmo racional de los afectados? Esto es lo que mantienen los enfoques de la *elección racional (rational choice)*: ni los sentimientos individuales de privación ni la preocupación por objetivos comunes explicarían las revoluciones u otras formas de acción colectiva, sino que sólo la esperanza de conseguir beneficios privados motiva la participación política de los individuos (al menos en grandes grupos). Mancur Olson elaboró un influyente modelo de elección «racional» (Olson, 1965) según el cual los individuos no participarán en acciones colectivas a menos que los beneficios esperados superen los costes de su acción; este cálculo individual de costes y beneficios se hipostasia como racionalidad.[8] Individuos egoístas, maximizadores de sus beneficios privados, que calculan meticulosamente costes y ganancias antes de ir a cada manifestación, firmar cada proclama o escribir cada panfleto: la ciencia es locura si buen seso no la cura. Con bastante buen seso se ha observado que

> deficiencias básicas en lógica y en realismo dificultan la aplicabilidad de la teoría a los NMS. El modelo de elección racional resulta eficaz para explicar por qué la mayoría de la gente no participa en grupos que representen sus intereses, pero tropieza en la cuestión básica de por qué una pequeña minoría sí lo hace. El modelo explica la participación en función de una definición estrecha de racionalidad, centrada en recompensas económicas u otros incentivos selectivos. La noción de altruismo o de ganancia social colectiva no puede admitirse en el modelo, porque entonces se perdería la elegancia metodológica del cálculo de elección racional. Los NMS aparentemente violan muchos de los supuestos básicos del modelo de elección racional. Los motivos declarados de la mayoría de estos movimientos atañen a bienes colectivos –protección de la calidad ambiental, mejoras en la condición de las mujeres, disminución de la conflictividad internacional–, contradiciendo directamente la lógica de elección racional y acción egoísta. En general, los intentos de reinterpretar estos movimientos como agentes de un interés propio no son creíbles. Las protestas de los NMS raramente generan ganancias personales inmediatas para los participantes (en lo referente a los modelos de elección racional): pocos ecologistas o pacifistas pueden identificar los beneficios privados que cosecharán por sus esfuerzos, aunque los costes son fácilmente reconocibles. Además, la investigación empírica muestra que los objetivos ideológicos y colectivos pesan más que los cálculos egoístas para motivar a los individuos a que participen en grupos ambientalistas, protestas antinucleares y otras formas de acción colectiva (Dalton/Küchler, 1990, 8).

Por ejemplo, un estudio empírico sobre los factores que influyen en la conciencia ecológica de ciudadanos y ciudadanas, basado en datos de cinco países europeo-occidentales, concluye que son sobre todo la «motivación sociotrópica» (*sociotropic factors*, es decir, el hecho de que la gente conceptúa los problemas ecológicos como problemas de interés general y se preocupa por el estado real del medio ambiente) y, en segundo lugar, el cambio valorativo (aumento de los valores «posmaterialistas»: véase el apartado 1.7 de este capítulo) los factores que explican el aumento de conciencia ecológica; mientras que el interés propio (problemas ecológicos que afectan directamente al agente) sólo tiene un valor explicativo indirecto, mucho menor que los otros dos factores (Rohrschneider, 1988). Una de las conclusiones que extrae Robert Rohrschneider es que «el poder explicativo de los motivos egoístas puede debilitarse a medida que los temas de "Nueva Política" estructuren cada vez en mayor grado el orden del día político en Europa Occidental. (...) Los motivos de interés propio constituyen una fuerza importante en el ámbito económico de la política, pero la aparición de temas no económicos en las naciones industriales avanzadas puede disminuir el valor explicativo de estos motivos» (Rohrschneider, 1988, 364).

En definitiva: el «problema del gorrón» (*free-rider problem*), del individuo egoístamente racional que –salvo coerción o incentivos selectivos– no contribuye a la acción colectiva ni siquiera si sus intereses individuales coinciden con los del grupo (porque prefiere intentar cosechar los beneficios de los esfuerzos de los demás sin aplicarse él mismo a la tarea), no tiene desde luego solución dentro del esquema olsoniano. Para Olson la acción colectiva, sin incentivos selectivos[9] ni coerción, es o bien imposible o bien irracional. Este «modelo de mercado» de la cooperación resulta intrínsecamente incapaz de explicar el origen y el funcionamiento de las solidaridades de grupo (cuya existencia es una evidencia palmaria): se le escapa todo lo exterior al sistema adquisitivo capitalista. Además, su forzado individualismo metodológico le lleva a ignorar el hecho de que los MS realmente existentes se forman a menudo a partir de organizaciones y redes sociales ya existentes (lo que subraya, por el contrario, el *enfoque de redes* que revisaremos más abajo). Cuanto más se dé este «reclutamiento en bloque», menor será la necesidad de explicar la participación individual en los MS por medio de incentivos selectivos.

1.4. Enfoque de movilización de recursos

Tras el colapso de los enfoques de *collective behaviour*, y a la vista del insuficiente poder explicativo de los modelos de *relative deprivation* y de *rational choice*, ¿qué caminos han seguido los estudiosos? Los dos enfoques mayoritarios y quizá más fecundos, que se han impuesto respectivamente en Europa y en los EE.UU., son las llamadas *teorías europeas sobre los nuevos movimientos sociales* y el enfoque de *movilización de recursos*. Vamos a empezar por este último.

El enfoque de movilización de recursos (*ressource mobilization approach*; véase McCarthy/Zald, 1973 y 1987, Jenkins, 1983) *parte del análisis de las organizaciones, no del de los individuos*. No se pregunta por qué los individuos se suman a los MS, ni si su comportamiento es racional o irracional, sino que más bien analiza la eficacia con la que los movimientos (o más exactamente las organizaciones de los movimientos) emplean los recursos de que disponen (activistas, dinero, conocimientos, etc.) para alcanzar sus objetivos. Se da por sentado que la insatisfacción individual y los conflictos sociales existen en todas las sociedades, y que por tanto los MS no dependen de la existencia de ese potencial, sino más bien de la creación de organizaciones capaces de movilizarlo.

Esta perspectiva «organizacional» lleva, por ejemplo, a reconocer e investigar la importante figura del «empresario movimentista» (*movement entrepreneur*, individuo o grupo de personas que toma la iniciativa en las tareas de organización y movilización) para la creación y dirección de estas organizaciones. Como se ha indicado,

> a través de este enfoque organizacional los investigadores vieron nuevos aspectos de los movimientos sociales. Por ejemplo, una vez que se había formado cierta organización de un movimiento social, los analistas hallaron que la puesta en práctica de las políticas deseadas tenía que competir con el deseo de la organización de perpetuarse. En contraste con la naturaleza amorfa del movimiento social subyacente, muchas organizaciones de los movimientos adoptan una estructura jerárquica y altamente convencional para maximizar su eficiencia en la colecta de dinero, la activación de afiliados y la movilización de otros recursos. La planificación organizativa significa que las tácticas de estas organizaciones no se basan en los estallidos emocionales de ciudadanos frustrados sino en cálculos conscientes sobre cómo alcanzar mejor los objetivos de la organización –mediante protestas dramáticas o quizá con silencioso cabildeo político–. Además, algunas de las actividades de una organización movimentista tienen que dirigirse al mantenimiento de la organización, la captación de nuevos miembros y de nuevos donantes de fondos, y no sólo a modificar las políticas públicas. (...) En pocas palabras, el modelo de movilización de recursos proporciona una teoría integrada de cómo se forman las organizaciones, cómo se moviliza el apoyo público, y cómo se desarrolla el comportamiento de las organizaciones y se decide la táctica política (Dalton/Küchler, 1990, 9).

Recurriremos de nuevo a la capacidad de síntesis de Cohen para resumir los presupuestos comunes de los distintos teóricos de la *ressource mobilization*:

> (I) Hay que entender los movimientos sociales a partir de un modelo conflictual de acción colectiva. (II) No hay diferencias esenciales entre la acción colectiva institucional y no institucional. (III) Ambas entrañan conflictos de interés intrínsecos a las relaciones de poder institucionalizadas. (IV) La acción colectiva involucra la búsqueda racional del propio interés por parte de grupos. (V) Objetivos y agravios son resultados permanentes de las relaciones de poder y por tanto no pueden explicar la formación de movimientos. (VI) Ésta depende, más bien, de cambios en los recursos, la organización y las oportunidades para la acción colectiva. (VII) El éxito se manifiesta en el reconocimiento del grupo como actor político o en los beneficios materiales acrecentados. (VIII) La movilización involucra organizaciones formales burocráticas de gran escala y con propósitos definidos (Cohen, 1985, 675).

Pese al interés de este enfoque, algunas insuficiencias parecen evidentes. En primer lugar, al centrarse exclusivamente en la racionalidad estratégico-instrumental de la acción colectiva, presupone en última instancia el modelo olsoniano (Olson, 1965) y no escapa a las dificultades de éste que antes ya señalamos: tampoco aquí se consigue solucionar el problema del *free-rider*, vulgo gorrón (Cohen, 1985, 677-678, 685-687). El concepto de racionalidad como maximización del interés privado egoísta a partir de preferencias dadas, presupuesto en el enfoque del *rational choice*, es demasiado estrecho para elucidar todos los problemas con que se enfrenta una sociología de los movimientos sociales. Ninguna lógica de intercambio cuasi-mercantil según cálculos de coste-beneficio puede dar cuenta correctamente de la acción colectiva en grupos en «estado naciente» (Alberoni, 1984) y en busca de autonomía, identidad colectiva y reconocimiento público. A un marco analítico que atienda exclusivamente a la interacción estratégica se le escapan tanto las orientaciones culturales como las dimensiones estructurales del conflicto –y por tanto ignora dimensiones específicas de los MS (Cohen, 1985, 697).

Además, la perspectiva organizacional del enfoque de movilización de recursos tiende a *identificar movimientos con organizaciones* (por el contrario, *un movimiento es siempre más que las organizaciones que engloba*; véase más abajo 2.1), lo cual puede ocasionar distorsiones teóricas considerables. Por ejemplo, a partir de este enfoque se negará que haya nada nuevo en los movimientos sociales contemporáneos o «alternativos», posición que me parece incorrecta (véase 2.5). Se tenderá, también, a minusvalorar los aspectos de oposición fundamental al sistema sociopolítico vigente.

> Habitualmente, las organizaciones trabajan dentro del sistema. Practican un enfoque incremental: se proponen la redistribución (de poder, de riqueza) antes que una redefinición de las prioridades y procedimientos básicos. Además, la continuidad o semejanza de las preocupaciones temáticas en las actividades de las organizaciones tiende a oscurecer cualquier tipo de cambios en la motivación subyacente de los individuos implicados y en el contexto político y social (Dalton/Küchler, 1990, 279).

Por otra parte, la naturaleza «apolítica» del enfoque de movilización de recursos no dejará de parecer una deficiencia a muchas y muchos. Ilumina las *formas* de la movilización, pero ¿es que los *contenidos* de esa movilización pueden ser indiferentes al estudioso de los MS? ¿No tendrá éste nada que decir sobre proyectos colectivos, sobre tendencias históricas, sobre desarrollos culturales, sobre ideologías y filosofías políticas? Una afirmación como «el vínculo ideológico entre el núcleo de los miembros determina la naturaleza del movimiento» (Dalton/Küchler, 1990, 278), que de entrada no parece ninguna tontería, sería casi un sinsentido a partir del enfoque de movilización de recursos.

1.5. Enfoques «europeos», escuela «particularista», enfoque de redes, enfoque cognitivo

Estas preguntas subyacen a los planteamientos de lo que se ha dado en llamar *teorías europeas de los nuevos movimientos sociales (NMS)*. Se ha agrupado ocasionalmente a estos investigadores europeos bajo la rúbrica de «teóricos de la identidad» –*identity theorists*, Cohen (1985)–, pero entre ellos existen muy notables diferencias de perspectiva: no hay más que asomarse comparativamente, por ejemplo, a Touraine (1978), Alberoni (1984), Raschke (1985), Offe (1988) y Melucci (1989). En comparación con la escuela estadounidense de *ressource mobilization*, acentúan más los factores de ideario y proyecto histórico, de los MS como sujetos (o, más modestamente, actores) históricos, y afirman que la aparición de los «nuevos» movimientos tiene que ver con transformaciones fundamentales de las sociedades industriales avanzadas.[10] Muchos de estos sociólogos europeos subrayan que los activistas de estos movimientos, y las líneas de conflicto social (*cleavages*) en torno a las cuales se estructuran los movimientos, son diferentes de los que había en los movimientos de la sociedad industrial clásica: el término «nuevos movimientos sociales» apunta a una distinción clara entre estos movimientos y los «viejos» e institucionalizados movimientos de la clase obrera. Como mis propias reflexiones se enmarcan dentro de los debates generados por este enfoque, y estos debates nos ocuparán en el capítulo siguiente, puedo ahorrar al lector o lectora el extenderme demasiado aquí.

Voy a terminar discutiendo brevemente otros tres enfoques de mucho interés. El primero de ellos (presentado a veces como un subenfoque de la *ressource mobilization*: Cohen, 1985; Jenkins, 1989) es el que a veces se denomina *escuela «particularista»* de los MS (Eyerman/Jamison, 1991, 25), y cuya figura más descollante es el sociólogo norteamericano Charles Tilly. Este enfoque, histórico y sociopsicológico, se centra en las motivaciones individuales que llevan a las personas a participar en los MS, y realiza meticulosos «estudios de caso» de movimientos (a menudo concebidos como instrumentos para procesos de socialización política).

Tilly define la acción colectiva típica de los MS en relación a la persecución de intereses comunes (Tilly, 1978), y le preocupa fundamentalmente la efectividad de la toma de decisiones tácticas. Al describir esta efectividad, Tilly discute los MS como entes que se mueven «de la organización a la movilización» de recursos en torno a intereses compartidos y, finalmente, a la realización de acciones efectivas dentro de estructuras de oportunidad específicas. Dado que la oportunidad para la acción colectiva varía con las circunstancias históricas y culturales, Tilly añade la dimensión del contexto histórico a su estudio de los MS (Eyerman/Jamison, 191, 25).

En sus formas más extremas, este enfoque lleva a negar la existencia de rasgos comunes en distintos MS, que se consideran como fenómenos históricos particulares esencialmente no generalizables, y no comprensibles más que a través de la experiencia personal de los agentes interpretada a través de un arte de la «biografía colectiva».

También el llamado *enfoque de redes (network approach)* puede considerarse, en realidad, como una especificación del enfoque de movilización de recursos. Esta perspectiva afirma que los MS pueden concebirse esencialmente como *manifestaciones de redes socioespaciales latentes, cuyo elemento aglutinador son sobre todo comunidades de valores* (véase Max Kaase en Dalton/Küchler, 1990, 98). Para estos estudiosos, la diferenciación social ha conducido en la sociedad industrial avanzada a la formación de comunidades de valores con alta densidad de interacción personal entre los integrantes. Las redes socioespaciales así formadas subsisten durante largos períodos de tiempo y pueden activarse en una coyuntura favorable a la movilización. Aldon Morris observó que la preexistencia de redes sociales e instituciones es un requisito básico para el desarrollo de un MS en su documentado estudio sobre el movimiento norteamericano por los derechos civiles (Morris, 1984). Otros estudios han subrayado también la importancia de esas redes socioespaciales latentes y capaces de activarse como estructuras de apoyo para una gran variedad de MS concretos, desde movimientos estudiantiles a movimientos vecinales, desde movimientos antipornografía a organizaciones terroristas (se hallará una visión de conjunto de estas investigaciones en Klandermans, 1989).

Por último, tenemos el *enfoque cognitivo* desarrollado por Ron Eyerman y Andrew Jamison en un libro (Eyerman/Jamison, 1991) que combina la herencia de la teoría crítica desarrollada por la Escuela de Francfort con la sociología del conocimiento de Max Scheler y Karl Mannheim. Los dos sociólogos estadounidenses trasplantados a Suecia proponen «un acercamiento cognitivo» a los MS: éstos son releídos como formas de actividad mediante las cuales las personas crean nuevos tipos de identidades sociales, como procesos de *praxis cognitiva*: «Ha de concebirse a los movimientos sociales como espacios públicos temporales, como momentos de creación colectiva que proveen a las sociedades de ideas, identidades e incluso ideales» (Eyerman/Jamison, 1991, 4).

Desde esta perspectiva, «la articulación colectiva de una identidad de movimiento puede compararse a un proceso de aprendizaje social en el cual las organizaciones del movimiento actúan como fuerzas estructuradoras, abriendo un espacio donde la interacción creativa entre individuos puede tener lugar» (pág. 55); después este espacio se amplía y «socializa», se transforma en un espacio público de articulación de intereses que puede afectar a la totalidad de la sociedad. Los movimientos son *productores de conocimiento social*: median en la transformación de conocimiento cotidiano en conocimiento profesional, y suministran nuevos contextos para la reinterpretación del conocimiento profesional (pág. 52). Los dos autores ponen a prueba la fuerza interpretativa de sus conceptos básicos *praxis cognitiva* e *intelectual movimentista* en sugestivos análisis de movimientos sociales (tanto «nuevos» como «viejos»).

1.6. Una propuesta de síntesis

Los cinco últimos enfoques teóricos discutidos (movilización de recursos, enfoques «europeos», escuela «particularista», enfoque de redes, enfoque cognitivo) *no son, en mi opinión, excluyentes sino más bien complementarios*; o, al menos, contienen elementos susceptibles de ser recombinados en una síntesis más poderosa y general, si no hacemos ascos a cierta dosis de eclecticismo (mi favorita, entre los intentos que conozco, es el valioso manual sobre movimientos sociales del politólogo de Hamburgo Joachim Raschke [Raschke, 1985]).[11]

La escuela de la movilización de recursos proporciona a cualquier teoría de los movimientos sociales herramientas preciosas para analizar el aspecto organizacional de los movimientos, y muy en particular los problemas de la movilización. El «particularismo» de autores como Tilly y otros insiste saludablemente (como un antídoto contra la especulación que se dispara en Grandes Teorías) en la importancia de los contextos históricos particulares en que se desarrollan los MS.[12] Los estudios empíricos guiados por un enfoque de redes han arrojado en todos los casos interesantes resultados sobre la constitución y funcionamiento interno de los movimientos. El enfoque cognitivo de Eyerman y Jamison, con su énfasis en los movimientos como actores colectivos esenciales para la construcción social de la realidad, ilumina aspectos que suelen pasar desapercibidos a otros teóricos. La investigadora Jean L. Cohen resalta supuestos comunes del enfoque de movilización de recursos y de las teorías europeas de los NMS:

> Ambos paradigmas suponen que los MS implican protesta y conflictos entre grupos organizados con asociaciones autónomas y formas complejas de comunicación (...). Ambos arguyen que la acción colectiva conflictual es normal, y que los participantes en ella por lo general son miembros de organizaciones, racionales y bien integrados. En suma, la acción colectiva presupone formas de asociación específicas del contexto de una sociedad civil pluralista moderna. Además, ambos enfoques distinguen entre dos niveles de acción colectiva: la dimensión manifiesta de las movilizaciones a gran escala (huelgas, concentraciones, manifestaciones) y el nivel menos visible, latente, de las formas de asociación y comunicación entre grupos que dan cuenta de la vida cotidiana y la continuidad de la participación. Es obvio que la insistencia de ambos enfoques en la organización *previa* de los actores sociales y en la *racionalidad* de la protesta colectiva desafía las teorías clásicas de los MS [es decir, el enfoque del *collective behaviour*. J.R.]. Pues ello significa que estas características supuestamente únicas y propias de la acción colectiva «convencional» resultan ser también propias de las formas no convencionales de comportamiento colectivo. En otras palabras, la sociedad civil, con sus asociaciones autónomas intermedias tan caras a los pluralistas –y no la imagen de pesadilla que estos pluralistas tienen de la sociedad de masas–, es el terreno donde aparecen los anatematizados movimientos sociales. (Cohen, 1985, 673).

Cohen sugiere que los dos enfoques no son contradictorios, sino que ponen énfasis en asuntos distintos: mientras que los norteamericanos subrayan la *instrumentalidad* de la acción social (cómo los movimientos emplean los recursos de que disponen para alcanzar sus fines), los europeos se concentran más bien en los procesos de *comunicación y formación de identidad* (cómo los movimientos generan nuevas identidades y proyectos históricos para la sociedad).[13] También Klandermans y Tarrow (en Klandermans/Kriesi/Tarrow, 1988) proponen una síntesis entre el enfoque de movilización de recursos y el interés por las *estructuras de oportunidad políticas* (Kitschelt, 1986; Rüdig, 1988), característico de muchos enfoques europeos.

En el estado actual de la investigación, se diría que un marco teórico adecuado para el estudio de los MS *ha de combinar varios de los enfoques discutidos*. En mi opinión, se complementan mutuamente, casi diría que se necesitan mutuamente, *el enfoque de movilización de recursos* discutido en 1.4 (con su énfasis en el análisis de las organizaciones y los recursos de que éstas disponen, y las derivaciones de la escuela «particularista» y el enfoque de redes, estudiadas en 1.5) y *los enfoques «europeos» de los nue-*

vos movimientos sociales (que acentúan los proyectos históricos, las contradicciones estructurales, la formación de identidades e idealidades colectivas). Además, ha de prestarse especial atención al *contexto específicamente político* (la «estructura de oportunidades políticas», según el término consagrado) en que nacen y operan los movimientos. Cada uno de estos enfoques queda cojo sin el otro, mientras que una síntesis adecuada de ellos tiene, en mi opinión, un notable poder heurístico y explicativo. Un buen ejemplo, como ya señalé antes, lo ofrece Joachim Raschke en un manual sobre MS (Raschke, 1985) de cuya traducción se beneficiarían en alto grado los científicos sociales hispanohablantes. La introducción al estudio de los NMS que presentamos en el capítulo 2 de este libro intenta guiarse por criterios semejantes.

1.7. «POSMATERIALISMO» Y CAMBIO CULTURAL EN LAS SOCIEDADES INDUSTRIALES AVANZADAS

Al llegar aquí, el lector o lectora con algún conocimiento previo de las discusiones sobre NMS se habrá preguntado: pero bueno, ¿y qué pasa con el famoso *posmaterialismo*? La teoría que seguramente ha generado más viva controversia en torno a estas cuestiones, ¿no aparece por ningún lado? Precisamente la relevancia de este debate aconseja un tratamiento detallado.

El influyente libro del profesor de la Universidad de Michigan Ronald Inglehart publicado en 1977, *The Silent Revolution*, arrancaba con las siguientes palabras:

> Los valores de las poblaciones occidentales han ido cambiando desde un énfasis abrumador sobre el bienestar material y la seguridad física hacia un énfasis mucho mayor en la calidad de vida. Las causas e implicaciones de este cambio son complejas, pero el principio básico puede plasmarse de un modo muy simple: la gente tiende a preocuparse más por las necesidades o amenazas inmediatas que por cosas que aparecen más lejanas o no presentan visos amenazadores. Así, el deseo de belleza puede ser más o menos universal, pero la gente hambrienta muy probablemente buscará alimentos antes que una forma de satisfacción estética. Hoy en día, un porcentaje sin precedentes de la población occidental ha sido educado bajo condiciones excepcionales de seguridad económica. La seguridad física y económica es algo que se sigue valorando positivamente, pero su prioridad relativa es más baja que en el pasado. Mantenemos la hipótesis de que también está teniendo lugar un cambio significativo en la distribución de las cualificaciones políticas. Un porcentaje cada vez más alto de la población está mostrando la suficiente comprensión e interés por la política nacional e internacional como para poder participar en la toma de decisiones a ese nivel (Inglehart, 1977, 3).

El sociólogo norteamericano apuntaba al surgimiento de un cuerpo de «nuevos valores posmaterialistas» en las sociedades industriales avanzadas, que se opondrían a los «viejos valores materialistas» previamente dominantes. Se trataría de un fenómeno de saturación propio del «capitalismo del bienestar»: en éste los valores emergentes serían la autorrealización personal y la participación política, mientras que se estimarían menos (por ser dados por supuesto) el bienestar material y la seguridad física. La teoría del cambio cultural hacia el posmaterialismo, cuya primera versión fue expuesta en un artículo de 1971 (Inglehart, 1971), ha encontrado su expresión más acabada en el último y ambicioso libro de Inglehart, *El cambio cultural en las sociedades industriales avanzadas* (Inglehart, 1991), que será nuestro principal punto de referencia en la discusión siguiente.

Quiero señalar primero que *el término «posmaterialismo»*, aunque se ha generalizado tanto que parece ya imposible de eliminar, *me parece muy desafortunado*. Resulta filosóficamente confuso hablar de «posmaterialismo» para referirse, por ejemplo, al deseo de la gente de no ser aniquilada en una guerra nuclear, o de no desarrollar un cáncer inducido químicamente. Los intereses por la democratización de la vida social, por el control del proceso de trabajo o por la preservación de un medio ambiente habitable son nítidamente materialistas. Más acertado me parecería el concepto de «valores posconsumistas» o «postadquisitivos».[14] Lo que aquí está en juego, a fin de cuentas, es la disyuntiva expresada en el título del conocido libro de Erich Fromm *¿Tener o ser?*; y los valores posconsumistas entrañan una decidida opción por el ser y contra el tener.

Resulta, por tanto, que *los «nuevos» valores posmaterialistas no son posmaterialistas* si queremos mantener el sentido que «materialismo» ha tenido en muchas de las principales tradiciones intelectuales de Occidente;[15] y también resulta que *estos valores tampoco son nuevos*. La novedad, si acaso, se hallaría en la difusión de estos valores en capas más amplias de la población. Pero los valores nunca se crean *ex nihilo* por un acto de voluntad; se elaboran colectivamente dentro de tradiciones sociales y en dilatados lapsos, y por ello su novedad, en una situación histórica determinada, no puede ser sino relativa; con más propiedad puede hablarse de su nueva manifestación en una situación histórica nueva. Los valores se crean, actualizan y reelaboran por medio de la práctica social y la experiencia: *más que explicar la acción, son ellos los que tienen que ser explicados por la acción* (véase Rüdig/Lowe, 1986b, 537), de modo que no siempre podrán intervenir como una variable explicativa independiente. En el capítulo siguiente tendremos ocasión de interrogarnos sobre la novedad de los «nuevos movimientos sociales» y sus valores.

1.8. Para una crítica de la teoría del «posmaterialismo»

El marco teórico de Inglehart se basa en dos hipótesis clave (Inglehart, 1991, 47, 61):

I. Una *hipótesis de la escasez*, según la cual las prioridades de las personas reflejan su medio ambiente socioeconómico, de manera que uno concede mayor valor subjetivo a las cosas relativamente escasas. A menudo Inglehart ha formulado esta hipótesis en función de la *jerarquía de las necesidades* sugerida por el psicólogo Abraham H. Maslow: las necesidades materiales (bienestar material, seguridad física) tendrían que ser satisfechas antes que pudieran plantearse las necesidades «inmateriales» (amor, reconocimiento social, creatividad, autorrealización; Inglehart, 1977, 22). En la robusta formulación del joven Brecht: «primero la manduca y luego la moral».[16]

II. Una *hipótesis de la socialización*, según la cual la relación entre el medio socioeconómico y las prioridades valorativas no es de ajuste inmediato, sino que los valores básicos de la persona reflejan las condiciones que prevalecieron en los años previos a la madurez. En otras palabras: la socialización primaria tendría un peso incomparablemente más fuerte que la socialización secundaria para la definición de los valores de las personas.

Hay razones, tanto teóricas como metodológicas, para criticar la teoría de Inglehart. De entrada, podemos señalar que la hipótesis de la escasez (y la rudimentaria teoría de las necesidades humanas por ella presupuesta) plantea algunos problemas serios. *Sólo hay necesidades básicas del ser humano en un nivel mínimo* (alimento, agua, cobijo) y éstas pueden satisfacerse de múltiples maneras (con consumos muy diferentes de energía exosomática y materias primas, sin ir más lejos).[17] Dicho de otra manera: *la riqueza se define culturalmente*. El *ethos* de un indio norteamericano era posmaterialista, en algún sentido importante de la palabra «posmaterialista», y ello en condiciones materiales que casi a cualquier habitante de una sociedad occidental moderna le parecerían de una pobreza extrema.[18]

Otro problema: la perspectiva maslowiana tiende a reducir los juicios morales a necesidades (pues se supone que las necesidades deciden las elecciones, y toda elección puede verse como expresión de valores). Pero una teoría que enfatiza tanto las necesidades *tiende a infravalorar el carácter intencional de la acción humana* (Cotgrove/Duff, 1981). Es claro que las prioridades discernibles en las elecciones nos informan tanto sobre el valor asignado a los fines de la acción como sobre la intensidad de necesidades que hay que satisfacer; pero la relación entre estos tres elementos (elecciones, valores y necesidades) seguramente es más compleja que la supuesta en la teoría de Maslow. Todo el mundo conoce ejemplos en los que se opta en función de ideales o valores aunque ello vaya en detrimento de la satisfacción de alguna necesidad inmediata. Esto, a veces, puede tener su importancia en la acción política: «Es más probable que la gente vaya a las barricadas movida por un sentimiento abrasador de injusticia que a causa del hambre o la pobreza como tales» (Cotgrove/Duff, 1981, 98). Es sabido que no son los más miserables de entre los miserables quienes se hallan en mejor situación para emprender la lucha mancomunada contra el mal social (véase Raschke, 1985, 28).

Los sociólogos Philip Lowe y Wolfgang Rüdig, en un excelente artículo donde hacen balance de la investigación sobre ecología política hasta mediados de los ochenta, sugieren *la posibilidad de que el enorme esfuerzo de investigación demoscópica sobre cambio de valores esté mal enfocado en su totalidad*:

> Dentro de la tradición [investigadora] del cambio de valores, la forma y el contenido de la acción política se consideran esencialmente epifenoménicas. La investigación demoscópica sobre posmaterialismo y política no convencional realizada en los setenta carecía ostensiblemente de referencia alguna a conflictos concretos; más bien trataba de los «potenciales» identificados en las actitudes de la opinión pública mediante encuestas, despreciando de este modo los contextos en que las acciones tienen lugar (o no) y a través de los cuales los valores resultan mediados. Cualesquiera que sean los méritos relativos de los métodos de muestreo y los análisis de datos de los diferentes estudios, *la cuestión crucial es si el inmenso esfuerzo consagrado a esta forma de investigación tiene alguna utilidad en la explicación de fenómenos políticos reales* [el subrayado es mío, J.R.]. A pesar de los nexos arbitrarios que establecen varios investigadores entre parámetros particulares de sus encuestas y hechos reales, nos parece que la enorme bibliografía surgida en torno a la teoría de Inglehart se ocupa esencialmente de artefactos de investigación cuya relevancia para el análisis de la realidad política es, en el mejor de los casos, tenue (Rüdig/Lowe, 1986b, 518).

1.9. Una cosa es predicar y otra dar trigo... también para posmaterialistas

Las encuestas y análisis de Inglehart, ¿qué prueban, en el sentido riguroso de la palabra *probar*? Que un número creciente de personas en los países ricos del planeta, cuando se les pregunta cómo les va la vida, afirman dar más valor a «bienes inmateriales» como la participación política y la calidad de vida que a «bienes materiales» como el crecimiento económico y la seguridad física.[19] Que luego estos mismos ciudadanos y ciudadanas se despoliticen y retraigan de la vida política cada vez más, y que los movimientos sociales que luchan por mejorar efectivamente la calidad de vida y la participación democrática no encuentren una base de masas, sino que más bien se vean reducidos a minorías protestonas según los tiempos y los lugares, ¿no ha de importar a nuestra teoría? Inglehart escribe: «Todo el mundo sabe que la juventud actual se ha vuelto conservadora, y que su interés principal consiste en prepararse para carreras lucrativas, de modo que puedan llegar a ser *yuppies* y dedicar su vida al consumo conspicuo. Pero, de hecho, la evidencia empírica apoya muy poco este estereotipo. (...) Una evidencia abrumadora nos indica que los valores básicos de la juventud contemporánea no son más materialistas de lo que lo eran los de sus compañeros de hace una o dos décadas. Tampoco son más conservadores en ningún sentido básico» (Inglehart, 1991, XXXIX). La «evidencia empírica abrumadora» son las declaraciones de estos jóvenes recogidas en encuestas inglehartianas. La *conducta* de estos jóvenes (manifestada, por ejemplo, en sus votos e intención de voto a partidos políticos, la edad en que compran su primer coche, los hábitos de consumo, las actividades culturales, la evolución de los hábitos sexuales y matrimoniales, la participación en asociaciones cívicas y partidos políticos, los comportamientos sexistas y racistas), ¿no es también evidencia empírica de algún tipo? Salvo que vivamos por definición en el mejor de los mundos posibles, y ese mundo sea posmaterialista por definición.[20]

Por tanto, una primera observación metodológica –que debería resultar perogrullesca, aunque por desgracia no sea el caso– es que *no pueden aceptarse sin más las declaraciones de las personas sobre sus valores como prueba de la existencia de esos valores*, porque todos tendemos a hacer creer (y a creernos) que somos tipos estupendos, y acostumbramos a presentarnos bajo la luz más favorable posible (ya que necesitamos contar con cierta dosis de autoestima para el equilibrio de nuestra vida psíquica). Dicho de otro modo: previsiblemente Inglehart encontrará bastantes dificultades al operacionalizar sus hipótesis sobre el cambio cultural, porque –como la sabiduría popular ha visto acertadamente– una cosa es predicar y otra dar trigo, y del dicho al hecho hay mucho trecho. Las consecuencias que esto tiene para la teoría del materialismo/posmaterialismo son considerables.

Las respuestas a los cuestionarios de Inglehart le sirven a éste para clasificar a las poblaciones en materialistas, posmaterialistas y tipos mixtos (Inglehart, 1991, 70). Pero, ¿qué conocimiento sustancial sobre la realidad social nos aportan estos porcentajes? No mucho, en realidad, si se reflexiona sobre hechos como los siguientes: los porcentajes de materialistas/posmaterialistas derivados de los cuestionarios de Inglehart pueden variar dramáticamente en encuestas casi consecutivas, lo que arroja dudas sobre la eficacia de este método para medir cambios en las orientaciones valorativas (que en principio son relativamente estables y cambian paulatinamente, sin sufrir oscilaciones dramáticas en pocos meses);[21] por otro lado, cambios en los cuestionarios que se dirían poco significativos, si de verdad tales cuestionarios midieran fiablemente las orientaciones valorativas profundas, conducen sin embargo a variaciones dramáticas en los porcentajes de «materialistas» y «posmaterialistas». Por ejemplo: *cuanto más de cerca nos tocan los problemas, menos posmaterialistas somos*; dos cuestionarios distintos ideados para medir el materialismo/posmaterialismo de los españoles en 1990/1991, el primero referido a cuestiones de la vida nacional (desigualdad social, inflación, lucha contra la droga, protección del medio ambiente, etc.) y el segundo a problemas universales (desigualdad mundial, demografía mundial, lucha contra la pobreza, protección de la biosfera, etc.) arrojaban porcentajes de posmaterialistas españoles *tan distintos como 24 % y 59 %* (Juan Díez Nicolás en Inglehart, 1991, XXIV y XXIX). O sea: cuanto menos consecuencias acarreen, más fáciles la generosidad verbal y las declaraciones de buenas intenciones; de nuevo, una cosa es predicar y otra dar trigo.

Ya de las consideraciones anteriores se desprende la conveniencia de una cautela conceptual que mantendremos en este libro: siempre que me refiera al concepto de materialismo/posmaterialismo de Inglehart (que ha pasado a ser de uso generalizado en ciencias sociales), añadiré un sufijo IN a modo de homenaje al profesor de Michigan: hablaré de materialismo-IN y posmaterialismo-IN. Creo que lejos de suponer un engorro, esta convención nos obligará a tener constantemente presentes las debilidades de los métodos e hipótesis de Inglehart que ahora estamos discutiendo. Y nos recordará que lo que estamos discutiendo *no son valores directamente, sino constructos teóricos, artefactos intelectuales que (se supone) captan de manera más o menos adecuada los valores subyacentes y sus cambios*.

Está bien cuantificar las declaraciones de las personas sobre sus propios valores, y no puede negarse que algún aspecto del cambio cultural puede medirse así, con más o menos precisión; pero quizá otra vía mejor, o al menos igual de buena, para estudiar los valores sea *investigar los comportamientos reales de la gente, para ver qué valores los guían*. A menudo *las discrepancias entre los valores declarados y los comportamientos reales son tremendas*.

Por ejemplo: aunque la gran mayoría tanto de los varones como de las mujeres en la RFA piensa que las tareas domésticas han de realizarlas por igual los hombres y las mujeres (en una encuesta de 1988, sólo el 17 % de los hombres y el 19 % de las mujeres piensa que el trabajo doméstico es cosa fundamentalmente de la mujer), en realidad son las mujeres quienes realizan solas la inmensa mayoría de ese trabajo (en otra encuesta de 1990, el 95 % de las mujeres alemanas occidentales declaran que realizan solas el trabajo doméstico) (Korte/Weidenfeld, 1991, 33-34). Sería ridículo concluir la existencia de una mayoría social «pospatriarcal» a partir de la primera encuesta.[22]

De manera análoga: un porcentaje muy amplio de ciudadanos y ciudadanas (en muchos países de Europa Occidental, entre la cuarta parte y la mitad de los mayores de edad) afirma que *podría* militar en el movimiento ecologista.[23] Pero sólo una ínfima minoría (menos del 1 %) de estas poblaciones afirma pertenecer de hecho al movimiento ecologista. De nuevo, la diferencia entre disposición benévola y compromiso activo es enorme. A todos les parece bien, pero nadie se moja. Si esto es la «revolución participativa» (Kaase, 1982) con que nos marean los estudiosos de la cultura política desde hace años...[24]

Los estudios de psicología social muestran que *las relaciones entre los valores y las actitudes generales declaradas discursivamente, por un lado, y la conducta efectiva, por otro, no suelen ser muy intensas*.[25]

Inglehart afirma (sin sustanciar empíricamente su afirmación) que «el impacto de los valores sobre la conducta tiende a ser mayor entre los que tienen niveles relativamente altos de educación, información, intereses y habilidades políticas: en definitiva, entre los que tienen altos niveles de movilización cognitiva. Para el resto de la población los valores y actitudes (y conductas) que uno adopta pueden mostrar poca coherencia» (Inglehart, 1991, 420), pues según el politólogo de Michigan puede requerir un esfuerzo intelectual considerable (no al alcance de los menos «movilizados cognitivamente») darse cuenta de las implicaciones prácticas de los valores que uno sostiene. Pero, de entrada, no se ve por qué razón no ha de pesar más el factor de que los más «movilizados cognitivamente» son también los estratos privilegiados de la sociedad, y tienen por tanto más interés en defender globalmente el *statu quo*.

Por ejemplo, se ha hallado que la disposición a apoyar medidas colectivas de protección del medio ambiente que exigen sacrificios individuales (por ejemplo, impuestos y tasas ecológicas) *mengua a medida que aumenta el nivel de ingresos*, al menos en algunos países (Uusitalo, 1990, 221; dicho sea de paso, el mismo estudio halló que *las mujeres mostraban sistemáticamente una actitud más favorable en cuestiones ambientales que los varones*).

En el mismo orden de cosas, Fred Hirsch mostró en un libro

importante que en EE.UU., cuanto mayor es el bienestar de un municipio, tanto mayor también es la resistencia organizada en contra de toda transferencia de ingresos en beneficio de los sectores socialmente perjudicados (Hirsch, 1976, 104). Según él, este fenómeno resulta de la «competición intensificada por bienes posicionales»: cuanto más se tiene, tanto más se siente el deseo de equipararse a los que tienen todavía más, y por ello tanto mayor es la necesidad de bienes privados adicionales. Fenómenos perversos de este tipo tienen difícil encaje en la teoría del posmaterialismo-IN.

Dentro de la categoría de los comportamientos reales y cuantificables de la gente, a través de los cuales se manifiestan valores, entran las elecciones políticas (y si en ellas hay opciones nítidas entre partidos políticos «materialistas» y «posmaterialistas», algo averiguaremos también sobre los valores «materialistas» y «posmaterialistas» de las poblaciones, aunque por supuesto tampoco puede concluirse la existencia de un *ethos* verdaderamente «posmaterialista» a partir de la propensión a votar a un partido dado). En este sentido, el surgimiento o afianzamiento de partidos verde-alternativos y de «izquierda libertaria» a partir de los años sesenta (que estudiaremos en el capítulo 5 de este libro) es un buen indicio del avance de los valores «posmaterialistas». Pero si medimos así el cambio axiológico nos resultará imposible, naturalmente, explicar el surgimiento de este tipo de partidos por el avance de los valores «posmaterialistas».

1.10. Valores, conflictos y privilegios

Sin duda hay que reconocer la existencia de cambio valorativo; pero la noción de un cambio *unidimensional* desde los valores materialistas-IN a los posmaterialistas-IN es más problemática.

> Otra evidencia empírica en la investigación de valores sugiere que el cambio valorativo tiene lugar en más de una dimensión y que los valores «posmaterialistas» complementan, más que sustituyen, a los valores materialistas tradicionales (véase Flanagan, 1987; Westle, 1989). El debate actual sobre el cambio valorativo es bastante complejo, pero hay una consecuencia sencilla de estos puntos de vista enfrentados: si el espacio axiológico del individuo tiene que conceptualizarse de forma más compleja, entonces el efecto global de los cambios en (algunos) valores es más difícil de evaluar, y el impacto en la conducta política resulta menos nítido y predecible (Dalton/Küchler, 1990, 285).

Por otro lado, no puede pensarse que el impacto de ningún cambio de valores –unidimensional o multidimensional– sobre la conducta política vaya a ser automático o lineal: los factores estructurales y de cultura política propios de los sistemas políticos de cada Estado hacen inverosímil ningún impacto automático. ¿Por qué una necesidad creciente de «autorrealización», por ejemplo, va a traducirse en política alternativa en lugar de en nuevos estilos de vida no convencionales, pero absolutamente privados? Dicho de otra forma: la pregunta «¿por qué los *hippies* y *beatniks* de los sesenta se convirtieron en los verdes, y no en los *yuppies* de los ochenta?» (Kreuzer, 1990, 21) es perfectamente pertinente.

Hay algunas objeciones más, objeciones de fondo, contra el modelo de Inglehart. Se ha señalado que la teoría inglehartiana ignora el *contenido* del posmaterialismo, es decir, la *naturaleza de los problemas* con los que han de lidiar los «posmaterialistas» (Andersen, 1990, 104). Los valores que Inglehart cree impulsan «la revolución silenciosa» (Inglehart, 1977) son básicamente «pertenencia, autoestima y autorrealización» (Inglehart, 1991, XXXVII); poco tienen que ver con un complejo de valores centrado en torno al *autocontrol de las propias necesidades* que sin embargo resulta básico en el caso de los movimientos ecologistas, pacifistas y alternativos (véase Sacristán, 1987, 13). *Implícitamente, el politólogo de Michigan se ve obligado a reducir los problemas ecológicos a problemas principalmente «estéticos», a concebir las grandes amenazas globales y los límites de la civilización industrialista como meros problemas de «calidad de vida».*

«El medio ambiente se ve sólo como uno de tantos temas "posmaterialistas" que de repente adquiere notoriedad, sin relación con ningún cambio en el medio ambiente real, sino con un cambio de valores de gentes que no tienen otra cosa de qué preocuparse. Semejante línea de pensamiento puede inducir a creer que el ecologismo es no sólo un lujo, sino además una patología social.» (Rüdig/Lowe, 1986b, 518.) Quizás esto corresponda en cierta medida a los objetivos estético-recreativos de los movimientos conservacionistas del siglo XIX (como veremos en el capítulo 3), pero si realmente existen problemas ecológicos globales (y preguntar esto, a finales del siglo XX, es una pregunta retórica salvo para los incurablemente refractarios a la realidad), entonces tal concepción resulta engañosa. Los análisis del cambio valorativo, y el de Inglehart en particular, ignoran sospechosamente las cuestiones que tienen que ver con *los problemas ecológicos reales y las relaciones de poder y propiedad.*

En efecto: si el ecologismo resulta ser una mera cuestión de valores, entonces el conflicto ambiental es un conflicto sin intereses (el polo opuesto a los ecologistas sería gente que sencillamente tendría otros valores, por ejemplo, preferencia por el crecimiento económico), y resulta incomprensible por qué los ecologistas tienen que luchar a brazo partido contra élites burocráticas y económicas que *de acuerdo con el modelo de Inglehart tendrían que ser las más posmaterialistas de todas* (Andersen, 1990, 105). De hecho, el modelo lleva a predecir que las élites sociales, las clases dominantes, serán siempre las más posmaterialistas-IN de cualquier sociedad.[26] Pero si los más ricos siempre han sido y son los más posmaterialistas, los que menos importancia conceden al bienestar económico y la seguridad física, ¿cómo diablos entender las luchas de clases que han enfrentado a las clases propietarias con los desposeídos de este mundo, y en las cuales los primeros han defendido su bienestar y sus privilegios con extremada y poco posmaterialista ferocidad cada vez que, en una situación prerrevolucionaria o revolucionaria, éstos se veían seriamente amenazados?[27]

Realmente resulta difícil comprender la realidad política contemporánea si concedemos mucho crédito a la falsilla del posmaterialismo-IN, que predice élites políticas occidentales rabiosamente posmaterialistas («cuanto más alto el estrato, más posmaterialista debería ser», Inglehart, 1991, 362) e interesadas nada más que en la ecología, la paz y la ayuda al Tercer Mundo. ¡No sólo lo predice: da por hecho que *así es en la realidad* (Inglehart, 1991, 358-369)! *Fiat ars, pereat mundus*, y no hará falta más que un ejemplo: Inglehart refiere los resultados de un estudio sobre la relación entre prioridades valorativas materialistas-IN y posmaterialistas-IN en las élites y la población de la RFA. «Cuando se hicieron las encuestas en 1981, Alemania Occidental estaba gobernada por una coalición de socialdemócratas y liberales, ambos mucho más posmaterialistas que la población en su conjunto» (Inglehart, 1991, 365). En efecto, la diferencia entre los porcentajes de posmaterialistas-IN menos materialistas-IN era de –15 en el caso de la población en general, pero de +50 en el caso tanto de los políticos del SPD como del FDP (Inglehart, 1991, 364). Lástima que este gobierno de posmaterialistas, apoyado en una mayoría parlamentaria de posmaterialistas, y ejerciendo sus funciones en una sociedad en la cual las élites políticas e intelectuales son ampliamente posmaterialistas (Inglehart, 1991, 363), dedicase lo mejor de sus esfuerzos a imponer objetivos políticos tan poco posmaterialistas como desplegar nueva cohetería atómica por toda Europa, desarrollar a marchas forzadas la energía nuclear y conseguir crecimiento económico a toda costa, con independencia de los costes ambientales y sociales. ¡De hecho el bueno de Inglehart, inasequible al desaliento, llega a sugerir que el problema se halla en las masas egoístas y materialistas, que impiden a las pobres élites llevar a cabo los cambios políticos radicales por los que verdaderamente late su corazoncito posmaterialista (Inglehart, 1991, 366)!

La teoría del materialismo/posmaterialismo-IN sugiere que las preocupaciones de motivación no económica (incluyendo el sentido de la justicia, la dignidad humana y el respeto por uno mismo) quedan reservadas para los ricos y cultos posmaterialistas-IN, mientras que los menos afortunados sólo se mueven por motivos «menos nobles»: llenarse la panza y conservar la vida. Al lector o lectora a quien no basten su experiencia personal y sus conocimientos de historia (incluyendo la historia del movimiento obrero) para darse cuenta de que también en este caso ciencia es locura si buen seso no la cura, le remito a un riguroso estudio empírico (que investiga la dimensión materialista/posmaterialista en situaciones de pobreza) sobre las luchas campesinas en Costa Rica y Nicaragua a mediados de los ochenta: la autora es la la profesora de la Universidad de Colorado Leslie Anderson. Su conclusión es que

> incluso entre los más pobres, las razones no económicas de la acción política son muy importantes, un hallazgo que arroja dudas sobre el supuesto de que la motivación no económica gana importancia sólo después de satisfechas las necesidades materiales (Anderson, 1990, 82). Las cuestiones morales sobre lo justo y lo injusto, y la necesidad de dignidad y respeto por uno mismo, influyen en la acción política. La dignidad y el respeto de sí mismo son necesidades *humanas* que no necesariamente quedan reservadas a aquellos afortunados seres humanos bendecidos también por la riqueza. La diferencia estriba en el hecho de que algunas personas, las más ricas, pueden permitirse el lujo de concentrarse sobre todo en necesidades no económicas como el respeto por sí mismo y la autorrealización, mientras que otras tienen que hacerlo al mismo tiempo que no cejan de luchar contra la pobreza (ibíd., 107).

En definitiva, «los valores y necesidades no materiales están relacionadas con las dimensiones no económicas de los roles y la experiencia social. Su surgimiento no depende necesariamente del logro de algún nivel de satisfacción material» (Cotgrove/Duff, 1981, 103).

Se puede señalar, entonces, que la teoría del materialismo/posmaterialismo-IN puede ser correcta en el sentido de internamente coherente, pero no servirá de mucho para explicar el surgimiento de fenómenos de oposición política (a menudo radical) como los NMS y los partidos verde-alternativos. Markus Kreuzer, en un inteligente estudio sobre los verdes austriacos y suizos (Kreuzer, 1990) ha probado convincentemente la insuficiencia del posmaterialismo-IN como único o principal factor explicativo del surgimiento de estos partidos: *sin apelar a los factores estructurales, institucionales y de cultura política, resulta imposible entender las diferentes pautas de desarrollo de los partidos verdes* en países como Alemania Occidental, Austria y Suiza, por ejemplo. «Aunque indudablemente es cierto que los simpatizantes de los partidos verdes tienen algunas prioridades valorativas claramente diferentes, resulta ilegítimo vincular causalmente este hecho con el surgimiento de partidos verdes, ya que el cambio valorativo es un fenómeno que tiene que ser explicado, más que una variable explicativa.» (Rüdig/Lowe, 1986b, 536.)[28] Lo que está fuera de duda es que no existe ninguna relación sencilla entre fuerza de los valores posmaterialistas-IN y fuerza de los NMS y/o partidos verdes.[29]

Cabe subrayar que para explicar variaciones en los valores posconsumistas y el nivel de conciencia ecológica o feminista existen alternativas poderosas al modelo de «socialización en la riqueza y la seguridad» de Inglehart. «Las experiencias durante los años formativos pueden ser importantes y tener un impacto duradero, pero parece más probable que sea la *exposición* a las luchas políticas y la movilización política en los años formativos la variable relevante que interviene entre una generación y sus valores. Tal exposición, por añadidura, está vinculada al conocimiento y la educación, lo que puede también afectar a la conciencia de problemas distantes, como lo son los ecológicos.» (Andersen, 1990, 106.) Autores como los sociólogos británicos Stephen Cotgrove y Andrew Duff, tras observar un elevadísimo grado de apoyo a los valores posmaterialistas-IN en una muestra de ecologistas y constatar que ese grado de apoyo no podía explicarse satisfactoriamente apelando a una «socialización en la abundancia», esbozaron *un modelo alternativo que vincula los valores con la socialización política* (Cotgrove/Duff, 1981, 104-107). Sus datos «subrayan la significación ideológica de los valores, que se relaciona con fines sociales y políticos. El surgimiento y distribución de los valores no puede explicarse de modo sencillo en términos de satisfacción de necesidades» (Cotgrove/Duff, 1981, 105). También Jürgen Habermas afirma que el surgimiento del posmaterialismo, más que a la diferente socialización primaria (con más o menos abundancia material) de las distintas generaciones, se debe a la exposición a modos específicos de ver el mundo, mediados por las distintas redes de comunicación social (véase su ensayo introductorio en Habermas, 1979). Se diría, en definitiva, que *el modelo de Inglehart concede excesiva importancia a la socialización primaria* (dentro de la abundancia material) *y subestima, por el contrario, las experiencias políticas ocurridas en la edad juvenil*, y en especial la socialización política dentro de movimientos sociales radicales (véase Frankland/Schoonmaker, 1992, 54-57).

¿Qué conclusión sacar? Por lo menos, la de que hace falta una cautela extrema antes de poner en relación de causa-efecto el cambio valorativo más o menos documentado en las sociedades industriales avanzadas con los cambios en la conducta política que, entre otros efectos, han favorecido el desarrollo de los NMS y los partidos verde-alternativos. Bien pudiera ser que tanto el cambio valorativo como estos fenómenos de «nueva política» procediesen de un complejo causal común.[30] Si se aduce que el cambio axiológico hacia el posmaterialismo es la razón fundamental del surgimiento de los NMS, lo que se está sugiriendo es que se trata de «movimientos de lujo»: unas clases medias ahítas pueden permitirse el lujo de radicalizarse en cuestiones morales, y disponen de recursos sobreabundantes para practicar el activismo político. El hecho de que las luchas de los NMS responden a *problemas globales objetivos, que amenazan la continuidad de la civilización e incluso la supervivencia biológica de la especie*, desaparece completamente de nuestra vista. Formulada en estos términos, la explicación de Inglehart me parece insuficiente.

1.11. Posmaterialismo de izquierdas y de derechas

De su teoría del materialismo/posmaterialismo-IN deriva Ronald Inglehart predicciones y conjeturas sobre los futuros conflictos políticos en la sociedad industrial avanzada:

> Los cambios graduales en los valores básicos están reestructurando la política de las sociedades industriales avanzadas. (...) A finales de los sesenta y en los setenta, las fuerzas posmaterialistas se hicieron con la agenda de temas conflictivos de la izquierda de Europa Occidental y de los liberales estadounidenses. (...) La protesta se ha separado en gran medida de la militancia en un partido. Existen dos ejes fundamentales de polarización política, uno junto al otro, con los partidos más influyentes alineados a lo largo del familiar eje izquierda-derecha basado en la religión y en la clase social, coexistiendo incómodamente con una polarización, en gran medida independiente, entre materialistas y posmaterialistas (Inglehart, 1991, 372).

Inglehart sugiere que el primero de estos ejes tradicionales de conflicto, la dimensión izquierda-derecha basada en las divisiones de clase e ideologías tradicionales, irá erosionándose lentamente a medida que aumente la relevancia del segundo eje de conflicto, materialismo/posmaterialismo-IN (Inglehart, 1991, capítulo 9). Los conflictos en torno de valores ganarían importancia en detrimento de los conflictos de clase.[31] Inglehart propone un *principio de utilidad marginal decreciente del determinismo económico*: «Los factores económicos tienden a jugar un papel decisivo en condiciones de escasez, pero, a medida que disminuye la escasez, son otros factores los que cada vez más modelan una sociedad» (Inglehart, 1991, 267).[32]

Sin embargo, y como ha señalado el californiano James Savage, hay una debilidad en los análisis de Inglehart que mina la credibilidad de esa conclusión (o al menos la complica mucho). Se trata del hecho de que, *aunque Inglehart reconoce que existen posmaterialistas-IN de derechas* (Inglehart, 1977, 60-63, 229-240), *minimiza su importancia y da por sentado que la orientación general de los posmaterialistas-IN es de izquierdas* (y considera, por eso, que el grupo de los posmaterialistas-IN forma un grupo ideológicamente homogéneo).

No obstante, Savage, analizando con más rigor los datos de Inglehart, ha probado convincentemente que *un número considerable de los posmaterialistas-IN se identifican con la derecha política, y muestran características sociológicas* (ocupación profesional, religiosidad y nivel educativo) *más cercanas a los materialistas-IN de derechas que a los posmaterialistas-IN de izquierdas* (Savage, 1985). Las proporciones respectivas que alcanzarían estas cuatro categorías en varios países europeos se aprecian en el cuadro I.1. Para no extenderme demasiado no reproduciré aquí el resto de las tablas y gráficos de Savage, pero sus conclusiones me parecen inapelables:

> Los posmaterialistas de derechas destacan como un grupo con lealtades divididas, que comparte los valores posmaterialistas pero todavía se halla fuertemente influido por creencias e ideologías originadas en las tradicionales orientaciones de clase. Forman un grupo único, diferente de los posmaterialistas de izquierda y de los materialistas de derecha. Los datos sugieren que los posmaterialistas de derechas generalmente están satisfechos con su calidad de vida y sus instituciones político-sociales. Aunque han experimentado los cambios intergeneracionales creadores de valores posmaterialistas, les sigue preocupando el crecimiento económico y la defensa nacional más que a los posmaterialistas de izquierda (pero menos que a los materialistas de derechas). Además, los posmaterialistas de derechas pueden confiar menos en un uso izquierdista del Gobierno para realizar sus valores posmaterialistas (Savage, 1985, 441).

Aunque en general el grupo de los posmaterialistas-IN de izquierdas es más numeroso que el de los posmaterialistas-IN de derechas,[33] la situación varía mucho de un país a otro. Mientras que en la RFA, según se aprecia en el cuadro I.1, los posmaterialistas-IN de izquierdas superan a los de derechas en la proporción de dos a uno, o en Dinamarca y Francia en la proporción de tres a dos, *en otros países la relación cambia, y los posmaterialistas-IN de derechas son casi tan numerosos (Bélgica, Gran Bretaña) o más numerosos (Holanda, Irlanda) que los posmaterialistas-IN de izquierdas* (siempre según los datos de Inglehart y Savage correspondientes a 1973). Estamos lejos, pues, de hallarnos ante un fenómeno político despreciable (sobre todo si consideramos que, como han indicado numerosos estudios sobre comportamiento electoral, en las democracias representativas modernas los conservadores suelen votar más y participar más activamente en política que otros grupos).

CUADRO I.1:
DISTRIBUCIÓN DE VALORES Y TIPOS IDEOLÓGICOS, 1973
(Fuente: Savage, 1985, 436)

	Francia	Bélgica	Holanda	RFA	Italia	Irlanda	Gran Bretaña
MI	24 %	22	29	32	43	22	31
MD	27	36	35	45	26	46	35
PMI	36	22	19	14	25	13	19
PMD	12	19	17	8	6	19	14

NOTA: MI= materialistas de izquierda, MD= materialistas de derecha, PMI= posmaterialistas de izquierda, PMD= posmaterialistas de derecha. James Savage emplea los mismos datos demoscópicos (referidos a ocho naciones europeas) sobre los que edificó Inglehart su libro *The Silent Revolution* (Inglehart 1977).

De hecho, esta categoría sociológica de los posmaterialistas-IN de derechas corresponde con bastante exactitud a la categoría política de los *axioconservadores* (*Wertkonservativen*) propuesta por Erhard Eppler. Y estos axioconservadores o posmaterialistas-IN de derechas han contado en algunos lugares con peso suficiente como para fundar partidos políticos propios (partidos ecologistas de derechas en Alemania, Austria o Suiza, por ejemplo) o como para formar alas renovadoras importantes en partidos de derecha «clásicos» (conservadores y demócrata-cristianos). Otro ejemplo lo sugiere el mismo Savage: aunque California seguramente sea la región más «postindustrial» del mundo entero, con un enorme porcentaje de posmaterialistas-IN, las luchas y tradiciones políticas diferentes han creado pautas políticas significativamente distintas en el sur de la región (conservador) y en el norte (más liberal).

De la existencia de un subgrupo diferenciado de posmaterialistas-IN de derechas se siguen varias consecuencias importantes. En primer lugar, los efectos de los idearios e ideologías políticas «tradicionales», así como las lealtades de clase, parecen ser más persistentes y poderosos de lo que Inglehart supone. Resulta poco convincente que las futuras líneas de conflicto político se reduzcan a materialismo-IN contra posmaterialismo-IN: aparecerá más bien, al menos, un esquema de conflicto cuadrangular, con posmaterialistas-IN de izquierdas y de derechas y materialistas-IN de izquierdas y de derechas.

Debido a que Inglehart considera en general a los posmaterialistas-IN como un bloque homogéneo, tiende a confundir las opciones de valor con las opciones políticas (Savage, 1985, 432). Puede que la protección del medio ambiente sea un valor inequívocamente posmaterialista-IN, pero este valor no implica inequívocamente una política concreta, y de hecho se da una intensa controversia política sobre la mejor manera de proteger el medio ambiente: ¿más mercado (ecocapitalismo), más control estatal (ecotecnocracia), una regulación global por parte de un Estado keynesiano ecológicamente informado (ecokeynesianismo), un socialismo ecológicamente fundamentado (ecosocialismo), una dictadura ecológicamente ilustrada de izquierdas (comunismo sin crecimiento a lo Wolfgang Harich) o de derechas (ecofascismo)? *El eje izquierda/derecha es independiente del eje materialismo/posmaterialismo-IN, y no parece que a corto o medio plazo vaya a ser desplazado o sustituido por el segundo*.[34] Al final del capítulo 5 volveremos a interrogarnos por la pertinencia de este eje izquierda/derecha para la orientación en la política contemporánea, en relación con los partidos verde-alternativos.

Capítulo 2

UNA NUEVA RADICALIDAD EMANCIPATORIA: LAS LUCHAS POR LA SUPERVIVENCIA Y LA EMANCIPACIÓN EN EL CICLO DE PROTESTA «POST-68»

> La Antigüedad fue el árbol subtropical; la Edad Moderna fue el césped, la naturaleza anegada. Hace sólo doscientos años todavía se descubría el sentimiento de la naturaleza en estrofas a la luna; hoy la naturaleza tiene algo desnaturalizado y el clima produce efectos exagerados. El hombre de hoy vive en un edificio de varias plantas, y su consumo de petróleo le preocupa más que cualquier enigma de esfinge. Comienza una nueva historia, la historia del futuro: será la historia del campo mendeliano y de la naturaleza sintética.
>
> Gottfried Benn

> Hay dos formas opuestas de profanar el agua:/ recomendarle al río que se lleve/las serpentinas fétidas, el vómito/fabril, risas fecales/lejos de la ciudad://alguien olvida/que el agua es una casa/la casa de los peces/la casa de las algas/la casa del insecto, la casa de cristales...//La otra forma consiste simplemente/en pretender un agua/químicamente pura.
>
> Aníbal Núñez

2.1. Preliminarmente: una definición de movimiento social

Una primera definición, aproximativa, sería la siguiente: *movimiento social (MS) es un agente colectivo que interviene en el proceso de transformación social* (promoviendo cambios, u oponiéndose a ellos).[1]

Los objetos que caen bajo esta definición son familiares para el lector o lectora: me refiero, por ejemplo, a las distintas ramas del movimiento obrero (socialdemócrata, anarquista, comunista, cristiana), a los movimientos nacionalistas y regionalistas, a los distintos movimientos fascistas y al nacionalsocialismo alemán, al movimiento juvenil y naturista alemán a comienzos de este siglo, al feminismo sufragista de finales del siglo pasado y comienzos del actual, a los movimientos en pro del desarme nuclear articulados a finales de los años cincuenta en Gran Bretaña y la RFA, a los movimientos populares de ayuda mutua en América Latina o la India, a los movimientos vecinales europeos y la *community action* estadounidense de los setenta, y naturalmente también a los llamados nuevos movimientos sociales (NMS), como el movimiento antiautoritario estudiantil, el nuevo movimiento feminista, el nuevo movimiento pacifista, el ecologismo, etc. Todos estos movimientos sociales han sido importantes agentes de transformación social en las sociedades occidentales modernas.[2]

Una definición más precisa, como la propuesta por Joachim Raschke en su nutricio tratado sobre los movimientos sociales modernos, rezaría: *movimiento social es un agente colectivo movilizador, que persigue el objetivo de provocar, impedir o anular un cambio social fundamental, obrando para ello con cierta continuidad, un alto nivel de integración simbólica y un nivel bajo de especificación de roles, y valiéndose de formas de acción y organización variables* (Raschke, 1985, 77). La definición, que a primera vista podría parecer un poco pedante,[3] nos permitirá avanzar en nuestra reflexión al hacerla objeto de varios comentarios.

El concepto de *agente colectivo* no entraña en modo alguno la suposición de que los MS sean *unitarios*. Antes bien, tienden a caracterizarse por un *elevado grado de pluralismo y diferenciación interna*, por una multiplicidad de corrientes, tendencias y formas de acción. Dentro de un MS pueden coexistir grupos con intereses, expectativas y concepciones del mundo notablemente diferentes; su composición social puede ser bastante heterogénea. Es importante observar que *la organización no define al movimiento, sino que éste es siempre más que las diversas organizaciones que engloba* (véase Raschke, 1985, 77). Algunos MS se caracterizan por un fuerte grado de organización (por ejemplo, el movimiento obrero); en otros la organización es mucho más débil (por ejemplo, el nuevo movimiento feminista).

Los MS necesariamente son movilizadores,[4] y lo son mucho más que las otras formas de acción político-social basadas en la participación voluntaria. Como la base de su poder no está garantizada por institucionalización excesiva (de no ser así estaríamos considerando no un MS sino una determinada institución; pero casi siempre los MS cuestionan las formas más institucionalizadas de poder), han de buscar constantemente el apoyo activo de los miembros de la sociedad. Para existir, tienen que permanecer en movimiento: a veces se los ha comparado en este sentido con tiburones,[5] animales que, como es sabido, han de estar siempre nadando para no hundirse.

Hemos hablado de *provocar, impedir o anular un cambio social fundamental*. Los objetivos de un MS no tienen por qué ser «revolucionarios» en el sentido de implicar una subversión total del sistema social, pero sí exigimos que se propongan transformar (o impedir transformar) estructuras sociales relevantes. En esto se diferencian de otros fenómenos colectivos, como las corrientes culturales o los movimientos religiosos.

Un aspecto esencial para el afianzamiento de los MS es lo que podría llamarse la *identificación/construcción del Otro*, la conceptualización del oponente frente al que se afirmará el movimiento.[6] «Pero el Otro no es simplemente un objeto construido teóricamente, sino un actor social real que interviene en los ruedos de una cultura política. Así, la constitución del Otro implica una selección de niveles y de contextos en los cuales se luchará contra él: el parlamento, la corporación, la opinión pública, etc. Esta selección no se hace libremente, sino que está tan influida por la oposición y sus propias opciones como por los intelectuales del movimiento.» (Eyerman/Jamison, 1991, 119.)

Es menester también exigir *cierta continuidad* para poder distinguir a los MS de los meros episodios colectivos (como corrientes de opinión más o menos laxas, o fenómenos como la protesta social espontánea). Estos episodios colectivos están todavía mucho menos estructurados que los MS, y no poseen ni la duración ni las estructuras comunicativas bastante elaboradas de estos últimos.[7]

También caracteriza a los MS un *alto nivel de integración simbólica*, manifestado por un acusado sentimiento de pertenencia a un grupo («sentimiento de nosotros», de identidad colectiva) por parte de los integrantes del movimiento. Los que están «a favor» llegan a distinguirse de los que están «en contra» por su vestimenta, formas de trato personal, símbolos políticos, rasgos lingüísticos, etc. Una parte esencial de la actividad del movimiento estriba en la *creación* de esa identidad colectiva, algunos de cuyos elementos se difundirán después a grupos sociales más amplios: ésta es una importante dimensión cognitiva del cambio social (véase Eyerman/Jamison, 1991).

Precisamente esta importancia de los procesos de formación colectiva de voluntad e identidad es uno de los aspectos que distinguen a un MS de un mero grupo de presión. Sin embargo, conviene recordar que los MS son en todo momento *fenómenos sociopolíticos*, que operan en contextos «duros», contextos de poder político y cultural (instituciones establecidas, culturas políticas de elevada inercia): aspecto que suelen obviar los investigadores, como Alberto Melucci, por ejemplo, que subrayan sobre todo la naturaleza simbólica de los MS (Melucci, 1989).

Por último, hemos dicho que en los MS *el grado de especificación de roles es bajo* (comparado con las organizaciones formales).[8] Las formas de participación en los MS son múltiples y cambiantes, y no existe algo así como una militancia formal. La especificación de roles crece con el grado de organización del movimiento (de modo que es mayor en el movimiento obrero que en los NMS, por ejemplo), de igual manera que crecen correlativamente la división del trabajo y los procesos de acumulación de poder dentro del movimiento.

Se da una fuerte afinidad entre MS y *formas no convencionales de acción* individual y colectiva (véase Raschke en Roth/Rucht, 1987, 23). Los integrantes de los MS no sólo suelen «pensar de otro modo», sino también «actuar de otro modo»; y ello es lógico si se piensa que los movimientos surgen precisamente ante la incapacidad del sistema institucional establecido para hallar respuestas a los problemas en torno a los cuales se articula el movimiento. «En la medida en que el camino institucional esté bloqueado, y mientras lo esté, los MS intentan realizar sus propósitos mediante acciones directas (violentas o no violentas). Es típico de los MS el paralelismo de formas de acción institucionales y no institucionales (acción directa).» (Brand/Büsser/ Rucht, 1986, 36.) Como veremos, esta tendencia a situar su práctica fuera de los cauces sociopolíticos establecidos es especialmente fuerte en el caso de los NMS.

Señalaremos, por último, que al menos en su fase inicial *los MS suelen estar impulsados por grupos de individuos socioestructuralmente definidos* (clases sociales, segmentos de esas clases, minorías étnicas, comunidades lingüísticas, etc.; véase Brand/ Büsser/Rucht, 1986, 36), aunque siempre intentan movilizar a círculos sociales más amplios (los afectados real o potencialmente por el problema que tematiza el movimiento, como mínimo). Una de las formas más seguras de adquirir conocimiento sobre un MS es precisamente mediante la identificación socioestructural del núcleo de sus activistas en la fase fundacional del movimiento.

2.2. La compleja temporalidad de los movimientos sociales

Los MS tienen un comienzo y un final. La *constitutiva inestabilidad de los MS* hace que su continuidad sea problemática, oscilando entre el peligro de disolución (así, la mayoría de los movimientos estudiantiles después de 1970) y la institucionalización (en general por adopción de una organización más rígida, que confiere duración pero anula el carácter de movimiento; así, por ejemplo, el falangismo español después de la victoria fascista en la guerra de 1936-1939). *La creación de organizaciones*, por ejemplo, partidos políticos o asociaciones para representar intereses, *no equivale sin más a la institucionalización*; ésta se alcanza sólo cuando toda la actividad se agota en comportamiento organizativo pautado. Existe una tercera posibilidad de evolución de un MS, y es la transformación en otro MS que sucede al primero, asumiendo su potencial de acción. Tal fue el curso seguido por la mayoría del movimiento antinuclear español de los años setenta, «reconvertido» en movimiento pacifista y anti-OTAN en los ochenta; o del incipiente movimiento contra las armas atómicas de finales de los cincuenta en la RFA, transformado en el movimiento de las «marchas de Pascua» a partir de 1959 (cuyo potencial, a su vez, fue en buena medida heredado por el movimiento antiautoritario estudiantil desde mediados de los años sesenta).

La compleja temporalidad que acabamos de esbozar la complica todavía más el hecho de que *los MS pueden entrar en largas fases de latencia* (desapareciendo las actividades no institucionalizadas, pero continuando su acción algunas de las organizaciones del movimiento a la espera de tiempos mejores) y reavivarse después. Así, por ejemplo, algunas de las organizaciones feministas de la «primera oleada» sobreviven a la desaparición/latencia del movimiento a finales de los años veinte y vuelven a enlazar con el nuevo movimiento feminista desde finales de los sesenta.

Un movimiento abre nuevos espacios cognitivos y sociales (amplía el ámbito de lo que puede pensarse y hacerse), crea nuevos roles sociales y categorías profesionales, transforma o no las «reglas de juego» de la sociedad en que actúa, y desaparece en un proceso de difusión/institucionalización (Eyerman/Jamison, 1991). El movimiento es, por tanto, algo *esencialmente transitorio, perecedero*.

Lo que acabamos de describir podría inducir a pensar que los MS tienen *ciclos de vida propios*. De hecho, parecería plausible sostener de entrada que los MS son cíclicos en dos sentidos diferentes: en primer lugar, responden a las variaciones de las circunstancias sociales, de acuerdo con las fluctuaciones de carácter cíclico que se dan en la economía y en otros ámbitos de la vida social; en segundo lugar, los movimientos como tales (su número de miembros, su capacidad de movilización, su fortaleza política) tienden a ser cíclicos, recorriendo un ciclo histórico que se inicia con el pujante dinamismo del «estado naciente» (Alberoni, 1984, 22, 42-43) y termina con la reconstitución del momento cotidiano-institucional.[9] Según la hipótesis recogida por Marta Fuentes y André Gunder Frank en sus sugestivas «Diez tesis acerca de los movimientos sociales»:

> El ciclo largo de Kondratieff estaba en una fase ascendente a comienzos de este siglo, en una larga fase descendente de «crisis» en la entreguerra (...), una de recuperación durante la posguerra de la Segunda Guerra Mundial, y otra vez una fase de «crisis» descendente que comenzó a mediados de los años sesenta o de forma más explícita en 1973. Aparentemente, los movimientos sociales del último siglo se hicieron más numerosos y adquirieron una mayor fortaleza en la última fase descendente de 1873 a 1896, durante el período de cri-

> sis de la entreguerra en este siglo, y una vez más en la época actual de crisis económica, política, social, cultural, ideológica y demás. Una lectura de esta evidencia histórica nos puede sugerir que *los movimientos sociales se debilitan en número y poder durante los períodos de auge económico (...) y reviven durante períodos de recesión económica* [el subrayado es mío, J.R.]. Sin embargo, al comienzo son principalmente defensivos; y muchas veces, regresivos e individualistas. Después, cuando la recesión económica afecta negativamente la subsistencia e identidad de los pueblos, los movimientos sociales se tornan más ofensivos, progresistas y socialmente responsables (Fuentes/Gunder Frank, 1988, 54).

Otro autor, el gran especialista alemán en economía alternativa Rolf Schwendter, ha dispuesto una enciclopédica acumulación de materiales que parecen apoyar esta hipótesis (Schwendter, 1982, 1984). También Ulrich Linse sugiere que en Alemania existiría una especie de potencial de crítica antiindustrial latente, periódicamente activado por las crisis económicas: así, en los años de hambre e inflación galopante que siguieron a la Primera Guerra Mundial florecieron los grupos «ludditas», antiurbanos y antiindustriales, y se fundaron numerosas comunas rurales; durante la «Gran Depresión» de 1929-1933 se dio el máximo florecimiento del movimiento gandhiano alemán; y es tras la «crisis del petróleo» de 1973 cuando se produce el momento de mayor fuerza de los NMS (Linse, 1986).

Sin embargo, y pese a lo sugerente que resulta esta hipótesis, las evidencias están lejos de ser concluyentes. Por ejemplo, y contra lo que afirman Fuentes y Gunder Frank, la fase de movilización de los NMS *no se inicia como una respuesta a la crisis económica de los setenta*, sino que en cierto modo comienza ya a finales de los años cincuenta (movimiento por los derechos civiles en los EE.UU.; primeras campañas antiatómicas en la RFA y Gran Bretaña) y cobra fuerza sobre todo desde mediados de los sesenta (movimientos juveniles antiautoritarios, en especial de estudiantes, y movimientos contra la guerra de Vietnam en todo el mundo).[10] Surge, por tanto, no en un contexto de depresión sino de bonanza económica. Por otra parte, subrayar los fenómenos cíclicos tiende a hacer que se ignoren las diferencias de contenido que subyacen a las semejanzas formales, minusvalorando el contexto histórico específico de cada movimiento.

Con Joachim Raschke, creo[11] que hay que referirse prudentemente al *carácter coyuntural*, y no al carácter cíclico, de los MS (Raschke, 1991a, 122): las posibles regularidades cíclicas en su desarrollo aún no han sido suficientemente explicadas.[12]

Conviene retener para nuestros fines, en cualquier caso, que a lo más tardar *a mediados de los años sesenta se inicia una amplia fase de protesta en las sociedades industriales avanzadas*, cuyas sucesivas oleadas –animadas por un espíritu de crítica civilizatoria, y de rebelión contra los rasgos perversos de la modernización capitalista– se prolongarán en algunos países hasta entrados los años ochenta, creando un clima sociopolítico favorable al desarrollo y la consolidación de los NMS. Pero *desde comienzos de los ochenta, la coyuntura cambia*: el predominio de los problemas económicos (crisis económica mundial) hace que pierdan fuerza los temas de crítica civilizatoria propios de los NMS.[13]

2.3. Criterios de diferenciación de los movimientos sociales

Se han propuesto numerosas tipologías de los MS, atendiendo a variados criterios de diferenciación. Uno de estos criterios divide a los MS en *adscriptivos* (aquellos cuyos potenciales miembros están caracterizados *a priori* por ciertos rasgos: mujeres, minorías étnicas o lingüísticas, homosexuales, etc.), que luchan por los intereses de grupos sociales bien determinados, e *inclusivos* (de los que potencialmente puede ser miembro cualquier persona de una sociedad dada), que se orientan más por grandes cuestiones del desarrollo social general. Claramente pertenecientes al primer tipo de movimientos adscriptivos serían, por ejemplo, los movimientos regionalistas, *gay*, de feministas lesbianas, etc.; claramente inclusivos serían el movimiento ecologista o pacifista; mientras que otros, como el movimiento feminista o el movimiento obrero, ocuparían a mi juicio una posición intermedia (véase Watts en Roth/Rucht, 1987, 48).

Por su parte, Fuentes y Gunder Frank sugieren cuatro criterios de diferenciación de los MS:

> Podemos distinguir entre *movimientos ofensivos* (una minoría) y *defensivos* (la mayoría). En una dimensión relacionada, pero diferente, podemos distinguir entre *movimientos progresivos, regresivos y escapistas*. Una tercera dimensión o característica parece ser *la preponderancia de la mujer en lugar del hombre* –y por lo tanto, aparentemente, una menor jerarquización entre los miembros o líderes de los movimientos. Una cuarta dimensión es la de *la lucha armada*, especialmente en pos del poder estatal, *o lucha desarmada y específicamente lucha no violenta*, ya sea ésta defensiva u ofensiva. No puede ser casual que los movimientos armados coincidan con los más jerarquizados y los desarmados con aquellos en que la participación de la mujer es preponderante (Fuentes/Gunder Frank, 1988, 52).

Pero una enumeración tal, sin reflexión sobre las razones que pueden llevar a preferir ciertos criterios a otros, es bastante insatisfactoria. Voy a intentar más bien derivar criterios de diferenciación a partir de características relevantes de los MS.

Los MS constituyen *un fenómeno social estructurado*: se basan en causas estructurales («agravios» conceptuados como injusticias y generadores de descontento) que intentan modificar por medio de su acción colectiva. Por eso, un criterio usual de diferenciación entre MS atendería a las causas de su aparición, suponiendo (como es usual hacerlo en la teoría de los conflictos sociales) que éstas son *contradicciones o tensiones estructurales* dentro de la formación social considerada. Así, el movimiento obrero surge a partir de la contradicción capital-trabajo en las sociedades capitalistas; el movimiento feminista se articula en torno a la contradicción hombre-mujer en las sociedades patriarcales (casi todas las conocidas); la contradicción entre el industrialismo y la preservación de la biosfera se halla en la base del surgimiento del movimiento ecologista.

Hay que señalar, empero, que este tipo de contradicciones estructurales precisa de cuidadosa investigación empírica para cada formación social considerada, siendo preciso evitar las generalizaciones abstractas; que la mera existencia de una contradicción en ningún modo implica la existencia necesaria de un movimiento (se trata de una condición necesaria pero no suficiente); que señalar la existencia de una contradicción estructural, por tanto, no equivale a *explicar* la causa de un MS (si no se especifican los mecanismos causales que llevan a la efectiva formación del movimiento); y que normalmente resulta más realista suponer una pluralidad de causas para el surgimiento de un MS que una causa única. Más abajo nos preguntaremos por las causas del surgimiento de los NMS.

Ya señalé antes que los MS constituyen un fenómeno *histórico*, y de ahí que «un análisis de movimientos que no proceda históricamente sea una mala abstracción de la realidad» (Raschke, 1985, 16). La importancia de esta dimensión aconseja emplearla como base de una tipología. Se justifica una periodización de la Edad Moderna en *una fase preindustrial, una fase industrial y una fase «postindustrial»*, caracterizadas por notables transformaciones en la estructura social y económica. Pues bien: puede argumentarse que *a cada una de estas fases corresponde un tipo de movimiento social diferenciado, con formas de movilización y acción características* (véase Raschke, 1985, 22-75, 84-104, 233-266, 285-332, 443-451).

Por ejemplo, a la movilización por medio de organizaciones burocráticas que predomina en la fase industrial se opone la «movilización según proyectos», desarrollada en estructuras laxas que a veces se han descrito como *redes de redes*, característica de la fase «postindustrial». Si los primeros movimientos burgueses son todavía típicos de la fase preindustrial-modernizante, el movimiento obrero o la «primera oleada» del feminismo son movimientos característicos de la fase industrial, y los NMS lo son de la fase «postindustrial».

Los MS son también *un fenómeno de diferenciación social*. Por mucho que aspiren a la transformación de la totalidad social, en la realidad se ven forzados a *perseguir selectivamente ciertos fines, descuidando otros* (véase Raschke, 1985, 18, 110-116, 396-399, 451-466). A la larga no hay ningún «movimiento total»: «El modelo de MS que intenta y realiza innovaciones simultáneamente en las esferas económica, política y cultural es un bello sueño. Lo real es un modelo secuencial con priorización de los cambios en uno de los subsistemas» (Raschke, 1985, 114). La creciente diferenciación de las esferas o «subsistemas» sociales que caracteriza a la modernidad tiende a imponerse a los MS por dos razones: la general *escasez de recursos* que los caracteriza, así como la *dinámica inercial propia* de esa progresiva diferenciación social (Raschke, 1985, 115). Los subsistemas sociales relevantes para nuestras consideraciones son *el socioeconómico, el político y el sociocultural*. Así, y de acuerdo con sus intenciones estratégicas básicas, los MS modernos se dividirían en *movimientos con orientación de poder* (*machtorientierte Bewegungen*), que intentan transformar sobre todo los subsistemas político o socioeconómico (sea conquistando el poder político estatal, sea logrando concesiones por parte de las autoridades), y *movimientos con orientación cultural* (*kulturorientierte Bewegungen*), que se centran en el subsistema sociocultural (intentando transformar al individuo y las relaciones sociales, normalmente por suponer que tales cambios tendrán también repercusiones considerables en las esferas política y económica) (Raschke, 1985, 110-112).

La combinación de las dos tipologías anteriores (que podrían afinarse todavía más introduciendo algunos criterios adicionales) nos proporciona un instrumento heurísticamente poderoso para el estudio de los MS. Así, por ejemplo, el movimiento obrero del XIX es típicamente un movimiento con orientación de poder de la fase industrial, mientras que los NMS son movimientos de la fase «postindustrial», en los que se combina la orientación de poder con la cultural (la primera predomina en los movimientos ecologista y pacifista, la segunda en los movimientos feminista y alternativo).

La *selectividad de fines* a que se ven forzados los MS les confronta, en la práctica, con dilemas tácticos de gran envergadura. «Un movimiento no puede hacerlo todo a la vez. En la medida en que intenta alcanzar objetivos políticos específicos, sus aspectos más amplios de crítica y transformación cultural se ven necesariamente subordinados» (Rochon en Dalton/Küchler, 1990, 119), concluye Thomas Rochon tras un cuidadoso examen de esta cuestión que evalúa la experiencia de los movimientos pacifistas europeos en los ochenta. Para obtener al menos el apoyo pasivo de la mayoría de la población, un MS tiene a menudo que diluir la radicalidad de sus formas de acción y de sus contenidos: el denominador común de los pacifismos europeos en el momento de su clímax, en 1983, no era ya la desnuclearización de Europa «desde los Urales hasta Portugal», sino el más modesto objetivo de impedir el despliegue de los misiles Cruise y Pershing II. Para lograr objetivos políticos específicos, las alianzas con fuerzas políticas establecidas, o incluso emprender una vía parlamentaria, puede ser necesario: acaso ello conduzca a la institucionalización del movimiento. Las exigencias de la movilización de masas pueden favorecer tendencias burocratizadoras en el movimiento.

Señalaremos por último que un MS puede subdividirse en «submovimientos» o grandes corrientes tanto según criterios de orientación política como según criterios temáticos, aunque no todos tienen la misma relevancia para los distintos movimientos. En el movimiento obrero son los primeros criterios los determinantes: se podrían distinguir así las corrientes católica, socialdemócrata, anarquista y comunista dentro del movimiento. En cambio, aunque son observables posiciones «de izquierda» y «de derecha» dentro de los NMS, el criterio más pertinente para su diferenciación en submovimientos no es éste sino el temático: diferenciaremos, según sea el problema predominantemente articulado por el movimiento, la ecología, la paz, la condición de la mujer, etc.

2.4. Ocho rasgos para definir los nuevos movimientos sociales

Podemos, como primera aproximación a una definición de los NMS, enumerar *cuáles* son. Se trata de movimientos sociales propios de las sociedades industriales avanzadas, que se desarrollaron en casi todos los países occidentales a partir de –aproximadamente– mediados de los años sesenta. 1968 es una fecha emblemática, y por eso a veces se denomina a los NMS «movimientos del 68».[14] Me refiero al *movimiento antiautoritario estudiantil* (englobado dentro de un más amplio *movimiento de protesta juvenil*), el *nuevo movimiento feminista*, el *movimiento alternativo urbano*, el *movimiento antinuclear* (que se solapa con el anterior y con el siguiente), el *movimiento ecologista*, el *nuevo movimiento pacifista*.

La enumeración no pretende ser exhaustiva, aunque sí incluye a los NMS más importantes, pudiendo probablemente considerarse a los demás como submovimientos de éstos: así, por ejemplo, el movimiento de los *provos* holandeses en los años sesenta como submovimiento del movimiento de protesta juvenil, o el movimiento de los ocupantes de viviendas como submovimiento del movimiento alternativo urbano. Es de rigor señalar que el artículo determinado singular no debe inducir a equívoco en lo que hace al carácter unitario de estos movimientos. Sería más ajustado referirnos a ellos en plural, hablando de *los* movimientos ecologistas, *los* movimientos feministas, etc. (Aunque sólo sea por la razón de que los de cada país son realidades muy diferenciadas, con historia y características propias; así, por ejemplo, existe un fuerte movimiento pacifista en Holanda y la RFA a comienzos de los ochenta pero nada parecido en Francia.)

A menudo los límites entre distintos NMS son imprecisos, y las transiciones entre unos y otros fluidas: tanto en términos de composición personal –activistas que trabajan simultánea o sucesivamente en dos o más movimientos diferentes– *como en términos de contenidos* –temas que abordan dos o más movimientos desde perspectivas diferentes. «Son, en muchos aspectos, componentes del mismo movimiento social, un período de creación histórica que surgió en los sesenta y que a finales de los ochenta había sido ampliamente incorporado a la política establecida en forma de partidos verdes, grupos de interés convencionales, departamentos universitarios de estudios de la mujer, burocracias ambientales, etc. (...) El movimiento, en cierto sentido, vino y se fue, sin dejar nada inalterado» (Eyerman/Jamison, 1991, 92). Más adelante nos ocuparemos de la cuestión de si puede hablarse de la existencia de una *identidad común* de los distintos NMS.

Dos MS estadounidenses de los años cincuenta/sesenta tendrán un efecto seminal sobre los NMS europeos de los sesenta/setenta: se trata del *movimiento por los derechos civiles* (*civil rights movement*, contra la discriminación racial) cuyo nacimiento puede fecharse en 1955 (boicot de los autobuses de Montgomery, Alabama; véase la extensa cronología en el anexo a este libro), y del *movimiento contra la guerra de Vietnam*, simultáneo a la escalada de la intervención militar norteamericana (sobre todo desde febrero de 1965; véase también la cronología final) y pronto convertido en un movimiento internacional. Ambos movimientos estadounidenses difundirán experiencias, ejemplos, formas de organización y contracultura hacia Europa.[15]

Esta filiación se encarnaba muy ilustrativamente en una persona como Petra Kelly: la popular «embajadora verde» de *Die Grünen* –sin duda la activista del ecopacifismo más conocida en el mundo entero– se educó en EE.UU., absorbiendo su cultura de desobediencia civil y protesta no violenta, y en EE.UU. participó en el movimiento contra la guerra de Vietnam.

También al movimiento estudiantil estadounidense le cabe un cierto papel de precursor y modelo para los demás movimientos de estudiantes del mundo, aunque todos van a desplegarse casi en simultaneidad temporal (y precisamente ello constituirá uno de los rasgos impresionantes del fenómeno): la principal organización del movimiento, el SDS (*Students for a Democratic Society*), se funda en Port Huron (Michigan) en 1962, y el inicio del movimiento suele fijarse en 1964, con el *Free Speech Movement* que prendió en la Universidad de Berkeley (California).

¿Qué tienen en común todos estos movimientos que hemos enumerado con respecto a otros fenómenos sociales, y qué los distingue de ellos? Señalaremos, en primer lugar, que se trata de *movimientos por la supervivencia y la emancipación*. Sus objetivos pueden ser esbozados con la fórmula «una humanidad libre y justa sobre una tierra habitable», vaga sin duda pero suficiente para deslindar a los NMS de otros MS contemporáneos como los movimientos neofascistas, neoconservadores (por ejemplo los movimientos antiaborto o las *moral majorities*) o ciertos integrismos nacionalistas. Con palabras de Manuel Sacristán: «Que tras esta noche oscura de la crisis de una civilización despuntara una humanidad más justa en una Tierra habitable, en vez de un inmenso rebaño de atontados en un ruidoso estercolero químico, farmacéutico y radiactivo» (Sacristán, 1987, 39).

El contenido común de las luchas de los NMS podría parafrasearse también, con André Gorz, como

> la aspiración de los individuos y de las comunidades a *recuperar su soberanía existencial, el poder de autodeterminar su vida* [el subrayado es mío, J.R.]. Esas luchas apuntan contra la dictadura sobre las necesidades que ejercen la burocracia y la industria en alianza con las profesiones que aspiran al monopolio del conocimiento en ámbitos tan diversos como la salud, la educación, las necesidades de energía, el urbanismo, el modelo y el nivel de consumo, etc. (...) Los NMS intentan defender el derecho a la autodeterminación contra las megatecnologías y contra formas de cientificismo que llevan a concentrar el poder de decisión en manos de una tecnocracia cuya especialización sirve a menudo como legitimación a los poderes económicos y sociales. Estas luchas contra la profesionalización, la tecnocratización y la monetarización son formas particulares de una lucha fundamental por la emancipación (Gorz, 1988, 280).

En cierto modo, por tanto, se trataría de *movimientos de autodefensa social contra la burocratización y la mercantilización de la existencia* («colonización del mundo vital», *Kolonisierung der Lebenswelt*, es el sugestivo término acuñado por Jürgen Habermas [1985a] para expresar esto). Enseguida argumentaré que esta concepción aún es insuficiente: no se trata de movimientos meramente reactivos, defensivos.

Ni el ecologismo en sentido estrecho, meramente conservacionista, ni el pacifismo menos ambicioso –encaminado simplemente a impedir la guerra nuclear– son en rigor movimientos emancipatorios, sino *movimientos de supervivencia*: se orientan a la prevención de catástrofes, o, con más precisión, a la preservación de las bases naturales de la vida en este planeta, mientras que *la emancipación es una relación entre seres humanos*. Tal es la razón de que puedan existir versiones «de derecha» del ecologismo, como las encarnadas en los partidos ÖDP (Partido Ecológico Democrático) de la RFA, VGÖ (Verdes Unidos de Austria) y VERDE (Vértice Español de Reivindicación del Desarrollo Ecológico);[16] y sin duda es concebible también un pacifismo antinuclear «de derechas» (pues para ser pacifista en este sentido restringido no hace falta desear la emancipación humana, sino simplemente no tener ganas de participar en masacres colectivas). Lo que ocurre, claro, es que en la mayoría de los casos los movimientos ecologistas y pacifistas reales no se ajustan a este concepto estrecho, sino que cuestionan radicalmente las desigualdades sociales de las sociedades existentes, preguntándose, por ejemplo, por la violencia estructural ínsita en las situaciones de no-guerra o por la vinculación entre crisis ecológica y pauperización del Tercer Mundo.

Puede también observarse, en el plano de gran generalidad donde nos movemos todavía, que el «antiguo» movimiento obrero y el movimiento estudiantil de los años sesenta coordinaban su lucha *contra el orden de dominación y explotación capitalista*, esto es, se referían sobre todo a los *problemas de la producción social* (aunque en el multiforme movimiento estudiantil, que en muchos sentidos representa una especie de eslabón intermedio entre el movimiento obrero y los NMS, se anuncian también otros temas nuevos, y sobre todo nuevas formas de acción no convencional que después adoptarán los restantes NMS). En contraste con ello, los demás NMS (como el ecologismo, el nuevo feminismo y el nuevo pacifismo) se centran sobre todo en los *problemas de la reproducción social*. Volveremos sobre este punto, pero de momento retengamos lo siguiente: *la reproducción social global se ha vuelto problemática*, y ello es indicio de la profundidad de la crisis contemporánea (una «crisis de civilización», como se la ha bautizado a mi juicio sin exageración). Alain Touraine, desde la difundida (y criticable, como enseguida argumentaré) perspectiva negativista que caracteriza a los NMS exclusivamente en términos de reacción (defensa) a estímulos (ataques) exteriores, señala que los NMS «ya no son sistemas de defensa de los trabajadores frente a los amos de la industria, sino de defensa del público frente a los aparatos de gestión que tienen el poder de estructurar la demanda en función de sus intereses» (Touraine, 1982b, 209).

Creo que la afirmación anterior habría de matizarse del modo siguiente: no es cierto que las luchas de los NMS contra el productivismo, el militarismo y el patriarcado no afecten al ámbito de la producción social; lo hacen, y muy centralmente. El hecho de que hasta ahora no se haya desarrollado una propuesta socioeconómica alternativa *global, coherente y susceptible de obtener amplia adhesión entre los militantes* –o «cooperantes», como se ha propuesto para evitar un lenguaje inapropiado– *de los NMS* obedece tanto a la relativa inmadurez de éstos como a otros factores que no podemos discutir con detalle aquí. Se trata de un conjunto de movimientos que se encuentran en sus inicios (a pesar que ya haya concluido una primera fase de su vida), según tendré ocasión de argumentar más adelante. Uno de los aspectos de esta inmadurez es el grado todavía bajo de convergencia entre los NMS, a pesar de que tanto sus contenidos comunes y sus necesidades estratégicas compartidas como sus insuficiencias respectivas harían objetivamente deseable y posible una mayor articulación (o incluso fusión) entre ellos; Isaac Balbus, por ejemplo, ha argumentado bien la «copertenencia» del feminismo, el ecologismo y la democracia de base (Schaefer, 1983, 49-61). En cualquier caso, *no* es cierto, como quieren André Glucksmann y Oskar Lafontaine, que los NMS actúen a partir de un «humanismo negativo, entendiendo por ello que los seres humanos no se definen ya a partir de una imagen positiva de su esencia humana, sino sólo a través de la delimitación ante lo antihumano, ante la catástrofe» (Lafontaine, 1990, 37). La tesis anterior adolece, a mi juicio, de un interesado reduccionismo. Los NMS son al mismo tiempo movimientos «negativos» de *protesta*, de rechazo frontal de muchos rasgos perversos de las sociedades industriales avanzadas, y también portadores «positivos» de una *alternativa* o imagen de la sociedad mejor: otra forma de vivir, relacionarse y trabajar; nuevos modos de producción, convivencia y consumo.[17] Por añadidura, el contenido de esta alternativa positiva presenta numerosos puntos de convergencia con tradiciones emancipatorias anteriores (el mismo Lafontaine rastrea en el artículo citado las afinidades entre los NMS y el movimiento obrero); no son muy «nuevos», en este sentido, los valores ni algunos objetivos de los NMS. Volveré sobre este punto.

Una característica que Alain Touraine atribuye a los NMS es lo que él llama su *carácter ejemplar*, en el sentido de que en su mayoría pretenden «ser ejemplares, organizados de acuerdo con sus metas antes que con las exigencias de un combate: grupos menos instrumentalistas que expresivos, cuyos participantes se ven compensados por la experiencia que en ellos viven, tanto como por la conciencia de la misión que llevan a cabo» (Touraine, 1982b, 136). Este rasgo se puede enjuiciar tanto negativamente (acusando a los integrantes de los NMS de «narcisismo alternativo») como positivamente (pues se habría superado la mentalidad sacrificial y expiatoria, y la autoconsideración meramente negativa del proletariado en cuanto «clase sin atributos»),[18] y seguramente ambos juicios llevan su parte de razón. De todas formas, en relación con este rasgo de *expresividad* no se puede dejar de señalar que la expresividad no es característica de los NMS *per se* ni tampoco de los movimientos de clase media (como sostenía Parkin, 1968, contraponiéndolos a los de clase obrera), sino de todos los movimientos en sus fases iniciales, cuando tienen que desarrollar una identidad común (Kriesi, 1987, 326). Pero en segundo lugar hay que señalar que la expresividad de los NMS no es sólo una consecuencia de su juventud: varios autores (Melucci, 1980, 1985; Cohen, 1985) han indicado que uno de los rasgos nuevos de los NMS es la *acrecentada reflexividad de sus procesos de formación de identidad*. ¿A qué se alude con esta expresión?

> En estos movimientos se comprometen personas que en su mayoría son conscientes de las posibilidades de crear nuevas identidades, y que también perciben conscientemente en la confrontación política esta posibilidad de construcción social de identidades. Es típico de los NMS el emplear métodos específicos para la constitución de la propia identidad –como, por ejemplo, los grupos de mujeres y de hombres–. Por añadidura, la expresividad constituye en sí misma un rasgo de las identidades que se intentan crear. Las nuevas identidades se orientan contra una racionalidad puramente económica y contra un pensamiento puramente instrumental. Con ello, las acciones expresivas no son sólo un ritual mediante el cual se fortalecen las identidades para los activistas mismos y para su entorno, tampoco se emplean de modo exclusivamente instrumental para la construcción de nuevas identidades, sino que constituyen, como realización de un fragmento de vida no instrumental, un *fin en sí mismo*, un aporte a la realización de una forma de vida cualitativamente nueva (Kriesi, 1987, 326).

Ofrezco a continuación mi propia caracterización pormenorizada de los NMS. La combinación de las ocho características fundamentales siguientes producirá una especie de «tipo ideal» de NMS; espero que los tres NMS «canónicos» (ecologismo, feminismo y pacifismo) queden bien captados en ese tipo ideal.

I. Destaca como primera característica la *orientación emancipatoria* antes señalada (con la ambigüedad, a este respecto, del ecologismo y del pacifismo en tanto *movimientos de supervivencia*, que ya indiqué). La mayoría de los activistas de los NMS comparten lo que podríamos llamar sin mucha precisión un «ideario de nueva izquierda», que recoge lo más sustantivo de los ideales antiautoritarios y emancipatorios que animaron a los movimientos estudiantiles en los años sesenta: por eso puede llamarse a los NMS «movimientos post-68».

«Esta ideología [de nueva izquierda] lleva a los NMS a desafiar muchos de los objetivos que gozan de consenso en las sociedades occidentales, a adoptar tácticas políticas que contrastan con las formas neocorporativas tradicionales de actividad de los grupos de interés, y a emplear una nueva estructura de organización como extensión de sus ideales de reforma social.» (Dalton/Küchler, 1990, 10.) Cabe subrayar, no obstante, que los NMS no han desarrollado una ideología cerrada omnicomprensiva; en su seno se da una pluralidad de idearios y concepciones del mundo. Si se intenta formular lo que tienen en común hay que permanecer en un plano de bastante generalidad (lo cual *no* quiere decir vacío de contenido):

> Existe esencialmente *un* vínculo ideológico que une a los miembros del núcleo de los movimientos pacifistas, ecologistas y feministas (...). Este vínculo ideológico tiene dos rasgos principales: una crítica humanista del sistema actual y la cultura dominante, en particular una preocupación profunda por las amenazas que se ciernen sobre el futuro de la especie humana; y la resolución de luchar por un mundo mejor aquí y ahora, con poca o ninguna propensión a escapar hacia algún tipo de refugio espiritual (Dalton/Küchler, 1990, 280).

II. Tipológicamente, los NMS se hallan en algún punto intermedio entre los *movimientos con orientación de poder* y los *movimientos con orientación cultural* (véase 2.3), aunque con tendencia a concentrarse en la esfera sociocultural (mucho más los movimientos feministas y alternativos urbanos que los movimientos pacifistas y ecologistas). Ello se echa de ver en el *carácter antiestatalista*, o mejor, si se quiere, *pro-sociedad civil* de estos movimientos: típicamente, el objetivo de los integrantes de los NMS no es asumir el poder estatal, sino desarrollar formas de contrapoder «de base» para transformar hondamente la vida social, e incluso disolver o destruir el poder de tipo estatal. Se trata de *estrategias de autorregulación colectiva* que tienden a devolver poder a la sociedad en lugar de concentrarlo en el Estado. Ya anteriormente nos referimos a este rasgo, hablando de una *autodefensa social frente a la creciente burocratización y mercantilización de la existencia*.

Pero la tendencia hacia el tipo de movimiento con orientación cultural no solamente caracteriza, sino que también limita a los NMS. Por su orientación emancipatoria, los NMS tienden a favorecer el cambio social en un sentido igualitario. Pero, *a finales del siglo XX* (y al contrario de lo que suponía el anarquismo clásico), *casi cualquier programa de cambio social profundo presupone una intervención estatal.* No es que el Estado sea la herramienta ideal para el cambio social, ni muchísimo menos; pero no se ve bien cómo, en sociedades industriales complejas con importantes divisiones de clase y otras segmentaciones horizontales, gran concentración de poder económico en manos de unos pocos, y enorme poder de coacción y control concentrado en los aparatos de seguridad del Estado, podría realizarse un cambio social importante completamente al margen de las estructuras estatales. Ahora bien, los NMS y las fuerzas de *izquierda libertaria* (en el capítulo 5 precisaremos este concepto), mucho más que la de izquierda tradicional, no olvidan que el Estado es también siempre, en mayor o menor grado, una herramienta de explotación y opresión, y de ahí su antiestatalismo. Surge el dilema: *puede que se necesite un Estado poderoso para realizar el cambio social, pero los NMS abrigan una fuerte ambivalencia al respecto.* Ello ha sido bien percibido por pensadores cercanos a los NMS y procedentes de tradiciones que, como la marxista, han acentuado mucho más la cuestión del poder político:

> El movimiento ecologista tiene que plantearse el problema del poder. No para menospreciar el tipo de actividad que le es hoy característica, la actividad socio-cultural básica, pues esta actividad se encuentra en la raíz de todo, incluso de la cuestión del poder, si es que ésta ha de plantearse, como es más natural para el movimiento ecologista, de un modo no autoritario ni paternalista o dirigista. Pero sí sabiendo que desde ese plano social básico que Gramsci llamaba «molecular» se está dirimiendo la cuestión del poder (Sacristán, 1987, 55).

III. Una *orientación en cierto modo «antimodernista».*[19] Los NMS *no comparten la concepción lineal de la historia, la creencia en el progreso entendido como desarrollo material y moral interminable,* ni la fe en la capacidad del ser humano para moldear y recrear indefinidamente las condiciones de su propia existencia por medio de la ciencia y la tecnología, creencias éstas que caracterizan a una parte de la modernidad occidental a partir sobre todo de la Ilustración. Semejante idea de progreso, que constituye uno de los núcleos centrales de lo que Jürgen Habermas ha llamado «el proyecto de la modernidad» (Habermas, 1987), ha topado con un escepticismo cada vez más generalizado al menos desde finales de los sesenta. «Se ha quebrado la confianza en la razón técnico-instrumental; los NMS son expresión y catalizadores de esa quiebra.» (Brand/Büsser/Rucht, 1986, 11.) En lugar de los benefactores medios topoderosos para dar forma y sentido a un universo natural caótico, la ciencia y la tecnología se convierten, en sí mismas, en una fuente de riesgo e incertidumbre en la sociedad industrial avanzada, que puede conceptualizarse como *sociedad de riesgo* (*Risikogesellschaft*, Beck, 1986).[20]

La *crítica de la civilización productivista y patriarcal* (sierva de la santísima trinidad formada por la modernización industrial, el crecimiento económico y la regulación burocrático-estatal), a la que se percibe preñada de un inmenso potencial de destrucción, sufrimiento e injusticia, es constitutiva para los NMS. Éstos sospechan de algunas tradiciones universalistas de la Ilustración, ponen radicalmente en entredicho una concepción de progreso cuyo eje son simplemente los avances tecnocientíficos, y luchan contra la tecnificación siempre creciente de las condiciones de vida y trabajo.

Esto puede decirse también de otra forma. Si se considera –como habitualmente se hace en sociología desde Max Weber– que el contenido de la *modernidad*, o más bien de los procesos de modernización, lo constituyen procesos de *industrialización, centralización, institucionalización, secularización, profesionalización, democratización* (según el modelo de las democracias representativas occidentales) y *diferenciación funcional* (de las distintas esferas o «subsistemas» sociales), se verá que los NMS plantean desafíos a cada uno de estos procesos. Proponen cierta desindustrialización o una industrialización alternativa (la «reconstrucción ecológica de la sociedad industrial»); procesos de descentralización y «recomunalización» de la vida política, cuestionando el Estado-nación como marco idóneo para ésta; una desinstitucionalización de la vida político-social, recuperando para la sociedad civil zonas de las que se había apoderado el *Welfare State*; una desprofesionalización de la actividad política; un modelo alternativo de democracia (la democracia participativa, de inspiración consejista, cuyo ideal han heredado los NMS de la Nueva Izquierda de los sesenta); y un proceso de desdiferenciación funcional en el cual, en particular, la autonomizada esfera económica sería parcialmente reabsorbida por otras esferas sociales (en la perspectiva de una *economía moral*, según el término que acuñó el gran historiador británico E.P. Thompson; véase también Macpherson, 1985).[21]

No obstante, este antimodernismo de los NMS no puede identificarse, como a veces se hace, con las críticas de la modernidad de raíz antidemocrática e idealista que han florecido en todos los momentos de aguda crisis cultural del capitalismo:

> Los movimientos contemporáneos no son sólo críticos de la modernización; no se han establecido en la anticipación sombría de un mundo que se desmorona, en un humor *fin de siècle*. Estos movimientos están determinados a hacer frente al orden existente por vías predominantemente prácticas y pragmáticas –representando objetivamente los intereses de la mayoría de la población–. Ello los di-

ferencia de sus predecesores históricos con orientación similar, pero idealista (Dalton/Küchler, 1990, 281).

Una metáfora marxiana que modificó Walter Benjamin podría emplearse para dar cuenta de esta característica «antimodernista» de los NMS: mientras que, de acuerdo con Marx –dice Benjamin–, la historia es un tren arrastrado por revoluciones que son sus locomotoras, bien podría ser que hoy la revolución consista en que un pasajero tire del freno de emergencia.

IV. *Composición social heterogénea*, pero en la cual predomina nítidamente un grupo social: los *profesionales de los servicios sociales y culturales*, asalariados pertenecientes a las «nuevas capas medias». Enseguida abordaremos con mayor detalle este punto (en 2.6).

V. *Objetivos y estrategias de acción muy diferenciados*: «Pensar globalmente, actuar localmente», reza el desiderátum ecologista atribuible también en muchos casos a los demás NMS. En general, los NMS niegan que los problemas sociales básicos puedan resolverse transformando un solo factor y acentúan la necesidad de enfoques globales (en la perspectiva de una crisis de amplio alcance que a menudo conceptualizan como *crisis de civilización*). Pero para lograr objetivos concretos que se perciben como esenciales (la legalización del aborto, el cierre de una central nuclear o la salida de una alianza militar, por ejemplo) se intentan alcanzar consensos y movilizaciones muy amplias alrededor de una reivindicación bien delimitada; ello constituye el fundamento objetivo del sólito –pero no siempre justificado– reproche de ser «movimientos de un solo asunto» (*single-issue movements*). En realidad, se puede sostener casi lo contrario: que la ambición de combinar intereses temáticos particulares en una sola fuerza sociopolítica, preservando al mismo tiempo la autonomía de los distintos movimientos, parece ser una característica definitoria de los NMS (Eyerman/Jamison, 1991, 67).

VI. *Estructura organizativa descentralizada y antijerárquica*, en forma de red (o conexión de redes, «red de redes») con un nivel bajo de institucionalización y profesionalización; desconfianza tanto hacia la burocracia como hacia los líderes carismáticos. A menudo se alude a la estructura organizativa de los NMS como *contraejemplo de la «ley de hierro de la oligarquía»* de Robert Michels. Que esto no puede absolutizarse (como en general casi nada de lo humano), y que en muchos NMS se dan grados apreciables de institucionalización (pues la realidad, por fortuna, siempre es más compleja que los tipos ideales), lo prueban algunos rigurosos estudios empíricos.[22]

VII. *Politización de la vida cotidiana y del ámbito privado*, con el intento de desarrollar formas alternativas de convivencia, producción y consumo, transformando en el proceso a los hombres y mujeres concretos que componen la sociedad. «Lo personal es político», rezaba una de las primeras consignas del renacido movimiento feminista; en el movimiento alternativo alemán otra consigna corriente era la de «política en primera persona». Los NMS no aceptan la dicotomía público/privado que subyace al universo de acción social de la teoría política liberal, ni aceptan la subordinación de la esfera sociocultural a la político-administrativa. El eje de la transformación propuesta se halla en la esfera sociocultural, a la que deberían subordinarse la económica («economía alternativa») y la política («nueva política»).

> Reivindican para sí mismos un tipo de contenidos que no son ni «privados» (en el sentido de que otros no se sientan legítimamente afectados) ni «públicos» (en el sentido de que se les reconozca como objeto legítimo de las instituciones y actores políticos oficiales), sino que son los resultados y los efectos colaterales colectivamente «relevantes» de actuaciones privadas o político-institucionales de las que, sin embargo, no pueden hacerse responsables ni pedir cuentas por medios institucionales o legales disponibles a sus actores. El campo de acción de los NMS es un espacio de *política no institucional*, cuya existencia no está prevista en las doctrinas ni en la práctica de la democracia liberal ni del Estado del Bienestar (Offe, 1988, 174).

En general, ha de subrayarse la *dimensión cultural, prepolítica*, de estos movimientos que luchan «no sólo por la reapropiación de la estructura material de la producción sino también por el control colectivo del desarrollo socioeconómico, por la reapropiación del tiempo, del espacio y de la vida cotidiana» (Melucci, 1986). El tema de la *identidad sociocultural* cobra cada vez más relevancia a medida que se desarrolla la sociedad industrial capitalista, pues su dinámica de mercantilización de cada vez más esferas de la existencia humana, expansión de la racionalidad instrumental y «colonización del mundo vital» corroe los vínculos sociales y las identidades socioculturales tradicionales (véase Del Río, 1992, capítulo 3, así como Barcellona, 1992). Los grupos que sólo se identifican débilmente con el progreso técnico y económico perciben más agudamente este problema, lo que da origen a MS de dominante cultural ya desde finales del siglo XIX (por ejemplo, los movimientos naturista y juvenil alemán). Un nuevo umbral cualitativo en este proceso histórico se alcanza con los NMS: «Sólo el movimiento estudiantil de los sesenta, y sobre todo los NMS de los setenta, situaron el tema de una identidad cultural por lo general ya no heredada, sino que tenía que ser creada, en el centro de las controversias políticas. Así, y con la extensión del concepto de cultura, se alcanza una amplitud en principio ilimitada de este enfoque de crítica sociopolítica» (Raschke, 1991a, 143).

Ya explicitamos antes la *acrecentada reflexividad de los procesos de formación de identidad en los NMS*, por lo que no será necesario abundar ahora en esta característica.

VIII. *Métodos de acción colectiva no convencionales*, como la desobediencia civil (la objeción fiscal, por ejemplo), la resistencia pasiva, la acción directa con fuertes elementos expresivos (por ejemplo, escalar un edificio para desplegar en él una gran pancarta, como suelen hacer los Ecofontaneros de Zaragoza o *Greenpeace*) o de esclarecimiento popular (por ejemplo, recorrer los terrenos donde se proyecta construir o ampliar un aeropuerto con una furgoneta dotada de altavoces que emiten estrépito de aviones aterrizando y despegando a volumen real, como hicieron en 1970 los que se oponían al aeropuerto de Munich-Norte para sensibilizar al vecindario), las manifestaciones de masas con un notable componente lúdico, las cadenas humanas, los *happenings* y dramatizaciones públicas provocadoras (por ejemplo, unir dos embajadas de países en guerra con un gran reguero de sangre, como protesta antibelicista)...[23] Una parte de lo que podríamos llamar esta «nueva cultura de la acción política», que acentúa la *acción directa*, proviene, como ya vimos, de la contracultura norteamericana de los años sesenta (caracterizada, entre otras cosas, por la *estetización de la protesta* que desarrolló); en otros casos se trata de la generalización de métodos tradicionales de lucha obrera no violenta –en primerísimo lugar la huelga– a ámbitos de la vida social distintos del económico.[24]

Sin embargo, no debe pensarse que los NMS utilicen este tipo de medios no convencionales *exclusivamente*, o que ello los confine a un margen no-institucional de la sociedad: por el contrario, los estudios empíricos muestran que lo característico es el uso pragmático y flexible de formas de acción no convencionales *y también* convencionales (Dieter Rucht en Dalton/Küchler, 1990).[25]

2.5. Lo nuevo en los «nuevos» movimientos sociales

Está justificado preguntarse si en realidad los NMS son «nuevos» en algún sentido sustancial.[26] Hagamos un pequeño experimento: pido al estimado lector o lectora que lea atentamente el texto siguiente.

> La hostilidad de la persona sensible hacia la máquina es, en cierto sentido, injustificada, por el hecho evidente de que las máquinas

han de seguir existiendo. Pero es una actitud que tiene mucho de positivo. La máquina ha de ser aceptada, pero probablemente es mejor aceptarla de manera parecida a como se acepta una droga medicinal, es decir, a regañadientes y con suspicacia. Como la droga, la máquina es útil, pero es peligrosa y creadora de hábito. Cuanto más a menudo se cede a ella, más fuerte se vuelve su dominio. No hay más que mirar a nuestro alrededor para darnos cuenta de la siniestra rapidez con que las máquinas se están apoderando de nosotros. Tenemos, en primer lugar, la tremenda deformación del gusto que se ha producido ya como resultado de un siglo de maquinismo. Esto es casi demasiado evidente y reconocido por todos para necesitar mención. Pero, por citar un solo ejemplo, tomemos el gusto en su sentido más corriente: el gusto por la buena comida. En los países altamente industrializados, gracias a las latas de conserva, los alimentos congelados, los condimentos sintéticos, etc., el paladar se ha convertido en un órgano muerto...

¿Son palabras de algún crítico contracultural estadounidense en los años sesenta, o de algún alternativo alemán o francés en los setenta? Nada de eso: son palabras del escritor ecosocialista inglés George Orwell en 1936 (en su libro *The Road to Wigan Pier*, publicado en castellano –*El camino de Wigan Pier*– por Destino en 1976, pág. 204). He escrito *ecosocialista* con bastante convicción de no incurrir en anacronismo. Es verdad que el propio Orwell no hubiera empleado este término: se hubiera descrito a sí mismo como «socialista crítico del maquinismo extremo», o como «socialista enemigo de llevar el industrialismo hasta sus últimas consecuencias». Pero hay una continuidad muy notable entre sus posiciones de 1936 y lo que cuarenta o cincuenta años más tarde ya se llamaba a sí mismo *ecosocialismo*: si el lector o lectora quiere convencerse de ello, bastará con que lea las páginas 188-217 del libro citado. En Orwell, o en otros contemporáneos suyos, se encuentran críticas a la idea productivista de progreso tan lúcidas y tan actuales como las de los autores vinculados a los NMS de los años setenta y ochenta.

¿Implica eso que no hay ninguna novedad esencial en el surgimiento de posiciones ecosocialistas, o simplemente ecologistas, a partir de 1970 aproximadamente? Decididamente, *no: como el contexto mundial es esencialmente nuevo, también lo son las respuestas a él*. Podemos calibrar esta diferencia volviendo de nuevo al texto de Orwell. En otro paso leemos:

La Tierra es tan grande y está aún tan poco poblada que incluso en el inmundo centro de la civilización [se refiere a los distritos mineros del Norte de Inglaterra, J.R.] se encuentran campos donde la hierba es verde y no gris; y quizá, buscando bien, se hallen incluso arroyos con peces vivos nadando en ellos, en lugar de latas de salmón (*El camino de Wigan Pier*, pág. 23).

Inmediatamente nos damos cuenta, ahora, de la distancia que nos separa de Orwell en 1936: medio siglo después, *la expansión continuada de la civilización industrial ha «llenado» el mundo*, y una parte de las consecuencias de ese hecho históricamente nuevo es lo que solemos llamar *crisis ecológica global* (para una interpretación de ésta de acuerdo con tales pautas, véase Riechmann, 1994). Orwell, pese a su denuncia de los efectos *sociales* perversos del industrialismo, no conoció nada semejante: el contexto mundial ha cambiado decisivamente, la situación de la humanidad es radicalmente nueva.[27] En cierta ocasión Bertolt Brecht afirmó que el «Hombre Nuevo» no era más que el hombre viejo en situaciones nuevas: parafraseándole, podríamos señalar que, en cierto sentido, *los nuevos movimientos sociales no son más que los movimientos antiguos en situaciones nuevas*. Con ello relativizamos la cuestión de la novedad/vejez de los movimientos sociales: en cierto sentido se trata de una cuestión de perspectiva, de dónde fijemos nuestra atención, de si nos interesa más destacar las continuidades o las rupturas en nuestra narración del decurso social. Pues en la historia de cualquier colectividad humana se dan siempre las dos cosas, continuidades y rupturas, y podemos hacer hincapié en una cosa o la otra al narrar esa historia.

En lo que hace a los «nuevos» movimientos sociales, eso significa que, siendo cierto que estos movimientos *constituyen la manifestación contemporánea de viejísimas aspiraciones de emancipación* (véase más abajo 2.8), tenemos que estimar en qué medida cuentan más en este caso las rupturas que las continuidades. Por ejemplo, es verdad que el feminismo y los movimientos de mujeres tienen más de 160 años de historia: un feminismo organizado surgió en EE.UU. en la década de 1830, en Gran Bretaña en la de 1850, en Francia en la de 1870 (véase Evans, 1980). Es verdad que puede rastrearse un «protoecologismo» al menos desde mediados del siglo XIX (lo haremos en el capítulo 3). Pero, en mi opinión (que enseguida voy a intentar justificar), *en el caso del ecologismo contemporáneo, del «segundo» feminismo y del pacifismo antinuclear, pesan más las rupturas que las continuidades*.

En el momento de su nacimiento, en 1965-1970 aproximadamente, los participantes en los NMS se sintieron «nuevos» sobre todo en comparación con las formas institucionalizadas (y en general bastante bien integradas en las formaciones sociales del capitalismo tardío, «cooptadas» a un sistema corporativo mediante la cesión de parcelas de poder y bienestar) del movimiento obrero: los sindicatos, los partidos socialdemócratas y los partidos comunistas. Pero, como es obvio, esto sólo representa una «novedad» contextual, relativa, no sustancial. *Defenderé, sin embargo, que los NMS sí son nuevos en un sentido sustancial*. Para verlo, vamos a interrogarnos sobre la posible novedad de los *valores, formas de organización, de movilización y de acción, objetivos sociopolíticos y contenidos culturales* de los NMS.

Como indiqué antes, el centro de gravedad de los enfrentamientos sociales basculó de los problemas asociados con el *orden de dominación capitalista* (esfera de la producción y la distribución social, donde se centra la actuación del movimiento obrero) hacia los problemas asociados con la *reproducción social.*[28] Y esto en dos niveles distintos, relativamente descuidados por el «viejo» movimiento obrero (sobre todo en la posguerra de la Segunda Guerra Mundial). El primer nivel es el «mundo vital» (el *Lebenswelt* explorado por ciertas sociologías de raíz fenomenológica), el nivel de la interacción más básica y cotidiana entre personas y entre los seres humanos y la naturaleza. Este «mundo vital» es percibido por los agentes de los NMS al mismo tiempo como troquelado decisivamente por fuerzas de dominación que mutilan y amenazan al ser humano, y como amenazado por la extensión incesante de la racionalización tecnocientífica y las nuevas formas de control social. Los NMS articularán, frente a ello, estrategias de *liberación en la vida cotidiana* y *revolución de las formas de vida* (por ejemplo, la distribución equitativa de las tareas domésticas entre ambos sexos, y la resistencia a la reglamentación burocrática de la vida social); se ha hablado, en este contexto, de *micropolítica.*

El otro «nuevo» nivel de acción de los NMS es el de los grandes problemas globales «de especie», en una situación mundial radicalmente nueva en la que puede racionalmente pensarse que peligra el futuro mismo de la especie humana. Tal es uno de los aspectos de esa *crisis de civilización* que inevitablemente sale a colación cuando reflexionamos sobre los NMS, y cuya expresión más inmediata acaso sea el *horizonte de autodestrucción* dentro del que vive nuestra civilización planetaria desde la fecha simbólica del 16 de julio de 1945, cuando hace explosión en el desierto de Nuevo México la primera bomba atómica.[29]

Es así que en la segunda mitad del siglo XX el desarrollo científico-técnico de la civilización occidental traspasa un umbral terrorífico: las posibilidades de intervención humana comienzan a extenderse a un ámbito que antes se suponía reservado a los dioses. Vivimos tanto en el horizonte de autoaniquilación de la especie humana, cuya sombra funesta acabamos de evocar, como en el de la creación de nuevas formas de vida (mediante la intervención en el genoma de especies vegetales, animales y de la misma especie humana, que proponen los ingenieros genéticos). Desarrollos socio-tecnológicos como los que han conducido a la expansión de la energía atómica, la moderna industria química o la masiva quimización de la agricultura son verosímilmente la antesala del callejón sin salida... o del despeñadero.[30]

La percepción de este *nuevo y aterrador horizonte de especie* provoca la formación de una incipiente *conciencia de especie*, y estos procesos cognitivos son presupuestos para la aparición de los NMS.

> En vista de la vulneración sistemática de las necesidades vitales y la amenaza de los intereses existenciales de las generaciones presentes y futuras por el «progreso» biogenético, militar y económico-técnico, no se pone en entredicho sólo el *cómo*, sino también el *si* de tales desarrollos; no sólo las decisiones, sino también las premisas a partir de las cuales se decide. El industrialismo, con su crecimiento de la productividad destructor de puestos de trabajo y devastador del medio ambiente, con su concepto de progreso mecanicista y su armazón burocrática, es cuestionado a fondo por los NMS (Brand/Büsser/Rucht, 1986, 20).

Los nuevos movimientos han de interpretarse, a mi juicio, como *expresión de una crisis de civilización* (o «crisis de la modernidad»: véase Brand/Büsser/Rucht, 1986, capítulo 1) *y respuesta a ella*.[31] Joachim Raschke diagnostica la discrepancia entre la *creciente autodestructividad* de la civilización industrial, por una parte, y la *decreciente eficiencia global y capacidad resolutiva del sistema político* (especialmente, de los partidos políticos y los gobiernos), por otra (Raschke, 1980, 38). Claus Offe estima que

> las tres fórmulas de racionalidad con las que se han impulsado y legitimado los procesos de modernización en los siglos XIX y XX (a saber: la técnica científica, el cálculo económico del capital y la regulación jurídica) han quedado por lo menos tan desacreditadas como insuficientes, poco fiables y potencialmente irracionales, y hoy ya nadie pretende fundamentar la racionalidad de la acción política en estos criterios exclusivamente. A mi entender, la identidad genuina de los motivos y de los proyectos políticos verdes se encuentra precisamente en la crítica de la falta de fiabilidad de las pautas de racionalidad de la técnica, del capital y del Estado (Offe, 1988, 264).

En otro lugar, y enlazando con las consideraciones de Raschke que antes mencioné, Offe ha señalado que la radicalidad de los NMS (sobre todo de sus alas «fundamentalistas») está relacionada con la *miseria de la política convencional* (*poverty of public policy*, Offe en Dalton/Küchler, 1990, 246-247): ésta muestra agotamiento, impotencia o a veces una inadecuación de principio a la hora de abordar algunos de los problemas más urgentes de las sociedades modernas. Los gobiernos, tanto los fuertes como los débiles, sólo tienen a su alcance tres tipos de recursos para realizar su política: *a*) la regulación legal, el aparato burocrático y el monopolio estatal de la violencia; *b*) el manejo de los recursos fiscales (gasto público, imposición, subsidios); y *c*) uso de la información y la persuasión. Pero, además de que *existen límites absolutos para el uso de estos tres tipos de intervención gubernamental*, los Estados modernos también topan con los límites de estos medios en relación con los *nuevos* problemas que se plantean en la crisis de civilización contemporánea:

> En áreas de política donde las pasiones, identidades, significados compartidos y predisposiciones morales dentro del «mundo vital» de los actores sociales son, más que sus intereses económicos, los parámetros esenciales que tienen que cambiar para lograr una solución, los tres modos convencionales de intervención son virtualmente ineficaces o incluso contraproducentes. Además, hay buenas razones para creer que este tipo de problemas colectivos está proliferando en las sociedades occidentales modernas, mientras que la importancia relativa de los problemas a los que se adecuan más las herramientas convencionales de gobierno (política de ingresos, crecimiento económico, etc.) tiende a disminuir, aunque ciertamente aquéllos no están «resueltos» en ningún sentido definitivo (Offe en Dalton/Küchler, 1990, 247).

Si esto es así, resulta razonable dudar que la participación política convencional, incluso la acción de gobierno, vaya a conseguir solucionar este tipo de problemas sociales (*que son de una importancia extrema*).

Sostendré, pues, que la *conciencia de los límites civilizatorios* (algunos preferirán, sin duda, hablar de límites del industrialismo capitalista) *constituye el denominador cultural común de los NMS* (véase Kriesi, 1987, 323), y que ello constituye una «novedad» sustancial de los NMS. Si en la «primera oleada» de movimientos sesentayochistas dominaba la *hybris* de una «revolución cultural» que se afirmaba en la consigna de *we want all – and we want it now!*, si el neoanarquismo de los estudiantes franceses que en mayo de 1968 pintaban por las paredes *prenez vos désirs pour des réalités* tenía elementos de una rebelión de ahítos en el seno de una sociedad de la abundancia, muy pronto la crisis económica y ecológica de los años setenta hizo visibles *los límites del crecimiento* para amplias capas de la población. En esta dirección apuntaban tanto los informes del Club de Roma como las críticas marxistas de la sociedad de consumo.

No se trata, cuando hablamos de conciencia de los límites civilizatorios, sólo de los límites ecológicos: se trata también de límites sociales, culturales, uno se siente tentado a decir que hasta límites antropológicos. El movimiento feminista, por ejemplo, puso de manifiesto los *límites del Estado del Bienestar*, cuyas propuestas de bienestar social partían casi siempre de una incuestionada división sexual del trabajo y de un modelo masculino del trabajo asalariado. Se trata, en definitiva, de que los problemas con que tropieza el capitalismo tardío no se derivan primordialmente de un fracaso «endógeno» de los procesos de acumulación y distribución, sino de las destructivas consecuencias «exógenas» de este modo de producción y consumo para sus bases naturales, sociales y culturales. El punto más extremo se alcanza con el *carácter biocida del capitalismo industrial*, desvelado en la crisis ecológica global. Es la contradicción entre la microrracionalidad y la macroirracionalidad del capitalismo, según la vieja fórmula de Ernest Mandel, o la contradicción entre la racionalidad formal y la irracionalidad material del capitalismo, que explorara Max Weber. *Estas tendencias autodestructivas del crecimiento capitalista se muestran cada vez más poderosas e incontrolables.*

Según esto, *los NMS constituyen* –entre otras cosas– *una reacción racional al catastrófico funcionamiento de las sociedades occidentales*. Esta interpretación tiene consecuencias interesantes para la teoría del posmaterialismo-IN que revisábamos en el capítulo anterior:

> [En la sociedad industrial avanzada] la satisfacción de las necesidades materiales constituye ciertamente una base necesaria, pero ya no suficiente para la satisfacción de necesidades inmateriales: la manera en que se organiza la satisfacción de las necesidades materiales impide a menudo, en las circunstancias dadas, que puedan llegarse a satisfacer las necesidades inmateriales. (...) La resistencia de motivación posmaterialista practicada por los NMS no es, según esta interpretación, un lujo que uno pueda permitirse cuando dispone de los medios necesarios para cubrir sus necesidades materiales. Esta resistencia arraiga, por el contrario, en la percepción de la *contradictoriedad* de los diferentes valores que subyacen a la organización de la satisfacción de las necesidades. No es que los valores de los posmaterialistas sean nuevos. Nueva es más bien la percepción de que los diferentes valores antiguos son contradictorios y nueva es también la *defensa selectiva* de aquellos valores que los posmaterialistas ven más amenazados por el proceso de modernización (Kriesi, 1987, 325).

¿Qué propuestas realizan los NMS desde estos sus valores, no nuevos en sí mismos,[32] pero sí articulados de forma nueva? Proponen iniciativas que apuntan hacia un modelo de sociedad cualitativamente diferente. Cabría perfilarlo como una sociedad descentralizada, formada por unidades en buena medida autónomas, federadas de algún modo, que emplean los recursos locales de forma no depredadora (en una *economía perdurable, sostenible u «homeostática»* con algún grado de planificación global), en equilibrio con la naturaleza, con un fuerte caudal de autoabastecimiento e independencia del exterior (también en términos militares). *Paz entre los pueblos y con la naturaleza*, por formularlo en los términos utópicos de Herbert Marcuse; y dentro de esta nueva formación social, un modo alternativo de vida sin explotación ni opresión, austero y solidario, sin patriarcado, con relaciones humanas gozosas y sujetas al grado más bajo posible de enajenación.[33] Tales son, pues, los contenidos dominantes en los NMS (contenidos nuevos al menos en el momento de aparición de estos movimientos).

Podríamos resumirlos con Claus Offe: «El interés por un territorio (físico), un espacio de actividades o "mundo de vida", el cuerpo, la salud e identidad sexual; la vecindad, la ciudad y el entorno físico; la herencia y la identidad cultural, étnica, nacional y lingüística; las condiciones físicas de vida y la supervivencia de la humanidad en general» (Offe, 1988, 177). Otro aceptable resumen (aunque algo impresionista) lo ofrece Johan Galtung en su ESQUEMA SOBRE LAS POLÍTICAS DE LOS VERDES que reproduzco en el cuadro II.1.[34]

CUADRO II.1:
ESQUEMA DE LAS POLÍTICAS DE LOS MOVIMIENTOS VERDES Y ALTERNATIVOS
(Fuente: Galtung, 1987)

CARACTERÍSTICAS DEL SISTEMA	POLÍTICAS DE LOS MOVIMIENTOS VERDES Y ALTERNATIVOS
(A) *Supuestos económicos*	
1. Explotación del *proletariado externo*.	Empresas cooperativas, abolición de la diferencia entre productor y consumidor, implicación directa de los clientes.
2. Explotación de las relaciones del *sector externo*; movimientos de liberación.	Coexistencia con el Tercer Mundo; sólo intercambios equitativos.
3. Explotación de la *naturaleza*.	Equilibrio ecológico persona-naturaleza; diversidad en la construcción; simbiosis y vegetarianismo total o parcial.
4. Explotación de *uno mismo*.	Mayor intensidad laboral y en la creatividad; productividad decreciente en algunos campos; tecnologías alternativas.
(B) *Supuestos militares*	
1. Dependencia del *comercio exterior*.	Desarrollo autocentrado; autosuficiencia en alimentación, salud, energía y defensa.

2. Dependencia del sector formal, complejo BCI (burocracia/capital/*intelligentsia*).	Desarrollo autocentrado del sector local, urbanización decreciente, tecnologías intermedias.
3. Política de defensa *ofensiva*, tecnología de defensa muy destructiva.	Políticas de defensa con tecnología destructiva menor y defensa no militar y no violenta.
4. *Alineamiento con las superpotencias.*	No alineación e incluso neutralismo, desligándose de las superpotencias.

(C) *Supuestos estructurales*

1. *Burocracia*. Estado fuerte (planificador) y centralizado.	Descentralización a nivel local; desarrollo de federaciones en torno a unidades locales.
2. *Corporación*, capital (mercado) fuerte y centralizado.	Desarrollo informal, economía verde: producción para el autoconsumo; para el intercambio no monetario, para círculos locales.
3. *Intelligentsia*, investigación fuerte y centralizada.	Alto componente de educación no formalizada, elaborando sus propias formas de aprendizaje.
4. Factor VEMU: BCI compuesto por varones de edad media con estudios universitarios, de grupos étnicos dominantes, etc.	Movimientos feministas, movimientos en pro de una nueva cultura y estructura social de justicia/igualdad, movimientos de los jóvenes y los viejos, movimientos para la igualdad étnica/racial.

(D) *El modo de vida burgués*

1. *Trabajo no manual*, eliminando el trabajo pesado, sucio y peligroso.	En un contexto saludable se mantienen los rendimientos, combinando el trabajo manual y el no manual.
2. *Confort material*, compensando las fluctuaciones de la naturaleza.	En un contexto saludable se mantienen los rendimientos viviendo más cerca de la naturaleza.
3. *Privacidad*, retiro hacia la familia y los grupos de afines.	Vida comunal en grandes unidades, propiciando la producción y el consumo colectivo.
4. *Seguridad*; preocupación por su posible pérdida.	En un contexto saludable se mantiene la seguridad, practicando un estilo de vida menos planificado.

(E) *Modo químico-circense de vida*

1. Alcohol, drogas, tranquilizantes.	*Moderación*, experimentos con elementos no adictivos, interés por cuestiones que «conecten vitalmente».

2. Tabaco, azúcar, sal, té/café.	*Moderación*, exaltando la capacidad del cuerpo para el disfrute, por ejemplo a través del sexo.
3. Alimentos químicamente tratados, exclusión de fibras naturales.	Agricultura biológica, alimentación saludable y equilibrada, *moderación*.
4. Circo, TV, deporte, afición a los espectáculos.	Autogeneración de la propia diversión, ejercicio *moderado*, particularmente como trabajo manual, paseos y ciclismo.

Los contenidos sobre los que centran su acción los NMS son –según hemos visto– *al mismo tiempo particulares y cargados de generalidad*, abarcan lo que parece escapar a la política tradicional tanto por abajo (lo más concreto) como por arriba (lo más general); Pietro Ingrao ha calibrado bien esta peculiar tensión al describir a los NMS como

> movimientos de *polisentidos*, con muchos significados, en los que veo continuamente producirse una tendencia a pelear por una renovación de fondo, radical; y a la vez un impulso, tanto a separarse del resto de la sociedad, aunque asegurándose la garantía de algunas conquistas y algunos derechos, como a activarse sobre objetivos muy particulares. En resumen, una continua combinación de radicalidad general y luchas reivindicativas muy particulares, y por lo tanto también una ambigüedad (en el sentido profundo de esta palabra) no resuelta (Ingrao, 1983, 35).

¿Son nuevos estos contenidos de los NMS? Algunos no lo son, sino que forman un patrimonio común con muchos movimientos emancipatorios anteriores; no obstante, sí son indudablemente nuevas al menos dos líneas de conflicto centrales para los NMS. La primera de ellas es la *protesta contra la modernización burocrática, el control social siempre creciente y la racionalización del «mundo de la vida» aneja a la expansión de la tecnociencia*; protesta contra el Estado atómico, informático y policial, cuya expansión impulsa en la sociedad industrial avanzada el desarrollo simultáneo de necesidades crecientes de autonomía, individualización y autorrealización de las personas, por un lado, y, por otro, procesos también crecientes de regulación tecnocrática y control social. La otra nueva línea de conflicto es la *lucha político-cultural por un modo de vida que aminore sustancialmente la destructividad ecológica y social de la presente civilización industrial*, la cual está minando, como es cada vez más patente, las bases materiales de la reproducción social e incluso de la continuidad de la vida sobre nuestro planeta.

Pietro Ingrao, en el excelente artículo que he citado ya en varias ocasiones («Los movimientos sociales de los años setenta»), indica también que la novedad fundamental de los NMS estriba en los *nuevos contenidos* que introducen en la práctica política. Para Ingrao, no es muy nueva ni la fluidez y movilidad organizativa de los NMS, ni tampoco el carácter definido y circunscrito de las reivindicaciones (movimientos «de un solo tema» e incapaces de globalizar, suelen reprochar sus adversarios), dado que en la tradición del movimiento obrero se han desarrollado innumerables veces «movimientos parciales» en torno a reivindicaciones concretas: salud, vivienda, transportes, instrucción, etc. Ingrao argumenta muy bien la insuficiencia de la explicación de los NMS como expresión de una «nueva marginalidad» generada en el tardocapitalismo: ni las demandas feministas o ecologistas atañen sólo o principalmente a grupos marginales, ni tampoco los «guetos» sociales son territorios por sí mismos: «Pienso que los guetos también tienen mucho que ver con las instituciones y que muchas caras de la sociedad que se sienten marginadas están expuestas, mucho más de lo que parece, a la invasión penetrante y difusa de los grandes aparatos económicos, sociales y culturales» (Ingrao, 1983, 27). La peculiaridad de los NMS ha de buscarse en otro sitio:

> en los *contenidos* que están introduciendo en el conflicto político, en los campos donde está surgiendo y madurando esta inédita politización. El movimiento de liberación de la mujer (que parece la expresión más fuerte y característica de estos fenómenos) habla de reivindicaciones, objetivos y cambios en la vida social que antes no existían (con *estos contenidos* específicos, con *estos* análisis, con *esta* cultura) en la batalla del movimiento obrero y popular (Ingrao, 1983, 28).

No obstante, se ha dicho con acierto –véase nota 32– que estos nuevos contenidos de los NMS tienen una raíz común en ciertos valores que no son de ninguna manera nuevos en sí mismos, aunque cobran un énfasis y una urgencia nuevos en el contexto de los NMS. Los más preeminentes de dichos valores son *la autonomía y la identidad*, con sus correlatos organizativos tales como la descentralización, el autogobierno y la democracia radical o de base (en oposición a la manipulación, la jerarquía, el control, la dependencia, la burocratización, el centralismo, etc.).

Y con ello ya estamos hablando de las *formas de organización de los NMS*, también relativamente nuevas en el contexto en que surgen. Como ha afirmado Karl-Werner Brand,

> en oposición a las formas del movimiento obrero fuertemente institucionalizadas, organizadas de modo centralista e integradas en mo-

delos políticos neocorporativos, los NMS presentan una estructura segmentada, descentralizada, organizada autónomamente, en forma de malla. El principio de la autonomía, de la autoorganización de los afectados, de la articulación auténtica de necesidades e intereses, posee para los NMS una posición central; con la vehemencia correspondiente se rechazan las estructuras jerárquicas, se sospecha de la institucionalización, la burocratización y la profesionalización como instrumentos de dominio e integración, se rechazan el principio de delegación y la disciplina de las organizaciones rígidas (Brand en Roth/Rucht, 1987, 34).

Puede decirse, por tanto, que *los NMS han desarrollado un estilo de movilización nuevo e inconfundible* (véase Raschke, 1985, 254 y sigs.): cabría llamarlo la *movilización orientada a proyectos* (*projektorientierte Mobilisierung*), caracterizada por la referencia inmediata a las necesidades e intereses de los afectados, los procedimientos informales, la descentralización y la democracia radical aplicada a las formas organizativas (cuya concreción constituyen las *iniciativas ciudadanas (Bürgerinitiativen) y grupos de autoayuda (Selbsthilfegruppen)*. Esta nueva forma de movilización parece capaz de esquivar, hasta cierto punto, las tres estrategias con que los aparatos estatales se han enfrentado hasta ahora a los movimientos (y sobre todo a sus organizaciones) que combatían contra ellos: la represión violenta, la tolerancia represiva y la integración en el sistema.[35]

También las *formas de acción* preferidas por los NMS ofrecen novedades en comparación con movimientos más antiguos, como el movimiento obrero (o los movimientos fascistas). Dieter Rucht ha sistematizado las más importantes del siguiente modo: *a*) los grupos y organizaciones de los NMS actúan con mayor autonomía de lo que era usual en otros movimientos, y en particular rechazan el modelo leninista de una «vanguardia revolucionaria»; *b*) no necesariamente centran su acción en el nivel nacional, sino que enfatizan la importancia de la política local; *c*) el significado de la participación en elecciones y la representación parlamentaria parece haber disminuido; *d*) por el contrario, otras formas de participación convencional, incluyendo la acción administrativa y judicial, parecen haber aumentado (lo que refleja nuevas posibilidades de intervención que antes apenas existían en estos ámbitos); *e*) las acciones violentas (y en particular el empleo de armas) han perdido importancia, mientras que la desobediencia civil la ha ganado; *f*) el repertorio de formas de acción se ha ampliado (Rucht en Dalton/Küchler, 1990, 158-160).

La orientación antiinstitucional que acabamos de describir es la propia de movimientos jóvenes contrapuestos a otras formas de participación más organizadas e integradas en el sistema, pero la contraposición de «vieja» y «nueva política» no se agota en una oposición vitalista entre juventud y senectud. Por el contrario, los NMS intentan hacer valer *nuevos modelos culturales de acción, orientación y valoración*, hasta el punto de que algunos politólogos han vinculado con ellos la aparición de un *nuevo paradigma político*,[36] que surgiría al cerrarse en Europa Occidental el ciclo que abarca desde la posguerra de la Segunda Guerra Mundial hasta finales de los años sesenta, y durante el cual los temas políticos clave (el «viejo paradigma») giraban en torno al crecimiento económico y la seguridad. Entre los autores que defienden esta concepción se hallan Joachim Raschke, Claus Offe y Alberto Melucci; el segundo es sin duda el más conocido entre nosotros y ha expuesto sus tesis en un libro muy difundido (Offe, 1988). El cuadro II.2 ofrece una apretada síntesis de esta interpretación.

CUADRO II.2:
LAS CARACTERÍSTICAS PRINCIPALES DE LOS PARADIGMAS «VIEJO» Y «NUEVO» EN POLÍTICA
(Fuente: Offe, 1988)

VIEJO PARADIGMA	NUEVO PARADIGMA
(A) *Actores*	
Grupos socioeconómicos actuando *como* grupos (en interés del grupo) e involucrados en conflictos de distribución.	Grupos socioeconómicos no actuando *como* tales sino en nombre de colectividades atribuidas.
(B) *Contenidos*	
Crecimiento económico y distribución; seguridad militar y social; control social.	Mantenimiento de la paz; medio ambiente; derechos humanos; formas no alienadas de trabajo.
(C) *Valores*	
Libertad y seguridad en el consumo privado y progreso material.	Autonomía personal e identidad, en oposición al control centralizado, etc.
(D) *Modos de acción*	
Interno: organización formal, asociaciones representativas a gran escala.	*Interno:* informalidad, espontaneidad, bajo grado de diferenciación horizontal y vertical.

Externo: Intermediación pluralista o corporativa de intereses, competencia entre partidos políticos, regla de la mayoría.	*Externo:* política de protesta basada en exigencias formuladas en términos predominantemente negativos.

En lo que hace a las formas de organización y actuación de los NMS, la matización de «nuevas en el contexto en que surgen» es necesaria para no pasar por alto *las fuertes afinidades existentes en este ámbito entre los NMS y la corriente anarquista del movimiento obrero*, que no han dejado de señalar diversos autores (véase, por ejemplo, Galtung, 1987, 96, en un artículo por lo demás muy discutible). No puede decirse que estas formas de organización sean nuevas en un sentido sustancial (véase D'Anieri/ Ernst/ Kier, 1990).

En resumen: no son nuevos los *valores* que orientan a los NMS, aunque sí la forma peculiar de su articulación; no son nuevas en sentido sustancial sus *formas de organización*, aunque sí tienen valor de novedad en el contexto en que surgen; y *sí son nuevos los contenidos culturales, el tipo de movilización, las formas de acción y los objetivos sociopolíticos de los NMS*. Parecería, por tanto, que el «nuevos» de los NMS tiene cierto contenido teórico (y no se trata de una denominación puramente convencional).

2.6. Composición social de los nuevos movimientos sociales

La composición de los NMS, como ya advertimos, es heterogénea: pero no de manera azarosa. Abundante investigación empírica indica que en ella predominan ciertos grupos sociales (o sectores de ellos) a los que la sociología moderna ha bautizado con una gran variedad de términos: «nuevas clases medias», *Kommunikative Intelligenz*, *Knowledge Class*, «nueva clase» (de intelectuales técnicos y humanistas)...

Es un hecho que *después de la Segunda Guerra Mundial*, y en todos los países occidentales donde después se desarrollaron los NMS, *las capas medias se ampliaron y diferenciaron*. Esta cambiada posición social de las capas medias en las sociedades industriales avanzadas tiene que ver –lo indicaré con brevedad telegráfica– con *a*) el largo período de crecimiento económico, *b*) la construcción del llamado «Estado del Bienestar», *c*) la expansión del sistema educativo en sus niveles medio y superior, y *d*) los desarrollos demográficos (el *baby-boom* de la posguerra).

En todo movimiento social puede distinguirse entre su *grupo de soporte primario* (*primäre Trägergruppe*) y su *grupo de resonancia* (*Resonanzgruppe*; véase Raschke, 1985, 127-128, 414). El grupo de soporte primario lo forman los activistas de la fase constitutiva del movimiento, que imprimen en buena medida las orientaciones básicas. Constituyen el grupo de resonancia los simpatizantes del movimiento.[37] La composición social de ambos grupos puede ser bastante diferente (es típico que en fases posteriores del movimiento la composición social del grupo de activistas se haga mucho más heterogénea). La identificación del grupo de soporte primario de un MS es uno de los pasos esenciales para el estudio del movimiento. Vamos a intentarlo en el caso de los NMS. Una puntualización preliminar la proporciona Claus Offe:

> En lo que respecta a los *actores* de los NMS, lo que más llama la atención es que en su autoidentificación *no* se refieren al código político establecido (izquierda/derecha, liberal/conservador, etc.), ni a los códigos socioeconómicos parcialmente correspondientes (tales como clase obrera/clase media, pobre/adinerado, población rural/urbana, etc.). Se codifica más bien el código del universo político en categorías procedentes de los planteamientos del movimiento, como sexo, edad, lugar, etc., o en el caso de los movimientos ecologistas y pacifistas, el género humano en su conjunto. La insistencia sobre la irrelevancia de códigos socioeconómicos (como la clase) y de códigos políticos (como las ideologías) que encontramos al nivel de la autoidentificación de los NMS (y a menudo de sus oponentes), y que constituyen parte de su verdadera «novedad» (y les distingue de los «viejos» movimientos sociales), no significa, sin embargo, en modo alguno que *de hecho* la base social y la práctica política de tales movimientos sean tan amorfas y heterogéneas en términos de clase e ideología (Offe, 1988, 180-181).

En efecto, *esa base social de los NMS europeo-occidentales* (en la que se recluta su grupo de soporte primario) *se compone* –según indica el politólogo alemán, y confirman hasta la saciedad numerosos estudios empíricos– *de tres segmentos de la estructura social bien delimitados*:

I. Una parte de *las nuevas capas medias*, especialmente aquellos segmentos que trabajan en profesiones de *servicios sociales y culturales y/o en el sector público*. Este sector de servicios no directamente implicado en la producción (educación, salud, trabajo social, arte y comunicación), existe en todas las sociedades industriales avanzadas y ha visto crecer su importancia con la construcción del Estado del Bienestar en la fase fordista del capitalismo. Los activos en este sector actúan en cierta medida fuera del mercado y de su trunca «racionalidad» reducida al cálculo de costes-beneficios en términos monetarios: es plausible, por tanto (y la investigación empírica lo demuestra) que sus intereses y valores diverjan marcadamente de los de otros grupos sociales.

Entre las condiciones que favorecen el «radicalismo de la nueva clase media» de este segmento social se cuentan la seguridad material (en el contexto del «Estado del Bienestar»), el alto nivel educativo y la abundancia de tiempo libre.

Conviene aquí recordar que mientras la vieja clase media (a veces llamada «patrimonial») se componía de pequeños propietarios y profesionales liberales, *las nuevas capas medias están formadas por asalariados* entre los que cabría distinguir cuatro fracciones: *a*) los *administradores*, que cumplen funciones tanto asesoras como ejecutivas en la división técnica del trabajo; *b*) los *profesionales de los servicios*, que son sobre todo empleados estatales y producen valores de uso; *c*) los *empleados semiautónomos*, tales como el personal científico y técnico y muchos profesionales cuya «semiautonomía» hace referencia a su situación dentro del proceso laboral; *d*) los *autónomos*, que son restos de la vieja pequeña burguesía que en nuestro siglo se ha transformado profundamente.[38] Por tanto, es el criterio de *asalariados/no asalariados* (o, lo que es lo mismo: carentes de medios de producción propios/poseedores de medios de producción propios) lo que diferencia a la «nueva» de la «vieja» clase media. Por consiguiente, otra denominación posible –e incluso preferible– sería la de *nuevas capas de asalariados*.

Vale la pena señalar que el segmento de los administradores *no participa en los NMS como lo hace el segmento de los profesionales de los servicios sociales y culturales* (Kriesi, 1987, 317), de tal modo que *no* puede decirse que estas nuevas capas medias, como un todo, sean la base social de los NMS. En este sentido, se encuentran divididas (véase también Andersen, 1990, 102). «La sociedad postindustrial fragmenta y polariza a la clase de los asalariados. Contribuye ciertamente a la radicalización de segmentos de esa clase, pero al mismo tiempo dificulta la posibilidad de una política de clase unitaria y de transformaciones sociales fundamentales.» (Raschke, 1985, 418.)

II. *Elementos de la vieja clase media* (pertenecientes a las profesiones liberales o al campesinado, por ejemplo), opuestos a aquellos efectos perversos de la modernización capitalista que perjudican directamente su modo de vida.

Por ejemplo, a veces se ha descrito al movimiento antinuclear alemán como «una coalición entre chaquetas *loden* y parkas» (Dalton/Küchler, 1990, 13), donde la primera prenda es típica de los campesinos opuestos a la instalación de una central atómica en las cercanías de su granja, mientras que la segunda caracteriza a los estudiantes universitarios venidos de más lejos y motivados más por ideario de emancipación que por resultar directamente afectados.

III. *Sectores de la población al margen del mercado de trabajo o en una posición periférica respecto a él*, tales como parados, estudiantes, amas de casa, jubilados, etc. Podríamos llamarlos con Offe *grupos periféricos y desmercantilizados*. Favorece la radicalización de estos grupos, tanto su permanente exposición a mecanismos de supervisión, exclusión y control social directos (sin que esté a su alcance ninguna opción institucional que les permita escapar de su poco envidiable situación), como la considerable cantidad de tiempo libre que pueden invertir en actividades políticas.

Pues bien: *el segmento cualitativa y cuantitativamente más importante en la composición del grupo de soporte primario de los NMS es el de los profesionales de los servicios sociales y culturales*, mientras que los segmentos de las «nuevas capas medias» más cercanos a los procesos productivos (administradores, empleados semiautónomos, etc.) no participan en mayor medida que el promedio de la población, como ya indiqué antes. En estos hallazgos coinciden numerosos estudios empíricos (Parkin, 1968; Byrne, 1986; Cotgrove/Duff, 1980 y 1981; Gundelach, 1984; Alber, 1985; Kriesi, 1985, 1987 y 1989, entre otros). Parece admisible, entonces, una interpretación de los conflictos que se hallan en la base de los NMS (en especial de los conflictos ecológicos), no como un antagonismo generacional o de clase, sino más bien entre aquéllos más cercanos y más lejanos a los procesos productivos; y esto, a su vez, ha de contextualizarse atendiendo al *enorme poder político de las fuerzas industrialistas, que fuerzan a los grupos sociales más directamente amenazados por riesgos ambientales a adaptarse y reprimir estas amenazas* (véase Rüdig/Lowe, 1986b, 524).[39]

El segmento de los profesionales de los servicios sociales y culturales incluye, por ejemplo, en el caso de la RFA y en 1980, a uno de cada diez empleados, pero lo más significativo es que se trata del sector que más rápidamente ha crecido desde los años sesenta[40] (aunque las políticas de desmantelamiento parcial del Estado del Bienestar en boga durante los años ochenta tiendan a frenar esa expansión). También los grupos periféricos y desmercantilizados crecen, por las tendencias de marginalización inherentes a las sociedades industriales avanzadas o «postindustriales». Se diría, por tanto, que *la base de los NMS tiene tendencia más bien expansiva*.[41]

Pero la ubicación socioestructural de los NMS se precisa aún más si preguntamos por la edad de sus miembros. Según muestran los estudios empíricos llevados a cabo en varios países, son sobre todo *las generaciones de posguerra* las que participan en ellos. Por no dar más que un ejemplo (este tipo de datos podrían multiplicarse hasta la saciedad: véase Riechmann, 1991, 155-160,

246, 339-343, 352): el 68 % de los activistas del movimiento por la paz holandés que investigó Hanspeter Kriesi a mediados de los ochenta eran menores de cuarenta años (Kriesi, 1987, 318).

¿Quiénes constituyen el grupo de resonancia, o grupo de simpatizantes, de los NMS? En primer lugar, los mismos segmentos sociales en los que se reclutan los activistas, a saber: sectores de las «nuevas clases medias», una parte de las «viejas clases medias» y grupos periféricos y desmercantilizados. Pero además, en segundo lugar, integran el grupo de simpatizantes los afectados puntualmente por desarrollos negativos en las sociedades industriales avanzadas, el grupo cada vez más amplio de los que tienen que pagar «los costes del progreso»:

> Según la tesis de las disparidades, existen efectos de los desarrollos sociales modernos que no entrañan ninguna selectividad socioestructural específica, de modo que pueden afectar por principio a cualquiera, con independencia de su posición social. Los daños ecológicos constituyen el ejemplo más elocuente. Donde se da un intenso conflicto ecológico suele aumentar claramente el porcentaje de votos para los verdes (Raschke, 1985, 417).

El hecho de que podamos adscribir con bastante precisión los actores de los NMS a segmentos sociales determinados, ¿significa que su política es una *política de clase*, o todavía más particularista, quizá de tipo corporativo? Me parece que Claus Offe da nuevamente en el clavo al señalar:

> Una característica principal de la nueva clase media es que, de acuerdo con Anthony Giddens (1973), no tiene «conciencia de clase», sino que «se reconoce como clase». Es decir: parece haber determinantes estructurales relativamente claros sobre *quién* es previsible que haga suyas las causas y se empeñe en la práctica de la «nueva política» (habiendo, pues, una fuerte determinación de los *agentes*), mientras que, en cambio, las *exigencias* (y también los beneficiarios de tales exigencias) *carecen* en gran medida de especificidad de clase, son dispersas y, o bien son de naturaleza «universalista» (por ejemplo, planteamientos ecologistas, de paz y defensa de los derechos humanos), o bien se concentran en alto grado en grupos particulares (definidos, por ejemplo, por el lugar, edad, o por verse afectados situacionalmente por ciertas prácticas, leyes o instituciones del Estado). En contraste con la política usual de la clase obrera y también con la política de la vieja clase media, la política de la nueva clase media es típicamente una política *de* clase, pero no *en nombre o en favor* de una clase (Offe, 1988, 195).

Obsérvese, en efecto, que las exigencias de transformaciones fundamentales en las sociedades industriales avanzadas parecen contradictorias con los intereses corporativos de estos sectores sociales, a menudo privilegiados. En particular, la reducción del papel del Estado y el final (o la modulación selectiva) del crecimiento económico parecen contradecir los intereses de tantos activistas de los NMS empleados por el Estado. Parecería, en suma, que la movilización en los NMS *está más motivada por valores que por intereses*, que sus objetivos son más universalistas (obtención de bienes colectivos) que particularistas (apropiación de bienes privados). Las aseveraciones de Offe reciben además una confirmación empírica del siguiente hecho: si bien los actores en los movimientos sociales pertenecen en general a la «nueva clase media» urbana con alto grado de educación formal y valores posconsumistas (más en concreto, a los tres segmentos sociales que hemos estudiado con anterioridad), en cambio *el electorado de los partidos verdes es mucho más popular* (véase Riechmann, 1991, 158-168, 339-351). A resultados análogos llega Kriesi, 1989, en un estudio sobre los NMS holandeses.

2.7. ¿Un nuevo sujeto revolucionario?

La constatación de que las conquistas sociales y económicas alcanzadas por la clase obrera en el capitalismo tardío (Estado del Bienestar, sociedad de consumo de masas) atemperaba su radicalidad, alejándose así el horizonte de una revolución social, llevó a destacados científicos sociales a investigar las virtualidades de los actores de los NMS como «nuevo sujeto revolucionario». A veces esta atribución iba acompañada de la tesis de que se estaba constituyendo una nueva clase (véase a este respecto Kriesi, 1987, 325-329). Así, Rudolf Bahro –en *La alternativa*– y Alvin W. Gouldner –en *El futuro de los intelectuales y el ascenso de la Nueva Clase*– aventuran la tesis de que los intelectuales, tanto los pertenecientes al mundo de las letras como los técnicos, constituirían un «nuevo sujeto revolucionario» en las sociedades industriales avanzadas.[42] Comparto la apreciación de Manuel Sacristán:

> Esta tesis de Bahro es inverosímil porque los intelectuales, igual de ciencias que de letras, son un grupo social beneficiario del sistema en la medida en que éste se basa en la división fundamental entre trabajo manual y trabajo intelectual. La eficaz publicidad de los intelectuales que se creen críticos, difundida con diligencia por los medios de masas del sistema criticado, desde la televisión hasta los órganos de prensa más distinguidos, no puede esconder el hecho de que esa capa social es, en la producción y en el consumo, un apéndice de las clases dominantes, igual en el Este que en el Oeste (Sacristán, 1987, 13-14).

En particular los intelectuales letrados, como especialistas de la interpretación, desempeñan un papel de suma importancia en cualquier MS: contribuyen a la definición y a la sistematización del descontento nacido de causas estructurales, así como al desarrollo de propuestas de solución; elaboran y reelaboran idearios e ideologías (véase para la categoría de *intelectual del movimiento* Eyerman/Jamison, 1991). Pero *tienen también sus propios intereses de poder*: «abstracción, coherencia, generalización, son valores que tienen para los intelectuales un valor muy distinto que para los no intelectuales. Los intelectuales dan forma a un nivel de justificación para el que sólo ellos están capacitados. En cierto modo, crean la necesidad de sí mismos» (Raschke, 1985, 181). De estos intereses de poder propios de los intelectuales se derivan muchas veces conflictos entre ellos y otros actores de los MS (sobre todo, cuando trabajan en movimientos de infraprivilegiados; pero éste no es el caso de los NMS).

Se ha dicho con acierto que los NMS, en contraste con el «romanticismo revolucionario» del movimiento estudiantil y muchas organizaciones de la «nueva izquierda», muestran lo que podría llamarse un *radicalismo autocontenido* (*self-limiting radicalism*): «Una autocomprensión que abandona sueños revolucionarios en favor de la idea de reforma estructural, junto con una defensa de la sociedad civil que no persigue abolir el funcionamiento autónomo de los sistemas político y económico –en suma, radicalismo autocontenido» (véase Cohen, 1985, 664, 668-670). «El desafío que los nuevos movimientos plantean al orden político de las democracias occidentales nace del interior de las mismas. No se trata de un ataque revolucionario contra el sistema, sino de un llamamiento a que las democracias cambien y se adapten.» (Dalton/Küchler, 1990, 3.) También Joachim Raschke (1985, 462 y sigs.) estima que, en general, el *reformismo* caracteriza la praxis de los NMS, aunque:

> reformismo y radicalidad no son contrarios absolutos. El reformismo no se reduce necesariamente a parlamentarismo, sino que puede muy bien incluir formas de acción coercitivas. Tampoco conviene desecharlo de antemano como «moderación», ya que puede variar en su amplitud desde un reformismo adaptativo hasta uno trascendente del sistema. *Reformismo* acentúa el cambio a largo plazo, la división en pasos singulares de diferente alcance, la orientación experimental, la disposición a la revisión, y también la orientación no violenta de la acción.

A veces se ha descrito la actitud predominante en los NMS como un *pragmatismo radical*, vale decir: un pragmatismo en las cuestiones prácticas que va de consuno con una gran firmeza de convicciones y no se arredra ante formas radicales de acción (véase Raschke, 1991, 26). Russell Dalton y Manfred Küchler subrayan un punto importante: es verdad que caracteriza a los NMS una crítica radical del orden existente y, paralela y paradójicamente, una integración fáctica en la sociedad y el sistema político existente. En los NMS actúan *inadaptados instalados, o adaptados disconformes, o disidentes bien integrados*: no hay que minimizar esta paradoja. El extrañamiento respecto del sistema se manifiesta como desafío de las normas y valores dominantes, no sólo teórico, sino realizado en formas de acción a menudo radicales (desobediencia civil). Pero no conduce a la agresión o a la violencia (salvo en minorías insignificantes), porque los activistas de estos movimientos sí pueden identificarse positivamente con valores y normas alternativos, y con la imagen de una sociedad mejor para todos que guía su acción colectiva (véase Dalton/Küchler, 1990, 281). Dicho de otro modo: *la creación de una subcultura alternativa facilita la integración (disidente, pero integración al fin y al cabo) en el sistema*. Análoga conclusión puede extraerse del estudio de la subcultura obrera (socialdemócrata) en la Alemania anterior a la Primera Guerra Mundial.

Incluso si la *práctica* de estos movimientos no es revolucionaria (aunque sus visiones utópicas no puedan serlo más), en el sentido de que no se orienta a la toma violenta del poder estatal, sí es lo suficientemente radical como para diferenciarlos nítidamente de sus propios antecedentes históricos: basta para ello comparar al movimiento feminista de los setenta con el sufragismo histórico del último tercio del siglo XIX y el primero del XX, o comparar el moderno ecologismo con el conservacionismo de hace un siglo. El ideario y la práctica de los NMS plantea un cambio social radical. Se diría que *no constituyen un nuevo sujeto revolucionario, pero quizá sí puedan llegar a formar un nuevo sujeto «reformista fuerte»* (hablando al itálico modo) *o «reformista radical»* (dicho al modo germano).

Conviene no perder de vista, en cualquier caso, que *las opciones revolucionarias han perdido constantemente apoyo social en la Europa Occidental durante los años ochenta*. La investigación demoscópica muestra que en 1976 apoyaba una opción revolucionaria un 9 % de la población de la Comunidad Europea en su conjunto, mientras que en 1987 sólo lo hacía un 5 % (Inglehart, 1991, 31), cifra que no había variado dos años más tarde. Es interesante considerar en este sentido el cuadro II.3.

En las altamente segmentadas y disgregadas sociedades capitalistas «maduras», donde los asalariados constituyen la inmensa mayoría de la población pero están lejos de formar una «clase» (por la estratificación interna de este macrogrupo, y la diversidad de intereses y de conciencia en los distintos estratos), y donde incluso el mayor subgrupo homogéneo de esta sociedad, por sí mismo, sólo constituye una minoría, *un nuevo sujeto revo-*

lucionario o «reformista fuerte» tendría que ser construido por los movimientos sociales, en un esfuerzo consciente y organizado. Vale decir: los elementos de nueva subjetividad revolucionaria ya presentes tendrían que penetrar en capas más amplias de la sociedad, y los grupos ya activos tendrían que afianzarse, ampliarse y establecer nuevos lazos recíprocos para avanzar hacia *un movimiento antisistema más amplio y globalizador que los actuales, capaz de aunar las «viejas» demandas de superación de la explotación y la opresión con respuestas a los «nuevos» problemas derivados de la crisis de civilización actual*. En los países industriales avanzados, la política de «clase contra clase» pertenece al baúl de las curiosidades históricas, y para ganar mayorías sociales no hay otra vía que una renovadora *política de coaliciones*.

2.8. Las razones del surgimiento de los nuevos movimientos sociales

Antes de analizar el complejo causal que probablemente se halla en el origen de los NMS, evocaré brevemente la circunstancia histórica en que surgen. Se trata del apogeo y el final de los llamados «Treinta Gloriosos»: los tres decenios de crecimiento económico acelerado posteriores a la Segunda Guerra Mundial.

CUADRO II.3:
APOYO AL CAMBIO RADICAL, LA REFORMA GRADUAL O LA DEFENSA DE LA SOCIEDAD EXISTENTE EN 1989
(Fuente: *Eurobarómetro 1989*)

	Partidarios de la acción revolucionaria	Reforma gradual	Defensa tenaz contra la subversión
RFA	2 %	53	40
Dinamarca	4	52	39
Holanda	3	54	38
Reino Unido	6	59	29
Luxemburgo	2	64	24
Irlanda	12	47	29
Italia	6	69	21
Francia	7	67	21
Bélgica	4	75	19
Grecia	6	74	13
Portugal	4	69	14
España	7	74	9
MEDIA CE	5	63	26

Según se ha señalado (Scanlon, 1988), *en la primera mitad de los años sesenta hubo una enorme expansión de la educación superior y universitaria*, como respuesta en parte a presiones demográficas (los niños y niñas del *baby-boom* que tuvo lugar después de la Segunda Guerra Mundial) y en parte a las nuevas exigencias económicas derivadas del capitalismo del Estado del Bienestar y el consumo de masas. En la educación superior aumenta no sólo el número total de alumnos, sino también la proporción de mujeres con relación a la de hombres. *Esta juventud con educación superior constituyó la base de los movimientos radicales de los años sesenta*; y las luchas sociales de ese decenio –especialmente las del movimiento antiautoritario estudiantil y el movimiento mundial contra la guerra de Vietnam– serán experiencias socializadoras fundamentales para los activistas de los NMS. El compromiso dentro de los NMS constituirá, para muchos y muchas sesentayochistas, la «mayoría de edad» política.

> El paradigma tecnoeconómico de la posguerra estaba excesivamente basado en la ciencia: ésta fue la época de la Gran Ciencia (*Big Science*), encarnada en la energía nuclear, la automatización industrial y los productos petroquímicos. Y las empresas basadas en la ciencia necesitaban trabajadores altamente cualificados con educación universitaria. De manera que las universidades se transformaron en fábricas de enseñanza, y el conocimiento que se transmitía y elaboraba se transformó en mercancía. Muy esquematizadamente, el movimiento estudiantil de los sesenta puede verse como una rebelión internacional contra estos desarrollos, un masivo grito de guerra contra el moderno Estado científico-tecnológico (Eyerman/Jamison, 1991, 89).

Igual importancia que la expansión de la educación superior, la «socialización dentro de la abundancia»[43] y la socialización política en movimientos radicales de protesta que experimentaron segmentos importantes de las generaciones de posguerra tiene, para la evolución de los NMS, *la crisis económica mundial que se dispara tras la «crisis del petróleo» de diciembre de 1973*. Esta crisis económica mundial puede interpretarse como *el final de la fase «fordista» del capitalismo* (véase Lipietz, 1989), que se había caracterizado por *a*) la generalización del trabajo asalariado sobre la base de métodos de producción de masa (tayloristas) desarrollados, y *b*) la industrialización y mercantilización del ámbito de la reproducción social, generalizándose un «consumo de masas» que incluía bienes de elevado valor como electrodomésticos, automóviles, etc. En general, tras 1973/1974 aumenta la conciencia de la escasez de recursos y de los «límites al crecimiento» (título del primer informe al Club de Roma, el informe Meadows de 1972). La evidencia de una crisis ecológica global va haciéndose incontestable según avanzan los años setenta.

Las clases dominantes de las sociedades capitalistas intentan una salida a las crisis mencionadas (que, sumadas, configuran una verdadera *crisis de civilización*) mediante un «gran salto adelante». Las sociedades modernas van configurándose en la forma de lo que se ha descrito como «sociedades de riesgo» (*Risikogesellschaft*, Beck, 1986). Los componentes del «gran salto adelante» son *la nuclearización, la reestructuración mundial del aparato productivo* (con una «nueva división internacional del trabajo») *y*, en estrecha relación con lo anterior, lo que algunos llaman *la «segunda revolución industrial» (mejor «tercera revolución tecnológica»)*. La microelectrónica y la biotecnología posibilitan inmensos avances de productividad y permiten atisbar peligros dantescos.

Hasta aquí la telegráfica evocación del contexto histórico. ¿Pero por qué surgen los NMS? Creo, con Joachim Raschke, que *es menester combinar varios planos para lograr un análisis causal más o menos satisfactorio del surgimiento de un MS*. En mi opinión habría que modificar ligeramente el esquema que él propone (en el capítulo 7 de Raschke, 1985), considerando los siguientes planos:

I. *El plano estructural*. Las causas aquí discernibles son, por un lado, *condiciones sociales estructurales* previas, sin las cuales no podrían darse los tipos específicos de movilización propios de los MS modernos (por ejemplo, sin la existencia de una prensa de masas sería impensable el tipo de partido político de integración de masas que se gesta en el último tercio del siglo XIX); y, por otro lado, *contradicciones sociales estructurales* (o problemas objetivos), a las cuales no se resignan uno o varios segmentos sociales (así, por ejemplo, la contradicción patriarcal que subyace al movimiento feminista). Identificar estos segmentos o macrogrupos sociales protestones (a veces clases sociales, pero no siempre: puede también tratarse de grupos étnicos, religiosos, etc.) que «se hacen cargo» de las contradicciones estructurales es un paso fundamental para el análisis causal. Nosotros, en el caso de los NMS, ya lo hemos hecho en el apartado 2.6 de este capítulo.

Ahora bien: *estas causas estructurales son condiciones necesarias, pero no suficientes para explicar el surgimiento de un MS* (todas las formaciones sociales están atravesadas por tensiones y contradicciones, pero no en todas las circunstancias aparecen MS). Aclaran las razones por las que surgen nuevas demandas, pero no la forma, intensidad o secuencias temporales en que estas nuevas demandas se articulan. Para avanzar hacia una explicación causal satisfactoria nos hace falta considerar también otros planos:

II. *El plano sociopsicológico*. La existencia *objetiva* de un problema o crisis social no acarrea de forma inmediata la percepción *subjetiva* de ese problema o crisis, ni las modalidades de esta percepción.[44] Aquí el objeto del análisis es el *descontento individual y colectivo*, estructuralmente mediado, que lleva a las personas a «ponerse en movimiento»; las identidades sociales, su evolución y sus posibles crisis; así como los sistemas de valores que motivan para la acción colectiva.

III. *El plano de la interacción comunicativa*: ya la interpretación de las causas y contradicciones estructurales, y la articulación del descontento, está lejos de ser un fenómeno natural. *Ningún movimiento surge sin ciertas estructuras de comunicación que permitan poner en común percepciones, definir colectivamente los problemas y sopesar cursos alternativos de acción*. «Hay una lucha por el descontento. Para el MS es fuerza productiva, para los gobernantes fuerza destructiva. El movimiento dramatiza el descontento y subraya sus causas estructurales, los gobernantes le quitan importancia.» (Raschke, 1985, 155.) La elaboración de idearios, ideologías y concepciones del mundo propias de los movimientos es fruto de esta interacción comunicativa, y tales sistemas cognitivos desempeñan un papel de primer orden en la movilización.

El politólogo de Hamburgo destaca estos tres planos y concluye señalando: «La pregunta básica es la siguiente: ¿Qué grupo social desarrolla insatisfacción en relación con qué problemas, acerca de los cuales se pone de acuerdo, y para los que no ve otra solución que un movimiento social?» (Raschke, 1985, 126.) Sin embargo, en mi opinión hay que considerar *un cuarto plano, el de las relaciones de poder y las instituciones políticas*.

IV. Éste sería *el plano del contexto político, o –si se prefiere emplear el término técnico– la estructura de oportunidades políticas*.[45] Para nuestros fines, definiremos la estructura de oportunidades políticas como aquellos aspectos de un sistema político que influyen en el desarrollo de un MS con independencia de las *intenciones* de los agentes sociales involucrados, lo que incluye la estructura institucional del sistema, los procedimientos informales y estrategias dominantes para tratar con quienes desafían a las autoridades, y la configuración de poderes (incluyendo posibles aliados) relevantes para la confrontación entre las autoridades y quienes las desafían. Por ejemplo, una política de represión rigurosa puede forzar a un MS a nacer y desarrollarse en la clandestinidad (así, todos los movimientos de oposición en la Rusia zarista), lo cual imprimirá sin duda un carácter especial a los objetivos y las formas de acción del movimiento. Otro ejemplo: la presencia de gobiernos socialdemócratas en el poder favorece la eclosión de NMS:

> También la rebeldía necesita tiempo y espacio para desarrollarse. Ni la privación total ni la superabundancia resultan ser el caldo de cultivo adecuado para la germinación de los NMS. (...) Así es como la política reformista de los socialdemócratas puede convertirse, pese a todas sus contradictorias limitaciones, en el humus de un movimiento radical (Haug, 1989a, 30).

En el plano de la estructura de oportunidades políticas, un elemento especialmente importante para el surgimiento de movimientos sociales es el *inmovilismo de las instituciones estatales y los actores políticos establecidos* ante un problema o crisis ya percibido como tal por sectores movilizables de la opinión pública.[46]

Si éstos son los cuatro planos que analíticamente hemos de considerar cuando intentemos explicar el surgimiento de cualquier movimiento social, en el caso concreto de los NMS, ¿a qué estructuras, dimensiones sociopsicológicas, contextos de interacción comunicativa y estructuras de oportunidad política hemos de apelar?

Vaya por delante, como una consideración preliminar, que *los NMS constituyen la manifestación contemporánea de viejísimas aspiraciones de emancipación*, de aspiraciones milenarias a la sociedad de iguales (concretadas, para las sociedades modernas, en la tríada de valores de la Revolución Francesa: libertad, igualdad, fraternidad).

Quizá no esté de más, en este punto, recordar que los NMS aparecidos a mediados de los años sesenta en las sociedades capitalistas avanzadas tienen todos antepasados ilustres y muy longevos: pueden rastrearse componentes del actual pacifismo desde hace varios milenios y en diferentes culturas; hay movimientos de protección de la naturaleza –en general de corte romántico/ conservador– desde los comienzos de la industrialización; y los orígenes del movimiento de mujeres son más antiguos que los del movimiento obrero (el comediógrafo Aristófanes, en su obra *Lisístrata,* se anticipó a su tiempo describiendo un movimiento pacifista de mujeres; en la Europa del siglo XII, las beguinas que se retiraban para formar una «contrasociedad de mujeres» constituyen un interesante movimiento protofeminista; hay una corriente guadianesca de «feminismo literario» en casi todas las naciones occidentales desde hace siglos). Sin infravalorar las novedades específicas que introducen, parece obligado insertar los NMS en una larguísima tradición de luchas por el cambio social: constituyen la forma contemporánea de esa tradición.

Ahora bien: es evidente que, si esas aspiraciones de emancipación son viejísimas, no pueden explicar por qué surgen los NMS en un momento determinado del siglo XX. El proceso de surgimiento de cualquier MS avanza *desde el descontento, estructuralmente causado, de un segmento social, hasta la acción colectiva con la que el movimiento se enfrenta a un entorno potencialmente hostil* (véase Raschke, 1985, 117). Ya vimos de qué grupos se compone la base social de los NMS. Pues bien, ¿qué descontento o insatisfacción colectiva se halla en el origen de estos movimientos?

Sostuve antes, y reitero ahora, que los NMS constituyen una *reacción racional al catastrófico funcionamiento de las sociedades occidentales* (catastrófico si se consideran los efectos acumulativos y los contextos globales, los problemas hasta ahora «externalizados» con mejor o peor fortuna, y el largo plazo). Apunté que el contenido cultural común de estos movimientos alternativos consistía en la creciente *conciencia de los límites ecológicos, sociales y culturales al modelo de desarrollo de la civilización occidental*. Los «costes del progreso» van haciéndose progresivamente más visibles que sus beneficios, y estos problemas *reales y objetivos*[47] forman la base estructural de contradicciones a partir de la cual se desarrollan los NMS. Éstos, lejos de constituir una mera reacción antimoderna contra la civilización industrial, apuntan hacia *un proyecto de rectificación racional de la irracional (por autodestructiva) modernización capitalista*, con su característica asociación de microrracionalidad y macroirracionalidad.[48]

No hace falta que este conjunto de problemas civilizatorios se experimente como una amenaza inmediata a la integridad o seguridad individual para provocar, al menos, conciencia de la gravedad de los mismos: está probado empíricamente que la conciencia de los problemas ambientales es en lo fundamental, independiente de la experiencia personal de estos problemas y viene más bien mediada por procesos de comunicación social (Hofrichter/Reif, 1990, 120). Para el aumento de la conciencia ecológica son más importantes los «factores sociotrópicos» (o sea, la consideración de los problemas ecológicos como problemas generales, que afectan a todos los ciudadanos y ciudadanas) que una concepción estrecha del interés propio egoísta (sólo presto atención a estos temas si me afecta directamente algún problema ecológico) (Rohrschneider, 1988).

Pese a la importancia de estos elementos de «movilización comunicativa»[49] en los NMS, hay que insistir en que *no existe ninguna relación lineal entre los riesgos objetivos inherentes a ciertos desarrollos sociales y tecnocientíficos y la intensidad de la respuesta social a estos riesgos*.

Por ejemplo, la lucha contra un proyecto técnico «convencional» como fue la construcción del aeropuerto de Narita en las cercanías de Tokio provocó un conflicto mucho más violento que el originado por ninguna construcción de central nuclear en Japón o en ningún otro país (Rucht en Dalton/Küchler, 1990, 171), pese a la mucha mayor peligrosidad de la tecnología nuclear. Por seguir con este tema, países que emprendieron en los años setenta ambiciosos programas de nuclearización, como Bélgica, Gran Bretaña, Canadá, Finlandia o Japón, no conocieron movimientos antinucleares de importancia; mientras que otros países con proyectos mucho más modestos, como Austria, Dinamarca u Holanda, toparon con una resistencia encarnizada. De manera análoga, en la RFA la ampliación del aeropuerto de Francfort del Meno (*Startbahn West*) provocó una reacción social mucho más intensa y violenta que la construcción del canal Rin-Meno-Danubio, a pesar de que el impacto destructivo de esta segunda obra sobre el medio natural era mucho mayor que en el primer caso. Más allá del nivel cognitivo, el surgimiento y desarrollo de los MS está mediado por factores específicamente sociológicos.

Los NMS, por consiguiente, no se pueden considerar como simples reacciones a la crisis o a los problemas de exclusión del «mercado político». En mi opinión *los NMS no son fenómenos marginales, sino más bien centrales en las sociedades occidentales modernas*.[50]

Pero si los problemas objetivos pueden ser acuciantes sin que surja una respuesta adecuada (en forma de movimiento social, por ejemplo), nos hace falta progresar un poco más en nuestra indagación. Al enumerar los diferentes planos que hacía falta combinar para explicar causalmente la aparición de un movimiento social, nos referíamos primero a un plano estructural, cuyo primer componente eran las *condiciones sociales estructurales* en cuyo marco podían desenvolverse los MS específicos. ¿Cómo se concreta esto en lo que hace a los NMS? Además de los efectos negativos (ecológicos, sociales, culturales) del proceso de modernización capitalista, ¿qué *transformaciones sociales estructurales en las sociedades industriales avanzadas*, qué cambios en las pautas de socialización, interacción y acción colectiva –ocupación, educación, estructuras familiares, Estado del Bienestar, comunicación personal y de masas– posibilitan la existencia de los NMS y de los segmentos sociales donde mayoritariamente se reclutan sus activistas? A mi juicio, entre las que revisten especial importancia se hallan las siguientes:

A. Heterogeneización de las situaciones sociales; formación de nuevas capas medias, transformación de la antigua estructura de clases; nuevas tendencias a la marginación y exclusión (ya vimos antes con detalle, en el apartado 2.6, la relevancia que esto tiene para la base social de los NMS).

B. Tecnificación e industrialización de la reproducción social, lo que afloja los lazos que unían al individuo con su medio social de origen y en lugar de éste hace surgir redes de control y abastecimiento propias del «Estado de seguridad». Aumento de la regulación e intervención estatal.[51]

C. Erosión de las tradiciones culturales existentes; procesos de racionalización/colonización del «mundo vital», de individualización y de pluralización cultural.[52] «La adaptación del mundo vital (*Lebenswelt*) a los procesos de modernización sistémicos exige una enorme flexibilización de los modos de comportamiento y las formas de vida. Ello presupone también el desarrollo de nuevas estructuras de personalidad modal» (Brand/Büsser/Rucht, 1986, 275.) Esta individualización forzada no siempre significa una ganancia real de libertad para el individuo: por lo que también tiene de destrucción de identidad, puede conducir a la anomia y a la generalización de comportamientos que oscilan entre la apatía («pasotismo») y la agresión contra la sociedad, tan evidentes en las grandes ciudades. Para poner de manifiesto la ambigüedad del fenómeno, podríamos llamarlo *individualización anómica*.

El proceso de modernización como causa de amenaza o destrucción de las identidades personales y colectivas en las sociedades industriales avanzadas se ha convertido en una importante línea de investigación en ciencias sociales. Los NMS responden a ese proceso poniendo en primer plano la *creación de nuevas identidades colectivas* (que pueden, a su vez, resultar disolventes para algunas de las identidades dominantes anteriores: el movimiento ecologista pone en jaque el extendido consumismo y productivismo donde busca refugio la «muchedumbre solitaria», el movimiento pacifista de la primera mitad de los ochenta desafía el anticomunismo y atlantismo que también sirve de cimiento negativo a las sociedades occidentales durante la Guerra Fría, etc.).

D. Homogeneización de las situaciones individuales (consumo y cultura de masas, educación formal, urbanización, dependencia individual del mercado de trabajo, inmersión en constricciones burocráticas e industriales ajenas a las propias posibilidades de control). Todo ello hace que las vidas individuales sean cada vez más troqueladas directamente por las regulaciones sociales globales (desapareciendo las instancias intermedias).[53]

E. Agudización de contradicciones normativas inherentes al capitalismo avanzado, que tienden a producir en los individuos un singular desdoblamiento esquizoide y sobre las que ya llamó la atención Daniel Bell a mediados de los setenta: mientras que a la esfera de la *producción* le son funcionales las virtudes de la vieja ética del trabajo protestante (disciplina, laboriosidad, austeridad, respeto de la jerarquía, etc.), en la esfera del *consumo* lo que se precisan son justamente las características contrarias: propensión al despilfarro, afán de igualación en el consumo, expansividad de los deseos, etc. (véase Amery, 1991, 98-99). ¿Cómo ser un severo puritano en la oficina o la fábrica, y un desenfrenado hedonista apenas se traspasan las puertas de ésta, sin que alguno de los dos complejos de valores sufra menoscabo o la personalidad se desintegre?

F. Difusión de tecnologías cada vez más «inteligentes», que acrecientan cuantitativa y cualitativamente las posibilidades de dominación y control social; importancia creciente de las tareas de planificación, control y prestación de servicios, con las modificaciones correspondientes de la estructura de profesiones y cualificaciones.

G. Aumento de lo que en ocasiones se ha llamado la *altura de caída* de las sociedades industriales avanzadas,[54] cada vez más vulnerables por dependientes, para su reproducción, de una compleja «megamáquina» muy frágil ante interferencias o catástrofes (tanto de origen humano como natural). Un mero corte de electricidad que durase más que unas pocas horas reduciría a cualquiera de nuestras megápolis a un estado de barbarie indescriptible. Precisamente el gran apagón que en noviembre de 1965 afectó a una parte de EE.UU. y Canadá servirá de arranque a la reflexión de uno de los más importantes «intelectuales orgánicos» del movimiento ecologista: Barry Commoner (en su ensayo de 1966 *Ciencia y supervivencia*).

H. Pérdida de capacidad autocorrectiva por parte de las instituciones políticas y económicas (recordemos, de nuevo, la metáfora del tren lanzado a toda velocidad), incluso en los casos en que sus actuaciones son claramente catastróficas (estúdiese, por ejemplo, el desarrollo de la energía nuclear).

Vemos así que la disolución de lo que en épocas pasadas fueron los vínculos básicos de convivencia y solidaridad pone en marcha procesos de individualización crecientes y simultáneamente libera necesidades de una nueva solidaridad, nuevos anhelos comunitarios. Las aspiraciones de realización personal acrecentadas chocan, por otra parte, con las aumentadas constricciones burocráticas e industriales y con las amenazas «sistémicas» contra la salud y la identidad de las personas. Por una dialéctica similar, la mundialización creciente de la economía y el desarraigo a que tal mundialización somete a masas de población siempre en aumento hace surgir, como reacción, particularismos y regionalismos. Este tipo de dialéctica desempeña, me parece, un importante papel en el surgimiento de los NMS.

Como han señalado entre otros Jaime Pastor y Hanspeter Kriesi (Pastor, 1991a; Kriesi, 1987), si estas explicaciones estructurales del surgimiento de los NMS son acertadas, se desprende una conclusión importante: *como continuarán manifestándose efectos perversos de la modernización capitalista y de la degeneración de la política institucional, y como presumiblemente se expandirá la base social de los NMS* (segmentos de las «nuevas capas medias», sectores periféricos desmercantilizados, grupos de afectados por los «costes del progreso»), *las razones de fondo de la eclosión de estos movimientos van a persistir*. Por tanto, y aunque de momento haya concluido la primera fase de su movilización (que fue desde mediados de los años sesenta hasta mediados de los ochenta, aproximadamente), lo previsible es que otras aparezcan después.[55] A mi juicio, *los NMS seguirán siendo un factor sociopolítico de importancia en las sociedades industriales avanzadas*.

Hay autores que, frente al plano estructural, han privilegiado el sociopsicológico: así, por ejemplo, Inglehart con su teoría del posmaterialismo-IN, que discutimos en el capítulo anterior. Inglehart señala, con razón, que la existencia de problemas objetivos y de redes sociales, o incluso de organizaciones de protesta, no serviría de nada sin sistemas de valores e idearios que motiven a la gente a actuar, y está convencido de que «la dimensión materialista/posmaterialista ha jugado un papel crucial en el surgimiento de la ola de NMS que se han hecho cada vez más importantes en los últimos años» (Inglehart, 1991, 420). Seguramente los cuestionarios de Inglehart captan algo del cambio de valores en curso en las sociedades industriales avanzadas durante los últimos decenios (aunque, por supuesto, sea un disparate interpretar la historia humana anterior como una historia de «materialismo»).

Pese a estas y otras objeciones teóricas y metodológicas que, como vimos, pueden hacerse a la teoría del materialismo/posmaterialismo-IN, no cabe duda de que *procesos de cambio cultural subyacen a los NMS y son necesarios para explicar su desarrollo*: sin la difusión de valores antiproductivistas y antipatriarcales en capas más amplias de la sociedad son inexplicables los movimientos ecologista o feminista de los últimos dos decenios. *Los NMS son productos y productores de ese cambio valorativo*, en un proceso de retroalimentación.

Raschke ha esbozado un proceso histórico de difusión de los valores ilustrados en conexión con distintos MS: los movimientos burgueses del XIX cubren una etapa del viaje histórico afirmando la libertad, el movimiento obrero les arrebata el testigo y corre otra etapa enfatizando la igualdad, y a los NMS de finales del XX les corresponde redescubrir la fraternidad en su más amplia dimensión cultural y luchar por realizarla (Raschke, 1985, 154-155). Es una intuición sugestiva, si se digiere de manera laica, con todo el sano escepticismo respecto a las filosofías de la historia que a estas alturas de la historia parece de rigor.

En cualquier caso, cabe señalar que no hay una incompatibilidad de principio entre las explicaciones del surgimiento de los NMS que hacen hincapié en los factores macroestructurales y las que, como la de Inglehart, subrayan más los cambios valorativos y la movilización cognitiva asociada con éstos (véase Chandler/Siaroff, 1986, 303). En efecto, los cambios en los valores se explican por experiencias de socialización que a su vez dependen estrechamente de los cambios en los factores macroestructurales. En este sentido, y para los NMS, posee gran importancia el hecho de que *en las sociedades industriales avanzadas la duración del período educativo se alarga*, y correlativamente se retrasa el ingreso en el sistema productivo. Ello da lugar a una suerte de prolongamiento de la adolescencia que a veces se ha descrito como una *moratoria psicosocial* (Brand/Büsser/Rucht, 1986, 156). Esto influye sin duda de manera importante en los fenómenos de cambio cultural.

Además de los planos estructural y sociopsicológico nos referíamos al *plano de la interacción comunicativa*. Las grandes ciudades, y muy en especial las ciudades con dominante universitaria, constituyen un excelente campo de cultivo para los movimientos alternativos. Se forman redes sociales alternativas en las que la interacción continúa incluso en los períodos de «latencia» de los movimientos. Por otro lado, también en las áreas de intenso conflicto ecológico aumenta la politización de la población y su receptividad a los temas de los NMS. Lo que se ha dado en llamar la *crisis de integración del sistema de mediación política* en la sociedad «postindustrial» (Raschke, 1985, 430), uno de cuyos aspectos es la sustitución de los partidos de integración de masas por partidos «atrapalotodo» (*Volkspartei, catch-all-party*), deja expeditos sectores sociales que no hallan representación en el sistema político oficial y pueden, por tanto, sentir más agudamente la necesidad de organizarse en movimientos sociales.

Nos queda un último plano por considerar: se trata de los contextos políticos, las *estructuras de oportunidad política*. Dado que sobre este particular existe investigación abundante y a mi parecer sólida, me voy a permitir resumir los aspectos más relevantes del problema apoyándome en Karl-Werner Brand (cuadros II.4 y II.5).

CUADRO II.4: CONDICIONES DETERMINANTES DEL DESARROLLO DE LOS NUEVOS MOVIMIENTOS SOCIALES

11 tesis de Karl-Werner Brand (resumido de Brand, 1985, 321-326)

(A) *Fuerza movilizadora del conflicto de clase y de las políticas de «Estado social»*

1. Cuanto mayor sea el peso social del conflicto de clase y la capacidad de movilización a lo largo del eje derecha-izquierda (Gran Bretaña, Francia), tanto menores son las posibilidades de desarrollo autónomo de los NMS, y tanto más probable su fragmentación organizativa y de contenidos.

2. A la inversa: cuanto más pacificado esté el conflicto de clase (por la extensión de políticas de «Estado social») y más canalizado hacia formas institucionales de conflicto distributivo (RFA, Suecia), tanto mayores son las posibilidades de desarrollo autónomo y de globalización de contenidos para los NMS.

3. Si el conflicto de clase no posee un valor socialmente dominante –como en EE.UU. por ejemplo–, entonces los NMS pueden desarrollarse con relativa autonomía –tanto organizativa como de contenidos– incluso en ausencia de políticas de «Estado social».

4. Un gran desarrollo del «Estado del bienestar» favorece la difusión de esquemas de valores «posmaterialistas», y el amplio desarrollo de una crítica de la modernización apoyada en estos valores y orientada según proyectos de sociedad «suaves».

5. También a otras líneas de conflicto surgidas en estadios previos del proceso de modernización (campo-ciudad, centro-periferia, divisiones religiosas y étnicas) les incumbe cierta significación en el desarrollo de los NMS. A condición de que posean *a*) una afinidad de contenidos con los temas de los NMS y *b*) un mínimo de arraigo institucional (identidad cultural, infraestructura organizativa), pueden constituir el núcleo de cristalización o el catalizador de los NMS.

(B) *Accesibilidad del sistema político*

6. Cuanto mayores sean las posibilidades de participación institucional para grupos de protesta nuevos, tanto más moderada y específica será la protesta (EE.UU., Gran Bretaña, Suecia). Por el contrario, cuanto menores sean las posibilidades de participación institucional y más cerrado el sistema político, tanto más probable será el desarrollo de formas de protesta autónomas y radicales (RFA, Francia).

7. La posibilidad de influir en las decisiones políticas por medio de cooptación, canales de participación institucional, cabildeo o movilización de grupos de presión, lleva a sectores amplios de los grupos de protesta a adaptarse a las «condiciones de entrada» de los distintos ruedos políticos; y ello en lo que atañe a estructura organizativa, grado de profesionalización y moderación de las exigencias (EE.UU., Gran Bretaña, Suecia).

8. Parecido efecto moderador e integrador (y también fragmentador) ejerce una elevada disposición a la reforma e innovación por parte del

Estado. Como muestra en especial el ejemplo sueco, una política reformista impulsada «desde arriba» y sensible a los debates públicos quita terreno a la oposición antisistema.

9. Cuanto más fácil es el acceso a los parlamentos (sistema electoral proporcional), antes consideran los NMS la posibilidad de fundar un partido autónomamente, a condición de que ninguno de los partidos existentes e influyentes se ofrezca como destinatario y portavoz de las nuevas exigencias; pero, para los movimientos, mayor es también el peligro de la fragmentación en diferentes alas políticas. Por el contrario, cuanto mayores sean los obstáculos a una representación parlamentaria propia (sistema electoral mayoritario, umbrales de representación elevados), tanto más tienen que limitarse los NMS a la acción extraparlamentaria o a confiar en alguno de los partidos existentes (Gran Bretaña, EE.UU., y, con restricciones, también Francia).

10. También es importante la naturaleza de los partidos establecidos. Partidos que conservan rasgos «movimentistas» (como, por ejemplo, el Partido Laborista británico) o que son más bien una coalición laxa de diferentes grupos de interés (como los estadounidenses) pueden ser más impregnados por los temas nuevos que los partidos centralizados rígidos.

(C) *Efectos de filtro y reforzamiento causados por la cultura política*

11. Los modelos de cultura política dominantes (y las experiencias históricas en ellos cristalizados) actúan como reforzamientos de los factores socioestructurales que troquelan los NMS, y ocasionalmente también como filtros adicionales para determinados temas de protesta. Así, por ejemplo, la experiencia de la fracasada política de apaciguamiento hacia Hitler explica la crítica francesa del «ingenuo» pacifismo germano-occidental, y deja poco espacio para el surgimiento de un movimiento pacifista francés autónomo.

CUADRO II.5: CONDICIONES DE ÉXITO DE LOS NUEVOS MOVIMIENTOS SOCIALES

4 tesis de Karl-Werner Brand
(Resumido de Brand, 1985, 326-331)

1. Cuanto más extendidos están los valores «posmaterialistas», tanto mayores son las posibilidades de incidencia social de los NMS.

2. La presión de los problemas económicos (estancamiento, desempleo, inflación, elevado déficit en el comercio exterior) se halla en relación inversa con la significación social de los temas propios de los NMS.

3. El peso real de los «nuevos» problemas, y la magnitud de las amenazas, no parece elevar la capacidad de incidencia de los NMS tanto como el peso público específico de los temas por separado, y la capacidad de movilización social de los movimientos correspondientes a esos temas específicos.

4. La inserción de los MS en un ciclo amplio de protesta puede contrarrestar sus tendencias congénitas a la inestabilidad y la disgregación. Cuanto más fuertes sean los NMS, más fácilmente se puede conservar el nivel de movilización a lo largo de todo el ciclo amplio de protesta, y mayor será el efecto del ciclo total en la capacidad de incidencia social de los movimientos.

2.9. Los NMS y el movimiento obrero. ¿Posee el ecologismo una centralidad entre los NMS?

En 2.5 señalamos los aspectos en que los NMS eran nuevos: parece haber, ciertamente, una cesura histórica con respecto al movimiento obrero en muchos aspectos importantes. No así, ya lo vimos, en el terreno de los *valores*: la tríada de valores que desde la Revolución Francesa ha inspirado la lucha de los movimientos de emancipación –libertad, igualdad, fraternidad– establece un elemento de continuidad entre los «nuevos» y los «viejos» movimientos. De igual modo que el movimiento obrero recoge y amplía las luchas de la burguesía liberal cuando ésta, tras la instauración de democracias representativas con libertades políticas formales, parece haber agotado su potencial emancipatorio, *los NMS recogen y prosiguen las luchas del movimiento obrero en otro terreno* (véase Murphy y otros, 1981, 405). Lograda en algunas sociedades la satisfacción de las necesidades materiales básicas, los NMS abordan la *emancipación en la esfera sociocultural* (tematizada ciertamente en el movimiento obrero, sobre todo en las corrientes de socialismo «utópico», pero no central en la *práctica* del movimiento), la *lucha contra la dominación patriarcal* y la *desactivación de las amenazas globales* (paz/guerra, crisis ecológica).

Sería erróneo, a mi juicio, *considerar que el proyecto de sociedad alternativa que esbozan los NMS pueda realizarse* –como se ha sugerido a veces– *en los «intersticios» de la actual sociedad y el presente modo de producción*. Por el contrario, las luchas por la paz, contra el patriarcado y por la protección del medio ambiente no pueden avanzar separadas de una crítica radical de los modos y fines de la producción, y de programas de lucha para transformarlos.

Al mismo tiempo, los potenciales agentes de la transformación social tendrían que darse cuenta de que lo anterior no puede ocurrir por mera adición de los «nuevos temas» y el «viejo tema» del movimiento obrero, sino que las exigencias de los NMS implican una auténtica *redefinición de los contenidos y de las formas de la política*: ponen sobre el tapete tanto la cuestión de una «nueva forma de hacer política» (véase Capella, 1989) como la insuficiencia de aspectos centrales en la idealidad histórica del movimiento obrero.[56]

En la sociedad tardocapitalista, los movimientos emancipatorios han de habérselas con una *pluralidad no jerarquizable de contradicciones estructurales* (Wolf, 1986): la historia moderna no puede reducirse a la historia del modo de producción capitalista, sino que las dimensiones de género, ecología y relaciones interpersonales constituyen inesquivables contextos explicativos de la presente crisis. Pero puede pensarse, con el filósofo ecosocialista Frieder Otto Wolf, que *la cuestión ecológica poseerá una centralidad estratégica para las fuerzas de emancipación en el período que se abre* (sobre todo después del desmoronamiento del llamado «socialismo real»), y ello por dos razones. La primera es la *urgencia y la magnitud de la crisis ecológica* (que, junto con la *brecha Norte/Sur*, constituye actualmente el más terrible problema del planeta); la segunda, que *ninguna capa social es en sí misma la portadora de la cuestión ecológica*, sino que ésta es universal: atraviesa casi por igual a los dos géneros, a las diversas clases sociales y a todas las formaciones sociales del planeta.

En este sentido, conviene reflexionar acerca del hecho de que sea precisamente la cuestión ecológica la que más ha contribuido a la formación de la identidad movilizadora y programática de los partidos verdes, y que sólo éstos hayan podido afirmarse con relativa facilidad en el panorama parlamentario de sus países respectivos. Por el contrario, los intentos de formar nuevos partidos centrados en otras cuestiones tematizadas por los NMS (feminismo o pacifismo, por ejemplo) han revelado una dificultad incomparablemente mayor.

Aunque han tenido éxito en algunos lugares (la Alianza de Mujeres en Islandia, por ejemplo; o el Partido por el Desarme Nuclear en Australia, aunque en este segundo caso el éxito ha sido muchísimo más modesto), esto constituye más la excepción que la regla. «Sólo el movimiento ecologista representa una línea fundamental de conflicto político totalmente nueva, que puede a su vez integrar las demás. Esto enfatiza la necesidad de analizar los partidos verdes en conexión con el desarrollo tanto de los NMS en general como del movimiento ecologista en particular.» (Rüdig/ Lowe, 1986b, 537.)

Jakob von Uexküll, cofundador del «premio Nóbel alternativo» *The Right Livelihood Award*, ha expresado en alguna ocasión que la causa medioambiental es la única causa mayoritaria de la izquierda no tecnocrática: los éxitos de los partidos verdes y los sondeos de opinión[57] parecen darle la razón.

CAPÍTULO 3

ECOLOGISMO, PROTECCIONISMO, AMBIENTALISMO: UNA APROXIMACIÓN HISTÓRICA

> Hace mucho que la mayoría de los pájaros aprendieron a conformarse con antenas de televisión como sucedáneos de las ramas. ¿Por qué no podríamos conseguir los seres humanos, por ejemplo, apreciar los postes de alta tensión, con cuyo concurso se transporta la electricidad desde la central nuclear hasta los consumidores, como si fueran «bosques» análogos a los bosques de árboles que ahora agonizan?
>
> ROLF PETER SIEFERLE, 1989

> La actividad incondicionada, sea del tipo que sea, acaba en bancarrota.
>
> GOETHE

Como ya indicamos, de los tres nuevos movimientos sociales prototípicos el ecologismo es el único que en realidad es nuevo: tanto pacifismo como feminismo habían existido (no sólo como corrientes de ideas sino como movimientos sociales) mucho antes de los años sesenta de nuestro siglo. Precisamente por ello, resulta importante calibrar hasta qué punto tiene también el nuevo ecologismo raíces históricas relevantes: el análisis que se haga de esta cuestión será la piedra de toque para el problema de la novedad o no de los «nuevos» movimientos sociales, que ya abordamos en 2.5.

En este capítulo veremos cómo el nuevo ecologismo se relaciona con movimientos o submovimientos sociales anteriores, desde el incipiente ambientalismo del movimiento obrero decimonónico hasta el movimiento pro-«ciudades jardín» en los primeros años del siglo XX, desde el proteccionismo que luchaba ya en el XIX por la creación de parques nacionales hasta el naturismo burgués o el anarquismo obrero que en los primeros decenios del XX intentaban nuevas formas de trabajar, producir y consumir.

En realidad, la sociedad industrial ha dado origen, casi desde sus mismos comienzos, a reacciones críticas que denunciaban algunos de los efectos destructivos anejos a los procesos de urbanización e industrialización: en ocasiones, tales reacciones se reducían a la disidencia intelectual de algunos escritores; en otros casos, llegaban a cuajar en corrientes culturales o movimientos sociales como los mencionados. Este rico pasado de crítica civilizatoria, sin duda marginal respecto a la poderosa corriente central del productivismo hasta hace un par de decenios, será redescubierto y en algunos casos reactualizado por los movimientos ecologistas de los setenta-ochenta.

3.1. Obreros que luchan por su salud...

La contaminación, una de las formas de degradación del medio ambiente asociadas con la actividad humana (sólo una entre muchas), ha existido desde que existen concentraciones urbanas; pero con los comienzos de la Revolución Industrial, que incrementa de forma exponencial el impacto humano sobre la biosfera, se produce un verdadero salto cualitativo también en este ámbito. Podemos evocarlo con Francisco Fernández Buey:

> Humos, pestilencia, gases tóxicos, aguas contaminadas, ausencia de higiene, fueron rasgos que acompañaron siempre al nacimiento de los núcleos industriales. Y en esas condiciones han tenido que vivir y producir durante muchas décadas las clases trabajadoras. Los informes de los médicos humanistas y de las personas dedicadas a la asistencia social en el primer tercio del siglo XIX en Inglaterra y Centroeuropa, algunas de cuyas célebres y patéticas descripciones suelen ser recogidas por los historiadores del movimiento obrero, bastan para hacerse una idea cabal de lo que fue el medio ambiente de trabajo y las condiciones de vida de los proletarios de entonces (...): larguísimas y penosas jornadas de trabajo en naves industriales dispuestas con tal precariedad que seguir con vida se convertía cotidianamente en mero objeto de la suerte; deplorables condiciones medioambientales que en muchos casos daban lugar a enfermedades incurables, frecuentemente ocultadas para evitar la sustitución o el despido; viviendas concebidas como mero dormitorio en las proximidades de la fábrica y, a veces, muy lejos de ella, situación que obligaba a largos traslados en condiciones lamentables. Lo que generaciones y generaciones de trabajadores han tenido que soportar durante un siglo y medio en la mayoría de las ciudades industriales europeas, lo mismo en Manchester que en Barcelona, en Bilbao o en Turín, ha sido el desolado paisaje de las acerías, de las fábricas del textil o de los altos hornos, mientras lejos, cada vez más lejos, se adivinaba *la otra naturaleza*, la naturaleza todavía intocada por la industria, o la naturaleza exquisitamente cultivada por los jardineros privados (Fernández Buey, 1989, 18).

La contaminación de aires, aguas y alimentos afectaba fundamentalmente a las clases trabajadoras hacinadas en los centros fabriles, mientras que otras clases sociales más acomodadas disfrutaban de una «calidad de vida» infinitamente superior en barrios menos cercanos a las fábricas y talleres. La reivindicación de mejores condiciones de higiene y vivienda –lo que podríamos llamar *ambientalismo obrero*– fue uno de los ejes de actuación del naciente movimiento obrero, uno de los sectores que en el siglo XIX exigió mejoras medioambientales.[1]

Otro lo componían los grupos de reformistas liberales, filántropos y médicos humanistas procedentes de las capas medias y la burguesía, y a menudo enraizados en el protestantismo cuáquero o metodista. Así, en la segunda mitad del siglo XIX el parlamento británico legisló para mejorar la calidad de las aguas: a partir de aguas contaminadas podían desarrollarse epidemias de cólera que no distinguían con perspicacia suficiente entre clases bajas y altas, y por otra parte en ríos contaminados no podían pescar truchas ni salmones los pudientes electores discriminados por el sufragio censitario. Según se ha señalado,

> la función de los reglamentos de inspiración higienista que atañen a las localizaciones industriales (cuya primera forma en Francia es el decreto de 1810 que somete a la aprobación oficial toda implantación potencialmente peligrosa) estriba, sobre todo, en alzar una especie de cordón sanitario en torno a la clase obrera, tenida por clase médica y socialmente peligrosa. La preocupación verdaderamente ecológica está ausente (Fabiani, 1986, 32).

3.2. ... Y ARISTÓCRATAS QUE DEFIENDEN SUS PAISAJES

La preocupación verdaderamente ecológica es posterior, en efecto. La moderna temática de la protección de la naturaleza (que propone una acción humana prudente fundamentada en los resultados científicos aportados por la ecología, por ejemplo, resultados acerca de la capacidad de reproducirse de los ecosistemas) está lejos tanto de las preocupaciones higienistas que acabamos de señalar como del sentimiento romántico de la naturaleza, frecuentemente ruralizante y antiindustrial, preñado de aristocrática nostalgia de un mundo virgen, que es constatable entre las clases altas europeas y norteamericanas en la segunda mitad del siglo XIX. Respecto a este último fenómeno, resulta significativo que la primera (pequeña) reserva natural del mundo se cree en la Francia del Segundo Imperio en 1853-1861... precisamente por iniciativa de un grupo de pintores que conseguirá la protección de 624 hectáreas en el bosque de Fontainebleau (Parra, 1984, 99).

¿En qué consiste esta atracción de raíz romántica por la naturaleza? Se trata, en general, no tanto de una voluntad explícita de proteger el medio ambiente cuanto de pautas de apropiación estetizante de los paisajes amenazados por la industrialización;

pautas vinculadas con el ejercicio de los tradicionales deportes de la caza y la pesca y con el desarrollo del turismo entre las clases ociosas. Así lo corrobora, por ejemplo, una rápida ojeada al nacimiento del conservacionismo estadounidense:

> A diferencia de sus colegas británicos, los precursores del movimiento ecologista moderno en EE.UU. sentían más preocupación por el exceso catastrófico de explotación de los bosques que por los aspectos sanitarios e higiénicos de las nuevas, y totalmente contaminadas, ciudades industriales. (...) Al final del siglo XIX, la mayor parte del territorio norteamericano había sido cedido o vendido a propietarios particulares, de manera que la mayoría de las decisiones en cuanto a la disposición de los recursos quedaba en manos del sector privado. (...) Una fuerza importante detrás del movimiento progresista de conservación la constituían ciertos grupos «preservacionistas», como el Sierra Club y la Audubon Society. La mayoría de los conservacionistas, principalmente de clase media y alta, eran miembros de algún pequeño grupo excursionista, y estaban preocupados por el hecho de que la rápida pérdida de terrenos públicos, junto con la destrucción progresiva de los bosques y otras zonas excursionistas, amenazaba con destruir los pocos hábitat naturales que quedaban (Lemkow/Buttel, 1983, 20-21).

3.3. Sociedad y medio ambiente en la primera fase del industrialismo

Sea como fuere, tanto las luchas de la clase obrera por su salud como las preocupaciones de aristócratas y burgueses cultivados por el disfrute de sus paisajes se traducen, a lo largo del siglo XIX y a comienzos del XX, en disposiciones legales y esfuerzos asociativos a favor de la naturaleza. En esta primera fase de la sociedad industrial, Gran Bretaña y EE.UU. desempeñarán un papel pionero. Vamos a verlo con algún detalle.

Inglaterra es la cuna de la Revolución Industrial desde mediados del siglo XVIII, y a lo largo del siglo XIX ocupa una posición manufacturera de privilegio, que hace que sin exageración sea conocida como «la fábrica del mundo». Por ello no es extraño que las primeras reacciones críticas contra el industrialismo también nazcan aquí. Así, el ayuntamiento de la ciudad de Manchester nombró un «Comitě de Molestias» para estudiar los problemas del humo ya en 1801.

El conservacionismo se reforzó con la creación de la Sociedad Zoológica de Londres en 1830, así como otras entidades de estudio de la vida animal, vegetal y mineral. En 1865 se fundó la «Sociedad para preservar los espacios abiertos y comunales y los caminos de a pie». También en Inglaterra, una asociación anticontaminante como el Smoke Abatement Comittee (Comité para la eliminación del humo) se formó en 1881. En 1889 se funda la Real Sociedad para la Protección de las Aves, que un siglo después contará con nada menos que 700.000 miembros: es una pauta recurrente que estas primeras asociaciones naturalistas y conservacionistas se centren en la investigación ornitológica y la protección de las aves.[2] En 1895 se formó un «Instituto para los lugares de interés histórico y de belleza natural». Posteriormente, ya en nuestro siglo, este proceso experimenta otro avance con el nacimiento de la Real Sociedad para la Conservación de la Naturaleza en 1912 (inicialmente llamada Sociedad para la Promoción de Reservas Naturales) y la British Ecological Society en 1913; esta última es la primera asociación de ciencia ecológica que se funda en el mundo.

En Gran Bretaña (igual que en los EE.UU., como veremos enseguida), el movimiento conservacionista rebrotó con fuerza (y se formaron nuevas organizaciones) en los años veinte-treinta de nuestro siglo. Así, en 1926 se funda el Consejo para la Protección del Medio Rural en Inglaterra y en los años siguientes la Sociedad de Ríos Puros, la Sociedad Nacional de Escocia, etc.

Inglaterra fue la cuna de una poderosa corriente opuesta a los malos tratos a los animales a finales del siglo XVIII,[3] movimiento que con el curso de los años se radicalizaría e internacionalizaría, transformándose en un movimiento internacional por la abolición de la vivisección a finales del XIX, y, más adelante, en una tercera fase de crecimiento, en un movimiento internacional por la liberación animal en los años sesenta-setenta de este siglo (De Roose/Van Parijs, 1991, 67). Estrechamente vinculada con este movimiento de protección de los animales está la promoción del vegetarianismo: la Vegetarian Society se fundó en Manchester en 1847 (Gandhi sería su secretario medio siglo después).

En EE.UU., el conservacionismo puede rastrearse ya en los comentarios de William Penn sobre la necesidad de que en el proceso de roturación se respetase por lo menos una sexta parte de los bosques autóctonos. El reconocimiento del problema a escala federal se inicia, a lo más tardar, en 1872, con la proclamación, por primera vez, del «Día del Árbol».

En EE.UU. es donde nace la idea de preservar grandes extensiones de terreno en su estado original, como «santuarios» para la vida silvestre y la conservación de los paisajes. En 1864 el Congreso cede al Estado de California el valle del Yosemite y el Mariposa Grove, para proteger las grandes secuoyas. En 1872 se crea el primer Parque Nacional de EE.UU. y del mundo entero, el de Yellowstone, oficializándose así la idea de la conservación de la naturaleza. De esta manera arranca lo que será un vasto movimiento –no sólo norteamericano, sino de alcance mundial– para la protección conjunta de los espacios naturales: la idea, como ya mencioné, es intentar salvar lo que queda de la naturaleza «original» conservándola en «santuarios» vedados a la actividad humana. Llamaremos a esta corriente *proteccionismo* o *conservacionismo* (al final de este capítulo haré alguna precisión terminológica adicional).[4]

Las asociaciones conservacionistas de EE.UU. mencionadas por Luis Lemkow y Fred Buttel se fundan en 1892 –el Sierra Club– y 1905 –la Audubon Society; de 1916 data la National Park Service Act, ley estadounidense que regula los recursos naturales. De gran interés para entender el papel pionero de EE.UU. en el conservacionismo mundial son las siguientes consideraciones de Vicenç Casals:

> Esta concepción del ambientalismo va ligada, por una parte, a determinadas exigencias del desarrollo capitalista, y por otra a la tradición cultural norteamericana y al nacionalismo. Así, el carácter depredador con que se plasmó la colonización de las tierras vírgenes en los EE.UU. –la llamada «conquista del Oeste»– hizo surgir tempranas preocupaciones en las clases dominantes respecto a la racionalización de los recursos naturales, lo que, junto con una cierta tradición ruralista presente en estas clases, les llevó a formular una política de preservación de determinados signos culturales de esa tradición –los denominados «monumentos nacionales». Ello venía incentivado, además, por la necesidad de crear una conciencia nacional en un país sin historia y que salía de una guerra civil. Yellowstone fue, pues, además de primer establecimiento de una zona protegida por criterios conservacionistas, símbolo del imperativo racionalizador del capitalismo respecto a los recursos naturales y una de las piezas del forjamiento del nacionalismo norteamericano. En relación con ello, quizá no esté de más señalar que la primera gran obra de concepción global de los problemas ambientales fue la del norteamericano George Perkins Marsh, *Man and Nature*, aparecida en 1865 y de gran repercusión en su época (Casals, 1990, 141-142).

En los años treinta de este siglo, EE.UU. conocerá también un movimiento ambientalista de importancia, espoleado por los estragos que la erosión estaba causando en las tierras de labranza del Medio Oeste. En 1935 se crea el Servicio de Conservación de Tierras para intentar atajar este problema.

En Francia, la *Société Nationale de Protection de la Nature* se funda en 1854 (con el nombre de Sociedad Imperial Zoológica de Aclimatación, y en los locales del Museo de Historia Natural) y la *Société pour la Protection des Paysages en France* nace a finales del siglo XIX; en 1917 se aprueba la «Ley contra la polución industrial». En 1927 se crea la reserva natural de La Camargue, pero ya vimos que habrá que esperar hasta 1963 para el primer parque nacional, el de La Vanoise.

En cuanto a Alemania, su desarrollo industrial es más tardío que el de Inglaterra o Francia, pero a partir de 1870 experimenta un auge acelerado que la convierte en la segunda potencia industrial del planeta (detrás de EE.UU.) justo antes de la Primera Guerra Mundial. Hacia 1825 se forman entre las clases altas los primeros grupos que luchan por conservar lo que Alexander von Humboldt había bautizado en 1799 como «monumentos de la naturaleza».[5] La Asociación Alemana para la Protección del Mundo de los Pájaros (*Deutsche Verein zum Schutze der Vögelwelt*) se funda en 1878, la Liga contra los Tormentos de los Animales (*Liga gegen Tierquälerei*) en 1879, y la Liga para la Protección de las Aves (*Bund für Vogelschutz*, desde 1990 Liga Alemana para la Defensa de la Naturaleza) en 1898.[6]

En lo que hace a España, puede rastrearse un rudimentario pensamiento proteccionista durante la segunda mitad del siglo XIX en el Cuerpo de Ingenieros de Montes: la desforestación era el principal problema medioambiental de la península Ibérica en la pasada centuria (Casals, 1990, 143-144). En los movimientos excursionistas vinculados al nacionalismo burgués catalán de la Renaixença se aunaban catalanismo, proteccionismo e investigación de la naturaleza. La primera asociación de naturalistas que se creó fue la Real Sociedad de Historia Natural en 1871 (aún continúa existiendo, con sede en la Universidad Complutense de Madrid); pero esta asociación nunca salió del terreno estrictamente científico. En 1906 se crea la reserva de caza de Gredos, lo que logra evitar la extinción de la cabra montés propia de esta sierra abulense. Ya mencionamos antes que los dos primeros parques nacionales, el de Ordesa y el de Covadonga, datan de 1918. En 1947 se funda la Sociedad de Ciencias Naturales Aranzadi, de San Sebastián, y en 1954 la Sociedad Española de Ornitología: sólo tras el final del franquismo desarrollarán estas dos últimas asociaciones alguna actividad proteccionista.

3.4. Pasos hacia la protección internacional de la naturaleza

Trasladándonos ahora al plano internacional, constatamos que la idea de una coordinación internacional para la protección de la naturaleza se va abriendo camino en los años finales del siglo XIX. En París se firma un acuerdo internacional sobre la protección de las focas del mar de Behring en 1883. En la misma ciudad, en 1895, tiene lugar un congreso internacional sobre la protección de los pájaros beneficiosos para la agricultura; y en 1909, el Congreso Internacional para la Protección de los Paisajes.

Pero el primer proyecto serio de cooperación con fines conservacionistas se debe al Dr. Paul Sarasin, ciudadano suizo de

Basilea, quien en el Octavo Congreso Internacional de Zoología (Graz, 1910) consiguió que se aceptara su propuesta de formar «un comité con el fin de esbozar lo que podría ser una comisión internacional o mundial para la protección de la naturaleza». El cometido de tal entidad habría de consistir en extender su protección «desde el Polo Norte al Polo Sur, cubriendo tanto los continentes como los mares». El proyecto se acogió con interés, aunque por el momento resultó inviable debido a la tensión internacional que en 1914 se tradujo en el estallido de la Primera Guerra Mundial. No obstante, en 1913 se organizó en Berna una «Conferencia internacional sobre la protección de los paisajes naturales», en la que estuvieron representados 19 países, y que designó una comisión consultiva permanente para la protección de la naturaleza con sede en Basilea, presidida por Sarasin.

Tras la Primera Guerra Mundial se reanudan los esfuerzos en pro de una protección internacional de la naturaleza. En 1923 se celebra en París el I Congreso Internacional para la Protección de la Naturaleza, que representa el verdadero comienzo de la institucionalización del movimiento conservacionista internacional. Como observa Ramón Tamames,

> no obstante los esfuerzos del gobierno suizo para resucitar la idea de la comisión internacional, la cooperación ecológica a nivel mundial no prosperó de inmediato. Sólo con grandes dificultades se logró, en julio de 1928, un acuerdo de los países europeos en virtud del cual se creó la Oficina Internacional para la Protección de la Naturaleza. Su sede se estableció formalmente en Bruselas en 1934, pero antes de que la nueva institución tomara fuerza, la Segunda Guerra Mundial –que se inició el 1 de septiembre de 1939– acabó con el proyecto (Tamames, 1985, 175).

Después de la guerra, la ONU, creada en junio de 1945, nombra al eminente biólogo británico Julian Huxley presidente de la UNESCO. En 1947 Huxley visita Suiza, donde sus contactos con los activos proteccionistas helvéticos le llevan a resucitar la vieja idea de crear una comisión internacional para la protección de la naturaleza, ya dos veces truncada por las guerras mundiales. A la tercera va la vencida: según narra Benigno Varillas, «estos contactos entre los británicos y los suizos fructificaron por fin, al promoverse la Unión Internacional Provisional para la Protección de la Naturaleza, creada en julio de 1947. En la reunión que la UNESCO celebró en Fontainebleau (París), en 1948, se logró que la Unión quedara definitivamente formalizada. Hoy la UICN es la red más extensa del mundo de organizaciones dedicadas a la conservación» (Varillas, 1991, 12).

3.5. Otras corrientes «protoecologistas» alrededor del cambio de siglo

En los apartados anteriores hemos rastreado dos de las corrientes sociales que pueden verse como antecedentes del ecologismo moderno: el *ambientalismo decimonónico de cuño obrero o burgués* (higienismo, reformismo filantrópico) y el *proteccionismo aristocrático* que se sublevaba contra las agresiones al paisaje perpetradas por la Revolución Industrial, y que prolongándose en la fundación de asociaciones de carácter naturalista y conservacionista, así como en esfuerzos de coordinación internacional, alcanza hasta el presente.

Hay una tercera corriente, antecesora en cierto modo del ecologismo, que vamos ahora a examinar brevemente: se trata del *naturismo*, que desde mediados del XIX se proponía la restauración de una forma «natural» de vida garante de la perdida unidad de humanidad y naturaleza, por medio de la transformación individual de las conductas (sin alcanzar el plano político).

En este naturismo decimonónico –que alcanzó su clímax antes de la Primera Guerra Mundial– se daban cita grupos nudistas, vegetarianos, de medicina natural, de reforma urbana, de convivencia comunitaria, etc. En algunos países, como Alemania (donde se conoce con el expresivo nombre de *Lebensreformbewegung*, «movimiento para la reforma de la vida»), alcanzó el carácter de movimiento de masas: la Federación Alemana de Asociaciones para la Vida y la Curación Natural contaba con más de 150.000 miembros antes de la Primera Guerra Mundial (Raschke, 1985, 46). No obstante, el antiindustrialismo emocional y las abundantes vetas irracionalistas del naturismo lo convierten en un movimiento ambiguo (el *Lebensreformbewegung* alemán, a través de la República de Weimar, desembocó directamente en el nazismo), cuyas aportaciones a un ecologismo moderno habría, por tanto, que filtrar con buen tino crítico.

3.6. La ruptura alrededor de 1970: el nuevo ecologismo

Pero desde el higienismo decimonónico, el ambientalismo obrero, la protección de los paisajes y el naturismo, hasta la toma de conciencia de la amenaza ecológica global, media un verdadero salto cualitativo, que no se producirá sino en la segunda mitad del siglo XX, y muy señaladamente a partir de los años setenta. Lo que así se forma es un nuevo movimiento social, el ecologismo, que responde a una situación socioecológica radicalmente nueva.

En efecto: la capacidad destructiva del primer capitalismo industrial, el capitalismo del carbón y la máquina de vapor, era aún relativamente pequeña (pese a ser enormemente superior a la de las sociedades agrícolas que le precedieron). La industrialización y la mercantilización eran aún incipientes y estaban concentradas en el espacio; las contaminaciones tenían la misma naturaleza local; y la población era cuatro o cinco veces inferior a la actual (sólo mil millones de habitantes en 1800, frente a 5.500 en 1993).

Pero en 1930-1950 tiene lugar en las sociedades industriales avanzadas una transformación que multiplica el impacto humano sobre la biosfera, en una escala históricamente desconocida. Se trata, muy a grandes rasgos, de la madurez industrial de las tecnologías de la «segunda revolución tecnológica» (petróleo como fuente de energía básica, uso generalizado de la electricidad, industrias química y del automóvil, etc.) y del comienzo de la fase «fordista» del capitalismo (las nuevas fuentes de energía, y los nuevos métodos de organización del trabajo, permiten ingresar en el estadio de la sociedad y consumo de masas). Aquí se localiza, a mi entender, una cesura histórica todavía más importante que el comienzo de la Revolución Industrial, y que constituye el verdadero origen inmediato de la crisis ecológica global puesta de manifiesto desde mediados de los sesenta (he argumentado este punto en Riechmann, 1995). Propongo, por tanto, situar las dos grandes rupturas modernas en el metabolismo de la humanidad con la naturaleza en 1750-1800 (desarrollo del capitalismo industrial, primera revolución tecnológica) y en 1930-1950 (transición a la fase «fordista» del capitalismo, segunda revolución tecnológica), subrayando la importancia de la segunda para lo que aquí nos importa: sólo con ella entramos en la era de la crisis ecológica global.

Una crisis ecológica mundial generada por la expansión de los sistemas socioeconómicos humanos casi hasta los límites absolutos de la biosfera, caracterizada por la globalidad y la creciente irreversibilidad de los daños causados, por la modificación de los grandes equilibrios biogeoquímicos del planeta y la extensión de macrocontaminaciones ya no circunscritas a ecosistemas o regiones determinadas, sólo se hace evidente a partir de la segunda mitad de los años sesenta.[7] No es éste el lugar para trazar con detalle la toma de conciencia ecologista en aquellos años (ello se hará en el siguiente capítulo de este libro); me limitaré a esbozar un somero apunte de sus inicios.

A medida que se multiplican las evidencias del destructivo impacto humano sobre la biosfera (con el primer gran sobresalto que supone el naufragio, en enero de 1967, del petrolero Torrey Canyon frente a las costas de Bretaña y la catastrófica marea negra subsiguiente) y de la inviabilidad a largo plazo de muchos hábitos, prácticas e instituciones de la parte más rica de la humanidad actual, va extendiéndose la percepción de que probablemente el período histórico iniciado con la Revolución Industrial, y sobre todo el extraordinario desarrollo económico posterior a la Segunda Guerra Mundial, representa una especie de *estado de excepción histórico* que no podrá prolongarse mucho más. El optimismo productivista y tecnocrático se ve cada vez más desmentido por los hechos. Voces informadas se alzan contra esta situación: son los primeros análisis ecologistas (*best-sellers* en muchos casos) de científicos como Rachel Carson (*Silent Spring*, 1956-1960), Barry Commoner (*Science and Survival*, 1963; *The Closing Circle*, 1971), René Dumont (*Nous allons tous à la famine*, 1966; *L'utopie ou la mort*, 1973), Paul y Anne Ehrlich (*The Population Bomb*, 1968; *Population, Resources and Environment*, 1970), Jean Dorst (*Avant que Nature meure*, 1971), Gofman y Tamplin (*Poisoned Power*, 1971), René Dubos y Barbara Ward (*Only One Earth*, 1972)...

En 1968 se funda el Club de Roma, cuyos dos primeros informes (*Los límites del crecimiento*, 1972; *La Humanidad en la encrucijada*, 1974) obtendrán una impresionante audiencia y determinarán el debate de los primeros setenta. También en 1968 tiene lugar la Conferencia Internacional de la Biosfera en París. En 1969, el informe *Resources and Man* de la Academia Nacional de Ciencias de EE.UU. llama dramáticamente la atención sobre el agotamiento de los recursos y la explosión demográfica. El mismo año, el secretario general de las Naciones Unidas, U Thant, se dirige al mundo con un llamamiento apremiante:

> No quisiera dramatizar, pero la única conclusión que puedo extraer de los informes que obran en mi poder es que a las naciones miembros de la ONU les quedan apenas diez años para olvidar sus antiguas disputas y asociarse con objeto de detener la carrera de armamentos, salvar el medio ambiente, poner coto a la expansión demográfica y dar el impulso necesario para el desarrollo de las zonas menos privilegiadas. Si no se llega a un acuerdo semejante en el curso del próximo decenio temo que los problemas que he mencionado adquieran tal magnitud que sea completamente imposible solucionarlos.

En junio de 1972 se celebra en Estocolmo la primera Conferencia Mundial sobre el Medio Ambiente Humano, patrocinada por la ONU; de ella resulta la creación del Programa de las Naciones Unidas para el Medio Ambiente (PNUMA). A finales de 1973, el shock petrolífero consiguiente a la guerra árabe-israelí del Yom-Kippur es el detonante de una grave crisis económica larvada ya en años anteriores, y pone sobre el tapete la cuestión energética en toda su gravedad. Los planes de nuclearización en que se embarcan la mayoría de los gobiernos occidentales por esos años provocarán la intensa respuesta de un ecologismo politizado y radicalizado. La escisión de una parte del Sierra Club estadounidense (organización conservacionista fundada en 1892) para formar Friends of the Earth en 1969, escisión originada por la negativa de la mayoría del Sierra Club a tomar una postura claramente en contra de las centrales nucleares, marca bien el momento de ruptura entre el viejo conservacionismo y el nuevo ecologismo radical de los setenta.

Por cierto, la escisión del Sierra Club que acabo de evocar resulta paradigmática: en todos los países occidentales se da, en los años setenta y ochenta, una tendencia en el mismo sentido. *Las viejas organizaciones conservacionistas (o partes de ella) se adecuan a la novedad que representa la crisis ecológica global renovándose o refundándose como organizaciones ecologistas*, y la piedra de toque entre el viejo conservacionismo y el nuevo ecologismo suele ser la posición respecto a la energía nuclear.[8]

3.7. Una precisión terminológica

Querría finalizar precisando algunos términos que a menudo se confunden y que, al menos implícitamente, hemos empezado a definir a lo largo de las páginas anteriores. Se trata de los términos *ecología, conservacionismo, ambientalismo, ecologismo y ecología política*.

Ecología designa una ciencia natural, que puede concebirse de forma «naturalista» sólo como una parte de la biología (concretamente la *biología de los ecosistemas*, Ramón Margalef) o de forma más ambiciosa y globalista como *ciencia interdisciplinaria de la biosfera.*[9] El término «ecología», como es sabido, fue introducido en 1866 por Ernst Haeckel, discípulo alemán de Charles Darwin y fundador del movimiento monista.[10] Etimológicamente significa «ciencia del hábitat», y Haeckel lo empleaba como «totalidad de la ciencia de las relaciones del organismo con su medio ambiente, que comprende, en sentido amplio, todas las condiciones de existencia». La ciencia ecológica moderna se constituyó hacia 1930 aproximadamente, y su desarrollo en los decenios sucesivos será una condición previa para el nacimiento del ecologismo de los años setenta.

Llamaremos *conservacionismo* o *proteccionismo* al movimiento de protección de la naturaleza, los paisajes y las especies vivas; sus orígenes son casi tan antiguos como los de la industrialización (ya vimos que en 1872 se crea en EE.UU. el primer parque natural de la historia, el de Yellowstone; en 1948 se funda la Unión Internacional para la Conservación de la Naturaleza, primera institución conservacionista internacional permanente). El conservacionismo no es un movimiento directamente político: toma cuerpo en el tejido de asociaciones y grupos de presión que luchan por la conservación de la naturaleza local, nacional o internacionalmente. El peligro al que constantemente está expuesto es el de miopía: centrarse en los efectos y en lo puntual en lugar de considerar también las causas y los contextos globales.[11]

Por *ambientalismo* entenderemos, siguiendo la sugerencia de Ramón Folch (Folch, 1977, 22), aquella actividad y aquellos movimientos sociales que luchan por un mejor ambiente y una mejor calidad de vida *para los seres humanos*, desde un punto de vista exclusivamente antropocéntrico.[12] Se ve amenazado por una miopía simétrica de la conservacionista: si aquélla puede ignorar en ocasiones todo lo humano, ésta puede también ignorar todo lo no humano; sólo las amenazas contra la salud humana y la calidad de vida movilizan a los ambientalistas.

Las dos perspectivas, ambientalista y proteccionista, quedan bien ilustradas por las posiciones de dos destacados ciudadanos estadounidenses del siglo pasado. El primero, Gifford Pinchot, fundador del servicio forestal de EE.UU., quería mantener a la naturaleza como recurso productivo y fuente de recreo, a través de una planificación estatal racional; para este ambientalista, los bosques eran una «fábrica de madera». En cambio, para el proteccionista John Muir –fundador del Sierra Club– los bosques tenían «un significado místico», y Muir aspiraba a crear muchos parques nacionales como medio para preservar zonas de naturaleza intacta (Faber/O'Connor, 1990, 57).

Es fácil ver que lo que hemos llamado *ambientalismo obrero* en páginas anteriores constituye una variante de esta práctica, así como el movimiento aristocratizante de protección de los paisajes es una forma de conservacionismo. Tanto el ambientalismo como el proteccionismo tienden a ser opciones *reformistas*: de manera característica, no cuestionan de forma radical los modos actuales de producción y consumo. El viejo conservacionismo separaba la naturaleza de la sociedad, y actuaba presuponiendo esa separación y para mantenerla: tal es el objetivo de la protección de la vida silvestre y los espacios naturales. Por el contrario, el moderno ecologismo se constituye como *ecología política, ecología social o ecología humana*: en su concepción del mundo tiende precisamente a anular aquella separación. El ambientalismo ignora que la protección del medio ambiente no es una tarea más que añadir a la lista de nuestras actividades económicas y sociales, dejando intacto lo demás: es un fin que exige *otra manera de producir y consumir, otra manera de vivir y trabajar*. Sin una *ecologización estructural* de las sociedades industriales (para lo cual *el mundo social tiene que cambiar de base material*), las medidas de política ambiental no serán más que inútiles cataplasmas aplicadas sobre un cáncer en proliferación.

Superador de la parcialidad inherente a los planteamientos meramente conservacionistas o ambientalistas es el *ecologismo*, que aborda la cuestión de las relaciones humanidad-naturaleza con una perspectiva renovadoramente global. Este movimiento social, activo desde los años setenta de nuestro siglo en los países capitalistas avanzados y radicalizado sobre todo por la lucha antinuclear, desea reestructurar la totalidad de la vida económica, social y política y tiende, por tanto, a ser un movimiento antisistema (anticapitalista y revolucionario).[13] El ecologismo consecuente supera las limitaciones de las perspectivas proteccionistas y ambientalistas, incorporándolas a un discurso crítico que subraya el carácter destructivo y autodestructivo de la civilización productivista engendrada por el capitalismo moderno, y que esboza el proyecto político-social de una civilización alternativa.

Nos queda, por último, el término de *ecología política*. Propongo reservarlo para las formas más directamente políticas de práctica ecologista, como las llevadas a cabo, por ejemplo, por los movimientos antinucleares y los partidos verde-alternativos. Pero con esto ya estamos tocando el tema de otros capítulos de este libro.

CAPÍTULO 4

EL ECOLOGISMO CONTEMPORÁNEO: EVOLUCIÓN Y PERSPECTIVAS

4.1. PRIMEROS ALDABONAZOS

Los veinte años transcurridos desde que se celebró en Estocolmo la primera conferencia de las Naciones Unidas sobre medio ambiente hasta la todavía reciente conferencia de Río de Janeiro (junio de 1992) han conocido un notable incremento de la conciencia ecologista en la opinión pública mundial. Hace veinte o veintidós años la preocupación por el deterioro del medio ambiente era tema de estudio y conversación para una minoría de personas, casi siempre ciudadanos de países industrialmente desarrollados, con formación científica y vocación de naturalistas, o, al menos, con ojos lo suficientemente claros y limpios como para captar lo que estaba ocurriendo con el aire y las aguas de nuestras grandes ciudades y en sus proximidades. Era aquélla una época en la que la preocupación por lo social en unos casos y por lo económico en otros apenas dejaba espacio y tiempo para reflexionar sobre la naturaleza, particularmente en el marco de las ideologías entonces dominantes.

Es verdad que cuando tuvo lugar la conferencia de Estocolmo, en 1972, ya se habían alzado algunas voces de pioneros, entre ellas la del biólogo norteamericano Barry Commoner y la de los autores del primer informe al Club de Roma. Aunque no fueron éstas las únicas voces influyentes en el ecologismo de las últimas décadas y aunque los movimientos ecologistas actuales discrepan a la hora de señalar sus antecedentes históricos o sus padres fundadores (O'Connor/Faber, 1989), conviene referirse a estas dos voces por otras dos razones de peso: porque Commoner ha sido uno de los artífices del ecologismo científicamente fundamentado y con orientación política; y porque el primer informe al Club de Roma popularizó más que cualquier otro libro la nueva problemática.

Activista contra las armas atómicas ya en los años de la primera guerra fría, cuando más intensos y frecuentes fueron los experimentos nucleares en la atmósfera, Barry Commoner empezó a publicar en 1958 un boletín, *Nuclear Information*, que en 1964 pasaría a llamarse *Scientist and Citizen*, embrión de lo que luego, ya en 1969, sería la revista mensual *Environment*, todavía en activo y una de las más antiguas publicaciones ecologistas de los EE.UU. Esta misma evolución suya desde la protesta contra los experimentos nucleares con fines militares a la crítica del uso de la energía nuclear para la producción de electricidad sintetiza muy bien lo que ha sido igualmente en Europa el paso del antimilitarismo de izquierdas de los años cincuenta al ecologismo social de los setenta.

Bastante antes de la presentación al público de *Los límites del crecimiento*, Commoner era conocido ya en los EE.UU. de Norteamérica por un interesante ensayo titulado *Science and survival* (1966), en el que llamaba la atención acerca de los riesgos implicados en el complejo tecnocientífico contemporáneo y denunciaba la orientación cada vez más biocida de la civilización industrial bajo el capitalismo. *Ciencia y supervivencia* fue uno de esos aldabonazos necesarios que conmueven a la opinión pública informada en el momento oportuno. Aquel libro, tan breve como sugerente, partía del análisis de uno de los acontecimientos sociológicamente más inquietantes de la época: las consecuencias del célebre apagón que, inesperada e inexplicablemente, dejó sin luz a una parte considerable del territorio norteamericano y de Canadá, en noviembre de 1965. En *Ciencia y supervivencia* (que no sería traducido al castellano hasta muchos años después) Commoner llamó la atención acerca de algunos aspectos preocupantes de las políticas tecnocientíficas en curso, un asunto que todavía ahora sigue siendo motivo frecuente de apasionadas controversias.

En la primera de sus influyentes publicaciones Commoner denunciaba el cáracter infundado del optimismo tecnológico de los nuevos aprendices de brujo (científicos, técnicos, estadistas) en tiempos que parecen llamados a renovar una y otra vez el mito de Fausto sin conciencia de ello. Y lo hacía mostrando cómo la reducción al mínimo del tiempo necesario para pasar de la investigación pura a las aplicaciones tecnológicas hace aumentar considerablemente el riesgo de éstas para las poblaciones. De ahí pasaba Commoner a la explicación de la magnitud de los accidentes y de la dimensión de las catástrofes tecnocientíficas en la década de la creencia ingenua en que todo está bajo control humano (Commoner, 1972, 39-40).

En la parte positiva de su argumentación, Commoner ha defendido la necesidad de interesar a los ciudadanos en el proceso de discusión y aprobación de las políticas científicas; afirmaba, en suma, la importancia que tiene *democratizar la toma de decisiones* acerca de unas políticas de investigación y desarrollo que, una vez aprobadas, difícilmente pueden revisarse o revocarse, debido al enorme coste de la inversión que se ha puesto en juego. Una conclusión se impone: *hay que replantearse la forma tradicional del proceder habitual por ensayo y error*; romper con la inercia en los asuntos científico-técnicos. Y conviene hacerse también una pregunta: ¿Existe, o puede existir, algún otro procedimiento metodológico mejor que éste?

Durante los años de la «primavera ecologista» (1969-1973) Commoner tuvo un papel decisivo en la conformación de la conciencia popular sobre la crisis ambiental. Este influyente papel (no sólo en los EE.UU. de Norteamérica, sino también en la Europa Occidental y hasta en los primeros núcleos ecologistas, muy minoritarios, de la Unión Soviética y de los países de la Europa Oriental) se ha debido a una particularidad tan rara como universalmente apreciada: la combinación en una misma persona del espíritu científico y de las convicciones del activista social.

Y se comprende. Commoner, que lleva ahora casi treinta años trabajando en el Centro para el Estudio de la Biología de los Sistemas Naturales ubicado en un principio en la Universidad Washington de Saint Louis (Missouri) y más recientemente en el Queens College de Nueva York, ha realizado estudios especializados acerca del impacto medioambiental de los distintos tipos de producción industrial, sobre los efectos de la dioxina en poblaciones animales y humanas, o en relación con la utilización de la biomasa vegetal y del alcohol etílico como fuentes de energía alternativa. Al mismo tiempo que profundizaba su investigación científica Commoner ha seguido siendo uno de los más decididos críticos de la energía nuclear de fisión, fue hace años candidato a las elecciones presidenciales de los EE.UU. con el Partido de los ciudadanos y, últimamente, ha asesorado desde su centro de investigación a los movimientos vecinales que luchan en favor de soluciones alternativas a la incineración estándar de los residuos sólidos urbanos. Commoner se ha declarado partidario del reprocesamiento cuasiintegral de los desperdicios urbanos y ha participado tanto en la preparación de encuestas a este respecto como en experiencias ciudadanas que, en diferentes localidades norteamericanas, tratan de difundir dicho punto de vista.

Fruto de esta combinación de la actividad profesional, científica, y del activismo político-social durante los años sesenta y setenta son dos libros excelentes, en los que Barry Commoner se revela, además, como un insuperable divulgador de problemas científicos, o tecnocientíficos, nada fáciles de explicar al gran público (desde algunas de las implicaciones de la segunda ley de la termodinámica hasta las insuficiencias teóricas de lo que los economistas llaman «internalizar las externalidades» económicas).

Estos dos libros llevan por título *El círculo que se cierra* (1971) y *La escasez de energía* (1977). En ellos Barry Commoner adelantaba, con tanta previsión como eficacia literaria, un interesantísimo e inquietante análisis de varios de los grandes problemas medioambientales cuya gravedad han acabado reconociendo la comunidad internacional y los gobiernos de los principales países industrializados (reconocimiento que no equivale siempre a disposición para solucionarlos, como se sabe).

Aunque, sin duda, no las suficientes para hacer cambiar el curso de las cosas, fueron muchas las personas sensibles que, entre 1970 y 1980, en EE.UU. y en Europa, tomaron conciencia, a través de estos ensayos de Commoner, de la importancia del fenómeno de la eutrofización para nuestros lagos, o de las lluvias ácidas, o de la magnitud del efecto invernadero y de la dimensión de sus consecuencias futuras para el clima del planeta, o del peligro que representaban las centrales nucleares en funcionamiento, o del progresivo encarecimiento comparativo de la energía eléctrica de origen nuclear, o de las negativas consecuencias inmediatas de la habitual manipulación de los datos sobre el riesgo de las tecnologías duras con el fin de atenuar las preocupaciones y los miedos de la opinión pública.

Así pues, para muchos de los animadores del movimiento ecologista contemporáneo Barry Commoner ha sido en estos años un ejemplo vivo de científico representativo de la nueva manera de pensar que exigían los redactores del Manifiesto Russell-Einstein: un profesional con *conciencia de especie*, atento al valor de la participación ciudadana en la planificación científico-técnica; un científico con responsabilidad social, que recoge la autocrítica de la ciencia esbozada en 1945 por algunos de los físicos que participaron en la fabricación de la primera bomba atómica; un ecólogo que no se ha cansado de llamar la atención acerca de la importancia central de los problemas ambientales en el mundo de hoy, pero que, por otra parte, nunca hizo concesión alguna a los nuevos paradigmas ecologistas antirracionalistas o anticientíficos.

Menos polémica que la obra de Commoner resulta ya hoy en día *Los límites del crecimiento* (Meadows, 1972). Pues en la actualidad hay un acuerdo casi unánime sobre la relevancia del primer informe al Club de Roma en la formación de la opinión pública ecologista mundial. Comparándolo, tal vez exageradamente, con *El Capital*, el investigador noruego J. Galtung ha dicho de aquel informe que es uno de esos raros libros que en la historia de la humanidad pasan en poco tiempo de ser considerados catastrofistas a ser vistos como advertencias lúcidas que tal vez impidieron que se cumplieran las catástrofes anunciadas. Efectivamente, hasta finales de los años setenta *Los límites del crecimiento* recibió muchas críticas metodológicas y sustantivas. Se criticó el carácter reductivo de su modelo global por operar con sólo cinco variables esenciales sin establecer mayores distinciones entre las diferentes regiones económico-políticas del planeta. Y muchos economistas académicos, acostumbrados a tratar todo problema económico-ecológico como una forma ampliada del mercado de abastos o a internalizar las externalidades sin preocuparse por las implicaciones ecológicas y socioculturales de la existencia de recursos no renovables, trataron el primer informe al Club de Roma como una simple especulación utópica de generalistas aficionados sin base real (W.D. Nordhaus, en Oltmans, 1973, 143-150).

Jay Forrester y los Meadows reconocieron abiertamente las deficiencias metodológicas del informe, pero prefirieron la llamada de atención a esperar el refinamiento de las técnicas formales (Oltmans, 1973, 251-269). Y seguramente acertaron en eso, pues *Los límites del crecimiento* (1972) fue traducido enseguida a los principales idiomas del mundo y contribuyó así a abrir un debate sobre el medio ambiente que hasta entonces no había superado el marco de los círculos minoritarios (Mansholt, 1973). Dada su difusión, comparable sólo a algunos pocos éxitos de la narrativa contemporánea, se puede decir que el informe preparado por Jay Forrester, los Meadows y Joergen Randers para el Club de Roma fue el primer aldabonazo serio para una opinión pública mundial que en aquellos años tenía la cabeza puesta (no sin razones) en otras cosas: en la tensión entre los dos grandes bloques militares surgidos al final de la Segunda Guerra Mundial; en los inicios de una crisis económica atribuida a las presiones de los países productores de petróleo; en la resaca que el sesentayocho francés había dejado en las universidades y entre los intelectuales europeos, particularmente en el sur de Europa; en los importantes cambios que estaban empezando a verificarse en el sistema productivo y en la división internacional del trabajo; o –más cerca de nosotros– en las luchas contra las dictaduras del sur de Europa (Paccino, 1972).

4.2. Desconfianzas a derecha e izquierda

Pero aquel primer aldabonazo de 1972 no encontró demasiada gente en casa con los oídos prestos y hubo cierto eco de vacío en la ciudad alegre y confiada. O se hicieron oídos sordos al diagnóstico: un cáncer –decían los Meadows– de dimensiones ya notables, debido a la agresiva voluntad de dominación sobre la naturaleza que siempre caracterizó a la civilización industrial nacida con el capitalismo. Y, como suele ocurrir, los oídos sordos de los más facilitaron una protesta altisonante y desproporcionada contra la medicina prescrita por el primer informe: detener el crecimiento económico (crecimiento inorgánico, indiscriminado, inductor de consumos imposibles de generalizar, biocida) para salvar aquella especie de nave espacial llamada Tierra, amenazada por el carácter exponencial de las constantes agresiones del industrialismo a la naturaleza.

En efecto, muchos empresarios industriales que habían hecho su agosto con el desarrollismo de los años sesenta vieron en el nuevo planteamiento ecologista una agresión directa a la sagrada lógica del beneficio privado en el plazo más corto posible.

Muchos sindicalistas, que, por otra parte, compartían la crítica a la civilización industrial capitalista inherente al paradigma ecologista, se rebelaron, en cambio, contra la pretensión de detener en seco, voluntariamente, el crecimiento y contra la consiguiente propuesta de austeridad, argumentando que tales medidas recortarían las conquistas obreras logradas a lo largo de tantas luchas sociales y ensancharían las diferencias sociales.

Una buena parte de los ideólogos de la izquierda tradicional de entonces (socialista y comunista) consideró el primer informe al Club de Roma como una simple jeremiada o, lo que es peor, como una maniobra maquiavélica del capitalismo grande (el Informe había sido financiado parcialmente por la FIAT y la Volkswagen) para echar sobre los hombros de la humanidad sufriente y trabajadora la entera responsabilidad por el fracaso de una civilización en crisis, y así obligar a los obreros a apretarse el cinturón a la hora de iniciar un nuevo ciclo en la acumulación de capital (Mandel, en Oltmans, 1973, 155-162; Paccino, 1972; Enzensberger, 1973; Instituto Gramsci, 1974; Tibaldi, 1975).

La propaganda oficial de los países que entonces se autodenominaban «socialistas» declaró que el mal recién descubierto, la crisis ecológica, sólo afectaba a los Estados capitalistas en los cuales dominaba la anarquía del mercado (Fiodorov, 1977); y hasta hubo filósofos que, en aquel contexto, proclamaron a la URSS como nuevo arca de Noé ecológico (Harich, 1978).

También la mayoría de los dirigentes de los países pobres o empobrecidos de Asia, África y América Latina, países que salían subdesarrollados de largos períodos de colonización, protestaron amargamente, aduciendo en su memorial de quejas que los ricos presentaban como el gran problema del momento lo que era, en realidad *su* problema, el problema de los hartos euroamericanos con mala conciencia. Así, por ejemplo, la entonces ministra de la India, Indira Gandhi, lo dijo con toda claridad en Estocolmo: *El gran problema ecológico del Tercer Mundo es el hambre.* Y el presidente de México, Echevarría, recordó allí mismo las desigualdades (por otra parte, evidentes) en el plano internacional, sin prestar la más mínima atención a la otra cara del asunto: el enorme índice de contaminación que existía ya en el Distrito Federal de la capital que se estaba convirtiendo en una de las urbes más pobladas del universo. Se veía la paja en los ojos de Los Ángeles, pero la viga en los ojos de México pasaba desapercibida (Kaplan, 1974). Mientras, en la otra acera, los grandes del mundo pasaban por alto la enorme brecha que separaba a los países del Norte y del Sur. Por primera vez se cruzaban los dos grandes asuntos del último tercio del siglo XX: crisis ecológica y desigualdad brutal en el ámbito mundial. En los márgenes estaba naciendo *el ecologismo de la plétora miserable.*

4.3. La formación de la opinión pública ecologista

Con tantas gentes –y tan diversas– descontentas por la mala nueva que traía el ecologismo, y radicalmente críticas, además, de los remedios y alternativas que entonces se proponían (los llamamientos a la austeridad económica, muchos de ellos sin propugnar a la vez cambios en la sociedad), se comprende que esa abstracción que denominamos «opinión pública» no supiera a qué carta quedarse y que permaneciera vacilante durante algún tiempo. Sobre todo, se comprende que esto haya ocurrido en aquellos países del mundo en los que parecía no haber evidencia inmediata de la degradación exponencial del ambiente, de los ríos, lagos y mares (una evidencia, ésta del crecimiento exponencial de la degradación, particularmente difícil de captar), o en los que no se tenía todavía instrumentos para medirla. Aunque también podría decirse a este respecto, con la distancia y la comprensión que dan el tiempo transcurrido desde entonces, que la mayoría prefirió cerrar los ojos a las primeras evidencias para seguir meciéndose en la ilusión de que todavía existía lo que un día fue naturaleza intocada. Pues a mediados de los setenta, y en un país como España –por poner un ejemplo de país con crecimiento industrial medio y que nos toca de cerca– la degradación ecológica era ya tan patente al menos como la maldad de la tiranía del general Franco desde el punto de vista sociocultural. Así lo habían visto, por ejemplo, los trabajadores de Erandio cuando, el 6 de octubre de 1969, organizaron una célebre protesta contra los gases tóxicos que invadían la ciudad.

Lo cierto es que durante algunos años lo que suele llamarse «opinión pública» no tuvo realmente opinión sobre la crisis ecológica, si exceptuamos algunas regiones de los EE.UU. de Norteamérica, Alemania Occidental, Gran Bretaña, los Países Bajos y los países nórdicos. En el resto del mundo la legislación apenas si contemplaba la existencia del delito ecológico, y la búsqueda de beneficios altos e inmediatos solía dejar fuera de consideración cualquier estudio del impacto medioambiental de los proyectos industriales. Fuese, pues, por ceguera, ignorancia, ilusión o, más probablemente, debido a la preferencia por la continuidad sin traumas de un crecimiento económico que, se suponía, iba a permitir acercarse al consumismo imperante en los paraísos del Imperio, tenemos que admitir que esta lentitud en la sensibilización de la opinión pública, particularmente aquí, en España, acabó favoreciendo la inhibición de los gobiernos, la sordera de los parlamentos y el mero parcheo de las administraciones públicas cuando los desastres ecológicos empezaron a ser intapables.

Los medios teóricamente responsables de la formación de la opinión pública tienen mucho que ver con esta lentitud y con el atraso consiguiente. Todavía muchos años después de la conferencia de Estocolmo los más serios y liberales de los periódicos europeos ironizaban sobre el carácter folclórico de los grupos ecologistas y hacían bromas de mal gusto (editorializando, como *Le Monde*, a propósito de la catástrofe de Harrisburg) sobre los riesgos comparativos de las centrales nucleares y de los molinos de viento que cortaban cabezas de antiguos campesinos. Como la memoria histórica suele ser débil, apenas se recuerda ya que a principios de la década de los ochenta el argumento favorito de los editorialistas de la prensa liberal europea era aducir, contra las organizaciones ecologistas de la época, las declaraciones de los dirigentes del llamado «socialismo real» en favor de la industria nuclear. El repaso de la colección de las primeras revistas ecologistas del país, *Alfalfa* y *Userda*, aparecidas en 1977, que fueron la excepción entre nuestros medios de comunicación de entonces, enseñan mucho al respecto. La catástrofe de Chernóbil y el final de la Guerra Fría han servido, entre otras cosas, para acabar de retorcer aquel argumento en los medios de comunicación de quienes se consideran vencedores en la tercera guerra mundial no declarada. De ahí que la crítica de la industria nuclear en el este de Europa (exsocialista) hecha por la Agencia Mundial de la Energía vaya sorprendentemente seguida por una defensa cerrada de la necesidad de la misma industria nuclear en el oeste (capitalista). ¡Como si la historia de los accidentes ocurridos durante estos veinte años hubiera sido sólo un problema técnico por resolver!

Pero ya esta consideración obliga a mencionar otros cambios.

4.4. Factores de la sensibilización ecologista actual

Cuando, en junio de 1992, se celebró la conferencia de Río de Janeiro el panorama general era ya muy distinto del que se acaba de pintar al hablar de las varias desconfianzas. Es difícil decir cuál ha sido el factor que más ha contribuido en este salto de la conciencia ecológica de las poblaciones que se ha producido durante los últimos años: si la fuerza de los hechos, la explicación científica de los mismos, la lucha de las organizaciones ecologistas o el impacto de los desastres ecológicos que se han ido sucediendo entre 1972 y 1992. Tal vez una combinación de todos ellos.

Un tipo de sabiduría popular de origen materialista suele afirmar, en polémica con el idealismo racionalista, que la *humanidad,* globalmente considerada, *sólo aprende por choque,* estrellándose contra la enormidad de los hechos y sufriendo, por tanto, en la propia carne las consecuencias de las catástrofes que ella misma provoca o cuya probabilidad no quiso admitir. La primera página de *Resurrección,* la novela crepuscular de Leon Tólstoi, expresa muy brillantemente esta idea. Y algo relacionado con ello ha habido también en este caso que nos ocupa. Minamata, Eire, Los Ángeles, Harrisburg, Seveso, Tsuruga, Mediterráneo, México, Bhopal, Amocco-Cádiz, Chernóbil, Alaska, Amazonia: nombres propios de catástrofes ecológicas que han enseñado a los hombres y mujeres de nuestra época a cambiar de opinión acerca del trato que damos a la naturaleza; nombres que evocan en la opinión pública contemporánea la necesidad de estar a bien con la naturaleza si se quiere vivir en un mundo habitable.

La catástrofe ocurrida en la central nuclear de Chernóbil, por ejemplo, fue sin duda decisiva para el cambio de la opinión mundial acerca de la energía nuclear. Tan decisiva o más que los miles de manifestaciones antinucleares organizadas por los ecologistas de todo el mundo desde los años sesenta y observadas casi siempre con más curiosidad que otra cosa por los paseantes en los centros históricos de las ciudades europeas. E igualmente significativa a este respecto ha sido la catástrofe de Alaska, en la que mucha gente aprendió lo que puede llegar a suponer el envenenamiento de los mares y de las costas marinas por vertidos de los grandes petroleros. Nada tan sintomático del cambio de los tiempos como la manipulación televisiva, por parte de los técnicos norteamericanos, del pobre cormorán de Alaska empapado de petróleo para vendérselo a la opinión pública como si fuera una consecuencia de las acciones de Sadam Husein en el golfo Pérsico. Pues tal manipulación pone de manifiesto hasta qué punto lo ecológico importa políticamente hoy en día, dada la sensibilización de la opinión pública (sólo *Greenpeace* ha insistido, en cambio, en las nefastas consecuencias, éstas, sí, reales, de la intervención bélica occidental en aquel mismo golfo durante la guerra: se habla ya a este respecto de la mayor catástrofe ecológica del siglo XX (Arkin/Durrant/Cherni, 1992).

Siguiendo con los factores del cambio hay que mencionar luego el miedo al futuro: las catástrofes entrevistas, y felizmente no confirmadas todavía, tan aireadas por los medios de comunicación durante la cumbre de Río. Pues parece claro que este miedo a lo que nos pueden traer los agujeros en la capa de ozono, los cambios climáticos, las lluvias ácidas o el efecto invernadero está contribuyendo a configurar la percepción que tienen del mundo actual los más jóvenes.

Pero tampoco la visión de una catástrofe ecológica en la televisión, o el miedo al futuro que se relaciona con ella, lo son todo. Ni parece pertinente, en cualquier caso, depositar confianza alguna en consideraciones sociopolíticas derivadas de tal pesimismo antropológico, salvo, claro está, que uno esté muy seguro de pertenecer a la élite de los ganadores de siempre (cosa que –todo hay que decirlo– probablemente tiene que contar cuando se es varón adulto e hijo de las clases acomodadas euronorteamericanas).

No conviene depositar gran confianza en la abundante literatura sobre el pesimismo antropológico a este respecto, digo, porque, a pesar de las excelencias de la sabiduría clásica (occidental y oriental) y frente al fatalismo tradicional del campesino en torno a las constricciones más inclementes de la naturaleza, se levanta ahora el hecho importantísimo de que la mayoría de estas manifestaciones de la crisis ecológica (que nos están enseñando a cambiar de opinión) son más bien *catástrofes socio-naturales*, esto es, catástrofes naturales parcialmente provocadas o producidas por intervención en el medio ambiente de hombres organizados en sociedades altamente tecnificadas (de unos hombres con sus ideas, sus intereses, sus conflictos y sus cambiantes concepciones de la naturaleza incorporadas). En realidad lo que en el planeta Tierra queda de naturaleza propiamente dicha, intacta, no «humanizada», es ya muy poco, y será mínimo al final del siglo XX. Un reconocimiento, éste, que no se trae a colación aquí para defender alguna ilusión optimista contraria: nuestro desconocimiento de las catástrofes naturales propiamente dichas (con consecuencias muy negativas para los humanos) y nuestra imprevisión acerca de ellas siguen siendo supinos. *Ignoramos e ignoraremos*, que decía Du Bois Reymond. Sólo que, al tratarse, como se trata, de catástrofes socionaturales o ecológico-sociales, *ignoramos de otra manera*, nuestro desconocimiento e imprevisión es de otro tipo. *Eadem, sed aliter.*

La insistencia de la minoría de científicos naturales y sociales preocupados y comprometidos en estos temas del medio ambiente ha influido sin lugar a dudas en los cambios de orientación de la opinión pública que se han manifestado con ocasión de «la batalla de Brasil». Las previsiones realizadas por algunos científicos hace ya tres décadas sobre el efecto invernadero se han cumplido; la existencia de cambios climáticos de cierta importancia (y con consecuencias para las poblaciones animales muy difíciles de estimar) empieza a ser tema de discusión y dominio público, y no sólo cosa de unos pocos científicos, o fruto de la intuición de algunos campesinos viejos considerados por los más jóvenes en el límite de la insania o desmemoriados.

4.5. El reconocimiento de la crisis ecológica y sus implicaciones

El rasgo más importante que la perspectiva ecológica aporta al pensamiento contemporáneo es *la conciencia de la existencia de un límite natural que choca con la persistencia de la cultura expansiva del capitalismo tardío o modificado*. Esto quiere decir que el industrialismo capitalista, en tanto que sistema cultural o civilización universalizable, o sea, en tanto que forma actualmente más extendida de producción y distribución de bienes de consumo entre los humanos, entra en conflicto (por su manera de depredar la naturaleza y de esquilmar los recursos naturales no renovables) con un obstáculo que no es ya, o no es ya sólo, la limitación económico-social determinada por el tipo de contradicciones a las que habitualmente se referían los clásicos del socialismo en su crítica del sistema, sino que es un límite previo, por así decirlo, más básico, más fundamental: la base natural de mantenimiento de la vida, de toda vida, sobre el planeta Tierra.

De acuerdo con los estudios realizados a este respecto en las últimas décadas, el planeta Tierra no puede soportar por mucho más tiempo la sobrecarga a la que se halla sometido por el actual ritmo del crecimiento industrial. De mantenerse éste, antes o después se producirá un colapso ecológico de consecuencias todavía incalculables. Empezamos a sentir los primeros efectos de la crisis ecológica incipiente. Ahora se reconoce ya la negativa relación existente entre el grado de contaminación atmosférica, de la alta atmósfera, y los cambios climáticos. Cuando tal correlación se estableció por vez primera, a finales de los sesenta o comienzos de los setenta, la comunidad científica no tenía todavía todos los datos que hoy tenemos acerca del ritmo de empobrecimiento o adelgazamiento de la capa de ozono. Por otra parte, cálculos recientes han confirmado el aserto más bien intuitivo, realizado también entonces, de que *no* es posible universalizar el modo de vida característico de las sociedades industrialmente avanzadas como los EE.UU., Japón o la CEE. Tal constatación obliga a interrelacionar crisis ecológica y desigualdad social en el plano mundial.

Son varias las manifestaciones de que, en su forma actual, la civilización expansiva del capitalismo provoca desequilibrios ambientales que ponen en peligro la continuidad de especies animales sobre la Tierra. Por una parte están los *desequilibrios locales* que son característicos de ecosistemas restringidos o limitados, en algunos casos muy frágiles. Hoy en día, quien más, quien menos, en la casi totalidad de los países del mundo, la mayoría de los humanos tiene experiencia de la contaminación de los ríos, de los lagos y de los mares o del proceso de desertización progresiva. Fenómenos como el de la eutrofización, o efectos como los de las lluvias ácidas, o problemas como el que representa el aumento en flecha de la cantidad de residuos vertidos en las zonas urbanas, o la desforestación creciente de amplias extensiones del planeta, son ya de dominio público: fenómenos de observación diaria, cada vez más extendidos en todo el mundo, en la medida en que sólo queda ya una pequeña franja de la naturaleza del planeta de la que pueda decirse que no ha sido humanizada o alterada por las técnicas de los humanos. Y no es casualidad que esa franja (la Antártida, ciertas regiones de África y parte de la Amazonia) se haya convertido en los últimos tiempos en motivo de controversia entre países e intereses internacionales.

Luego están las manifestaciones más generales de la crisis ecológica, menos perceptibles desde la perspectiva local, regional o nacional, y, por tanto, más discutidas durante algún tipo; las manifestaciones que hay que llamar *planetarias*, porque afectan al planeta Tierra en su conjunto: el empobrecimiento de la capa de ozono, el efecto invernadero y los cambios climáticos que están produciéndose como consecuencia de las dos cosas anteriores combinadas con el efecto de grandes obras de ingeniería que modifican el curso de los ríos, etc. Aunque lentamente, la conciencia de lo que puede llegar a significar para la especie humana y otras especies animales esta *crisis ecológica global* se ha ido extendiendo mucho entre las poblaciones como consecuencia de la multiplicación de las llamadas de alarma y de las denuncias de la comunidad científica.

En tercer lugar hay que referirse a las catástrofes producidas por la utilización de *tecnologías inapropiadas* o que no han sido suficientemente experimentadas antes de su utilización en gran escala. Es típico del capitalismo productivista y de la civilización del despilfarro calcular los efectos potenciales de toda tecnología nueva sólo en función de la lógica del beneficio privado más inmediato. Incluso cuando, como en las últimas décadas, la presión desde abajo ha logrado que se introdujera algún tipo de control social en la política de la ciencia y de la tecnología de los países industrialmente avanzados, este aspecto queda generalmente fuera de las posibilidades que dan a las poblaciones las sociedades representativamente democráticas. De hecho, en estas sociedades de democracia indirecta o representativa y tecnológicamente conformadas, la correlación directa entre el uso de tecnologías inapropiadas y la producción de catástrofes (entre fuerzas potencialmente productivas y fuerzas de la destrucción de la vida) queda muchas veces oculta o disimulada por el nuevo tipo de colonialismo que hoy existe en el mundo. Este ocultamiento se halla favorecido por la interacción existente entre los intereses privados, la gestión estatal de la tecnología y la posibilidad de utilizar a otros países para la puesta en práctica de determinadas técnicas nuevas.

Algunos países tan avanzados técnicamente como culturalmente previsores han empezado ya a tomar medidas anticipándose a lo que pueda derivarse del aumento del nivel de los mares en las primeras décadas del siglo XXI (Paccino, 1990, 222). Los efectos devastadores de las lluvias ácidas en los bosques de una buena parte de los países europeos son ya comprobables a simple vista cuando uno viaja en tren o en automóvil desde los Pirineos hasta el Rin. Como es igualmente comprobable ya a simple vista la importancia de los efectos de la desforestación o el aumento de la desertización de la Europa del sur. Playas y rincones de la costa del Mediterráneo, lugares que hace sólo treinta años eran considerados paradisíacos en relatos y canciones muy populares, han tenido que ser cerrados al público o se han convertido en estercoleros de lujo que provocan la melancolía de los poetas de edad. Pier Paolo Pasolini escribió hace ya algunos años un inteligentísimo y poético artículo sobre el día en que desaparecieron las luciérnagas de los campos de la Italia industrial. Pero no sólo Italia cambiaba. ¿Qué se hizo de aquellas luciérnagas nuestras que poblaban las orillas de las eras en las tierras de Castilla? ¿Y de los ríos todavía cristalinos en los que aprendieron a nadar, sin cloro, los que ahora tienen cincuenta años? Y ¿quién duda ya de las implicaciones socioculturales de tales pérdidas naturales, que para los más jóvenes tienen que ser irrelevantes por no haber sido vividas? Del trato que se establezca con la naturaleza dependerá también, muy probablemente, la educación sentimental de los hombres del futuro.

En estos últimos años se ha ido alejando a la industria, sobre todo a la que se considera contaminante o peligrosa, del centro histórico de las grandes ciudades. Se ha lavado la cara de los edificios ennegrecidos por el hollín de la Revolución Industrial y se han hecho muchos esfuerzos loables por mejorar el paisaje urbanístico de zonas convertibles en centros de negocios. Pero el nivel de contaminación de las grandes urbes por efecto del tráfico rodado resulta tan patente y las molestias que produce tan agobiantes que ahora la gente ya no discute la necesidad de una ordenación alternativa del tráfico sino más bien hasta qué punto las medidas por adoptar tienen que limitar sólo, o prohibir de forma drástica, la circulación de los automóviles privados por unos centros históricos que muchas veces fueron pensados para la vida medieval o renacentista (en absoluto armónica o plácida, como se dice a veces melancólicamente, pero sí de *tempo* mucho más lento que el actual).

Por lo demás, aunque sus efectos no sean tan inmediatamente visibles o tan molestos como los desequilibrios medioambientales locales o regionales, también la crisis ecológica global, planetaria, se ha hecho reconocible para la opinión pública informada. Y la gente, en los dos hemisferios, se ha acostumbrado a pensar (cuando cuenta con las proteínas suficientes para que el cerebro pueda hacerlo) que lo que está ocurriendo en la Amazonia, en las selvas de Kenia o en la Antártida tendrá repercusiones en todo el planeta, de manera que, como las medidas a adoptar tendrían que ser también planetarias, hará falta una reforma a fondo de las instituciones internacionales actualmente existentes. Muchas son las personas que saben ya que la naturaleza se ha ido convirtiendo mientras tanto en coto privado o en mera reserva rodeada de artilugios y cachivaches tecnológicamente avanzados que la niegan con tanta potencia como la rodean. Y no pocas de estas personas, al reflexionar acerca de los paraísos naturales de su infancia, hoy perdidos, o de las enormes diferencias, de todo tipo, existentes entre el Norte y el Sur, empiezan a propugnar *una distribución intergeneracional de los recursos naturales no renovables*. Saben, estas personas, que concretar la forma de tal distribución es difícil, porque nos hemos acostumbrado a calcularlo todo en términos monetarios, pero no renuncian a la utopía.

4.6. Transferencia de tecnología ecológicamente peligrosa y neocolonialismo

Se ha dicho ya que en la época de la Conferencia de Estocolmo la mayoría de los dirigentes de los países del Tercer Mundo y el tercermundismo europeo consideraban la problemática ambiental como asunto exclusivo de los Estados ricos e industrializados, o como una coartada utilizada por los privilegiados para mantener las desigualdades existentes. Estas reticencias eran y son comprensibles a la luz de las desigualdades sociales existentes en el mundo, teniendo en cuenta, por ejemplo, las diferencias existentes entre la esperanza de vida de los niños de aquellos países y la de los que nacen en los nuestros. Pero la comprensión del punto de vista del otro, de los otros, socialmente justificado, y el reconocimiento de las múltiples desgracias que imponen las desigualdades y diferencias sociales, no deben ocultar, tampoco ahora, el carácter unilateral de este planteamiento. Basta con reflexionar desapasionadamente acerca de la catástrofe ecológica ocurrida en aquellos mismos países que un día fueron considerados eufóricamente como arcas de Noé europeos, para darse cuenta de las limitaciones de una argumentación tan simple.

Además, con el tiempo, aquella situación de 1972 mutó en otra: las inversiones en descontaminación (y la existencia de una floreciente industria descontaminadora) han hecho más vivibles algunas de las ciudades del primer mundo que a mediados de los setenta parecían inhabitables mientras que la despreocupación por los problemas ambientales, unida a la escasez de medios técnicos y a la pobreza, convirtió en invivibles ciudades en las que unos y otros estaban por jurar que el problema ambiental no era asunto suyo.

Efectivamente, en los últimos diez años se ha puesto de manifiesto que los desequilibrios ecológicos no son sólo problemas específicos de las poblaciones de los países económicamente muy desarrollados, sino que pueden llegar a afectar a toda la especie humana. Vale la pena subrayarlo en este contexto: *en ciertos casos las crisis ecológicas están afectando más directamente a las poblaciones de los países pobres que a las de los países ricos.* De hecho, algunas de las más desgraciadas catástrofes ecológicas de los últimos tiempos se han producido precisamente en zonas del planeta en las que el capitalismo aprovecha la mano de obra barata para instalar algunas de sus plantas con efectos potenciales más peligrosos (Bhopal enseña). De modo que en los países pobres o empobrecidos de Asia, África y América Latina, así como en las regiones subdesarrolladas de los países del primer mundo, se juntan, una vez más, el hambre con las ganas de comer, como suele decirse: las consecuencias de la pobreza con los efectos del peor tipo de contaminación ambiental. Ello se ha debido a la constante *transferencia de técnicas e industrias altamente contaminantes, o con elevado riesgo para la vida* de los hombres y otras especies animales y vegetales, desde los países ricos del Norte a los países pobres del Sur. Empresas que no podían ser instaladas en países altamente industrializados, porque la presión popular ha obligado a promulgar una legislación medioambiental restrictiva, se implantan en países pobres aprovechando precisamente la tolerancia de la legislación, si es que ésta existe, y la facilidad que allí suele haber para la sobreexplotación de la mano de obra.

4.7. De la conciencia ecologista a los movimientos organizados

La comprobación material de que las previsiones científicas (por minoritarias que fueran el día en que se formularon) se cumplen, se están cumpliendo, ha contribuido a cambiar la orientación de la opinión pública y a hacer a ésta más consciente de los grandes retos y peligros del final de siglo desde el punto de vista ecológico. También la actividad ininterrumpida y la tarea pedagógica de los movimientos y organizaciones ecologistas ha favorecido de manera notable esta sensibilización. Nacidos a finales de la década de los sesenta en los Estados Unidos de Norteamérica, los grupos ecologistas han ido extendiéndose por todo el mundo durante los últimos veinte años. Primero por los Países Bajos y Alemania. Después por la mayoría de los Estados industrializados de la Europa central y occidental. Ya en la década de los setenta, también por la India, Kenia y Brasil, con características nuevas y diferenciadas. Y en la década siguiente, en el momento de la crisis terminal de lo que se llamó «socialismo realmente existente», por las nacionalidades de la URSS y de los países del este de Europa.

La evolución de los movimientos ecologistas durante estos años ha sido tan amplia e intensa como interiormente contradictoria, sobre todo en los países europeos. Esta contradictoriedad o ambigüedad interna se aduce a veces como un síntoma de debilidad o como prueba de incoherencia; pero cualquier persona que haya conocido y vivido con algún entusiasmo la evolución de un movimiento en la base de una sociedad dividida en clases sabe que la contradictoriedad interna puede ser *al mismo tiempo* la serpiente que envenena un cuerpo social naciente y la savia que le rejuvenece. ¿Dónde y cuándo hubo movimiento social sin contradicciones? Aunque no conviene exagerar con estas cosas, donde no hay contradicción, en el sentido de conflicto o contradictoriedad interna, tampoco suele haber demasiada vida. Ni movimiento.

En los años de la segunda guerra fría entre los Estados Unidos de Norteamérica y la Unión Soviética, desde 1979 hasta 1986, el ecologismo europeo se vio en la necesidad de complementar sus actividades críticas de la industria nuclear y en defensa del patrimonio natural con la denuncia del peligro de lo que el historiador británico E.P. Thompson llamó «exterminismo». Europa estuvo, efectivamente, durante algunos años al borde de una guerra nuclear que se pretendía limitada al escenario europeo, los gastos militares aumentaron en flecha y, mientras tanto, el proceso de degradación de la capa de ozono aumentó considerablemente. En esas circunstancias nació el *ecopacifismo* americano y europeo, fase superior del ecologismo social. Y en ellas, lo que había surgido como un movimiento social crítico y alternativo, idealmente plural, fue tomando también una dimensión cada vez más política, primero en Alemania (donde las iniciativas ciudadanas acabaron confundiéndose con el partido-movimiento verde) y luego en la mayoría de los otros países europeos. A mediados de los ochenta el ecologismo socio-político había pasado a ser una opción alternativa ya consistente, la tercera fuerza política en la mayor parte de los Estados europeos, desplazando de ese lugar a los viejos partidos comunistas.

4.8. La fase actual del ecologismo mundial

Tal situación ha abierto una nueva fase de desarrollo de los movimientos ecologistas condicionada por dos factores principales: de un lado la definitiva crisis del modelo de «socialismo real» y, de otro, la difusión generalizada de los *econacionalismos*. La ilusión ideológica denominada «socialismo real», cuyo contenido de verdad *real* fue una tentativa de industrialización acelerada, en países económicamente atrasados, mediante la intervención estatal directa y omnipresente, ha sido durante décadas, pese a todo, un obstáculo, un contrapeso a no pocas de las barbaridades potenciales del capitalismo imperialista existente desde el final de la Primera Guerra Mundial. Hay serias razones para dudar de la extensión del liberalismo y de la democracia en este momento histórico en el que no existe ya contrapeso en el Imperio Único. Sólo habían pasado unos pocos meses desde el hundimiento del «otro mundo», y este nuestro, el «nuevo» orden internacional, ya estaba inmerso en guerras interétnicas (Yugoslavia, CEI) y en guerras monetarias y comerciales (CEE/EE.UU./Japón).

Por otra parte, los movimientos ecologistas en general han ido ampliando la panoplia de sus preocupaciones a medida que se veían obligados a ocuparse también de problemas económico-sociales directamente relacionados con las cuestiones medioambientales. Con razón, los ecologistas del final de siglo se niegan a hablar de «nuevo orden internacional» para caracterizar una situación en la cual se sobreentiende que va a seguir habiendo en los próximos tiempos un índice de desempleo como el que hay en la actualidad o aún mayor. Puesto que una parte respetable de los economistas y sociólogos han acabado aceptando la expresión «tasa natural de desempleo», como si esta barbaridad que estamos viviendo fuera realmente «natural», el ecologismo social de nuestra época augura una reforma a fondo de la economía crematística y de la sociología funcionalista académicamente implantadas (Martínez Alier, 1992). Puesto que la consideración de que vivimos en una plétora miserable en la que se entrecruzan el malestar de la cultura y la miseria material no suele aparecer en las principales teorizaciones de la filosofía moral y política imperante, el ecologismo social de este fin de siglo se ve en la necesidad de propugnar también un paradigma teórico alternativo.

Es ésta una fase característica de los movimientos sociales en ascenso, cuando hay que decidir entre la profundización de la crítica de lo existente y el realismo posibilista de las medidas adoptables desde las administraciones existentes. Suele ser el momento de las desilusiones de los puros de corazón, pero también el momento en el que no hay más remedio, como decía el clásico, que saltar. La controversia alemana entre «realistas» y «fundamentalistas» es seguramente la cara más conocida de esta fase por las divisiones que ha producido, por la laceración del movimiento y por la cobertura periodística que se ha prestado a esta batalla. Pero algo parecido ha ocurrido también, por los mismos años, en los Estados Unidos de Norteamérica, como puede verse en los análisis relativamente recientes de Barry Commoner y de J. O'Connor. Y lo mismo ha pasado en Francia, Italia y España.

Antes de seguir adelante con este punto conviene precisar que del enfoque científico ecológico, o sea, de la ecología humana como ciencia que estudia los diferentes tipos de interrelaciones entre el hombre y su medio, *no* se sigue necesariamente un solo punto de vista ecologista exclusivo. Ha habido y hay ecologistas de derechas y de izquierdas: fascistas, liberales, socialdemócratas, comunistas y anarquistas. De la misma manera que ha habido y hay biólogos o astrofísicos de todas esas tendencias. Bastará con mencionar aquí los nombres de Lorenz, Peccei, Commoner, Harich y Bookchin (todos ellos vinculados a distintas tendencias del ecologismo contemporáneo) para ilustrar lo que se quiere decir. Los datos procedentes del análisis ecológico son hoy en día esenciales para cualquier consideración político-social que se pretenda fundada. Como lo son también algunos de los resultados de la biología y de la psicología experimental contemporáneas. Porque estos datos permiten decir hasta dónde podemos llegar racionalmente en la formulación de un programa. Pero de ellos no se deriva, sin otras mediaciones o consideraciones, la necesidad de tal o cual tipo de sociedad determinada. Aquellos datos contribuyen, a lo sumo, a hacer más o menos plausible, más o menos argüible, un tipo de sociedad que otra.

Además, a medida que gran parte de la opinión pública pasó a considerar la crisis ecológica como uno de los grandes asuntos de nuestra época, la conversión al ecologismo de *todos* los grandes partidos de la derecha y de la izquierda tradicional se hizo inevitable. Y por eso mismo el ecologismo sociopolítico que trata de mantener sus raíces y de conservar sus principios se ve en la necesidad de marcar, con mayor claridad que antes, las diferencias respecto de los recién llegados al ecologismo como negocio (mercantil o político) y de los oportunistas que se afanan en limar las uñas a un movimiento que todavía se quiere antisistema. Pero, por otro lado, como no hay mal que por bien no venga, este mismo debate ha contribuido a aumentar el número de las personas sensibles y preocupadas en países que durante años fueron a la zaga en estos temas. Tanto es así que hoy ya puede decirse que está pasando con el ecologismo algo parecido a lo que ocurrió con el movimiento de otros tiempos en favor de la higiene: empieza a ser parte de la cultura general de las gentes de muchos países del mundo.

4.9. La batalla de Brasil: econacionalismo, ecocolonialismo y ecologismo social internacionalista

Uno de los indicios más claros del carácter complementario de estas dos cosas (tensiones entre movimientos ecologistas y generalización del ecologismo como forma nueva de higienismo) en el mundo actual ha sido precisamente la celebración simultánea, en Río de Janeiro, de la conferencia oficial de las Naciones Unidas y del foro alternativo convocado por las organizaciones no-gubernamentales para criticar la tibieza de las medidas propuestas por los gobiernos y denunciar públicamente la distancia existente entre las palabras y los hechos de la mayoría de las administraciones nacionales.

De entre todas las cosas interesantes que la conferencia y el foro alternativo de Río han aportado a la conciencia ecologista contemporánea hay una que, por su importancia, está llamada a ocupar el primer plano de la escena mundial en los próximos años. Se trata de la consolidación de la *ecología política de la pobreza*, de la aparición a escala internacional de un ecologismo social consciente a la vez de los límites del crecimiento y de que vivimos en una plétora miserable con enormes diferencias y desigualdades en todo lo esencial para la vida de los humanos. La batalla dialéctica que empezó en Brasil en junio de 1992 tiene, pues, una doble dimensión.

En primer lugar, esta controversia enfrenta al *ecologismo social* con la utilización mercantil del ecologismo, ya que, como era de esperar en un mundo dominado por el mercado y por el fetiche del dinero, también la producción supuestamente ecológica, o bienintencionadamente ecológica (que de todo hay), se está convirtiendo en negocio de unos cuantos, en beneficio privado, en pasto de la publicidad y en ocasión para el llamamiento a un «nuevo tipo» de consumismo. La línea *verde* del sistema productivo capitalista empieza a cotizar en la Bolsa (Paccino, 1990). Dos años antes de que se iniciara *la batalla de Brasil,* durante la primera semana de octubre de 1990, se reunía en Estrasburgo el primer congreso internacional sobre medio ambiente organizado por asociaciones empresariales privadas con la presencia de 250 dirigentes de todo el mundo. Objetivo: adecuar el mundo empresarial a la demanda de los tiempos nuevos. *Lo verde vende*. Inmediatamente después se alzaron las primeras voces empresariales en favor de una línea productiva *verde* que al mismo tiempo hiciera recaer sobre las espaldas de todos los ciudadanos (como si la responsabilidad por la contaminación industrial fuera la misma en todos los casos) el comprensible encarecimiento de tales productos. La mercantilización casi siempre va seguida por una exhibición de cinismo: los mismos que contaminan pueden pagar los más hermosos anuncios publicitarios en favor de la línea verde de la industria.

No deja de ser un síntoma característico del uso unilateral, mercantil, del ecologismo, y del cinismo que conlleva, el que la legislación existente en Europa no esté a la altura de tales circunstancias. Hasta 1991 en España sólo se había producido una sentencia condenatoria por delito ecológico y el artículo 347 bis del Código Penal de 1983, en vigor, siempre ha sido considerado por los ecologistas impreciso, insuficiente e inoperante. Así que, previsiblemente, en los próximos años la controversia acerca de la necesaria reforma del Código en este punto pasará a primer plano. Como es de esperar también que se convierta en objeto de controversia el tipo de tasas o impuestos necesarios para una economía ecológicamente fundamentada.

En segundo lugar, esta batalla abre un nuevo flanco al enfrentamiento entre países ricos (muy industrializados y muy competitivos) y países pobres (cada vez más identificados con las *reservas ecológicas del planeta* o, en su defecto, con centros de producción de drogas ilegales). Se habla ya del gran trueque-fin-de-siglo: deuda externa por ecología (y supresión de la producción de drogas en los países pobres para hacerlo, tal vez legal y moderadamente, en los países ricos del Norte: segundo negocio mundial después del tráfico de armas). Pero se habla de ello, por lo general, desde un punto de vista etnocéntrico. Lo que quiere decir: disfrazando el discurso una vez más de universalismo y cubriéndolo con el manto de valores ético-ecológicos, como la conciencia de especie, usurpados al ecologismo social.

Como en la época del primer colonialismo, el gran argumento del ecocolonialismo de ahora se centra en las cosas que, siendo de todos (o habiendo sido de todos), no son de nadie y, por consiguiente, se supone que han de caer bajo el control de quienes pueden utilizarlas *convenientemente*. No es casual que, de acuerdo con este discurso, quienes pueden hacer un uso conveniente de los recursos ecológicos del planeta sean los mismos que en otro momento histórico debían hacer un uso conveniente de las minas y tierras americanas, africanas o asiáticas. Entonces en nombre de la superioridad técnica y cultural. Ahora en nombre de la superioridad técnica y cultural y de la conciencia ecológica de la especie.

Yendo al caso. Se trataría, según este discurso, de salvar la Amazonia del primitivismo burgués-industrial brasileño en nombre de la cultura burguesa eurocéntrica autocrítica y ecológicamente cultivada. Los datos de partida para este razonamiento son tan claros y aterradores como indiscutidos: en los últimos años se han perdido ya entre 400.000 y 600.000 kilómetros cuadrados de selva amazónica, han sido alterados 20 millones de hectáreas por la intensidad de los incendios provocados por agricultores y ganaderos; los planes del gobierno brasileño en el ámbito hidroeléctrico y la enorme intensidad de los vertidos de mercurio, procedentes de las instalaciones mineras, en los ríos de la zona completan el negro cuadro del inmediato futuro de una región del planeta de la que se ha dicho que actúa como un pulmón de la Tierra y que es, al mismo tiempo, un ecosistema muy frágil.

En la actualidad tienen soberanía sobre la región amazónica ocho Estados sudamericanos y un Estado europeo (Francia). Soberanía quiere decir, en este caso, intereses particulares sobre una zona clave para el planeta: el Amazonas vierte al océano casi el 18 % del total del agua dulce drenada desde tierra firme; la selva amazónica alberga, según Thomas Lovejoy, casi un tercio de las reservas genéticas del mundo, lo que la convierte en una reserva fundamental de principios activos probablemente básicos para curar enfermedades y para potenciar la alimentación en los años venideros; la desaparición de aquella selva supondría un impulso complementario al ya grave efecto invernadero creado por las emisiones industriales.

Con tales datos resultan comprensibles los constantes llamamientos a considerar la lucha contra la destrucción ecológica en la Amazonia como un asunto de todos los humanos, como un problema vital para la especie. La propuesta de internacionalización de la Amazonia arranca justamente de estos datos. Y también la oferta hecha a los países de la zona en el sentido de cambiar ecología por deuda externa. Hace unos años, presionado por los gobiernos de Alemania y de EE.UU. de Norteamérica, el Banco Mundial hizo pública su preocupación por el impacto ambiental de los proyectos que estaba financiando allí y condicionó la entrega de créditos al gobierno brasileño a la modificación de sus planes hidroeléctricos. El presidente francés F. Mitterrand proclamó la necesidad de crear alguna autoridad internacional sobre la Amazonia para preservar esta zona como un bien de la humanidad, lo que significa, de hecho, una limitación de la soberanía de los actuales Estados de la zona.

El movimiento ecologista actual se halla perplejo y dividido ante las propuestas de internacionalización. Pues la exigencia de una autoridad mundial para hacer frente a la crisis ecológica ha sido desde hace décadas una reivindicación de los movimientos medioambientalistas contra el liberalismo estrecho de la economía mercantil del industrialismo; pero, por otra parte, se hace cada vez más evidente que la limitación de las soberanías nacionales está trayendo consigo una reduplicación del dominio de las empresas transnacionales en el Imperio Único en contra de los intereses de las poblaciones de los países más pobres, sin que esta nueva forma de dominación universal se haya traducido por el momento en resolución de los problemas ecológicos más acuciantes.

Los movimientos ecologistas que han surgido durante los últimos años en los países pobres y la parte más consciente del ecologismo social de los EE.UU. de Norteamérica, Japón y Europa empiezan a ver con mucha desconfianza los llamamientos a la internacionalización de la Amazonia en nombre de la conciencia de especie (y a veces sin admitir siquiera la condonación de la deuda externa de aquellos países), porque, una vez más, observan ahí la existencia de un doble lenguaje, de un doble criterio para hablar y juzgar lo que hacen *ellos* y lo que hacemos *nosotros*. Seguramente tienen razón los dirigentes de la Unión de Naciones Indígenas cuando dicen: «Se habla mucho de salvar la Amazonia. Pero no vemos ninguna preocupación por el ser humano que vive aquí. Sólo piensan en salvar los bosques, las tierras, los animales».

¿Cómo no recordar en este contexto que también con argumentos universalistas pero con intereses etnocéntricos parecidos «se salvó», en la época del primer colonialismo, la buena tierra californiana del primitivo y perezoso indio mexica? Y ¿cómo no recordar, cuando se habla tanto de ética de especie y de ética ecológica, que no es la primera vez en la historia que la usurpación de las grandes palabras por los dominadores conduce al genocidio y que el recurso sistemático a la palabra *ética* (por muy nueva que parezca ésta que ahora se nos propone) oculta siempre la suciedad de los pañales de aquella parte de la humanidad que tanta necesidad tiene de tal palabra? *Ética ecológica,* sí. Pero lo mejor es hacer la prueba del nueve: el mismo presidente europeo que en nombre del ecologismo planetario propone la internacionalización del problema del Amazonas hace la vista gorda ante los atentados criminales de sus agentes secretos contra los ecologistas que molestan los intereses de la industria nuclear francesa y permite el tráfico de especies en extinción cuando se trata de cubrir necesidades de las propias élites. Ha sido la Comunidad Europea, la comunidad de la Europa de la tolerancia y de la conciencia autocrítica sobre los efectos perversos del primer colonialismo, la primera en proponer juiciosas medidas para detener la destrucción ecológica de la zona amazónica y de la Antártida. Pero esa misma Europa que presiona a los países latinoamericanos para que reduzcan sus grandes proyectos industriales con impacto ecológico negativo parece haber heredado también la vieja moral del cínico inquisidor que clama siempre contra los simples de la Iglesia y enseña a los más próximos la gran verdad: *haced lo que yo digo que hay que hacer, no lo que yo hago*. En efecto, el Libro Blanco para la realización del mercado único europeo en diciembre del 92, un texto publicado en Bruselas en 1985, apenas hacía mención de la dimensión ecológica de una Europa sin fronteras. El término *ecología* no aparece en ese informe ni una sola vez. Y el más reciente informe presentado, para corregir ese déficit, por el grupo de expertos de la *task force,* con el título de *La dimensión medioambiental de 1992,* fue considerado confidencial por la Comisión Europea de Bruselas, a pesar de que su orientación principal era la búsqueda del *menor denominador común* entre los países que han de procurar la protección de la naturaleza en Europa. Como en la época del primer colonialismo: una palabra en la metrópolis; otra en las colonias.

El desenlace de esta doble batalla del Brasil dependerá en gran parte de que la ecología política de la pobreza caiga en la cuenta de que el ecologismo mercantil, el ecologismo del negocio, se está disfrazando ya con otra ética universalista para cubrir así una nueva forma de colonización del antiguo Tercer Mundo en la que sus ciudadanos serán parte de la reserva natural tolerada y sus tierras vertederos de las basuras contaminantes de los ricos o sede de las industrias más peligrosas creadas por éstos y prohibidas por sus leyes. Naturalmente, la alternativa a esta nueva colonización que se otea en el horizonte no es destruir la Amazonia en nombre del nacionalismo de la otra América imitando, mal y a destiempo, lo que hicieron los burgueses de la primera industrialización, los antepasados de quienes hoy les piden que no sean como fueron ellos entonces.

La gran tarea del otro ecologismo, del ecologismo social e internacionalista de los próximos tiempos, será aprender a moverse, a ambos lados del Atlántico, evitando los dos escollos, el neocolonialista y el neonacionalista. Lo cual no va a ser nada fácil, desde luego. La década en la que estamos tiene todo el aspecto de ir a convertirse en una década reaccionaria: el universalismo que ahora se renueva no apunta hacia la utopía racional, hacia la ciudad regulada por la participación democrática de hombres y mujeres; apunta más bien hacia formas autoritarias. Desgraciadamente, el final de la utopía socialista ha dejado en toda Europa una peligrosa resaca. El desconcierto y la desorientación crecen en todas partes. También en los movimientos ecologistas. El malestar de la cultura y la ausencia de expectativas hacen que mucha gente se vuelva contra sus vecinos; y las grandes migraciones del final de siglo parecen estar convirtiendo al racismo en la ideología funcional del capitalismo triunfante. En tales condiciones no se puede descartar una utilización autoritaria de las convicciones ecologistas de los europeos. Todo el mundo que quiere saberlo lo sabe ya: no se puede seguir viviendo como se ha vivido en las últimas décadas, por encima de las posibilidades de la economía real y contra la naturaleza. Lo sorprendente es que ahora empiecen a decirlo quienes tenían la responsabilidad de haberlo dicho hace tiempo, los ministros de economía. Pero, al constatar lo pantanoso de un terreno que parecía tan sólido son muchas las personas que pierden toda noción seria de democracia, de lo que fue la participación de las masas en la política, de lo que fueron la «izquierda» y la «derecha» políticas de las últimas décadas. En esta confusión anida una vez más el peligro del recurso a los irracionalismos. Ser sólo ecologistas en un mundo así es muy insuficiente. Por eso unos buscan el complemento a la palabra y lo declaran con autosuficiencia y presunción, y otros la complementan en la práctica sin dar nombre de momento al nuevo híbrido. No es sólo el ecocolonialismo lo que está naciendo. En la CEI y en varios países del antiguo Pacto de Varsovia, una buena parte del ecologismo se confunde ya con el nacionalismo extremo, eslavista o de otro tipo. El ecologismo empieza a aparecer identificado con la salvación de la patria. En Centroeuropa y en la Europa del sur está ocurriendo algo parecido. No es cierto que hayamos llegado al final de las ideologías. Y sería descabellado, por otra parte, seguir considerando ahora el ecologismo como un todo unitario, como un movimiento único o como un paradigma compartido desde el punto de vista político-social.

Todo indica que también para el ecologismo social, alternativo, llega el momento de la verdad. Para abordar una tarea como la que puede imaginarse en tiempos tan difíciles lo primero y más urgente es encontrar la manera de que los partidarios de esta ecología política de la pobreza puedan comunicar a las buenas gentes que la reconversión ecológico-económica planetaria del futuro obliga a cambios radicales en el sistema consumista hoy dominante en casi todo el mundo industrialmente avanzado: a cambios revolucionarios en la forma de vida de los privilegiados de los países ricos, porque los recursos no renovables escasean y porque no es materialmente posible universalizar el tipo de vida característico del americanismo a toda la población mundial. Tales medidas, que habrán de afectar a la forma de moverse por las ciudades, a la relación de las personas con el entorno natural y a aspectos tan vitales del humano estar en el mundo como la comprensión de las culturas distintas de la nuestra, serán probablemente tanto más drásticas y, por consiguiente, tanto más autoritarias cuanto más tarden en llegar. Tampoco está claro hoy en día el signo político-social de las medidas que pueden llegar a adoptarse en el futuro para llevar a la práctica un programa económico ecológicamente fundamentado. Las grandes palabras de la vida política de las últimas décadas han dejado de entusiasmar o han caído en el descrédito. Sólo dos palabras parecen contar con el entusiasmo de una parte del público: «ecologismo» y «nacionalismo». No es difícil, por tanto, adivinar en nombre de qué se hará la próxima manipulación ampliada de las grandes masas.

Capítulo 5

LOS PARTIDOS VERDES EN EL PROCESO DE INSTITUCIONALIZACIÓN DE LOS NUEVOS MOVIMIENTOS SOCIALES

> Podríamos calificar esta peculiaridad de la crisis contemporánea como el rezago del hombre tras sus obras. Es incapaz de dominar el mundo que ha creado, que resulta más fuerte que él, y se le emancipa y se le enfrenta con una independencia elemental; como si hubiera olvidado la fórmula que podría conjurar el hechizo que desencadenó una vez.
>
> Martin Buber, 1942

> Y echaré mis raíces / de manera que crezcan hacia el aire.
>
> Rafael Alberti

Los ciudadanos de las democracias representativas occidentales se han ido familiarizando con la ecología política en los años setenta y ochenta. Es un hecho que el color verde progresivamente va tiñendo las opiniones públicas de numerosos países, ciertas políticas públicas y muchos parlamentos regionales y nacionales. Pero ya en los capítulos 3 y 4 vimos que lo denominado genéricamente «ecologista» encierra en sí una notable diferenciación interna. ¿No pasará lo mismo con lo «verde»? Si se quiere seguir con el juego de los colores: ¿Se trata de un verde pobre en matices, quizá de un único tono cromático? ¿Qué diremos a quienes afirman que el verde contiene muchos otros colores, por ejemplo rojo, blanco o violeta? Y también: cuando se dice «verde», ¿se entiende lo mismo en todo el mundo?

5.1. «Verde» no significa lo mismo en Alemania que en Malasia

De la lectura de un interesante aunque muy discutible artículo comparativo sobre política verde escrito por los profesores Hay y Haward de la Universidad de Tasmania (Hay/Haward, 1988) puede concluirse que las diferencias entre los movimientos verdes en Europa por una parte, y en Australasia y EE.UU. por otra, son lo suficientemente significativas como para imponer una cautela extrema a la hora de las generalizaciones. Vale decir: *incluso dentro de las sociedades industriales avanzadas, la ecología política exhibe una notable variedad de formas*. Hay y Haward subrayan que la componente antinuclear y pacifista, de peso tan determinante en los movimientos alternativos y en los partidos verdes europeos, se halla en gran medida ausente en las organizaciones verdes de Australasia y EE.UU., donde la radicalización ecologista proviene más bien de las luchas por preservar zonas de naturaleza intacta, esto es, de combates proteccionistas.

Los dos tasmanianos se apoyan en una importante dicotomía entre *ecologismo antropocéntrico y ecologismo biocéntrico*, indicando que la perspectiva antropocéntrica prevalece en Europa y la biocéntrica se ha desarrollado más bien en Australasia y EE.UU.[1] Otros estudios apuntan que en Japón (la nación más industrializada de la Tierra, aquella en la que las leyes ambientales quizá sean más estrictas, y en la que la opinión pública goza de una concienciación notable sobre los problemas ambientales) la mayoría de los activistas ambientalistas son antropocéntricos en un grado extremo, mientras que las posturas biocéntricas hallan muy escaso eco (Pierce/Tsurutani/Lovrich/Abe, 1986).

A grandes rasgos, puede decirse que *los nuevos movimientos sociales europeos están más politizados,* y que *en ellos emerge con mayor claridad que en los de EE.UU. y Australasia un ideario alternativo*, una concepción del mundo alternativa al pluralismo restringido y la ideología del crecimiento económico dominantes en los países industriales avanzados (véase Dalton/Küchler, 1990, 5). Por ello –además de otros factores de cultura política y accesibilidad del sistema institucional– *en Europa el paso a la constitución de partidos verde-alternativos ha sido bastante «natural», y estos partidos suelen incluir corrientes verdirrojas o ecosocialistas*; en contraste, la política de los nuevos movimientos sociales en EE.UU. ha tendido a ser más semejante a la de los grupos de interés tradicionales, y los teóricos verdes en EE.UU. y Australasia –en general académicos radicales que dedican lo mejor de sus esfuerzos a apuntalar la ética biocéntrica y desprecian el análisis de las relaciones sociales– tienden más a exhibir un antimarxismo o antisocialismo que a veces se torna agresivo.

También los movimientos verdes en el Tercer Mundo se diferencian netamente de los surgidos en las metrópolis del Imperio (vale decir en los países occidentales de capitalismo avanzado). Mientras que la base social de estos últimos son sobre todo segmentos de las nuevas capas medias urbanas con acceso a altos niveles de educación formal (véase 2.6), en los países más pobres muchos movimientos de defensa ambiental tienen una base campesina y obrera en (problemática) alianza con sectores concienciados de las clases medias urbanas.[2] Las luchas de los *seringueiros* en la Amazonia brasileña, de las mujeres «abraza-árboles» del movimiento *chipko* en la India, de las mujeres keniatas del *Green Belt Movement* o de los *Sahabat Alam Malaysia* (Amigos de la Tierra de Malasia) difieren muy sustancialmente de las prácticas ecopacifistas en el Norte.

Al hablar de ecologistas y verdes, por consiguiente, será necesario distinguir al menos entre cuatro áreas bien diferenciadas (Europa Occidental, Norteamérica/Australasia, Japón y los países del Sur) y seguramente entre cinco (añadiendo a las anteriores la formada por los países del ex«socialismo real»). Y barrunto que a medida que sea posible disponer de más estudios especializados, sobre todo acerca de los países del Sur, este panorama se hará aún más complejo. En lo que queda de este capítulo me referiré fundamentalmente sólo a la primera de estas áreas, que a mi juicio sí goza de suficiente homogeneidad como para permitir generalizaciones sensatas: la de los países europeo-occidentales.

5.2. LA «DESCONGELACIÓN» DE LOS SISTEMAS DE PARTIDOS

En la Europa de los años sesenta y setenta parecía confirmarse la tesis de una *«congelación» de los sistemas de partidos*, formulada en 1967 por los politólogos Seymour Lipset y Stein Rokkan (Lipset/Rokkan en Almond y otros, 1992, 266; véase von Beyme, 1986, 29 y sigs.). Dicha tesis llama la atención sobre la gran estabilidad de los sistemas de partidos occidentales a partir de los años veinte de este siglo, y ello en un período de turbulentos cambios sociales, económicos y tecnológicos. Los conflictos surgidos en las diferentes fases del desarrollo de los distintos países europeos desde los comienzos de la Revolución Industrial y el parlamentarismo habían ido haciendo cristalizar, por mecanismos opositivos, algunos tipos bien diferenciados de partidos políticos (véase cuadro V.1); parecía que la traslación de las líneas fundamentales de conflicto político (*cleavages*) a sistemas de partidos había adquirido una forma definitiva, «congelada», después de los años veinte y la generalización del sufragio universal.

Sin embargo, la dinámica social pronto se encargó de problematizar esta hipótesis: los *cleavages* parecen ponerse en movimiento desde finales de los años sesenta, y el apoyo electoral a los partidos establecidos se hace más volátil. *Con la consolidación de nuevos partidos como los partidos verdes, los partidos xenófobos-racistas y algún partido feminista, en los años ochenta hemos asistido a una decisiva «descongelación» de los sistemas de partidos.* Aquí lo que nos interesa, desde luego, es la familia de los partidos verdes: y no digo «familia» a la ligera, pues éstos *constituyen una nueva familia de partidos, con características propias* (véase Müller-Rommel, 1993).

Arend Lijphart, en su exhaustivo análisis comparativo de las democracias representativas contemporáneas, señala que en el período 1945-1980 fueron *siete dimensiones de conflicto político* las presentes en la pugna democrática: *a*) *dimensión socioeconómica*, *b*) *dimensión religiosa*, *c*) *dimensión etnocultural*, *d*) *dimensión urbano-rural* (estas cuatro primeras son las consideradas en el ensayo seminal de Lipset y Rokkan, ahora recogido en Almond y otros 1992, 231-273), *e*) *apoyo al régimen*, *f*) *política exterior* y *g*) posmaterialismo (Lijphart, 1987, 144). Por las razones teóricas y empíricas que explicité en el capítulo 1 la categoría de «posmaterialismo» no me parece demasiado útil. Por eso, y a la vista de los nuevos partidos políticos surgidos en los ochenta, así como de los principales conflictos políticos dirimidos en las democracias occidentales, yo sugeriría corregir la propuesta de Lijphart conservando sus seis primeros *cleavages* y añadiendo tres más: *g*) *ecologismo*, *h*) *feminismo* e *i*) *xenofobia/racismo*. En el último apartado de este capítulo haré algunas consideraciones sobre los cuatro *cleavages*, entre estos nueve, que me parecen esenciales para fijar las coordenadas de una política emancipatoria: *a*), *f*), *g*) y *h*).

Un vivo debate académico, que está lejos de haber concluido, se ha interesado por los *desalineamientos y realineamientos*[3] que están teniendo lugar en los sistemas de partidos occidentales (véase Dalton/Flanagan, 1984a, 1984b). Empíricamente parece bien establecido que *en los últimos treinta años ha disminuido el voto según clase social*,[4] por ejemplo en la RFA, Gran Bretaña y los países escandinavos; *se ha incrementado la volatilidad electoral neta*[5] en los sistemas occidentales de partidos; y *ha aumentado el número de votantes que cambian de partido en dos elecciones consecutivas* (Kaase en Dalton/Küchler, 1990, 96). En algunos países (por ejemplo, Holanda, Gran Bretaña y EE.UU.) ha disminuido sustancialmente la identificación de los electores con partidos determinados. Parece estarse desarrollando cada vez más *un tipo de «elector racional» sin lazos firmes con un partido político determinado*, que decide en cada caso a quién votar de acuerdo con una evaluación del contexto político, de sus propios intereses y de los intereses sociales. Pero *también se extienden las actitudes antipartido y abstencionistas*.

Hasta la fecha, una tipología de *doce partidos* parece capaz de esquematizar bien el proceso de diferenciación de los partidos políticos en las democracias parlamentarias occidentales. La propongo en el cuadro V.1, construido a partir de la tipología de von Beyme (von Beyme, 1986, 28-29), que he ampliado añadiendo los dos últimos nuevos tipos de partido. Pese a su carácter simple y poco sistemático, un esquema semejante tiene la ventaja de retener algo de la historicidad del proceso de diferenciación de los partidos políticos, historicidad que me interesa evocar aquí.

CUADRO V.1:
ESQUEMA DEL PROCESO DE DIFERENCIACIÓN
DE LOS PARTIDOS POLÍTICOS
(Doce áreas básicas de conflicto o «contradicción» social
dan origen a doce tipos principales de partidos)

1. *Liberalismo* frente al Antiguo Régimen.
   Francia: liberales contra ultrarrealistas (1814-1830).
   España: liberales contra monárquicos absolutistas (1802-1812).
   Alemania: liberales contra monárquicos absolutistas (1815-1830).
2. *Conservadores* contra la Revolución Francesa de 1789, el republicanismo y el liberalismo.
   Inglaterra: 1832.
3. *Partidos obreros* contra el sistema burgués (aproximadamente desde 1848). *Partidos socialistas de izquierdas* (desde 1916; revitalización o nuevas fundaciones desde los años 1960, con la «Nueva Izquierda» asociada con el movimiento estudiantil).
4. *Partidos agrarios* contra el sistema industrial, desde finales del siglo XIX (Escandinavia, Europa Oriental).
5. *Partidos regionalistas* contra el sistema centralista: revitalización o nuevas fundaciones desde la década de 1960 (Bélgica, Gran Bretaña, España).
   Gran Bretaña: Irlanda, Escocia, Gales.
   Alemania: Partido Bávaro, partido Welfen (güelfo), alsacianos, polacos.
   Imperio austrohúngaro de los Habsburgo.
   España: Cataluña, País Vasco.
6. *Partidos cristianos* contra el sistema laico.
   Bélgica (desde 1864).
   Alemania (*Zentrum*, desde 1871).
   Italia (los *popolari* desde 1919).
7. *Partidos comunistas* contra la socialdemocracia y el capitalismo (desde 1916-1917).
8. *Partidos fascistas* contra los sistemas democráticos: Italia (desde 1919), Alemania (desde 1923). *Partidos neofascistas*: MSI en Italia, DRP-SERP-NPD en la RFA...
9. *Partidos de protesta de la pequeña burguesía* contra el sistema burocratizante del Estado del Bienestar: Francia (poujadismo), Dinamarca (Partido del Progreso), Holanda (Partido Agrario)...
10. *Partidos verdes* contra el productivismo y la sociedad de crecimiento.
11. *Partidos feministas* contra la dominación patriarcal: Islandia (Alianza de Mujeres, desde 1981).
12. *Partidos racistas y xenófobos* («Nueva Derecha») contra la sociedad multiétnica y multicultural.
    Francia: *Front National*.
    Alemania: *Die Republikaner*.
    Austria: FPÖ.

5.3. Los partidos verdes, entre renovar la política y salvar el planeta

Los primeros partidos ecologistas del mundo se fundaron en 1972 en Australasia: concretamente en Tasmania (*United Tasmania Group*, Grupo Unido de Tasmania, en abril de 1972) y en Nueva Zelanda (*Values Party*, Partido de los Valores, al mes siguiente). El mismo año se fundan partidos ecologistas regionales en Suiza, y el año siguiente nace el *Ecology Party* británico.[6] Otros les han seguido después en los años setenta y ochenta, no sólo en la mayoría de los países capitalistas avanzados sino también en los Estados del antaño llamado «socialismo real», e incluso en países del llamado Tercer Mundo, como Brasil.[7]

El suizo Daniel Brélaz (del *Groupement pour la Protection de l'Environnement*) fue en 1979 el primer ecologista elegido a un parlamento nacional; en 1981, cuatro verdes belgas entraron por primera vez en un parlamento nacional de la CE. En las elecciones al Parlamento Europeo de 1989, los partidos verdes recibieron los sufragios de más de diez millones de electores y electoras en los doce países de la Comunidad Europea (aproximadamente el 7,7 % de los 135 millones de sufragios, frente a sólo el 2,7 % en 1984), doblando así su representación con respecto a 1984: pasan de doce eurodiputados y eurodiputadas (7 de la RFA, 2 de Bélgica, 2 de Holanda y 1 de Italia) a veinticuatro (9 de Francia, 8 de la RFA, 3 de Bélgica, 3 de Italia y 1 de Portugal). El cuadro V.2 ofrece algunos resultados electorales seleccionados de partidos verdes europeos.

En 1990, tras sólo dos o tres lustros de desarrollo, los partidos verdes estaban organizados a nivel nacional en 17 países europeo-occidentales[8] y representados en los parlamentos nacionales de 12 de estos países: en la RFA con 42 diputados, en Suecia con 20, en Italia con 13, en Bélgica con 9, en Austria con 9, en Suiza con 9, en Holanda con 6, en Finlandia con 4, en Portugal con 2, en Luxemburgo con 2, en Grecia con 1, en Irlanda con 1. También los verdes australianos tienen representación parlamentaria (en el Senado y en Tasmania). En 1983 se fundaron partidos verdes en Canadá y Japón. Por añadidura, a finales de 1990 existían partidos verdes en Bulgaria, Hungría, Yugoslavia, Checoslovaquia, Polonia, Rumanía, y en no menos de 15 repúblicas soviéticas: Estonia, Letonia, Lituania, Armenia, Georgia, Moldavia, Rusia, Ucrania, Bielorrusia, Azerbaiyán y Kazajastán.

Inicialmente, los partidos verdes europeos se agruparon en una coordinación llamada Los Verdes Europeos, fundada en 1983-1984 (el primer Congreso Verde Europeo se celebró en Lieja el 1 de abril de este último año), y que en 1990 contaba con 27 formaciones miembros y 5 observadoras. En las elecciones europeas de

1984 y 1989, esta coordinación presentó un programa común en todos los países miembros. Los siguientes congresos anuales se celebraron en Dover (1986), Estocolmo (1987), Amberes (1988), París (1989) y Zurich (1991). Los representantes de los países miembros de la coordinación se juntaban cada trimestre.

En 1993 los partidos verdes europeos han dado un paso más ambicioso: reunidos en Helsinki del 18 al 20 de junio, han ultimado la creación de una Federación Europea de Partidos Verdes con 26 partidos miembros (una decena de partidos más, procedentes de Europa Oriental, han solicitado su ingreso). Además, hay prevista una reunión en Kiev (Ucrania) en 1994 para avanzar hacia una coordinación planetaria de los partidos verdes.

En la autocomprensión de Los Verdes Europeos, los partidos verdes forman parte del movimiento verde y desempeñan dentro de éste un papel específico: «Traducen las demandas de los nuevos movimientos sociales a términos políticos y presionan al *establishment* para que cambie, amenazándolo directamente con pérdidas de poder político» (*Green Newsletter* n. 0, junio de 1990). Es decir: llevan al escenario del parlamento los temas que los partidos establecidos preferirían ver fuera de él. En varios países, ello ha forzado a partidos establecidos a cambiar sus programas o sus políticas para intentar «verdecerse».

CUADRO V.2:
RESULTADOS ELECTORALES SELECCIONADOS
DE ALGUNOS PARTIDOS VERDES

ALEMANIA OCCIDENTAL: *Die Grünen* (fundado en 1980)
1979: 3,2 % (elecciones europeas)
1980: 1,9 % (elecciones generales)
1983: 5,6 % (elecciones generales)
1984: 8,2 % (elecciones europeas)
1987: 8,3 % (elecciones generales)
1989: 8,8 % (elecciones europeas)
1990: 3,9 % (primeras elecciones generales en la Alemania unificada; hay que añadir el 1,2 % de la Alianza 90 y Los Verdes de la ex-RDA)

FRANCIA: Diversas candidaturas ecologistas, y desde 1984 *Les Verts*
1974: 1,32 % (elecciones presidenciales)
1977: 3,2 % (elecciones municipales)
1979: 4,38 % (elecciones europeas)
1981: 3,87 % (elecciones presidenciales)
1984: 3,37 % (elecciones europeas)
1988: 3,78 % (elecciones presidenciales)
1989: 10,6 % (elecciones europeas)
1992: 6,8 % (+ 7,1 % *Génération Écologie*, + 0,8 % otras listas verdes; elecciones regionales).

1993: 4,05 % (+ 3,65 % *Génération Écologie)* (elecciones generales)
1994: 3,9 % (elecciones cantonales)

GRAN BRETAÑA: *People's Party* en 1973-1975, *Ecology Party* en 1975-1985, *Green Party* desde 1985
1974: 2 % (elecciones generales; los porcentajes en las elecciones generales y municipales británicas se refieren sólo a las circunscripciones donde se presentaron candidatos)
1979: 1,6 % (elecciones generales)
1979: 0,1 % (elecciones europeas)
1980: 6 % (elecciones municipales)
1983: 1 % (elecciones generales)
1984: 0,5 % (elecciones europeas)
1987: 5,9 % (elecciones municipales)
1987: 1,3 % (elecciones generales)
1989: 14,9 % (elecciones europeas)

HOLANDA: *Groen Progressief Akkord* (Acuerdo Verde Progresista) en 1984, y desde 1989 *Groen Links* (Izquierda Verde)
1984: 5,6 % (elecciones europeas)
1989: 7 % (elecciones europeas)
1989: 4,1 % (elecciones generales)
1990: 5,9 % (elecciones municipales)
1991: 5,2 % (elecciones regionales)

ITALIA: *Federazione della Liste Verdi* desde 1986
1985: 1,5 % (elecciones regionales)
1987: 2,5 % (elecciones generales)
1989: 6,2 % (elecciones europeas; suma de los sufragios de *Liste Verdi* y *Arcobaleno*)
1989: 10 % (elecciones municipales en Roma)
1990: 4,8 % (elecciones regionales)
1992: 2,8 % (elecciones generales)

BÉLGICA:
1979: 3,4 % (elecciones europeas)
1984: 8,2 % (elecciones europeas)

A. *Écolo* en Valonia, fundado en 1980
1981: 5,9 % (elecciones generales; porcentaje del voto valón)
1985: 6,2 % (elecciones generales; porcentaje del voto valón)
1987: 2,6 % (elecciones generales; porcentaje del voto nacional. El porcentaje del voto valón es 6,4 %)
1989: 16,6 % (elecciones europeas; porcentaje del voto valón)
1991: 5,1 % (elecciones generales; porcentaje del voto nacional)

B. *Agalev* en Flandes, fundado en 1982
1981: 4 % (elecciones generales; porcentaje del voto en Flandes)
1985: 6,1 % (elecciones generales; porcentaje del voto en Flandes)
1987: 4,5 % (elecciones generales; porcentaje del voto nacional. El porcentaje del voto en Flandes es 7,3 %)

1989: 12,2 % (elecciones europeas; porcentaje del voto en Flandes)
1991: 4,9 % (elecciones generales; porcentaje del voto nacional)

LUXEMBURGO: *Die Greng Alternativ* desde 1983
1979: 1 % (tanto en las elecciones europeas como en las generales)
1984: 5,8 % (elecciones generales)
1984: 6,1 % (elecciones europeas)
1989: 7,4 % (elecciones generales; suma de los resultados de DGA y una lista ecologista competidora)
1989: 10,4 % (elecciones europeas; suma de los resultados de DGA y una lista ecologista competidora)

IRLANDA: *Ecology Party of Ireland* en 1981-1983, *Comhaontas Glas* (Alianza Verde) desde 1983
1984: 0,1 % (elecciones europeas)
1985: 2,3 % (elecciones municipales; el promedio se refiere sólo a los municipios donde se presentaron candidaturas)
1987: 0,4 % (elecciones generales)
1989: 3,8 % (elecciones europeas)
1989: 1,5 % (elecciones generales)

AUSTRIA: *Die Grüne Alternative* desde 1986 (ALÖ y VGÖ se crearon en 1982)
1983: 1,9 % VGÖ + 1,4 % ALÖ (elecciones generales)
1986: 5,5 % (elecciones presidenciales)
1986: 4,8 % (elecciones generales)
1987: 4,4 % (elecciones municipales en Viena)
1990: 4,8 % (elecciones generales)
1991: 9,1 % (elecciones municipales en Viena)
1992: 5,7 % (elecciones presidenciales)

SUECIA: *Miljöpartiet De Grona*, fundado en 1981
1982: 1,65 % (elecciones generales)
1982: 2,7 % (elecciones municipales; promedio en los municipios donde se presentaban candidatos)
1985: 1,5 % (elecciones generales)
1985: 3 % (elecciones municipales; promedio en los municipios donde se presentaban candidatos)
1988: 5,6 % (elecciones generales)
1991: 3,4 % (elecciones generales)

FINLANDIA: *Vihreä Liitto* (Los Verdes) desde 1987; Alianza de Izquierdas (formación rojiverde) desde 1991
1983: 1,5 % (elecciones generales)
1984: 2,8 % (elecciones municipales)
1987: 4 % (elecciones generales)
1991: 6,8 % (elecciones generales; la Alianza de Izquierdas obtiene el 10 %)

SUIZA: *Grüne Partei der Schweiz* (GPS) y *Grüne Alternative der Schweiz*

(GRAS) desde 1983; la segunda se transforma en *Grünes Bündnis Schweiz* (GBS) en 1987

1983: 2,6 % GPS, 0,8 % GRAS (elecciones generales)

1987: 5,1 % GPS, 4,3 % GBS (elecciones generales)

1991: ligero avance de GPS y GBS (elecciones generales); en el Parlamento, verdes y verdirrojos pasan de 11 a 14 diputados.

5.4. Partidos verde-alternativos, partidos verdes conservadores y partidos de izquierda libertaria

En el capítulo primero vimos que existían posmaterialistas-IN de izquierdas y de derechas. También indicamos antes (2.4) que la dimensión izquierda/derecha es independiente de la dimensión ecologista/productivista y de la dimensión pacifista antinuclear/militarista nuclear, por lo que son concebibles fuerzas políticas ecologistas y pacifistas de derechas (aún reflexionaremos sobre esta cuestión al final de este capítulo). No sólo son concebibles, sino que también existen: hay partidos verdes de izquierdas y de derechas. Ha llegado el momento de clarificar un poco esta cuestión. Pues entre los estudiosos de estos fenómenos de «nueva política» se emplea una variedad de categorías con elementos comunes pero no exactamente coincidentes: partidos de nueva izquierda, partidos verdes, partidos verde-alternativos, partidos de izquierda libertaria, partidos de «nueva política»... ¿Qué relación guardan entre sí estos conceptos?

Herbert Kitschelt, uno de los más importantes estudiosos de NMS y partidos verde-alternativos, ha propuesto la categoría de *partidos de izquierda libertaria* (Kitschelt, 1988, 1989) para designar a los partidos asociados a los NMS europeo-occidentales. Sus programas son de izquierda porque (en la tradición socialista) afirman los valores de solidaridad e igualdad, rechazando la primacía del mercado capitalista como árbitro final del desarrollo y la justicia social; pero, al mismo tiempo, rechazan la tradicional concepción socialista de una sociedad planificada centralmente y prefieren una sociedad en la que la autonomía individual y la participación ciudadana en la gestión de los asuntos públicos se inspira en principios libertarios.

> Los libertarios de izquierda critican tanto las políticas como los procedimientos e instituciones que subyacen al complejo social formado tras la Segunda Guerra Mundial por el capital y el trabajo alrededor del Estado del Bienestar keynesiano. En cuanto a los contenidos, los libertarios de izquierda arguyen que las democracias industriales avanzadas han enfatizado demasiado el crecimiento de los ingresos y la seguridad económica sin prestar suficiente atención a

> la producción, preservación y distribución de bienes colectivos e intangibles, tales como un medio ambiente físico intacto y una infraestructura social comunitaria protegida tanto de la competición mercantil como de la regulación burocrática. En cuanto a los procedimientos, retrotraen la centralidad del crecimiento económico y la burocracia a la dominación de los grupos de productores que prevalecen en el proceso político a través de la eficacia organizativa y los abundantes recursos de los partidos de masas centralizados y los grupos de interés (Kitschelt, 1989, 2).

Kitschelt ha explicado que el concepto de «libertario» que utiliza no ha de confundirse ni con el individualismo liberal ni con el anarquismo. El concepto «libertario de izquierda» implica una modificación antiautoritaria de las concepciones socialistas clásicas de una sociedad igualitaria, pero estas gentes reconocen el papel crucial que desempeñan las instituciones reguladoras globales (y el estado entre ellas), por lo que son menos renuentes que los anarquistas clásicos a participar en las instituciones políticas (véase Kitschelt, 1990, 340).

El concepto kitscheltiano de partidos libertarios de izquierda incluye tanto a los *partidos verdes de izquierda o partidos verde-alternativos* como a otros partidos vinculados a los NMS que podemos llamar *partidos de «nueva izquierda»*. En general, estos últimos son pequeños partidos socialistas de izquierda surgidos en los años sesenta (sobre todo en los países escandinavos, Holanda y Francia), antes de la aparición de los partidos verdes (a partir de los setenta) y antes de que la ecología se transformase en un tema político de primera magnitud.

La historia de esta «nueva izquierda» europea troquelada por las experiencias de los movimientos estudiantiles de los sesenta, a la que pertenecen formaciones como el PSU (*Parti Socialiste Unifié*) francés, el SF (Partido Socialista Popular) danés, el Partido Socialista Popular noruego, etc., está excelentemente trazada en Teodori, 1978. No todos estos partidos fueron nuevas creaciones, y algunos de ellos han acabado desembocando en formaciones verdes o rojiverdes (así el PSU francés en *Alternative Rouge et Verte*, o varios pequeños partidos de «nueva izquierda» holandesa en *Groen Links*; véase Riechmann, 1991, 237-246).

Desde finales de los años setenta, tanto los programas[9] como los electorados[10] de estos partidos de «nueva izquierda» convergen cada vez más con los de los partidos verde-alternativos, lo que justifica incluirlos en una categoría común.

El cuadro V.3 permite apreciar que el apoyo electoral perdido por los partidos de izquierda establecida (comunistas y socialistas/socialdemócratas) entre las generaciones de posguerra (y sobre todo en las cohortes de edad más jóvenes, los nacidos desde mediados de los cincuenta) no ha ido a parar a los partidos de centro o de derecha, sino sobre todo a los partidos de izquierda libertaria (y a los partidos verde-alternativos incluidos dentro de esta categoría).

Los partidos verde-alternativos son formaciones políticas de izquierda específicas de las sociedades tardoburguesas (aunque su *antiproductivismo* los separe tajantemente de la izquierda tradicional, y aunque algunos rehúsen ubicarse en el eje político derecha/izquierda; enseguida pasaremos a discutir ese problema); representan una alternativa a la «izquierda establecida» en los países capitalistas más desarrollados, y se inscriben en una corriente más amplia de «política verde» que tiende a convertirse en un fenómeno mundial.[11] Tanto ellos como los partidos de «nueva izquierda», con los que comparten suficientes rasgos comunes como para considerarlos miembros de la misma familia de partidos (de izquierda libertaria), expresan la radicalización de determinados sectores sociales –en las nuevas capas medias sobre todo– ante la actual crisis de civilización, y la formación de conciencia social incipientemente planetaria como respuesta adecuada a la magnitud de esa crisis.

Pero, como ya hemos indicado, *no todos los partidos verdes son de izquierda (o verde-alternativos). Existen partidos verdes con-*

CUADRO V.3:
APOYO A LOS PARTIDOS ESTABLECIDOS Y A LOS PARTIDOS DE IZQUIERDA LIBERTARIA SEGÚN LA COHORTE EN GRAN BRETAÑA, RFA, FRANCIA, ITALIA, DINAMARCA, IRLANDA Y EL BENELUX EN 1984-1986
(Fuente: datos combinados de los *Eurobarómetros 21-26*, ponderados de acuerdo con la población de cada nación; recogido en Inglehart, 1991, 309)

Años de nacimiento	Comunistas	Socialistas/ socialdemócratas	Izquierda libertaria	Derecha y centro
1966-1970	5 %	37 %	16 %	42 %
1956-1965	8	38	16	38
1946-1955	8	42	9	41
(Cohortes de preguerra)				
1936-1945	6	39	5	50
1926-1935	7	38	4	51
1916-1925	5	40	3	52
1906-1915	5	36	2	57
Antes de 1906	4	37	1	58

servadores, que unen a su crítica del productivismo un ideario social antidemocrático (con la referencia a un «orden social natural» y la preferencia por estrategias autoritarias para la solución de los problemas ambientales; véase Poguntke en Müller-Rommel, 1989, 190). Un ejemplo es el ÖDP alemán (*Ökologische-Demokratische Partei*, Partido Ecológico Democrático) acaudillado por Herbert Gruhl; otro los VGÖ (*Vereinte Grüne Österreichs*, Verdes Unidos de Austria); también el GPS suizo (*Grüne Partei der Schweiz*, Partido Verde de Suiza) parece ser de dominante conservadora; y en España existen varios minipartidos y listas verduzcas de derechas.

Por otra parte, ya indiqué antes (en la nota 6) que la forma en que la ecología política pasó a formar parte del «orden del día político» de algunos países fue a través de partidos liberales, agrarios o regionalistas que se hicieron cargo de cuestiones ambientales o antinucleares: así el Partido del Centro sueco, Democracia '66 en Holanda, el partido Venstre en Noruega...

El término de *partidos de «nueva política» (New Politics Parties)* es empleado por algunos autores (Müller-Rommel, 1989, el mismo en Dalton/Küchler, 1990) para designar tanto a los partidos verdes (de izquierdas y de derechas) como a los partidos de «nueva izquierda». La relación entre todos estos conceptos se expresa en el diagrama siguiente.

PARTIDOS DE «NUEVA POLÍTICA»

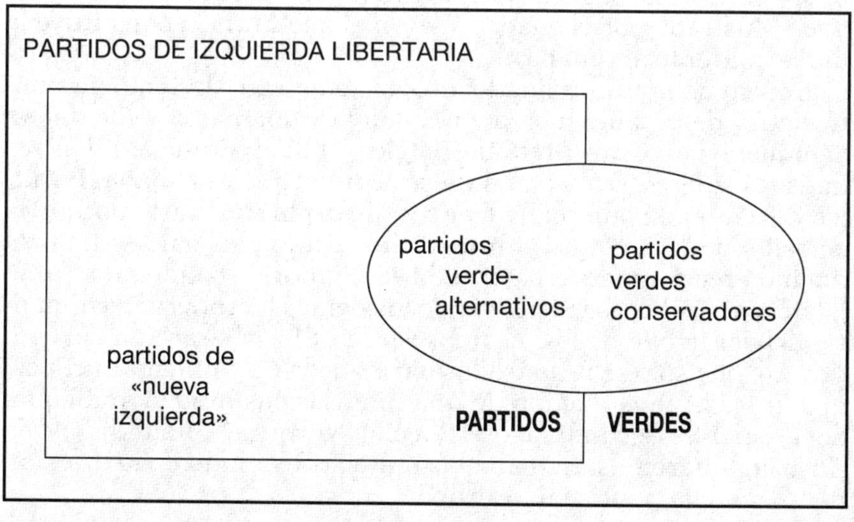

5.5. Las razones del surgimiento de partidos verdes y de izquierda libertaria

Los factores que influyen en el surgimiento de los partidos verde-alternativos son complejos. Normalmente, el presupuesto es un paisaje de nuevos movimientos sociales consolidados que han conseguido abrir espacio para los temas de política alternativa, una red de organizaciones conservacionistas y/o ambientalistas que han logrado incrementar la sensibilidad medioambiental de la opinión pública, y un marco político («estructuras de oportunidad política») favorable que enseguida vamos a especificar.

Preliminarmente, observaremos que en general los partidos nuevos surgen cuando hay nuevos temas, nuevos problemas y contradicciones que los partidos establecidos descuidan; y en particular *los partidos verdes surgen porque existen graves y urgentes problemas ecológicos*, que los partidos establecidos descuidaron durante los años setenta hasta que no les quedó otro remedio que comenzar a modificar su actitud (en parte por la presión de los problemas reales, de los movimientos sociales y de la opinión pública; en parte por la competencia de los partidos verdes y de izquierda libertaria). Esto, que se diría una perogrullada, no lo es porque *muchos estudiosos ignoran sistemáticamente la realidad de los problemas civilizatorios* que está detrás del surgimiento de nuevos movimientos sociales y partidos verdes (para reducirlo todo a problemas de valores, *life-styles* y «calidad de vida»). Ahora bien, es obvio que con ello sólo hemos enunciado una condición necesaria, pero no suficiente para que surja un partido verde. Observaremos, en segundo lugar, que *existe una correlación clara entre la fuerte sensibilidad ambiental de la opinión pública y la existencia de fuertes movimientos de ecología política*, ilustrada por el cuadro V.4 (en el que Francia constituye la única aparente anomalía).

Dentro de la Comunidad Europea, en efecto, la ecología política goza de notable fuerza en Holanda, Dinamarca y Alemania; algo menos en Gran Bretaña, Bélgica, Italia y Francia; mientras que está subdesarrollada en países como Grecia, España, Portugal o Irlanda. La anomalía francesa se explica en parte porque la eclosión de la ecología política en el vecino país galo se ha producido precisamente a partir de 1989, y, por otro lado, nos llama la atención sobre la existencia de los demás factores determinantes del desarrollo de los partidos verdes. Si a la jerarquía del cuadro V.4, que sólo se refiere a los países de la Comunidad Europea, añadimos la constatación de una intensa sensibilidad ambiental en los países escandinavos (Suecia, Noruega, Finlandia) y en Austria, tendremos un mapa bastante aproximado de la difusión de la ecología política en Europa.

CUADRO V.4:
PROTECCIÓN AMBIENTAL COMO TEMA PRIORITARIO
Y MILITANCIA POTENCIAL EN MOVIMIENTOS ECOLOGISTAS
Y ANTINUCLEARES EN LOS PAÍSES DE LA COMUNIDAD EUROPEA
(Datos de los *Eurobarómetros* de 1986 –militancia potencial–
y de la primavera de 1989 –protección ambiental–)

	Prot. ambiental en primer lugar	Prot. ambiental en segundo o tercer lugar	Militancia potencial en movimiento (a)ecol.	(b)antinuc.
Holanda	34,1 %	38,7 %	38 %	17 %
Dinamarca	22,1	36,6	11	16
RFA	17,6	36,2	37	34
Gran Bretaña	13,4	17	22	18
Bélgica	13	30,3	8	5
Italia	11,5	33,5	26	15
Grecia	6,3	23,2	50	50
Francia	4,6	20,3	12	6
España	3,9	24,2	42	30
Portugal	1,8	13,1	12	12
Irlanda	1,7	10,2	31	38

NOTA: en el *Eurobarómetro* de 1986, del que proceden los datos sobre militancia potencial, se preguntaba a los encuestados si «militaban o podrían militar» en el movimiento ecologista y antinuclear, respectivamente.

He añadido al cuadro datos sobre la militancia potencial en los movimientos ecologista y antinuclear, pero sólo para comprobar, en este caso, la ausencia de relaciones significativas con la fuerza de la ecología política en los países respectivos. En países como Grecia o España, donde esta fuerza es muy escasa, las gentes declaran una altísima propensión (no realizada) a la militancia ecologista y antinuclear; por el contrario, un país como Bélgica (que cuenta con partidos verdes bien asentados como son Agalev en Flandes y *Écolo* en Valonia, y está muy nuclearizado) arroja las cifras más bajas de militancia ecologista y antinuclear potencial. Constatamos de nuevo (como en el capítulo 1) que *declarar preferencias es una cosa, votar en elecciones otra distinta, y comprometerse activamente en un movimiento social una tercera cosa diferente*; y las relaciones entre estas tres cosas pueden ser bastante complejas.

Hasta aquí hemos tomado nota, por tanto, de una notable correlación entre la sensibilidad ambiental (manifestada demoscópicamente) y la fuerza de la ecología política en los países europeos en cuestión. Pero observamos, además, que estos países donde la gente afirma conceder prioridad a las cuestiones ambientales son también los más ricos. ¿Podría ser la relación causal: a mayor prosperidad material, más importancia concedida a las cuestiones ambientales y mayor fuerza de la ecología política? Para los países industriales avanzados, y a grandes rasgos –macrosociológicos–, parece verificarse por lo menos que *bajos niveles de desarrollo económico llevan a bajos niveles de preocupación ecológica, aunque la inversa no es cierta automáticamente* (niveles más altos de desarrollo económico no acarrean automáticamente niveles más altos de conciencia ecológica, como puede verse si se estudian con detalle los casos de Francia y el Reino Unido; véase Hofrichter/Reif, 1990, 142).

Herbert Kitschelt ha propuesto un esquema con dos «filtros» (el primero refleja fenómenos de estructura social y económica, el segundo las estructuras de oportunidad política) para explicar el surgimiento, o no, de partidos de izquierda libertaria en los países industriales avanzados (Kitschelt, 1988, 1989, 1990):[12]

A. *El presupuesto es un elevado nivel de abundancia material, y la existencia de un «Estado del Bienestar» bien desarrollado*: estas condiciones favorecen la aparición de fuertes preferencias y capacidades para perseguir objetivos de izquierda libertaria (llegan al orden del día cuestiones como la participación política, la autorrealización personal, la protección del medio ambiente o el desarme). En estos países industriales avanzados se observa una correlación negativa entre importancia económica del sector agrícola y éxito de los partidos verde-alternativos: cuanto más peso conserve la agricultura, más difícil lo tienen los verdes. Por el contrario, la importancia del sector industrial se correlaciona positivamente con el éxito verde (Müller-Rommel, 1992, 195-196).

CUADRO V.5:
CONDICIONES FAVORABLES PARA EL ÉXITO DE LOS PARTIDOS DE IZQUIERDA LIBERTARIA Y VERDE-ALTERNATIVOS

1. Alto nivel de abundancia material en un país densamente poblado.
2. «Estado del Bienestar» muy desarrollado.
3. Existencia de nuevos movimientos sociales con arraigo social, legitimidad y «visibilidad» política.
4. Partido socialista/socialdemócrata en el poder desde hace mucho tiempo (sobre todo si la derecha es débil y está dividida), o
5. Partido socialista/socialdemócrata tan débil que no tiene esperanza de formar gobierno.
6. Elevado nivel de corporativismo (uno de cuyos indicadores más seguros es el bajo número de jornadas de trabajo perdidas por huelga anualmente).
7. Sistema electoral proporcional con un umbral de representación bajo.
8. Estructuración federal del Estado.

B. *Los nuevos partidos aparecen sólo cuando ninguno de los partidos de izquierda o de centro tradicionales, o los sindicatos, se hace cargo de las cuestiones de izquierda libertaria.* Esta dificultad de los «partidos atrapalotodo» (*catch-all parties, Volksparteien*) en asumir los «nuevos temas» fue especialmente flagrante en el caso de la cuestión ecológica, y resultó decisiva para la fundación de partidos verdes (véase Müller-Rommel, 1982, 68).

Los partidos establecidos serán más renuentes a hacerse cargo de las cuestiones de izquierda libertaria si se encuentran en el poder que si están en la oposición; los sindicatos serán tanto menos sensibles cuanto más enredados en mecanismos neocorporativos de integración de la clase obrera. Con más detalle, tres condiciones favorecen el apoyo a los partidos de izquierda libertaria: *a*) cuando la división de los partidos burgueses no plantea peligros a una izquierda hegemónica gobernante, los votantes de izquierda libertaria, que desde luego siempre se hallan más cercanos a la izquierda establecida que a la derecha, no ven demasiados problemas en abandonar a esta izquierda gubernamental; *b*) si un partido socialdemócrata o socialista lleva largo tiempo gobernando, los libertarios de izquierda pueden perder esperanzas de que ese gobierno dé satisfacción a sus demandas; *c*) si la izquierda establecida es tan débil que no tiene esperanza ninguna de formar gobierno, los libertarios de izquierda pueden abandonar las ilusiones de «voto útil» para apoyar un partido propio (véase Kitschelt, 1989, 22; Müller-Rommel, 1992, 200-202).

Por otra parte, *la fuerza de los nuevos movimientos sociales en el país respectivo es un fuerte condicionante del éxito de los partidos de izquierda libertaria*: más abajo argumentaré que estos partidos son *partidos de los nuevos movimientos sociales*, constituyen un fenómeno de institucionalización de los movimientos alternativos. En particular, en muchos países el curso seguido por los *movimientos antinucleares* guarda una relación directa, casi genética, con la formación o el éxito de partidos de izquierda libertaria: fueron las limitaciones de la protesta antinuclear extraparlamentaria las que convencieron a muchos activistas de la necesidad de intentar desafiar a las élites políticas en su propio terreno: la competición electoral (véase Müller-Rommel, 1992, 205).

Por último, *algunos rasgos del sistema político ejercen bastante influencia sobre el éxito de los partidos de izquierda libertaria.* En ninguna de las democracias representativas con sistema electoral mayoritario (Gran Bretaña, Australia, Canadá, Nueva Zelanda y EE.UU.) han podido alcanzar los partidos de izquierda libertaria éxitos políticos significativos, a pesar de que en alguno de ellos cuentan con un apoyo electoral considerable (15 % para el *Green Party* británico en las elecciones europeas de 1989... y ningún eurodiputado, debido al sistema electoral de distrito uninominal de su país). Por el contrario, el sistema proporcional con un umbral de representación bajo resulta favorable a estos partidos.

La *estructuración federal del Estado* es otro factor que favorece a los partidos verde-alternativos y de izquierda libertaria (los parlamentos regionales son escenarios de trabajo óptimos para preparar el salto al nivel nacional). Llama la atención que en tres de los cuatro países europeo-occidentales estructurados federalmente (Bélgica, Suiza y la RFA; el cuarto es Austria) se fundasen partidos verdes en fecha muy temprana y obtuviesen pronto representación parlamentaria (véase Müller-Rommel, 1992, 198).

En el cuadro V.5 resumo las condiciones favorables para los partidos de izquierda libertaria y verde-alternativos.

5.6. Partidos de izquierda libertaria: un momento de institucionalización de los nuevos movimientos sociales

Ya indiqué antes que 1968 es una fecha emblemática. Este año puede verse como una «divisoria de los tiempos»: señala el final del largo período de crecimiento económico ininterrumpido que se dio en los países de capitalismo avanzado en la posguerra (dificultades en 1967 del dólar, que será separado del patrón-oro en 1971), y es al mismo tiempo un año de fortísima agitación social, con levantamientos estudiantiles en todo el mundo y una situación prerrevolucionaria en Francia. En este momento arranca la larga crisis de los años setenta-ochenta (que provocará una completa reestructuración del sistema capitalista mundial) y también la andadura de los nuevos movimientos sociales: la «segunda ola» del movimiento feminista, y la toma de conciencia ecologista, coinciden aproximadamente con esta fecha. Se inicia un nuevo ciclo de protesta que en varias oleadas sucesivas domina la controversia pública hasta –al menos– finales de los años setenta (momento en que la coyuntura cambia, y los crecientes problemas económicos hacen que pierdan fuerza los temas de crítica civilizatoria característicos de ese nuevo ciclo de protesta: los ochenta serán la «década conservadora» de Ronald Reagan y Margaret Thatcher).

La ruptura «sesentayochista» no sucederá en todos los países al mismo tiempo, ni la llevarán a cabo los mismos nuevos movimientos sociales: en EE.UU. la iniciará el movimiento por los derechos civiles (cuyas formas de protesta no convencionales inspirarán a los posteriores movimientos antiautoritarios estudiantiles o contra la guerra de Vietnam en todo el mundo); en Gran Bretaña, el movimiento pacifista *Campaign for Nuclear Disarmament* (CND), ya a finales de los años cincuenta; en Holanda es el subversivo neoanarquismo juvenil de los *provos*; en Alemania Federal, Francia, España (con todas las peculiaridades de nuestro caso) o Suecia la vanguardia de esta protesta que se ha llamado «postindustrial» la formarán los movimientos de estudiantes.

La progresiva diferenciación de las sociedades modernas en esferas o «subsistemas» parcialmente autónomos ejerce una poderosa presión para que los movimientos sociales deseosos de intervenir en política se planteen hacerlo a través de partidos políticos. Surgen *partidos de los movimientos*, como lo eran los partidos socialistas, socialdemócratas o –más tarde– comunistas con respecto al movimiento obrero. Pues bien: *los partidos verde-alternativos* que se forman en casi todos los países europeos en los años ochenta (y, en algunos casos, desde mediados de los setenta), o con más generalidad los partidos de izquierda libertaria, *son los partidos de los nuevos movimientos sociales*; constituyen *un momento de institucionalización de los nuevos movimientos sociales* cuya formación y expansión propició el largo y amplio ciclo de protesta al que acabamos de referirnos. Ello se ve bien si se examina el cuadro V.6. La anterior afirmación no implica ni que el significado de los partidos verde-alternativos se agote en esa institucionalización ni que los NMS puedan darse por «acabados» y sustituidos por organizaciones formales,[13] pero sí ayuda a entender la peculiar tensión en que han vivido estos objetos sociopolíticos a medio camino entre el movimiento y el partido («partido-antipartido» querían ser *Die Grünen* en el momento de su fundación), y también las fuertes tendencias a completar el proceso de institucionalización que se acusaban en los años ochenta, a medida que decaía el empuje de los NMS.

CUADRO V.6:
MILITANCIA Y MILITANCIA POTENCIAL EN LOS NMS SEGÚN INTENCIÓN DE VOTO EN EUROPA OCCIDENTAL, 1984
(Fuente: *Eurobarómetro 21*, recogido en Inglehart, 1991, 439)

	M. ecologista	M. antinuclear	M. pacifista
Partidos comunistas	23 %	15 %	30 %
Socialistas/socialdemócratas	28	20	33
Ecologistas/verdes	69	53	60
Liberales/giscardianos	19	6	16
Cristianodemócratas/ conservadores/gaullistas	17	7	17
Extrema derecha	21	11	10

NOTA: La «militancia o militancia potencial» expresa el porcentaje de los encuestados que afirma que milita o podría militar en algún momento en el movimiento en cuestión. La encuesta se llevó a cabo en todos los países de la CE.

Los partidos verde-alternativos son, muy nítidamente, *partidos de activistas* o –si se quiere– *partidos de cuadros*, es decir: partidos con un reducido número de militantes, en general con alto nivel educativo y de cualificación profesional, y a menudo «especialistas» en algún área de política verde. En muchos casos los activistas verdes han practicado antes algún otro tipo de militancia, a menudo en partidos de izquierda clásica o de «nueva izquierda», en sindicatos o en distintos nuevos movimientos sociales. Se da una suerte de «efecto de herencia» o traslación de actividad sociopolítica de unos sectores a otros de los nuevos movimientos sociales, bien documentado empíricamente.

En los movimientos ecologistas europeos (que han imprimido carácter a los partidos verdes en mayor medida que otros nuevos movimientos sociales) fueron a confluir, *grosso modo*, dos corrientes diferenciadas: una antimilitarista y antinuclear, cercana a la izquierda marxista o libertaria (a menudo vinculada con la «nueva izquierda» desarrollada a partir de los años sesenta); otra corriente conservacionista y más bien apolítica, cuyos orígenes burgueses pueden rastrearse hasta los últimos decenios del siglo anterior.[14] Las síntesis, encuentros y desencuentros entre las dos corrientes son peculiares de cada país, y han configurado diversos paisajes dentro de esta izquierda verde-alternativa europea.

A comienzos y mediados de los ochenta, una división bastante tajante separaba a los partidos «verdi-verdes», en los que predominaba el elemento conservacionista y que no querían tener nada que ver con la izquierda (así los partidos verdes de Gran Bretaña, Bélgica o Francia) de los «verdi-rojos» o «verde-alternativos», que se sentían herederos de algunas tradiciones de la izquierda y consideraban que la cuestión ecológica no podía desligarse de la cuestión social (así los verdes de la RFA o Luxemburgo, o la coalición holandesa *Groen Progressief Akoord* después refundada en *Groen Links*, Izquierda Verde).

Este conflicto se evidenció con la creación de la coordinadora Los Verdes Europeos en 1983-1984, concebida al principio por los verdiverdes como una organización «pura» que excluyese a los partidos más significados a la izquierda. La controversia se centraba en la admisión o no de *Die Grünen* y del *Groen Progressief Akoord* holandés. Los verdes germano-occidentales (con diferencia, el partido verde más fuerte del mundo) rechazaron formar parte de la coordinación Los Verdes Europeos en tanto los holandeses fuesen excluidos por motivos políticos. Más adelante (febrero de 1987) *Die Grünen* se sumaron a Los Verdes Europeos, y finalmente en marzo de 1990 *Groen Links* fue admitido casi por unanimidad, reflejando el hecho de que la antigua división entre verdiverdes y verdirrojos había perdido bastante fuerza. Las razones son varias: la evolución hacia la moderación de los verdirrojos, el progresivo «verdecimiento» de la nueva izquierda europea, la crisis de la cultura socialista/comunista agravada en la segunda mitad de los ochenta y también un mejor conocimiento mutuo de los antiguos adversarios a través del trabajo conjunto en diversos proyectos e instituciones (entre estas últimas, el Parlamento Europeo a partir de 1984).

5.7. Algunas consecuencias del surgimiento de los partidos verdes y de izquierda libertaria

El surgimiento de los partidos verdes como nueva familia de partidos tiene varias consecuencias interesantes. Muestra, en primer lugar, que *los grandes partidos establecidos de nuestras democracias representativas pueden ser desafiados con cierto éxito*, incluso allí donde las reglas del juego parlamentario resultan desfavorables para las nuevas formaciones: así lo muestran, sin ir más lejos, los ejemplos alemán y francés. Sin ser del todo ni partidos electorales tradicionales, ni grupos de presión jerarquizados, los partidos verde-alternativos representan *un nuevo tipo de partido*: a menudo aportan novedades organizativas interesantes y encarnan un potencial de cambio en el poco democrático sistema actual de mediación entre Estado y sociedad. Al extraer tanto sus electores como sus cuadros y activistas sobre todo del campo de la izquierda establecida, los partidos verde-alternativos *suponen un poderoso estímulo para la transformación de esa izquierda en un sentido emancipatorio* (estúdiese, por ejemplo, la evolución «a mejor» del SPD alemán en los años ochenta, una vez liberado de sus responsabilidades de gobierno y sometido a la acuciante competencia de *Die Grünen*). Además, *el desarrollo de un nuevo modelo de partido invalida la tesis de la convergencia de todos los partidos hacia un modelo único* (partido «atrapalotodo», de masas o de cuadros), de modo que las constricciones de la competición electoral, aun siendo muy poderosas, quizá no lo sean tanto como muchos politólogos han estimado. El asentamiento de los partidos verdes es también un indicio del *cambio gradual en las culturas políticas de numerosas democracias representativas occidentales producido por los movimientos estudiantiles del 68 y por los nuevos movimientos sociales que les siguieron*: algunos científicos sociales enamorados de las expresiones rimbombantes con grandes mayúsculas hablan al respecto de «revolución participativa».

5.8. El perfil organizativo de los partidos verdes

Los partidos verdes de Europa Occidental se han organizado en general con inspiración libertaria: querían propiciar un tipo de partido-movimiento capaz de contrarrestar con éxito las tendencias a la autonomización de las élites y el dominio del partido por éstas, las tendencias a la oligarquización y profesionalización de la política, así como a la exclusión de las mujeres de la política. Se ha tratado de propiciar un estilo político radicalmente participativo. Con independencia del hecho de que algunos de los principios de actuación y los mecanismos de toma de decisiones introducidos con estos propósitos han sido posteriormente modificados o abandonados por algunos partidos verdes, dos cosas me parecen ciertas:

A. *Los partidos verdes, en general, exhiben un grado de democracia interna superior al de cualquier otra categoría de partidos «tradicionales».*

B. Sus experiencias organizativas en los años ochenta han constituido un verdadero laboratorio en el que se han investigado cuestiones fundamentales para cualquier organización política emancipatoria; se trata, por tanto, de experiencias que no pueden obviarse, *hay un «antes» y un «después» de esta política que intentaba su fundamentación en una democracia de base*. En ciertos casos, el abandono de alguno de estos experimentos por quienes lo iniciaron no significa que fuese inviable y no conserve aún un potencial de liberación; en otros casos, la fuerza de los hechos obliga a repensar algunas ideas trilladas. Remito a quien desee profundizar en esta cuestión al capítulo 5 de Riechmann, 1994.

Me limitaré a recordar algunos de los más interesantes rasgos organizativos de los partidos verde-alternativos. La enumeración siguiente no está compuesta de rasgos que aparezcan en *todos* los partidos verdes, sino en *alguno* de ellos (aunque muy a menudo lo haga en varios).

A. *Descentralización*. Los partidos verdes tienden a conceder una gran autonomía a sus organizaciones de base o en niveles intermedios; el centro, en comparación con otros tipos de partido, es débil.

B. *Dirección colegiada*. Los miembros de los órganos ejecutivos (presidencia federal, en el caso alemán; colegio ejecutivo en el caso francés) suelen desempeñar sus funciones colegiadamente y compartir responsabilidades. En general no existen presidentes o secretarios generales de partidos verdes. En principio, se intenta evitar la política de líderes carismáticos para avanzar hacia la de participación de mayorías. Pero las condiciones imperantes en una democracia representativa con partidos competitivos, mediada por la televisión, impone severos límites a este propósito.

C. *Frecuentes congresos o asambleas generales*. La frecuencia con que se reúnen los órganos máximos de los partidos verdes (congresos de delegados, o asambleas generales de todos los afiliados) es significativamente mayor que en los demás tipos de partidos. Así, por ejemplo, *Die Grünen* han convocado su *Bundesversammlung* (asamblea federal) varias veces al año, en promedio, durante los años ochenta; *Les Verts* se reúnen en *Assemblée Générale* cada mes de noviembre. Estos congresos son por regla general más abiertos y menos instrumentalizables que en los demás tipos de partido.

D. *«Discriminación positiva» para las mujeres*. Los partidos verdes favorecen la participación de las mujeres mediante mecanismos diversos: cuotas en los organismos de dirección y en las listas electorales (la más consecuente y espectacular es la de *Die Grünen*, los verdes alemanes, del 50 %); derechos de veto en las cuestiones que afectan especialmente a las mujeres; organizaciones autónomas de mujeres... En los cuatro comités nacionales, que son los órganos ejecutivos del partido verde sueco, la proporción ha de ser de seis mujeres por cada cinco hombres, para evitar el predominio masculino. Los dos portavoces nacionales de los partidos verdes sueco y alemán son necesariamente hombre y mujer.

E. *Separación de poderes y no acumulación de cargos*. Se establecen reglas de incompatibilidad que tienden a dificultar la concentración de poder en una oligarquía; por ejemplo, en la mayoría de los partidos verdes son incompatibles la condición de diputado/a con cargos de dirección en el partido.

F. *Rotación* en los puestos de dirección del partido y para los diputados/as en las instituciones representativas del Estado.

G. *Mandato imperativo*, que obliga al mandatario a realizar la política definida por la mayoría del partido, y no por su propia conciencia.

H. *Limitación de los ingresos de los diputados/as*, empleándose el remanente en el desarrollo de proyectos socioecológicos de interés general.

I. *Protección de los derechos de las minorías*, que se manifiesta, por ejemplo, en la posibilidad de que los programas de *Die Grünen* tengan dos partes: la mayoritaria, programa vinculante en sentido estricto, y la minoritaria, para que las corrientes minoritarias den a conocer ideas divergentes o desarrollos adicionales.

J. Posibilidad de celebrar *referendos internos* a iniciativa de un pequeño porcentaje de los afiliados (un 5 %, en el caso alemán).

K. *Transparencia en la vida interna del partido*. Suelen estar excluidas las reuniones a puerta cerrada; se hace un notable esfuerzo por la óptima circulación de información y la «horizontalidad» de las relaciones intrapartidarias.

L. *Permeabilidad de las fronteras de partido*, que son «porosas» para no afiliados. Esto tiene la importante consecuencia de la *apertura de las listas electorales a personas ajenas al partido*, en general procedentes de los nuevos movimientos sociales a los que los partidos verdes se sienten cercanos.

LL. *Elaboración democrática de las listas electorales*: el principio válido es «un hombre/una mujer, un voto», y no son las élites partidarias las que determinan la composición de las listas (como sucede en la inmensa mayoría de los partidos políticos).

Se configura, en definitiva, *un grado de democracia interna que no tiene parangón entre los partidos tradicionales*.

5.9. El porvenir de la ecología politíca en las sociedades occidentales

A lo largo de este libro insistimos en que ni los partidos verde-alternativos son reducibles al ecologismo (incluyen otras dimensiones, por ejemplo, feminismo), ni el ecologismo halla exclusivo acomodo en los partidos verdes. Por otra parte, sin duda es cierto que los partidos verdes son organizaciones políticas aún inmaduras, fluctuantes, y destinadas a sufrir importantes mutaciones.

Pero si ha de haber una salida emancipatoria a la crisis de civilización en que se debate la humanidad a finales del siglo XX –nos hallamos, a mi entender, en una divisoria histórica comparable a las de la Revolución Neolítica o la Revolución Industrial–, no me cabe duda de que *la política «verde»* (en un sentido amplio) *determinará en buena medida las prioridades políticas del siglo XXI*. Para apreciar por qué, tenemos que adoptar una perspectiva de largo alcance, más allá de los reveses o triunfos electorales que pueda cosechar un partido verde o de izquierda libertaria en tal o cual país.

Si pensamos en estos términos, veremos que *los temas políticos cruciales para una tal salida emancipatoria a la crisis de civilización son precisamente los temas constitutivos de la política «verde»*, vale decir, los temas que han hecho avanzar con cierta fuerza los movimientos ecopacifistas en los años setenta y ochenta: *la ecología* (tanto la defensa de la integridad de la biosfera como, en un segundo momento, la reconstrucción ecológica de la sociedad industrial), *el pacifismo antimilitarista* (una cuestión de vida o muerte en la era nuclear), *la profundización democrática* (hacia una democracia descentralizada, participativa y con una importante dimensión económico-social), *la liberación de las mujeres* y *un vuelco en las relaciones Norte-Sur* (que incluiría una significativa transferencia de riqueza del rico Norte al expoliado Sur, y una nueva lógica de desarrollo –un «nuevo orden económico internacional»– para el planeta entero).

Más allá de los éxitos o fracasos electorales circunstanciales de los partidos verdes, vale la pena fijarse en tres fenómenos:

A. *Los partidos verdes se generalizan en todo el mundo industrializado, en lo que parece una tendencia ascendente de largo alcance.* A comienzos de los noventa, aunque algunos partidos verdes han sufrido traspiés a nivel nacional (*Die Grünen* en 1990, los Verdes suecos en 1991), en otros países la progresión ascendente continúa o al menos se estabiliza: Francia, Suiza, Bélgica, Austria, Holanda son buenos ejemplos. Incluso en los casos de Alemania y Suecia, esas derrotas en elecciones generales no implican debilitamiento en otros niveles políticos (regional, local, europeo) ni perspectivas de extinción. Según constata la dirigente verde alemana Antje Vollmer:

> Desde una perspectiva internacional, no hemos de tener miedo por el futuro de las ideas verdes. Si los verdes germano-occidentales aparecieron primero como una planta silvestre en el espectro conocido de los partidos políticos, hoy la gente más bien se asombra cuando en algún país *todavía no* existe un movimiento verde, y sabe que eso no durará mucho tiempo. Se fundan partidos ecopacifistas tanto en Asia como en América Latina, tanto en Europa meridional como oriental. Hasta puede decirse que fue la resonancia internacional de los verdes alemanes, desde sus mismos orígenes, lo que mejor permite reconocer lo que los verdes son y pueden significar (Vollmer en Fücks, 1991, 11).

B. *Los movimientos ecopacifistas y los partidos verdes fuerzan la reestructuración de todo el espectro político.* Hoy ya no hay ningún partido (desde la extrema izquierda hasta la extrema derecha) que pueda dejar de reconocer la ecología como un tema político crucial; todos practican ya, si no la política verde, al menos la retórica verde. Los partidos políticos de la izquierda «tradicional» (socialdemócratas, socialistas, comunistas) o de la «nueva izquierda» de los años sesenta son los más afectados, porque al desafío de los partidos verdes se suman los efectos del derrumbamiento del llamado «socialismo real» en 1989-1991. Vemos cómo en toda Europa hay una tendencia por parte de los partidos comunistas o socialistas de izquierda a integrarse en formaciones verdirrojas, como Izquierda Verde de Holanda, o la Alianza de Izquierdas finlandesa, mientras que los partidos socialdemócratas ensayan una transformación (incorporando elementos verdes) cuyo exponente más avanzado es el SPD alemán, con su nuevo programa de 1990.

C. *El electorado potencial de los partidos verdes es muy grande.* Suele identificarse el electorado potencial de un partido con el porcentaje de quienes afirman que podrían votarle algún día, en un sondeo representativo. Pues bien, en 1984 el electorado verde potencial alcanzaba en los nueve países de la CE más Grecia un valor medio del 47 %, que es mayor que el potencial de los conservadores (37 %), casi tan grande como el de los demócrata-cristianos y los socialistas/socialdemócratas (49 % y 55 % respectivamente), y tres veces mayor que el de los comunistas (16 %), la extrema izquierda (15 %), la extrema derecha (14 %) o los partidos nacionalistas (18 %) (Inglehart, 1991, 288).[15] Como es obvio, es muy improbable que estos electorados potenciales (o cifras aproximadas) se realicen alguna vez: representan el hipotético «techo máximo» de los verdes en las mejores circunstancias históricas imaginables. Pero resulta significativo que estas «reservas ocultas» de apoyo potencial sean tan altas, y que lo sigan siendo también en aquellos países que en 1984 ya contaban con partidos verdes establecidos parlamentariamente, como la RFA y Bélgica. *Los partidos verdes, en Europa Occidental, tienen cierto potencial de mayoría social* (del que hoy por hoy carecen, por ejemplo, los partidos comunistas o de extrema izquierda).

5.10. «Ni a la derecha ni a la izquierda, sino adelante»: los verdes en el espacio multidimensional de la emancipación

Acabaré este capítulo abordando una cuestión que ha hecho correr bastante tinta, y provocado numerosos debates entre los verdes y otras fuerzas políticas emancipatorias, que es la contenida en el provocativo eslogan verde «Nosotros no vamos ni a la derecha ni a la izquierda, sino adelante». La fórmula, si no me equivoco, es de origen germano: la acuñó el político verde procedente de la democracia cristiana Herbert Gruhl para caracterizar a su partido ecologista conservador *Grüne Aktion Zukunft*,[16] y la asumió después el pensador verde fundamentalista Rudolf Bahro (Bahro, 1980, 103). Pero después la han hecho suya amplios sectores dentro de los partidos y grupos verdes. Una formulación clásica la ofrece el dirigente verde alemán Ralf Fücks:

> El gran cambio de sentido verde de la sociedad sólo puede ser impulsado por una fuerza que no se encuentre inmersa en la polarización tradicional derecha/izquierda. En lugar de encastrarnos con el partido socialdemócrata SPD en un «bloque de izquierdas», que luche por la mayoría contra el «bloque de derechas» formado por cristianodemócratas (CDU/CSU) y liberales (FDP), los Verdes tenemos que emerger a la espalda de todos los partidos (Fücks, 1991, 35).

¿Qué quieren decir exactamente al afirmar que no son ni de derechas ni de izquierdas? Normalmente argumentan del siguiente modo:[17] derecha e izquierda son posiciones en el espacio político de la sociedad industrial capitalista; la palabra «izquierda» se aplica a los intentos, por parte de los propietarios de la fuerza de trabajo, de aumentar su participación relativa en el producto social, y «derecha» a los mismos intentos por parte de los propietarios del capital. Me referiré a estas nociones como *definición «verde»* de derecha e izquierda.

Así definidas, no cabe duda de que estas nociones son internas al sistema industrial capitalista, y no tendrían validez para una fuerza política cuya intención es trascender ese sistema –como lo son la mayoría de los verdes–. «La izquierda occidental (o "euroizquierda") pugna con la derecha para aumentar la participación de los/las asalariados/as en el producto social y colabora con la derecha en el impulso de aumentar el volumen global del producto» (Ernest Garcia en Antunes, 1990, 185): es decir, para la crítica verde tanto la derecha como la izquierda comparten un rasgo básico e indeseable que es el *productivismo*, y esto es más importante que otros rasgos que separan a derecha e izquierda.

Ahora bien, ¿está justificada la definición «verde» de derecha e izquierda? En mi opinión, no. Al definir así *se está hipostasiando la situación política imperante en un período histórico bien determinado: la fase fordista del capitalismo* (véase Lipietz, 1989).

Durante esta fase (que en los EE.UU. abarca desde los años veinte-treinta hasta la crisis mundial de los setenta, y en Europa Occidental desde la posguerra de la Segunda Guerra Mundial hasta esa misma crisis de los setenta), capitalistas y trabajadores se vinculan en una especie de pacto social que algunos han llamado «compromiso fordista»: los segundos aceptan la intangibilidad de las relaciones capitalistas de producción a cambio de un aumento de su participación en el producto social, posible gracias a espectaculares incrementos de la productividad en un contexto de crecimiento económico acelerado (e históricamente irrepetible); los primeros aceptan esa relativa «redistribución» y la institucionalización del poder de los trabajadores (sindicatos, negociación colectiva, etc.) a cambio de paz social y disciplina productiva. El fruto del pacto fordista es la sociedad de consumo de masas, el «Estado del Bienestar»... y también la crisis ecológica global.

Pero, ¿es equiparable esta «izquierda del compromiso fordista» a la izquierda sin más? Me parecería abusivo, y creo que el malentendido que hay detrás de esta equiparación delata *la tendencia al anacronismo, y la falta de sentido histórico que vicia muchos análisis verdes*: lo he criticado en otro lugar llamándolo «la ilusión del absoluto comienzo» (Riechmann, 1991, 436), a saber, la ilusión de que los movimientos verde-alternativos representan una novedad tan radical que han de partir absolutamente desde cero en sus luchas y proyectos.[18] Puede recordarse que, en los mismos inicios del período fordista, hay voces de izquierda que realizan la crítica del productivismo con sobrecogedora lucidez: así Walter Benjamin en la undécima de sus «Tesis de filosofía de la historia».[19] Puede recordarse que hay corrientes minoritarias de izquierda antiproductivista que durante este período han rechazado la creencia en la bondad intrínseca del desarrollo de las fuerzas productivas (propia tanto de la izquierda productivista como de la derecha productivista). Puede recordarse, en fin, que también existen corrientes de derecha antiproductivista desde hace un par de siglos: la reacción aristocrática contra las devastaciones paisajísticas que provocaba la expansión del capitalismo decimonónico es también una de las raíces lejanas del ecologismo moderno, tal y como vimos en el capítulo 3.

Además, está el hecho significativo de que incluso quienes abogan por la definición «verde» de izquierda y derecha no pueden escapar después a incoherencias en su uso de los términos: se encuentran hablando de «izquierda ecologista» y de «derecha ecologista» (Ernest Garcia en Antunes, 1990, 194; 205; 206), ¡expresiones autocontradictorias según su propia definición anterior! Ralf Fücks, cuya propuesta de que los verdes se sitúen más allá de la polaridad izquierda/derecha tradicional cité antes, sugiere pocas páginas más tarde que en el contexto de escasez económica y autolimitación en que habrán de desenvolverse las economías industriales del futuro la política redistributiva será imperiosa (Fücks, 1991, 41), ¡lo que constituye uno de los temas centrales, clásicos, de la izquierda en cualquier definición de ésta que se adopte! Por último, no se puede ignorar que la breve historia de los verdes europeos, desde 1973 (fundación del *People's Party* británico) hasta hoy, está recorrida por controversias políticas a veces muy intensas, en las que normalmente se enfrentaban una corriente de izquierda alternativa y una corriente de derecha conservacionista, como se puede comprobar revisando, por ejemplo, la historia de los grupos y partidos verdes en Gran Bretaña, Austria, Suiza o la RFA. La historia de estas controversias sería literalmente ininteligible sin acudir al eje izquierda-derecha. Algo no va bien, por tanto, en el uso verde del lenguaje que propone un «más allá de la izquierda y la derecha».

A mi juicio, lo que ocurre es lo siguiente: *derecha e izquierda no significan lo mismo a lo largo del tiempo* (véase Murphy y otros, 1981; Raschke, 1991c; Wolf, 1992b). El significado fundamental de una orientación política de izquierda es *apoyo al cambio social en una dirección igualitaria* (véase Inglehart, 1991, 320); *derecha* se define reactivamente, como *resistencia a ese cambio*. Pero *el contenido concreto de un cambio social en sentido igualitario varía en relación con el «orden del día político» de cada época histórica*: los conflictos más importantes de cada época y los actores sociales que participan en ellos. El error de la definición «verde» de izquierda y derecha, a mi juicio, es ignorar la dimensión histórica del concepto y absolutizar su contenido en una época histórica concreta, y, si se me apura, en unas sociedades concretas –la fase «fordista» del capitalismo en las sociedades industriales avanzadas–, como válido para cada tiempo y lugar.

La dimensión izquierda/derecha se emplea desde hace más de 170 años para las cuestiones de orientación política;[20] cuando se les pide autosituarse sobre una escala numerada izquierda/derecha, entre siete y nueve de cada diez ciudadanos de las democracias parlamentarias europeas lo hacen sin problemas.[21] La dimensión izquierda/derecha pertenece a la gramática más básica de los sistemas políticos modernos (es decir, posteriores a la Revolución Francesa); «es real y omnipresente y tiene importantes consecuencias políticas» (Lijphart, 1987, 147); y exhibe una fuerza y plasticidad enormes, gracias a las cuales absorbe nuevos temas, cambiando con ello su propio contenido, a medida que varían las circunstancias históricas. La duda sobre la adecuación de la pareja de términos topográficos para la función de *facilitar la orientación política* no se ha dado continuamente a lo largo de toda la historia de los modernos sistemas de partidos, pero sí en las fases de transformaciones políticas importantes, en las que se redefinen las coordenadas de esa orientación política (véase Murphy y otros, 1981, 398): eso es lo que está sucediendo en la actualidad. *El contenido de la pareja de conceptos izquierda/derecha varía mientras que los conceptos permanecen*, y ello no sucede en la mente de los politólogos sino en la realidad. La investigación demoscópica empírica constata este desplazamiento de los significados en la actualidad: «Los indicadores más fuertes de si uno es de izquierda o de derecha son los nuevos temas políticos, como el apoyo a la liberalización del aborto y al movimiento pacifista en el polo izquierdista, o el apoyo a la energía nuclear, la creencia en Dios y el patriotismo en el polo opuesto» (Inglehart, 1991, 300; véase también Kitschelt/Hellemans, 1990b).

Por tanto, *a la izquierda no la define por los siglos de los siglos la «cuestión social» en el sentido restrictivo antes especificado* (mayor participación de los asalariados en el producto social); *es más básica su lucha por la igualdad.*[22] Según ha expresado Joachim Raschke:

> Ecología, diferencia sexual y cuestiones de estilo de vida no pueden tematizarse fuera del sistema de la desigualdad social. Tienen determinadas condiciones y consecuencias sociales. Puesto que la desigualdad constituye el núcleo de la vieja división izquierda/derecha, las nuevas y viejas líneas de conflicto, los viejos y nuevos temas han de ser mediados sistemáticamente a través de este conmutador.

Si no hay un más allá de la desigualdad y la igualdad, tampoco puede haber un más allá de la izquierda y la derecha.[23]

Las cuestiones de supervivencia no exoneran de respuestas al «para qué» y al «cómo». Los problemas ecológicos no llevan predeterminada ninguna solución, están vinculados a valores. Las cuestiones ecológicas pueden elaborarse con medios dictatoriales, o tecnocráticos, o democrático-solidarios. Hay que optar. Las cuestiones ecológicas no se deciden fuera de las estructuras de desigualdad social; tienen, por ejemplo, siempre consecuencias en el ámbito de la distribución de renta. De manera que hay que decidir quién ha de cargar con más peso del problema. (...) No hay posibilidad de reconstrucción ecológica sin intervenir en la economía. Por eso puede la política ecologista apoyarse en las tradiciones de izquierda, criticar el capitalismo y someterlo a controles sociales (Raschke, 1991c, 28).

Pero si el valor de la *igualdad* adquiere concreciones determinadas en épocas históricas diferentes, y en general el contenido de la oposición izquierda/derecha no es el mismo en cada época, ¿de qué manera se concreta la igualdad en una época en que, por primera vez en la historia de la humanidad, podemos empezar a afirmar que todos los seres humanos y sociedades vivimos en *un solo mundo*?[24] Coincido con el pensador ecosocialista alemán Frieder Otto Wolf en la determinación siguiente:

El conflicto fundamental de nuestro tiempo se puede, a mi juicio, formular sucintamente del siguiente modo: el modelo de producción y consumo, de vida y de trabajo, impuesto en los países industriales no es generalizable al conjunto de la humanidad. Sobre todo porque su despilfarro se basa en trasladar los «costes» a otros, en otros lugares o en el futuro, y porque los bienes escasos tienen una exclusividad que se basa en la exclusión: unos pocos los tienen porque muchos otros se hallan excluidos de poder tenerlos nunca. (...) O bien se cambia el mencionado «modelo» –se encuentra o inventa uno que sea generalizable para toda la humanidad–, o bien tienen que justificarse y defenderse la desigualdad y la exclusión, o incluso imponerlas de forma aún más amplia. Mientras que la primera sería una perspectiva de izquierdas, la segunda lo es sin duda de derechas (Wolf 1992b, 24).

En suma: *igualdad* no tiene el mismo contenido en el marco del Estado-nación y en el marco mundial que hoy se impone; no tiene el mismo sentido antes y después de los «límites al crecimiento»; no tiene el mismo sentido antes y después de la explosión de la primera bomba atómica, antes y después de Chernóbil. Ignorar esto es condenarse a la inoperancia política. *Los verdes*, por consiguiente, *han de situarse en la dimensión izquierda/derecha; pero la izquierda no puede seguir siendo lo que era.*[25]

Si aceptamos lo anterior, podremos hablar de «izquierda productivista» (la mayoritaria durante toda la historia del capitalismo, y casi exclusiva durante su fase fordista) y de «izquierda antiproductivista» (históricamente minoritaria, aunque no inexistente; y la única que a finales del siglo XX, en los tiempos del efecto invernadero y de la explosión demográfica, del agujero de ozono y de las matanzas de niños en Brasil, de Chernóbil y de Bopal, puede pretender una legitimidad emancipatoria); y advertiremos una transición gradual, en el momento histórico en que nos encontramos, hacia la incorporación de la nota «antiproductivismo» en el concepto de izquierda. Así como tendrá sentido hablar de «izquierda ecologista» (en la medida en que los valores del ecologismo se combinen con una aspiración de igualdad social) y de «derecha ecologista» (que podrá incluso extremarse en un ecofascismo); de partidos verdes de izquierdas (como Izquierda Verde holandesa, o *Die Grünen* en Alemania) y de derechas (que son los menos; entre ellos se cuentan, por ejemplo, Verdes Unidos de Austria –VGÖ–, o el Partido Ecológico Democrático –ÖDP– que fundó Herbert Gruhl en Alemania).

El *antiproductivismo* de los verdes es el rasgo que los separa tajantemente de la izquierda establecida, la «izquierda del compromiso fordista». Puede coincidirse con el economista verde Alain Lipietz en que «la alternativa no se sitúa en la polarización derecha/izquierda propia del paradigma anterior (fordista). Si la alternativa conquista, en veinte o treinta años, el rango de "paradigma hegemónico" en relación al cual se situarán las fuerzas políticas del siglo XXI, entonces tendrá su propia derecha, su centro y su izquierda. Pero no puede situarse "a la izquierda de la izquierda", si por la segunda "izquierda" del sintagma anterior se entiende la izquierda actual (o más bien la de los años setenta), es decir la izquierda del compromiso fordista» (Lipietz, 1989, 71). Pero acto seguido Lipietz señala que hay un segundo sentido, histórico, en que esta alternativa verde sí constituye una «nueva izquierda»: pues se halla en continuidad histórica con viejas tradiciones emancipatorias (la Ilustración y el protoliberalismo del siglo XVIII, el liberalismo radical del XIX, el anarquismo, el socialismo, el comunismo, el feminismo).

Lo que sí es cierto es que los valores de igualdad, solidaridad, libertad y emancipación humana, que han vertebrado durante siglos un ideario de izquierda, hoy ya sólo pueden comprenderse *a nivel planetario*, tarea para la que la izquierda del período fordista se halla especialmente mal preparada; y es cierto que estos valores hallan hoy muchas veces mejor acomodo en los programas ecologistas que en los de la izquierda institucional «fordista».

Por tanto: no puede, a mi juicio, aceptarse la «definición verde» de izquierda y derecha ni pretenderse que los verdes están situados más allá de la dimensión política izquierda/derecha; pero sí es cierto que no son reducibles a esa dimensión, y también lo es que a veces puede resultar difícil situarlos en el eje tradicional izquierda/derecha. Mientras que *Die Grünen*, por ejemplo, es durante los ochenta un partido de izquierda (y tres cuartas partes de sus electores se autodefinen de izquierdas), en otros países europeos, como Francia o Gran Bretaña, las posiciones centristas están mucho más representadas. Ni los afiliados ni los votantes de los partidos verdes proceden de una clase social única. Y en el ideario verde se mezclan temas considerados «típicamente» tanto de derechas como de izquierdas: ideas conservadoras, socialistas, populistas y anarquistas. Véase, a modo de ejemplo, el programa del que se sirvió una de las primeras iniciativas de ecologismo electoral: la candidatura de René Dumont a la presidencia de la República francesa en 1974 (cuadro V.7).

CUADRO V.7:
PROGRAMA DE RENÉ DUMONT, CANDIDATO ECOLOGISTA A LA PRESIDENCIA DE LA REPÚBLICA FRANCESA EN 1974

EN CONTRA DE:
- el derroche de los recursos naturales
- la explotación del Tercer Mundo y de los trabajadores
- la concentración de poder en manos de los tecnócratas
- la contaminación de los vehículos
- la carrera de armamentos
- el aumento masivo de la población
- el consumo excesivo en los países ricos a costa de los países explotados
- la manía nuclear.

A FAVOR DE:
- limitar el crecimiento económico ciego
- la descentralización y la autoadministración
- el aborto y el control de natalidad
- la anticoncepción
- la redistribución de la riqueza
- la reducción radical del tiempo de trabajo para reducir el desempleo
- la protección ambiental
- el transporte público
- la planificación humana de las ciudades
- la protección de las minorías culturales
- la tecnología descentralizada con menos contaminación y fundamentada en recursos renovables.

Sin embargo, resulta fundamental reconocer que hay otras dimensiones políticas irreductibles al eje tradicional izquierda/ derecha (al que definiremos según esa nota fundamental de igualitarismo/antiigualitarismo). *Es menester pensar el espacio político no como una línea sino como un espacio multidimensional.* A mi juicio, al menos cuatro dimensiones irreductibles son necesarias para captar la complejidad de la política emancipatoria a finales del siglo XX:

A. El eje IGUALITARIO/ANTIIGUALITARIO, equivalente (según mi propuesta) al de izquierda/derecha (y vinculado, según una metáfora cromática bien conocida, al color rojo).

B. El eje ANTIPRODUCTIVISTA/PRODUCTIVISTA, que es precisamente el que tematizan los movimientos ecologistas, y que se asocia naturalmente con el color verde.

C. El eje ANTIMILITARISTA/MILITARISTA, tematizado por los movimientos pacifistas y vinculado con el color blanco.

D. El eje ANTIPATRIARCAL/PATRIARCAL, tematizado por los movimientos feministas y vinculado con el color violeta.

Todos estos ejes son «perpendiculares entre sí», o lo que es lo mismo: todas las combinaciones entre estos rasgos (en su valencia positiva o negativa) son posibles entre sí: es posible un igualitarismo productivista, militarista y patriarcal, precisamente el de buena parte de la izquierda tradicional; es posible un ecologismo antipacifista, como el del teórico austro-francés André Gorz; es posible un antiproductivismo patriarcal, militarista y antiigualitario, como el representado por minoritarias posiciones ecofascistas; etc., etc. Por continuar con la metáfora cromática: lo rojo no implica ni lo verde, ni lo blanco, ni lo violeta; lo verde no implica ni lo rojo, ni lo blanco, ni lo violeta; lo blanco no implica ni lo rojo, ni lo verde, ni lo violeta; lo violeta no implica lo rojo, ni lo verde, ni lo blanco.

La izquierda de tradición socialista/comunista presentaba la cuestión en términos de «socialismo o barbarie». Esta disyuntiva sigue a mi juicio en pie y es –trágicamente– más actual que nunca, pero ambos términos han de ser replanteados. Nos enfrentamos, por un lado, con una barbarie social y ecológica cuyas dimensiones no admiten parangón histórico, y que resulta de la simple prolongación de las políticas actualmente dominantes; y por otro, con la decrepitud de los modelos de socialismo que se prometen maravillas del crecimiento económico indiscriminado y del industrialismo a ultranza. La alternativa a la barbarie actual y creciente ha de ser capaz de integrar las críticas y demandas de los movimientos sociales emancipadores: ha de poder conjugar lo rojo, lo verde, lo violeta. Necesitamos una alternativa arcoiris.

Capítulo 6

MOVIMIENTOS SOCIALES, IZQUIERDA ALTERNATIVA Y CUESTIÓN CRISTIANA

6.1. Crisis de la cultura socialista

El punto de partida de las consideraciones que siguen es el reconocimiento de la crisis de la cultura socialista en las sociedades actuales, señaladamente en las sociedades de base capitalista o poscapitalista con un importante desarrollo técnico-científico. Por «cultura socialista» se entiende aquí el socialismo moderno en un sentido amplio, el cual incluye las varias corrientes en que éste se ha dividido durante el último siglo, principalmente la corriente comunista y la corriente socialdemocrática. Por tanto, lo que se quiere afirmar es que la crisis actual afecta tanto a los comunismos que tuvieron su origen en la III Internacional como a los socialismos de la II Internacional.

Este punto de partida era cosa generalmente admitida por la izquierda europea hace veinte años, y seguramente no tendría interés mencionarlo aquí si no fuera porque, mientras tanto, el discurso ideológico ha conseguido ofuscar a muchas personas que siguen considerándose «de izquierdas». Piezas separadas, aunque complementarias de este discurso, al que hay que llamar ideológico con toda propiedad, son: de un lado, la práctica habitual consistente en denominar «socialismo real» a lo que en realidad ha sido (en la URSS, en China y en otros países) una vía poscapitalista (o no capitalista) hacia la industrialización y modernización social; de otro lado, la costumbre, también muy extendida, consistente en seguir llamando «socialdemócratas» y hasta «socialistas» a programas y a partidos que hace ya mucho tiempo que dejaron de ser tales cosas para convertirse en apologetas de alguna forma de capitalismo actualizado (genéricamente definido ahora como economía de mercado).

6.2. Levantar el velo ideológico por los dos lados

Precisamente porque son ideológicas y propagandísticas, las dos prácticas mentadas tapan o velan la profundidad de la crisis de la cultura socialista en toda Europa, tanto en la Europa del Este como en la del Oeste, en la del Norte y en la del Sur. Conviene, por consiguiente, levantar este velo ideológico *por sus dos lados*: si el denominado «socialismo real» no podía considerarse socialismo en ninguno de los sentidos modernos (marxistas o no) del término, tampoco las actuaciones de los partidos que forman parte de la Internacional llamada «socialista» tienen ya gran cosa que ver con lo que durante un siglo la izquierda social entendió por socialismo. Aunque esto último es muy patente para los estudiosos del socialismo histórico vale la pena subrayarlo, porque la propaganda y la ideología, como en tantas otras oportunidades, están cambiando la significación propia de la palabra.

Por lo menos desde los años cuarenta del siglo pasado la palabra «socialismo» ha ido asociada (en su aspecto crítico o parte destructiva, por así decirlo) al final de la división social fija y clasista del trabajo, a la desaparición de la apropiación privada de los medios de producción, de las crisis comerciales y de la competencia, al fin del paro forzoso y a la disolución de los ejércitos permanentes. En su aspecto positivo o constructivo la palabra «socialismo» denotaba: regulación de la producción en conformidad con las necesidades sociales, usufructo colectivo de los instrumentos de producción, simplificación del aparato administrativo y judicial, educación política de los ciudadanos, asociación de hombres iguales socialmente, libres en tanto que liberados del yugo que supone el trabajo asalariado, generalmente emancipados en la medida misma en que la parte doblemente oprimida de la especie, o sea, las mujeres, se hayan liberado ellas mismas.

6.3. Irrealidad del «socialismo real», falsedad del «socialismo verbal»

Es obvio que una sociedad con tales rasgos no se ha alcanzado en ninguno de los países donde rigió o rige lo que ha dado en llamarse «socialismo real». Las causas por las cuales, a pesar de la voluntad de algunos, el llamado «socialismo real» se fue alejando cada vez más de aquellos rasgos generalmente asociados a la palabra socialismo no es cosa que pueda analizarse en este contexto. Bastará con decir, como se ha repetido tantas veces desde Rudi Dutschke, que en el «socialismo real» todo era real menos el socialismo (Dutschke, 1976; Bahro, 1977).

Tampoco se entrará ahora en el análisis de los motivos por los cuales los partidos que componen la Internacional llamada «socialista» han ido dando a la palabra «socialismo» un significado que nada tiene ya que ver con lo que fue su sentido propio. Hoy en día la única nacionalización que la mayoría de estos partidos admite es la de las pérdidas de las grandes empresas privadas; la competición mercantil ha pasado a ser para ellos un equivalente de la libertad en los ámbitos nacional e internacional; los procesos económico-sociales han quedado reducidos a mera crematística; el desempleo de masas apenas es visto como simple consecuencia marginal del inevitable proceso de modernización; la consolidación de los beneficios bancarios y empresariales se les aparece como intocable motor de la iniciativa económica privada que fomenta el fin de todos; el mantenimiento de los ejércitos permanentes y el apoyo a la principal alianza militar existente son datos inamovibles de una situación invariable; la venta de armas a los tiranos de todo el mundo es parte del sapo que hay que tragarse para ocupar un lugar bajo el sol en el capitalismo imperialista; las nuevas alienaciones y enajenaciones relacionadas con la atomización y flexibilización de la fuerza de trabajo o con el trabajo en precario constituyen un efecto tangencial del necesario saneamiento de las industrias en la competición internacional. A la pregunta: ¿Qué tienen que ver estos partidos (para los que dinero y mercado son los valores más apreciados) con el socialismo de la regulación de la producción en función de las necesidades sociales de la ciudadanía, con el socialismo antimilitarista que postula la disolución de los ejércitos permanentes, con el socialismo de la desalienación y de la superación de la sociedad clasista del trabajo? La respuesta es sencilla: nada, absolutamente nada.

Puede haber dudas acerca del significado profundo y las implicaciones del mal momento electoral de los partidos aún llamados, con impropiedad, «socialistas», pues la crisis de un ideal y de unos valores no tiene por qué coincidir de forma necesaria y mecánica con el debilitamiento de las instituciones o de los partidos políticos que se han apropiado del nombre que nombra tal ideal o que resume tales valores. En esto la historia enseña: una de las funciones de la ideología es precisamente enmascarar, desviar y utilizar de manera conveniente la perplejidad que produce en las gentes el desacuerdo entre ideal y realidad.

No hay, en cambio, ninguna duda razonable acerca del carácter *no-socialista* de la política internacional, de la política económica y de la forma de hacer política de estos partidos en la Europa de hoy. Hablando con propiedad estas políticas son liberales y, en algunos casos, constituyen hasta un liberalismo demediado por los prejuicios etnocéntricos y por las concesiones de todo tipo hechas a la potencia principal del Imperio.

Es significativa, por su veracidad, la definición de «socialista» que dio en su momento, en el transcurso de una entrevista televisada, el entonces secretario de estado de Hacienda y luego ministro de Industria, Josep Borrell: «Ser socialista hoy en España quiere decir poder enriquecerse y no hacerlo». Significativa, porque la sentencia está dicha todavía en tiempos de «vacas gordas», cuando los ideólogos del socialismo verbal predicaban el «enriqueceos» a las gentes sin fijarse para nada en el crecimiento en fecha del índice de desempleados. Pero, por otra parte, la perversión real a la que tácitamente alude esta definición del socialismo –más allá de los clichés ideológicos– hace aún más evidente la crisis de la cultura socialista. Y el carácter exclusivamente moral de la definición (sin implicar siquiera igualitarismo social) está apuntando a algo que hay que decir también: *hoy en día la cultura socialista no es un dato, sino más bien un ideal que obliga, a quienes lo consideran apreciable, a volver a empezar argumentándolo de nuevo, razonándolo plausiblemente.* No es extraño, por tanto, que cuando la palabra «socialismo» aparece ahora en contextos que no son ideológicos, ni propagandísticos, ni electoralistas cobre resonancias que traen a la memoria formulaciones de los primeros socialistas premarxistas.

6.4. En el origen de los nuevos movimientos sociales

Se ha apuntado que el reconocimiento del agotamiento simultáneo de las dos grandes corrientes del socialismo del siglo XX era ya un tópico para la conciencia crítica europea hace veinte años. Se puede ahora precisar un poco más: ésta fue la convicción mayoritaria desde el «doble aldabonazo» (Sacristán, 1969) que, en 1968, en París y en Praga, conmovió a la opinión pública informada tanto en el este como en el oeste de Europa. Dos de las reflexiones más notables en la cultura socialista hispánica –la de Sacristán y la de Claudín– arrancan justamente de tal reconocimiento (Claudín, 1970). Fue en estas circunstancias cuando surgieron los nuevos movimientos sociales en Francia, Italia, Alemania, España, los Países Bajos, el Reino Unido, Escandinavia, etc., para ir extendiéndose como una mancha de aceite por toda la geografía europea hasta afectar incluso a aquellos países en los cuales no estaba permitida la libre asociación de los ciudadanos.

Es interesante subrayar que unos pocos años antes de que esto ocurriera la mayoría de los sociólogos y politólogos académicos estaba anunciando ya *el final de las ideologías* (Bell, 1960; Fernández de la Mora, 1962), aunque el anuncio mismo prueba precisamente la escasa capacidad predictiva de las ciencias sociales de la época. En efecto, en vez del final de las ideologías, lo que se produjo entre 1966 y 1975, en buena parte de los países europeos y, desde luego, en los Estados Unidos de Norteamérica, fue una hiperideologización de las generaciones jóvenes como no se conocía desde décadas atrás. Pero es también cierto que esta hiperideologización de entonces (heterodoxamente marxista y heterodoxamente libertaria) no es ajena a la crisis de ideologías más tradicionales y a la sustitución de éstas por otras más acordes con la *tolerancia represiva* que, al decir de Marcuse, pasó a ser el rasgo característico del capitalismo tardío (Marcuse, 1968 y 1970). La sustitución de unas ideologías por otras es, en realidad, lo que suele ocurrir siempre que se habla del final de las ideologías y del triunfo del pragmatismo sobre el romanticismo de los ideales.

En cualquier caso, se puede decir que la forma actual de los movimientos sociales más activos en la cultura euro-americana tiene ahí su origen: en la crisis final del estalinismo y de la socialdemocracia, en la crisis del marxismo del teorema y del economicismo (Claudín, 1970; Sacristán, 1969 y 1985). Pues en aquellos años nació, como es sabido, el ecologismo político, se fraguó un nuevo antimilitarismo con puntas pacifistas (en el debate sobre la intervención norteamericana en Vietnam) y tomó cuerpo la segunda oleada del feminismo moderno.

No entraré aquí a discutir si aquella conciencia del agotamiento simultáneo de las dos grandes corrientes del socialismo moderno se ha perdido, se ha ofuscado o ha ido haciéndose desgraciada durante estos veinticinco años. Tampoco discutiré hasta qué punto se trataba de una conciencia tardía por comparación con lo que habían escrito ya en los años veinte y treinta precursores como Pannekoek, Korsch y algunos de los autores anarquistas de esa época. Basta con recordar que varias de las corrientes integradoras de los nuevos movimientos, en sus orígenes, trataban de enlazar con gentes como las mencionadas (y con Kollontai, con Trotsky y con Bujarin, víctimas, todos ellos, en mayor o menor medida, del cesarismo que se impuso, con Stalin, en la III Internacional). Para la discusión que ahora interesa seguramente es más conveniente empezar subrayando que el crecimiento de esta conciencia no ha sido lineal y que tampoco ha alcanzado la traducción político-social que entonces se esperaba que tendría, en particular cuando se relacionaba tal conciencia con el emerger de nuevos sujetos (los estudiantes, la intelectualidad crítica, las mujeres emancipadas, los ecologistas) de la transformación social.

¿Por qué en estos veintitantos años ha habido que reconstruir tantas veces esta conciencia de la limitación de los socialismos realmente existentes? ¿Por qué se ha producido un desfase tan grande entre la influencia (a todas luces considerable) de los argumentos ecologistas, pacifistas y feministas en la sociedad y la articulación política (tan débil) de los movimientos sociales que hoy configuran la izquierda alternativa? Trataré de contestar con algún detalle a estas preguntas antes de ocuparme de la cuestión cristiana.

6.5. Vacilaciones y oscilaciones de la izquierda alternativa: una explicación

Empezaré por lo más evidente. Durante estos veintitantos años la izquierda alternativa con base en los «nuevos» movimientos sociales *no se ha distanciado suficientemente de aquellas corrientes a las que empezó criticando como agotadas en 1968.* De manera que, en ciertos momentos particularmente críticos, esta izquierda alternativa ha contribuido a mantener la duda acerca de tal agotamiento o a relativizar las consecuencias del mismo. Ejemplos de lo anterior: la aproximación de una parte del movimiento feminista, ya en los años setenta, a la socialdemocracia europea que evolucionaba hacia el liberalismo; las vacilaciones del movimiento pacifista europeo en la década de los ochenta entre viejo y nuevo internacionalismo; la oscilación del movimiento ecologista entre el apoliticismo conservacionista y el posibilismo (que de hecho conduce a adoptar una posición subalterna respecto de aquellas mismas corrientes sociopolíticas de las que se decía que estaban agotadas).

La explicación de estas vacilaciones y oscilaciones no es difícil: toda la década de los ochenta, desde el comienzo mismo de la presidencia de Reagan en EE.UU., ha sido una continuada ofensiva de las fuerzas conservadoras después del éxito de las medidas de reconversión que insuflaron nuevas potencialidades al capitalismo tardío y renovado. Esta ofensiva se ha caracterizado en todo el mundo por el paso de la apología indirecta del sistema capitalista a la glorificación abierta del mismo (Miliband y otros, 1987). El eslogan posmoderno *la vanguardia es el mercado* resume bien esta ofensiva de dimensiones desconocidas desde el final de la Primera Guerra Mundial. Elementos centrales de la misma han sido: un agresivo aumento del gasto militar (que llevó a la Unión Soviética contra las cuerdas en poco más de un lustro) y una defensa decidida de la utilización privada (en realidad oligárquica) de lo público. El instrumento principal de esta ofensiva neoconservadora ha sido el desmantelamiento del Estado asistencial mediante políticas económicas neoliberales experimentadas primero en EE.UU. y el Reino Unido y aceptadas luego, con algunas variantes, en toda Europa. Requisito elemental de la ofensiva neoconservadora y neoliberal: el debilitamiento de las fuerzas obreras y sindicales en todos aquellos lugares en que éstas habían resistido previamente el proceso de reconversión tecnológica.

Hoy sabemos que esto se hizo combinando diversos medios, algunos de los cuales no tienen nada que ver con el consenso democrático de las poblaciones. En algunos países, como Alemania e Italia, las fuerzas neoconservadoras utilizaron el miedo al cambio, tan extendido en la izquierda tradicional, y la desesperación extremista de algunas minorías para bordear o conculcar la legalidad democrática con el propósito de hacer imposibles las transformaciones estructurales entonces en curso. Las revelaciones de estos últimos años, después de la desaparición del muro de Berlín, sobre las actividades de la red Gladio, vinculada al mando de la OTAN, son sólo la punta del *iceberg*. Pues en el fondo, la teorización de actuaciones así, tan llamativamente subversoras de un orden formal democrático ya antes demediado por otras vías, puede rastrearse (y así lo han hecho numerosos autores desde Noam Chomsky) en el primer documento de la Comisión Trilateral sobre la supuesta «ingobernabilidad de las democracias».

6.6. La izquierda tradicional europea como mano izquierda de la derecha política

La izquierda tradicional (desde el social-liberalismo a lo que se llamó «eurocomunismo») trató de capear este temporal aceptando todas, o casi todas, las imposiciones básicas del capitalismo a la ofensiva: dejó de llamar capitalismo a la explotación capitalista de la fuerza de trabajo asalariado; dejó de llamar militarismo a la política militar de la OTAN; dejó de llamar imperialismo a la más imperial de las políticas de gran potencia de las últimas décadas; y trató de convencerse y de convencer a las gentes, con motivos electorales, de que, aun así, aun desnaturalizándose por completo y ya sin identidad propiamente dicha, seguía siendo «izquierda» por el solo hecho de que, mientras tanto, todo el mundo se había ido desplazando considerablemente hacia la derecha. A partir de ese momento, que se puede fechar en los inicios de la década de los ochenta, la izquierda tradicional redefinió de hecho la noción misma de izquierda social y política: ser de izquierdas no era ya proclamar –y luchar en favor de– los ideales de libertad, igualdad, justicia social, solidaridad e internacionalismo, sino casi exclusivamente *estar a la izquierda de Reagan y de Thatcher* (o de Fraga Iribarne, o de Giscard, o de Andreotti), compartiendo con ellos todo lo esencial para el mantenimiento del sistema. Ser de izquierdas pasó a ser para la izquierda tradicional proclamar que el capitalismo es el menos malo de los sistemas existentes en el mejor de los mundos posibles.

Quienes reducen la iniciativa cívica y la participación consciente de la ciudadanía en los asuntos públicos que habitualmente se llamaba política, al mercadeo de votos y prebendas (o al espectáculo en que suele dar ahora la *realpolitik)* acaban arguyendo que este estar ligeramente a la izquierda de la derecha social en asuntos secundarios es hoy en día la única política efectiva, y que la izquierda del final del siglo XX tiene que ser, como el final de siglo mismo, pragmática y posibilista. De acuerdo con esta parodia de argumentación –cada vez más extendida, por cierto– el lugar de la izquierda política en el mundo vendría ya determinado por el dictamen de los poderes económicos internacionales sobre lo que realmente se puede hacer. De modo que *la izquierda pragmática así concebida es, en realidad, la mano izquierda de la derecha política.*

6.7. Entre la búsqueda de coaliciones y la búsqueda de un programa propio (no etnocentrista)

Pues bien, como consecuencia de la crisis cultural del socialismo, y por efecto del desplazamiento hacia la derecha de todo el arco político en Europa, la izquierda alternativa o transformadora, la «nueva izquierda», pasó a ocupar el espacio que estaba dejando vacío la izquierda tradicional. Y así, en los años ochenta, una parte del ecologismo, el más conservacionista y menos alternativo, se desplazó también hacia el realismo posibilista; una parte nada despreciable del pacifismo que luchó contra el peligro de guerra nuclear en Europa fue en realidad al encuentro de las izquierdas nueva y vieja (Pastor, 1990), sin duda descontentas ante una situación cada vez más intolerable, pero también muy perplejas en lo que concierne a las implicaciones generales de lo que E.P. Thompson llamó «la fase exterminista» (es sintomático, en este sentido, el caso de Vaclav Havel, interlocutor privilegiado del pacifismo europeo en los ochenta y luego defensor de la OTAN como alianza militar para toda Europa); por último, una parte del feminismo reaccionó en esos mismos años ante la reducción de puestos de trabajo que afectaba sobre todo a las mujeres mediante la táctica del entrismo en los partidos políticos con mayor representación parlamentaria, o retirándose a los cuarteles de invierno de la lírica.

En suma: aunque la izquierda alternativa, roji-verde-violeta, empezó a constituir una verdadera realidad social en algunos países de la Europa Central y Occidental a principios de la década pasada (hasta el punto de superar ya en votos, en varios sitios, a la vieja izquierda comunista), la verdad es que hasta ahora tampoco ha conseguido elaborar programas de acción que sean a la vez unificadores de los movimientos de un solo asunto (de los que ha nacido esta izquierda nueva) y suficientemente diferenciados de los programas de los varios liberalismos, los cuales están usando cada vez más, con fines electorales, motivos y reivindicaciones pacifistas, feministas y, sobre todo, ecologistas.

Por otra parte, la alianza o la colaboración con organizaciones políticas social-liberales, a las que se critica genéricamente pero con las que se entra a gobernar en instituciones municipales o regionales (casi siempre sin elementos de control de la gestión), tampoco favorece por el momento la diferenciación necesaria. Más bien al contrario: esto último retrotrae a la izquierda alternativa a la vieja forma de hacer política y favorece la interiorización de la idea según la cual la burocratización, el clientelismo y el electoralismo son rasgos permanentes e inevitables de toda organización política en crecimiento. Esta situación se ha hecho aún más insatisfactoria con el final de la segunda fase de la Guerra Fría y el comienzo del nuevo conflicto entre Norte y Sur, inaugurado por la guerra propiamente dicha en el golfo Pérsico, pues en las nuevas condiciones resulta ya muy evidente que no puede haber ecologismo, feminismo y pacifismo consecuentes sin autocrítica del etnocentrismo euroamericano. Lo que traducido a palabras pobres quiere decir: sin reducción drástica de los privilegios en el Norte para favorecer a los hambrientos y desposeídos del Sur (del Sur del mundo y de ese «sur» del Norte que es la existencia de bolsas extensísimas de pobreza en los países ricos).

6.8. ¿INTEGRACIÓN INEVITABLE EN EL SISTEMA?

El reconocimiento veraz de que la izquierda alternativa con base en los movimientos sociales llamados «nuevos» no se ha distanciado suficientemente de la izquierda tradicional conduce a veces a conclusiones precipitadas.

Una de estas conclusiones precipitadas es, en mi opinión, hacer depender la ausencia, o la debilidad, de los programas de acción alternativos de la *inevitable integración* en el sistema de todo aquello que empieza moviéndose en sus *márgenes interiores*. Cierto nihilismo apolítico nace de ahí. Sería ingenuo pasar sobre ello como sobre ascuas y comportarse como si uno ignorara la relación causal existente entre esta sospecha y el índice, ya importante, de abstencionismo juvenil (y no sólo juvenil) en los procesos electorales que tienen lugar en todos los países en los que las limitaciones de la democracia indirecta se ha unido a la manipulación generalizada de la opinión pública. Pues tal abstencionismo lleva en su seno precisamente la serpiente de la contradicción: es a la vez protesta contra ciertos aspectos político-culturales del sistema capitalista e integración resignada. Sólo que un punto de vista que, siendo crítico de la política al uso, aspire a la dignificación de la actividad pública de los ciudadanos y se oponga, por tanto, a la monopolización de la «política» por profesionales de la misma (los cuales se hacen elegir cada cuatro o cinco años) está en la obligación de aclarar *qué hay detrás de la tan repetida «integración inevitable»*.

6.9. Lo que hay detrás de la sensación de impotencia de los más jóvenes

Tras esta sensación de impotencia e «integración inevitable» en el sistema, que tanto está condicionando el comportamiento de los más jóvenes, hay, al parecer, básicamente tres cosas: *a*) el descrédito de los modelos de sociedad que la izquierda ha estado presentando como alternativos todavía décadas después de que empezara a ser patente su ambigüedad y contradictoriedad, o sea, el «socialismo real» y el «socialismo verbal»; *b*) el papel –en tantos aspectos decisivo– que hoy en día están jugando los medios de desinformación y manipulación de masas cada vez más concentrados en menos manos; y *c*) los efectos socioeconómicos y, más en general, culturales, del proceso de mundialización del mercado capitalista (que ahora afecta ya a los cinco continentes).

El primer punto apenas si necesita de argumentación en este momento. Me he referido al descrédito del modelo ruso en otros lugares (Fernández Buey, 1993). Añadiré sólo que el dramático final de casi todas las experiencias de modernización por la vía de la industrialización acelerada no-capitalista, realizadas en nombre del socialismo, refuerza una ya muy extendida desconfianza respecto de sociedades cuyos vicios eran conocidos; una desconfianza que había ido en aumento entre los trabajadores europeos en las últimas décadas y que ahora está salpicando a todas las versiones y corrientes del socialismo (incluidas, desde luego, las corrientes comunistas que criticaron desde hace tiempo el despotismo sobre el proletariado ejercido en aquellos países).

En las actuales circunstancias hay que decir también que este descrédito, evidente y generalmente admitido hoy, no puede ocultar o poner sordina al otro descrédito: el producido entre los trabajadores y las gentes socialmente excluidas por el repetido fracaso de los modelos socialdemócratas *en tanto que experimentos de transición al socialismo;* un fracaso que empezó con la gestión, en nombre del «socialismo», del capitalismo realmente existente en cada uno de los países, y que ha terminado, hace ya tiempo, con el reconocimiento sin crítica de todas las instituciones capitalistas importantes (económicas, militares y políticas) tanto en el plano internacional como en el ámbito estatal. Desde los inicios de la década de los cincuenta este poner sordina al fracaso de los modelos socialdemócratas en Europa se traduce en el monótono alternarse de las variantes del doble lenguaje en el plano político: matizadamente críticos del sistema capitalista cuando se está en la oposición y abiertamente apologetas de ese mismo sistema en los períodos en que las mayorías electorales permiten su gestión.

Sólo poniendo en relación *los dos descréditos*, esto es, atendiendo a ambos procesos *a la vez*, se hallará una explicación plausible a fenómenos socioculturales tan inesperados para el punto de vista liberal, y al mismo tiempo tan amplios y tan interrelacionados, como son: la celeridad con que, apenas dos años después del desmantelamiento del muro de Berlín, en la mayoría de los países del Este de Europa, se ha producido el rechazo a las medidas de privatización capitalista («Wir wollen unsere Mauer wieder!»/ «Queremos de nuevo nuestro muro»/, decía una pintada en Freienwalde, la antigua RDA, en 1993); el crecimiento del racismo y de la xenofobia en zonas urbanas de la Europa Central y Occidental que hasta hace poco tiempo votaban mayoritariamente a los partidos socialistas y comunistas; la aparición, tanto en el este como en el oeste de Europa, de una corriente intelectual que está alcanzando dimensiones políticas, y que propugna abiertamente un acercamiento entre nacionalismo y socialismo por caminos paradójicamente contrarios a los del viejo nacionalsocialismo que renace en Austria y Alemania.

6.10. Concentración de la información

La referencia a los medios de conformación de la opinión pública era ya obligada cuando, hace tiempo, empezó a hablarse de la prensa como cuarto poder. Ahora dichos medios tienen un papel decisivo al haberse convertido en correas de transmisión de las principales ideologías dominantes, esto es, de los poderes oligárquicos que de hecho compiten en nuestras sociedades. Hasta la apariencia de objetividad en las formas se ha ido perdiendo a medida que avanzaba este carácter oligopolístico de las cadenas de periódicos, de las cadenas de radio y de la televisión (Chomsky, 1992; Sánchez Tabernero y otros, 1993). La colonización cultural que esto supone en tiempos de paz se ha hecho todavía más visible a partir del comienzo de la crisis bélica en el golfo Pérsico (*Giano*, 1991; AAVV, *Escritores por la paz*, 1992) y de los conflictos que asolan la antigua Yugoslavia y Somalia. El monopolio de las imágenes, y la manipulación de las mismas, durante los dos golpes militares que tuvieron lugar en Rusia en 1991 y 1993 son seguramente los síntomas más llamativos de la nueva era de la información. Así son las ruedas de molino de la comunión de masas posmoderna.

Por el momento el único límite con el que topa la ya limitadísima competición oligopolística son las fronteras del supuesto «mercado libre» que garantizan precisamente la continuidad de los oligopolios. Es natural, por tanto, que centenares de miles de personas en todo el mundo se sientan *nepantla*, esto es, indefinidos y perplejos culturalmente hablando ante la colonización del americanismo, como se sintieron en el siglo XVI los indios del Perú o los indios mexicas ante la colonización española.

6.11. Destrucción de la lógica del discurso, pérdida de la memoria histórica

Una de las consecuencias más desastrosas del principal de los medios de intoxicación de masas es *la destrucción acelerada de la continuidad lógica del discurso de los humanos*. Pero este efecto sólo empezará a notarse en toda su dimensión dentro de algunos años. Por el momento, de las varias funciones que los medios de comunicación están desempeñando hay una a la que no se ha prestado la suficiente atención, aunque es, sin embargo, la fundamental a la hora de explicar este proceso que algunos llaman de «integración inevitable». Se trata de la obnubilación de la memoria histórica por el procedimiento de trivializar tanto ideales persistentes en las gentes como reivindicaciones que en su tiempo fueron originales, al presentar aquéllos y éstas como si se tratara de meros antecedentes de lo que hoy hay, del desorden social al que dichos medios llaman orden.

Esta operación, sistemáticamente realizada en todos aquellos países en los que hubo movimientos de protesta amplios durante los años sesenta y setenta, equivale a la fabricación *ad hoc* de la historia oficial por los tiranos y oligarcas de otros tiempos. Borrar las huellas de la resistencia a los poderes establecidos ha sido siempre el movimiento previo a la consecución del consenso social después del uso de la fuerza, o cuando ésta no resulta ya necesaria. Y, de hecho, lo que hoy hacen los medios de comunicación más importantes es una reproducción ampliada y tecnológicamente perfeccionada del trabajo de los cronistas y memorialistas contratados por el poder para sugerir a los súbditos que el desorden reinante no es tal sino, como se dice, «el mejor de los mundos posibles» o, en su defecto, «el menos malo de los mundos existentes».

Los movimientos sociales «nuevos», o que, hablando con más propiedad, han tomado una nueva forma en los últimos veinte años, y la izquierda alternativa que se ha ido perfilando a partir de ellos, afrontan el propio pasado en situación muy desventajosa: hasta ahora sólo han podido oponer la historia crítica (en circuitos muy limitados) y la reconstrucción veraz de sus antecedentes (casi siempre ocasional, con motivo de la conmemoración de algunas fechas que fueron importantes) a la deformación cotidiana, por parte de aquellos medios, de los principales jalones e ideales de ese mismo pasado. El denigrante espectáculo que fue la re-presentación, en 1988 y 1993, de los hechos de 1968 (incluyendo en ello el oportuno aprovechamiento del asunto por los que «tanto amaron la revolución» (Cohn-Bendit, 1988) ahorra otros comentarios sobre lo mismo (Albiac, 1993).

6.12. Mundialización del mercado capitalista y fragmentación de la resistencia

Los efectos de esta desventaja tampoco son difíciles de captar: a pesar de las nuevas disponibilidades técnicas, aumentan las dificultades para transmitir de generación en generación experiencias que fueron notables como protesta social. Esto es hoy en día un obstáculo de importancia con el que hay que contar al tratar de hacer de la historia de los propios movimientos sociales elemento educativo de los nuevos adherentes, afiliados y militantes. Hasta tal punto es así que la ruptura o el corte con la propia historia y la fragmentación en grupos separados y dispersos (cosas ambas que por lo general suelen ser imposiciones oligárquicas logradas precisamente a través de los medios de comunicación) acaban siendo aceptadas en los movimientos como rasgos positivos, sin crítica (Negri, 1979). De este modo triunfa la forma contemporánea del *divide e impera:* la fragmentación impuesta o inducida en los movimientos de un solo asunto se confunde (haciendo a veces de la necesidad virtud) con el sano y necesario pluralismo en cuanto a las ideas y a la organización.

Ésta es otra forma contemporánea de integración indirecta, puesto que, una vez instalados en la fragmentación, el debate sobre organización y programas se convierte en la historia interminable, en una historia repetida: péndulo y noria de las ideas. No es ajeno a ello el que una parte de la izquierda alternativa lleve años hablando de la «urgencia» de «abrir un debate» sin llegar a encontrar los medios elementales para la expresión de las distintas opiniones, o sin darse cuenta de que se halla en debate permanente.

Tan importante como el descrédito de los modelos tradicionales de la izquierda política y la intoxicación continuada de las masas a través de los medios oligárquicos de conformación de la «opinión pública» es el tercero de los factores que entran en este proceso que conduce a la aceptación resignada del sistema de explotación y de opresión del final de siglo. Me refiero a la *mundialización del mercado capitalista*. Ésta opera en un doble sentido. En primer lugar, obliga a incluir en un mismo sistema de producción, intercambio y consumo todo el mundo conocido, los cinco continentes. En segundo lugar, aunque no por su importancia, convierte en objetos mercantiles no ya sólo la fuerza de trabajo humano directo (como ocurría en el capitalismo del siglo XIX) y las más importantes de las producciones simbólicas del hombre, sino también el conjunto de los bienes naturales que hasta hace poco tiempo eran de libre uso público, así como una parte de las especies animales y de los más íntimos flujos y humores del *homo sapiens* (que hoy son ya objeto de patente en los países como EE.UU., Japón y Alemania: Hermitte y otros, 1990).

En un debate acerca del malestar que produce la modernidad Inmanuel Wallerstein ha recordado recientemente que la tendencia hacia la mercantilización de todo lo existente es la sustancia del capitalismo, pero que, precisamente, la mercantilización de todo lo divino y lo humano es, a la vez, *el límite interno del sistema* (Wallerstein, 1986). Está por ver si este límite coincide o no con los límites naturales del planeta Tierra y si, por tanto, la mercantilización de todo lo existente coincidirá con un colapso ecológico. Pero sabemos con seguridad, en cambio, que esta tendencia desvía y frena otras potencialidades del desarrollo humano.

En efecto, aunque la aceleración del ritmo histórico y la enorme rapidez de las actuales comunicaciones entre los hombres en el planeta podrían ser elementos para una mejor conformación de la conciencia crítica, lo cierto es que la mundialización de la economía capitalista, al ir unida al expolio generalizado de los bienes naturales y a la mercantilización progresiva de la ciencia (en beneficio, además, de los ricos de los países ricos y de los no tan ricos que dominan en los países pobres), contrapesa negativamente aquellas expectativas. En los países pobres porque, al superponer el desastre ecológico con la miseria económica, deja a las poblaciones literalmente sin defensas; y en los países ricos porque, al profundizar la brecha de separación entre desarrollo y miseria, contribuye a adormecer muchas conciencias.

6.13. Nuevas alienaciones, cinismo excedente

De este modo las potencialidades contenidas en la automatización y robotización de los procesos productivos esenciales (y en la generalización de la instrucción que se deriva de la liberación de fuerza de trabajo humana) han quedado bloqueadas, y aún superadas, por la aparición de *nuevas alienaciones*. La miseria psíquica resultante de la conversión del desempleo en fenómeno estructural en crecimiento, así como de la manipulación del ocio, se añade ahora a la permanencia de las viejas alienaciones en la mayoría de los continentes. En suma: la indefensión y la impotencia frente al poder se ve momentáneamente reforzada por el rechazo voluntario del compromiso colectivo; el *cinismo excedente* supera en el mundo de los ricos a la esperada conciencia excedente que preconizaban Radovan Richta y Rudolf Bahro en la década de los setenta (Richta y otros, 1968; Richta/Unesco, 1978; Bahro, 1977).

Formas evidentes de este rechazo del compromiso activo con los desheredados de la tierra y de aquel cinismo excedente son los nuevos etnocentrismos que ahora arraigan en el americanismo y en lo que Borges llamaba las «japonecedades». El positivo relativismo cultural que reemplazó al eurocentrismo de los colonizadores en los años cincuenta y sesenta, justo cuando muchos pueblos americanos, africanos y asiáticos luchaban por la independencia, fue seguido, en la última década, por un nuevo centralismo, primero encubierto y luego, finalmente, formulado sin ambages; de tal manera que hoy en día se sigue empleando una distinta vara de medir y valorar lo que pasa en el Norte y lo que pasa en el Sur de nuestro mundo, y ello en función de intereses y categorías que siguen siendo los de la cultura euroamericana. El comportamiento de la mayoría de los gobiernos que integran la ONU ante la crisis del golfo Pérsico es significativo de lo que se nos viene encima. Pero no es éste el único dato que revela la existencia de una laceración cultural muy profunda: ya antes de que se produjera la crisis del golfo Pérsico el racismo y la xenofobia estaban invadiendo las principales capitales europeas (Taguieff, 1987; Balibar/Wallerstein, 1988).

Se puede decir, por tanto, que la mundialización de la economía capitalista ha frenado momentáneamente el proceso de configuración de una nueva izquierda transformadora y emancipadora en Europa. Pues, al dar lugar a la aparición de *un ejército mundial de reserva* y a enormes diferencias económicas y demográficas regionales, está impulsando corrientes migratorias (intercontinentales o dentro de los continentes) como no se habían visto desde hace mucho tiempo en la historia de Europa. La existencia de un ejército mundial de reserva compuesto por cientos de miles de trabajadores potenciales y las nuevas migraciones masivas han contribuido, a su vez, a cambiar de forma muy notable el comportamiento de sectores importantes de las clases trabajadoras europeas.

Es por ahí por donde empieza a verse el límite del sistema, como han denunciado con precisión diversos científicos y ecopacifistas de la última década: el capitalismo no puede seguir valorizando el trabajo humano y, en última instancia, tiende a prescindir de la mano de obra humana sustituyéndola por robots cada vez más perfeccionados. Se ha calculado que a comienzos del próximo siglo el 80 % del trabajo en los sectores punta de la producción en EE.UU., Japón y Alemania estará ya sometido a la robotización (Schaff, informe al Club de Roma, 1983; A. Gorz, 1991). Por otra parte, el capitalismo no puede sostener ya el ritmo civilizatorio expansivo de los tres últimos siglos al chocar con los límites naturales de mantenimiento de la vida sobre el planeta y, en última instancia, se ve abocado a las guerras comerciales y financieras de nuevo tipo y a preparar la contrautopía cientifista del siglo XXI: el salto a la colonización del cosmos. Mientras tanto, los cambios que comporta el proceso de mundialización y la desvalorización del trabajo humano son vistos por los trabajadores de los países privilegiados como una amenaza y por los parias de los países pobres como una imposición externa. De ahí que el choque cultural y los sentimientos nacionalistas hayan pasado a primer plano en estos años. Con el aumento del espíritu xenófobo y con la extensión del racismo se introduce otro factor de división entre los nuevos y viejos sujetos de la emancipación, otro elemento de división que se superpone a la fragmentación y a la segmentación que conlleva la nueva división internacional del trabajo y la reorganización en curso de los procesos productivos (Kern/Schumann, 1989).

6.14. Plétora miserable

La extensión de la *miseria psíquica* acompaña en nuestros días el crecimiento del hambre en muchos países africanos, asiáticos y americanos y al aumento del número de hombres y de mujeres que en todo el mundo viven en el umbral de la pobreza. Miseria psíquico-moral y miseria material se interrelacionan en formas diversas en el Norte y el Sur del planeta por *la existencia de un sur del norte y de un norte del sur.* Aparecen así, superpuestos y entremezclados, los dos factores principales que el análisis filosófico y sociológico tiende a considerar básicos para el surgimiento y consolidación de las religiones: la desesperación de la pobreza y el malestar de la cultura, el grito de la criatura oprimida y el disgusto que produce una civilización vivida como «infierno de la estupidez» o como seno de contradicciones moralmente insalvables. No hay ninguna duda acerca del crecimiento de los sentimientos religiosos en la última década. Se trata, por otra parte, de un proceso que está afectando por igual a poblaciones enteras de países pobres y a minorías intelectuales de países ricos. Pero también en esto, como es natural, hay división y laceración: la que es propia de los grandes momentos históricos de giro cuando la perplejidad y las dudas se instalan donde antes hubo dogmas y concepciones del mundo redondos y cerrados.

6.15. Renacimiento de las religiones: heterogeneidad del proceso

Por lo que hace al renacer de las religiones hay que decir que esto ocurre en sus tres variantes principales: los fundamentalismos e integrismos oficialmente vinculados a las grandes religiones monoteístas históricas, la multiplicación de las sectas, y el surgimiento y desarrollo de los nuevos movimientos religiosos de liberación de los pueblos oprimidos, casi siempre relacionados con movimientos religiosos de base. De las tres cosas hay ejemplos notables, y muy repetidos, en los últimos años, ejemplos que estarán en la mente del lector porque han sido muy divulgados por la prensa diaria. De manera que no hará falta insistir en ello. Sólo añadiré aquí que estos tres procesos (fundamentalismo, sectarismo y movimientos religiosos de liberación) no son ajenos a las opciones político-sociales y político-culturales sino que están ahora generalmente determinados por ellas, como corresponde a una fase de secularización acelerada de todos los sentimientos. Así, por poner el ejemplo más conocido, en América Latina se asiste, por una parte, a la politización intencionada de sectas protestantes de origen norteamericano y, por otra, a la vinculación de la teología de la liberación con las organizaciones de la izquierda alternativa. Sintomáticamente, en un informe redactado en 1988 para la Administración Bush con el título de «Una estrategia para América Latina en los 90», sus autores afirmaban que la teología de la liberación y el pensamiento de Gramsci eran los dos principales obstáculos a la penetración de la política norteamericana en el continente (Comblin/González Faus, 1993).

Se puede concluir este punto llamando la atención del lector acerca del hecho de que la dirección político-cultural del renacimiento religioso y de la persistencia de la religión en ambientes populares no es homogénea. Al contrario: también la orientación de este renacimiento es ambivalente e incluso contradictoriamente extremista, en la medida en que sectas organizadas, organizaciones fundamentalistas y movimientos de liberación suelen conectar predominantemente con los extremos del arco político establecido en cada uno de los países (o quedar fuera de él, en el área de la exclusión social).

6.16. Necesidad de una reconsideración de la creencia laica

Tal constatación obliga a desarrollar dos tipos de reflexiones que aquí sólo es posible apuntar. En primer lugar, se hace necesario revisar el tópico ilustrado según el cual las religiones en el mundo moderno (pasada ya la época de Thomas Münzer) sólo operan como cobertura ideológica de la resignación de las masas o sólo aparecen como ilusión producida por la ignorancia de los de abajo manipulada por los de arriba. Es evidente que esto ha sido así en muchas oportunidades históricas. Pero también lo es que el tópico no agota las dimensiones de la sensibilidad religiosa histórica (Lanternari, 1966) y, lo más importante, choca con realidades actuales que el pensamiento laico no puede dejar de valorar.

La crítica marxiana de la religión resulta insuficiente para explicar estas realidades del mundo de hoy (Bertrand, 1987; Godelier, 1990; Tosel, 1989; Díaz Salazar, 1991): el corte drástico, en un sentido lineal y progresista, entre utopía y ciencia en la historia de la liberación socialista no puede mantenerse a la luz de los acontecimientos principales de este siglo; el concepto de ideología, básico en la crítica marxiana de las religiones, está necesitado de matizaciones de importancia (algunas de las cuales, por cierto, pueden tomarse de aquellos trabajos de Marx no tan inspirados en la filosofía hegeliana de la historia cuanto volcados al análisis empírico de los fenómenos socioculturales nuevos en su época). También es insuficiente el análisis de la «ilusión religiosa» en los términos avanzados por Freud. Aunque fuera posible una reinterpretación del «suspiro de la criatura oprimida» y del disgusto moral (o del malestar psíquico) que produce la cultura en este ser que, al decir de Baltasar Gracián, es todo extremos (una reinterpretación que no se quedara sólo en la parte negativa de la crítica marxiana y freudiana, sino que tratara de enlazar ambas con el disgusto moral que hoy produce la existencia de una plétora miserable), probablemente el pensamiento laico de este final de siglo preferirá en esto otro camino, preferirá partir de otro tipo de consideraciones, como, por ejemplo, las que llevaron a Albert Einstein a valorar de forma positiva la función de la fe y de la creencia en el arranque del pensamiento científico (el cual no se presenta ya como frontalmente contrario a todo tipo de religión, sino sólo al oscurantismo).

6.17. Autocrítica de la ciencia e irracionalismos varios

Esta reconsideración de la creencia laica en una línea einsteiniana se basa, naturalmente, en la autocrítica de la ciencia en la época de las armas nucleares y de la ingeniería genética; arranca de la conciencia, que los propios científicos han adquirido, del límite del análisis científico-reductivo; y no deja de plantearse el problema que para los humanos representa el reconocimiento de que, a pesar de ello, a pesar de esta limitación del conocimiento científico, la vida social de los miembros de la especie obliga a seguir pensando y actuando más allá de ese límite en el ámbito de lo sólo plausible, de lo misterioso y de lo inesperado.

El movimiento ecologista en su conjunto ha sido desde sus comienzos particularmente sensible a la revisión crítica del paradigma científico positivista y determinista; se ha sentido a veces representado por un tipo de consideración teórica de la ciencia muy próximo al de la contracultura. Por su parte, destacadas representantes del movimiento feminista contemporáneo han negado con acritud y rotundidad los planteamientos heredados acerca de la objetividad de la ciencia, situando muy en primer plano las razones de la subjetividad y del género. Finalmente, no pocos pacifistas alimentados en los patrones culturales del americanismo y del etnocentrismo europeo han postulado en las últimas décadas el abandono del conocimiento científico instrumental y una vuelta al conocimiento sólo contemplativo a partir de la crítica de los efectos más negativos de la tecnociencia contemporánea.

Conviene diferenciar, sin embargo, la reconsideración de la conciencia laica, basada en la autocrítica de la ciencia, de las derivaciones abiertamente irracionalistas a las que a veces está conduciendo, en los movimientos sociales nuevos, la crítica antirracionalista. La reconsideración autocrítica de la conciencia laica distingue entre la discusión epistemológica acerca de los límites del conocimiento científico y la preocupación ética sobre las políticas tecnocientíficas dominantes en el mundo contemporáneo. Y, consiguientemente, rechaza la confusión de planos que es característica del punto de vista contracultural. Considera, por otra parte, que tal distinción es esencial para mantener amistosamente la relación entre la vocación científica de la tradición liberadora y su inspiración ética favorable al mejoramiento de la suerte de la especie humana en armonía con la naturaleza. Pues, sin el respeto de aquella relación, los movimientos sociales críticos del sistema corren el riesgo de oponer sólo ideología a las políticas tecnocientíficas que ellos rechazan en principio justamente. Reanudar el vínculo entre las tradiciones liberadoras y la ciencia con conciencia del final de siglo es una de las tareas pendientes en los movimientos sociales nuevos, sobre todo ahora que el oscurantismo y el irracionalismo aparecen cada vez más vinculados a las últimas tecnologías y alimentados por la voraz búsqueda de audiencias bobaliconas en la competición televisiva.

6.18. Reconsideración de la conciencia laica y fenómenos religiosos nuevos y viejos

Si la necesaria reconsideración de la conciencia laica moderna no tiene por qué identificarse con las concesiones a los nuevos paradigmas irracionalistas, con el «todo vale» del nihilismo epistemológico, en cambio, sí comporta, en mi opinión, el paso de la crítica ilustrada de la religión a una aproximación sociopolítica de los hechos religiosos en particular, un paso que permitirá tal vez explicar las razones de la reiteración y persistencia de la religiosidad no sólo en relación con el miedo irracional de las gentes (como suspiro o como ilusión frente al malestar cultural), sino también como respuesta subjetiva humana a la limitación del conocimiento científico para entender y combatir el mal social en el mundo; diferencia, esta última, que, además, nos lleva a distinguir básicamente entre religiones institucionalizadas en búsqueda de la legitimidad perdida y movimientos religiosos de liberación con base en las esperanzas de las pobres gentes.

Considero esta distinción tan importante al menos como aclarar en qué ha de consistir la nueva forma de hacer política en los movimientos sociales respecto de la actuación de los viejos partidos a los que se considera obsoletos, o cuya función histórica ha empezado a cambiar de signo. Pues sin la conciencia de esta otra distinción que se acaba de introducir podría darse la paradoja (y tampoco faltan síntomas en los movimientos) de que al mismo tiempo que se critica a los modernos partidos políticos por obsolescencia se otorgara subrepticiamente credibilidad, por silencio u omisión, al conservadurismo de las jerarquías eclesiásticas de las Iglesias, o se aceptara, con ambigüedad premeditada, la vigencia de la «vieja palabra» vagamente aplicable a toda condición humana sin referencia a la realidad histórica que particulariza y concreta esta condición. La obra de Simone Weil, recientemente recuperada, tiene mucho que enseñar en esto (Bea Pérez, 1993).

Así, pues, la segunda reflexión que se impone, en relación con la heterogeneidad político-cultural del renacimiento de las religiones en nuestra época, apunta hacia la necesidad de corregir cierta euforia reciente que conduce a una nueva apologética escasamente atenta a las diferencias, profundas diferencias, que se dan en las religiones realmente existentes. Globalmente considerado, este fenómeno universal, que, como se ha dicho, obliga a revisar viejas tesis de Marx y de Freud, lleva también en su seno la serpiente de la ambigüedad: de un lado, la *intolerancia anti-ilustrada* de buena parte de las jerarquías eclesiásticas y de algunos líderes religiosos; de otra parte, la *conciencia fértil* acerca del cinismo excedente al que está dando lugar el pensamiento laico dominante, acerca del laicismo cínico de quienes están dispuestos a justificarlo todo para mantener las diferencias y los privilegios. Mucho de lo que hoy navega como «teología» o nuevo pensamiento religioso es en realidad cruce de géneros, si se me permite la expresión: desarrollo de corrientes religiosas históricas con la ayuda de –o mediante el compromiso con– determinados ideales político-sociales que fueron inicialmente elaborados y pensandos en otro marco muy diferente del religioso. Ése es el caso, naturalmente, de buena parte de la teología de la liberación. Pero no sólo de ella.

6.19. Cruce de géneros

Este fenómeno de *cruce de géneros* no es del todo nuevo. Se había dado ya en otros momentos al producirse la fusión del pensamiento político conservador con ciertas corrientes religiosas tradicionalistas. Lo nuevo, desde el punto de vista que aquí interesa, es la aproximación entre el pensamiento político laico que sigue manteniendo la idea de la liberación o emancipación del género humano y las comunidades religiosas de base inspiradas en filosofías o teologías de la liberación. Se dice a veces que el renacer de los sentimientos religiosos y la aproximación de los movimientos proféticos a la lucha de liberación de los pueblos es un fenómeno que se reduce al limitado ámbito de Latinoamérica o, a lo sumo, de los países subdesarrollados de la tierra. Este argumento trata de implicar, a veces, que entre tal fenómeno y el atraso socioeconómico hay una relación causal y que, por tanto, tal cosa es inconcebible en países de nuestro ámbito geográfico.

Nada más lejos de la realidad. Si en Latinoamérica la «teología de la liberación» reelabora el ideal de matriz inequívocamente marxista en el marco del pensamiento cristiano (Löwy, 1991; Infranca, 1993), en la mayoría de los países de la Europa Central y Occidental se ha producido durante la década de los ochenta una compleja pero continuada recuperación de temas e ideas que son características de las tradiciones religiosas (no sólo cristianas, por lo demás). Esto último es patente en el caso del movimiento pacifista en su conjunto, en algunas corrientes interesantes del movimiento ecologista y en ciertas derivaciones del feminismo socialista y comunista italiano, cada vez más influyente (Zanardo, 1987 y 1988; Díaz Salazar, 1990 y 1991).

6.20. Recuperación de temas de las tradiciones religiosas en los movimientos sociales actuales

Dos factores han favorecido esta recuperación: la importancia concedida a la individualidad, al cultivo de la persona, al vínculo entre mundo de los sentimientos y de los afectos personales y mundo de la política, por una parte, y la reintroducción de la reflexión sobre la muerte (primero referida a ecosistemas y especies ecológicamente en peligro, luego referida a la humanidad en su conjunto, finalmente en referencia, también, con la persona individual ante la violencia). El primero de los factores tiene mucho que ver con la *nueva forma de hacer política* que, por influencia del movimiento feminista sobre todo, ha ido cuajando en la izquierda alternativa. Pero no se puede ocultar que este intento de recomposición equilibrada de la ética y de la política (tan vinculado a la búsqueda de la comunidad y al esfuerzo por mantener la identidad) tiene muchos puntos de contacto con un pensamiento religioso que fue históricamente crítico del maquiavelismo. No es desde luego el único antecedente ideal que entra en esta revalorización actual de la privacidad (revalorización que no cede ante el compromiso social ni abdica del ideario emancipatorio) pero es, indudablemente, uno de sus antecedentes, en ocasiones (como es el caso de las feministas católicas y comunistas italianas) mencionado explícitamente.

La recuperación de temas e ideas de las tradiciones religiosas es aún más patente a partir del análisis del proceso de nuclearización militar que se vivió en las últimas décadas como etapa «exterminista» (Thompson, 1979), como época suicida o como «siglo fratricida» (Amis, Bellow y otros, 1987)). Esta recuperación es ya observable, como ha mostrado hace poco Rafael Grasa, en los orígenes de los estudios que hoy caen bajo el rótulo de «investigación para la paz», particularmente en la obra de K. Boulding (Grasa, 1990). Además, el desplazamiento de los puntos de vista marxista y anarquista, o la revisión de los mismos en el movimiento antibelicista y pacifista de la década de los ochenta, ha facilitado la introducción en el mismo de planteamientos procedentes de diversas tradiciones religiosas, en muchos casos –todo hay que decirlo– consideradas heréticas en el marco histórico de las religiones correspondientes. Por esa vía ha llegado a los movimientos sociales nuevos y a la izquierda alternativa la influencia de Gandhi, de Tolstoi, de Capitini, de Lanza del Vasto, etc. o se ha producido, en su caso, el encuentro y la interrelación de tradiciones religiosas y laicas que, renunciando a la reproducción de concepciones del mundo cerradas y excluyentes, optan por la mezcla de ideas (integración de motivos cristianos en un marxismo renovado, integración de análisis marxistas en la teología de la liberación, integración de la religiosidad laica einsteiniana en la tradición socialista, etc.).

Algo parecido, aunque tal vez menos llamativo, ha ocurrido igualmente en los movimientos ecologistas, ambientalistas y en el movimiento sindical preocupado por el entorno en que se lleva a cabo el proceso productivo. El cambio en la forma de mirar a la naturaleza ha traído como consecuencia una revisión en la manera de enfocar la relación posible entre revolución social y conservación cultural (Fernández Buey, 1993). Se da ahora más importancia en el pensamiento laico revolucionario al papel de las tradiciones, a la función que desempeña la economía moral de los grandes grupos sociales a la hora de conservar y reproducir la identidad político-social. Esta orientación enlaza con algunas de las protestas religiosas que se produjeron en los primeros momentos del industrialismo moderno y que durante mucho tiempo quedaron como «cabos sueltos» apenas atendibles en un ambiente dominado por el progresismo tecnológico.

La nueva consideración del complejo tecnocientífico en términos que se aproximan a los empleados en el mito del génesis según la religión cristiana, a la revalorización positiva de la naturaleza en todos los movimientos sociales alternativos, refuerza una idea del vínculo entre revolución social y conservación cultural que tiene mucho que ver con otros cabos sueltos dejados en su día por las religiones heréticas y de liberación. Esa idea estaba ya presente en Walter Benjamin cuando sustituye la metáfora de la revolución como locomotora que arrastra con seguridad el tren de la humanidad siguiendo los raíles de un progreso lineal e inevitable, por la metáfora de *la revolución como freno de seguridad* de un tren que probablemente nos está conduciendo hacia el abismo. La misma idea, en otra variante, la encontramos en el discurso de Palmiro Togliatti sobre el acercamiento entre comunistas y católicos a partir de la constatación de las consecuencias posibles de la era nuclear (Togliatti, 1954). Una idea semejante late en la argumentación de Enrico Berlinger sobre la austeridad como ocasión para una transformación social profunda en la época de la crisis cultural (Berlinger, 1977). Y algo parecido, aunque formulado en términos más fundamentalistas, se puede rastrear en el ensayo de Rudolf Bahro sobre la necesidad de un cambio de sentido que implicaría la recuperación laica de la inspiración de las viejas órdenes religiosas (Bahro, 1984).

6.21. Cuestión cristiana y movimientos sociales de base

Desde esta perspectiva no puede decirse que la religiosidad contemporánea represente una cuestión especial, en el sentido de particularmente problemática, para movimientos sociales como el ecologismo o el pacifismo o para la izquierda alternativa en general. Al contrario: la mayoría de los actuales militantes de estos movimientos en los diferentes países se hallan más próximos del militante religioso de base (cristiano o no) que del laicismo cínico que caracteriza a buena parte de los liberalismos progresistas y eurocéntricos del momento (incluidos los progresismos de raíz liberal-socialista). Ésta es una experiencia cotidiana que no necesita de mayor argumentación, porque se trata de una vivencia mayoritariamente compartida también en la Europa del sur.

Casi todos los grandes problemas del fin de siglo (desde el desempleo en las grandes ciudades a la solidaridad con los hambrientos del mundo pobre, desde la lucha contra la drogadicción hasta la denuncia de la xenofobia que brota de las grandes migraciones recientes y desde la búsqueda de una política ecológicamente fundamentada hasta la protesta contra la guerra) están produciendo una recomposición del espectro político tradicional (Botey, tesis doctoral, 1993). Esta recomposición hace difícil mantener sin más aclaraciones los viejos términos de «derecha» e «izquierda» política. El ejemplo más llamativo de la desintegración de tales nociones es el crecimiento del racismo en sectores tradicionalmente considerados de izquierda, próximos a los partidos socialistas y comunistas (fenómeno que empezó a observarse en Francia hace ya algunos años y que empieza a observarse igualmente en algunas zonas de España y de Italia). Pero la misma dificultad se experimenta cuando se discute en los barrios populares acerca de las medidas más adecuadas para hacer frente al problema de las drogas. O cuando se trata de adoptar medidas positivas sobre la mendicidad en las grandes aglomeraciones urbanas.

6.22. Nuevo diálogo entre tradiciones

La recomposición en curso del espectro político en todo el mundo occidental, acentuada en la Europa del sur entre 1992 y 1993, suele situar hoy en día *en el mismo lado* (esto es, en los mismos movimientos antisistema) a personas con una fe religiosa arraigada y a gentes con creencias laicas igualmente fuertes. El diálogo entre ellas es hoy mucho menos problemático de lo que fue el diálogo cristiano-marxista en los años sesenta (Instituto Fe y Secularidad, 1992). Y no sólo porque se trata de un encuentro ante asuntos prácticos, ante asuntos que preocupan a los explotados y oprimidos del mundo y a los que, siendo privilegiados en este mismo mundo, se conmueven ante la suerte adversa de los otros, sino también porque en los últimos veinte años la cultura laica moderna ha tenido que aprender en su propia carne las consecuencias de los horrores cometidos en nombre de los ideales más queridos. Algo que las religiones de la liberación y de la igualdad habían experimentado ya siglos atrás.

La crisis de la cultura socialista también se nota en esto. Podría decirse que los estados de ánimo con que se iba al diálogo en el seno de los movimientos sociales de oposición hace treinta años, en plena Guerra Fría, se han invertido. Al menos en Europa. Y es lógico que así ocurra, pues la mayoría de los lazos y de las redes de comunicación del pensamiento laico y socialista de hace décadas en el plano internacional se han perdido, se han institucionalizado hasta hacerse irreconocibles para los de abajo, o se han roto; de tal manera que la solidaridad con los que resisten o luchan en América, Asia y África pasa ahora casi siempre a través de organizaciones religiosas internacionales o de las comunidades cristianas de base. Una buena parte del voluntariado social que trabaja en cuestiones de solidaridad en los países ricos se apoya en militantes de base de tradiciones religiosas.

De acuerdo con ello, también los obstáculos que un día se oponían a la profundización del encuentro han cambiado. Mientras que el pensamiento laico resistente (radical, socialista, libertario o comunista) se ha hecho mucho más autocrítico respecto de la oficialización e institucionalización de las grandes palabras de su ideario durante este siglo, y aún más en lo que respecta al juicio sobre lo que institucionalmente se presentaba como socialismo, no siempre los movimientos religiosos de liberación de nuestra época se distancian con la misma radicalidad de autoridades eclesiásticas que colaboran con la injusticia establecida en muchos países, que justifican la conservación social o que alientan los viejos prejuicios oscurantistas. Esta *asimetría en la autocrítica* respecto de aquella parte de la propia tradición que se ha convertido en poder obstaculiza a veces un diálogo más fructífero, como lo obstaculizaba hace veinte años la prepotencia de un marxismo dogmático identificado, sin crítica, con lo que se llamó «el socialismo realmente existente».

José María Valverde ha visto muy bien este aspecto problemático de la mentalidad religiosa actual en varias intervenciones de los últimos años (Valverde, 1990; Arroyo, 1993). Sólo nos queda, por tanto, añadir a la generosidad de su apreciación una última observación que parece de interés para hacer más articulado, tolerante y efectivo este encuentro que hoy se da en los movimientos sociales y en la izquierda alternativa de todo el mundo. Me refiero a una distinción que reestableció Manuel Sacristán en 1977 en el marco de la discusión de entonces sobre la militancia de cristianos en las organizaciones comunistas: la distinción entre fe religiosa y creencia laica. No siempre es fácil fundamentar esta distinción (Gómez Caffarena). El propio Einstein, al que me he referido antes como una de las fuentes de inspiración para la rectificación de la cultura laica sobre las religiones (sobre todo en lo que hace a la relación entre ciencia y religión), no advierte tal distinción y se contenta con diferenciar entre la fe del carbonero y la fe spinoziana, entre la fe oscurantista y el viejo demonio del científico-filósofo que se fija sobre todo en la armonía y simplicidad de las leyes de la naturaleza. Pero hay también la sólida creencia del racionalismo autocrítico, bien temperado, y, por tanto, consciente de la renovación de la tragedia que es la historia de la humanidad, la creencia tocada por la gracia del humanismo, que uno puede encontrar en los clásicos de la laicidad más allá de la polémica, datada, contra lo que fue la religión dominante en su tiempo. Espero que ésta sea la forma que adopte la corriente laica del comunismo del final de siglo.

ANEXO

EL DESARROLLO DE LOS NUEVOS MOVIMIENTOS SOCIALES. CRONOLOGÍA (1945-1989) DE UNA CRISIS DE CIVILIZACIÓN

> Todas nuestras bellas artes –literatura, música–, nuestra religión, nuestra filosofía moral, han empalidecido desde 1945 ante la creatividad de nuestra ciencia de la muerte.
>
> E.L. DOCTOROW, 1987

> ¡Ojalá vivas tiempos interesantes!
> (Antigua maldición china, recordada por Marian Sugden al comienzo de su cronología de la era nuclear «Tiempos interesantes»).

Una cronología de los nuevos movimientos sociales (NMS) en sentido estricto podría arrancar en 1968, o hacia 1965. Sin embargo, me he decidido a iniciar ésta en 1945, es decir, a ofrecer *una cronología de la era nuclear centrada en los movimientos sociales de supervivencia y emancipación*. Mis razones para proceder así son:

A. Aunque los NMS se desarrollen a partir de mediados de los sesenta, los problemas y contradicciones a que responden se remontan a mucho tiempo atrás: al comienzo de la era nuclear para el nuevo pacifismo antinuclear, o al comienzo de la fase fordista del capitalismo (si no se quiere ir aún más atrás) para el movimiento ecologista. Para la cabal comprensión de estos movimientos dentro de la dinámica civilizatoria, por tanto, rememorar los años posteriores a 1945 no es un lujo.

B. Aunque no pertenecen con propiedad al «canon» de los NMS, ciertos movimientos, como el movimiento pro-derechos civiles en EE.UU. o el movimiento de las Marchas de Pascua en la RFA, evidencian *desde finales de los cincuenta o comienzos de los sesenta* rasgos nuevos (en cuanto a ideario emancipatorio y formas de movilización, por ejemplo) que heredarán los NMS «canónicos» (según vimos en el capítulo 2).

1945

El *16 de julio* explota en el desierto de Nuevo México la primera bomba atómica, y el *6 de agosto* otra bomba atómica lanzada por la aviación de los EE.UU. sobre Hiroshima mata en un instante a cien mil personas, y lesiona gravísimamente a otras 37.000. Comienza para la humanidad la era nuclear, en la que la acumulación de un poder destructivo inimaginable pondrá en tela de juicio su propia supervivencia como especie (algo radicalmente distinto al enfrentamiento con la muerte individual). Entre 1945 y 1990 se producirán 1.814 pruebas nucleares reconocidas oficialmente (la cifra real es superior: en 1993, EE.UU. admite haber realizado 252 pruebas nucleares secretas además de sus 1.051 explosiones reconocidas oficialmente). En los cuatro decenios posteriores a 1945 la humanidad gastará entre 3 y 4 billones de dólares para construir un arsenal de más de 50.000 armas atómicas, que si fuera usado (o una pequeña fracción suya) significaría el suicidio planetario en un «invierno nuclear».

El *9 de agosto* una segunda bomba atómica arrasa Nagasaki, causando 70.000 muertos y 75.000 heridos graves.

El *2 de septiembre* Japón se rinde sin condiciones, igual que Alemania el *7 de mayo* anterior. (El mismo 7 de septiembre Ho-Chi-Min proclama la República de Vietnam.) Acaba así la Segunda Guerra Mundial, la más catastrófica de todos los tiempos. En ella han perecido entre 40 y 50 millones de personas: entre ellas unos 20 millones de soviéticos, el 10 % de la población de la URSS; y 5,7 millones de deportados a Alemania por motivos raciales, y entre 4 y 5 millones de deportados por motivos políticos. La ruina económica y el estrago moral son incalculables.

Del *4 al 12 de febrero* ha tenido lugar la conferencia de Yalta, y del *17 de julio al 2 de agosto* la de Potsdam. *Entre abril y junio* se celebra la conferencia de San Francisco, donde se aprueba la creación de la ONU. Este año nacen también la UNESCO y la Liga Árabe. En el año anterior, 1944, ha tenido lugar la conferencia de Breton Woods, en la que se sientan las bases del sistema financiero internacional de la posguerra con la creación del Banco Mundial y el Fondo Monetario Internacional. Vemos, por tanto, como en 1944-1945 se forjan las instituciones que moldearán las relaciones internacionales en los decenios siguientes.

En 1945-1946, guerra de independencia de Indonesia contra Holanda y Gran Bretaña.

Después de la Segunda Guerra Mundial los presupuestos militares del mundo ya no retrocederán a niveles pre-bélicos, y muchos países desarrollarán poderosos complejos militar-industriales. En términos reales, el gasto mundial en armamento en 1990 (880.000 millones de dólares) es quince veces superior al de 1930. En los cuatro decenios posteriores de 1945 se han librado más de 120 guerras.

1946

En *marzo* Winston Churchill, el exprimer ministro británico, es el primero –en su famoso discurso en la Universidad de Fulton– en hablar de la necesidad de que una *iron curtain* (el «telón de acero») se abata sobre Europa, dividiéndola en dos.

Este año se crea en Holanda una de las primeras asociaciones en defensa de los homosexuales: el COC. (Como precedente cabe señalar, en Alemania, el Comité Científico y Humanitario del doctor Magnus Hirschfeld, que pudo actuar hasta 1935, año de su disolución por los nazis, que enviaron a miles de homosexuales a los campos de exterminio.)

La guerrilla comunista griega, que se niega a aceptar la restauración monárquica, se enfrenta en Grecia al ejército británico y (desde *marzo de 1947*) al norteamericano. El conflicto durará hasta *octubre de 1949*, y en él perecerán más de 160.000 personas.

Este año se inicia la primera guerra de Indochina, que se prolongará hasta 1954 (y en la que morirán más de 600.000 vietnamitas peleando contra el dominio colonial francés). Filipinas alcanza la independencia. Estalla la guerra civil en China, que se decidirá en 1948-1949 en favor de las tropas comunistas de Mao.

Desde 1946 hasta 1956, 49 niños retrasados mentales de Massachusetts reciben dosis radiactivas de radio y calcio mezcladas con su desayuno de leche y cereales, en un experimento médico destinado a mejorar los conocimientos sobre la digestión. Se tata sólo de un caso entre muchos: en EE.UU., y hasta los años setenta, miles de personas fueron cobayas involuntarios en experimentos radiactivos (el Pentágono calcula que más de 200.000 personas). Estos hechos, mantenidos celosamente en secreto, no pudieron ser desvelados por la prensa sino en 1993. El secretismo criminal ha sido la regla en todo lo relacionado con la energía atómica desde sus mismos inicios.

1947

A comienzos de este año, que marca la ruptura definitiva entre los aliados vencedores en la Segunda Guerra Mundial, un periodista estadounidense llamado Swope idea el término *Guerra Fría* para un discurso que tenía que presentar el senador Baruch. En *marzo* el presidente Truman, en un importante discurso ante el congreso de los EE.UU., formula la «doctrina Truman» de contención del comunismo por todos los medios (recogiendo ideas contenidas en un informe del embajador norteamericano en Moscú George F. Kennan, redactado un año antes). La Guerra Fría entenebrecerá el mundo durante los cuatro decenios siguientes (recrudecida en los períodos 1947-1963 y 1979-1986).

En *julio* se crea de modo provisional la UICN (Unión Internacional para la Conservación de la Naturaleza), oficializada definitivamente en la reunión de la UNESCO en Fontainebleau (París) al año siguiente. Llegará a convertirse en la red más extensa del mundo de organizaciones dedicadas a la conservación de la naturaleza.

En *septiembre* se crea la KOMINFORM (Oficina Internacional de Información) para coordinar la actuación de los partidos comunistas bajo el control de la URSS.

Este año acceden a la independencia la India y Pakistán, que acto seguido se enzarzan en guerra.

1948

El *30 de enero* es asesinado Gandhi. El revolucionario y no violento líder hindú había escrito: «No se puede ser no violento de verdad y permanecer pasivo ante las injusticias sociales», así como también: «La civilización, en el verdadero sentido de la palabra, no consiste en multiplicar las necesidades, sino en limitarlas voluntariamente. Ése es el único medio de conocer la verdadera felicidad y de hacernos disponibles a los demás».

El *30 de abril* se funda en Bogotá la Organización de Estados Americanos.

En *junio* se inicia el bloqueo ruso de Berlín Occidental, que durará casi un año; norteamericanos e ingleses lo salvarán mediante un impresionante puente aéreo. En *julio* llegan dos grupos de superbombarderos estadounidenses B-29 a Gran Bretaña. A partir de *agosto* aumenta el número de los destacamentos estadounidenses en Europa Occidental (hasta 466 aviones y 18.000 soldados) para cubrir las necesidades del puente aéreo.

En 1948 la ONU aprueba la Declaración Universal de los Derechos del Hombre. Éste es también el año de la creación del Estado de Israel y de la primera guerra árabe-israelí.

Este año se construye el ENIAC (*Electronic Numerical Integrator and Calculator*), primer ordenador de funcionamiento totalmente eléctrico (basado en válvulas de vacío). Pesa unas 30 toneladas y consume 140 kilowatios de electricidad. Pocos años después los laboratorios de la Bell Telephone Company inventarán el transistor, base de la tecnología informática posterior. A finales de los años sesenta empezarán a emplearse los primeros *chips* (circuitos integrados en una pastilla de silicio): estos microcomponentes permitirán miniaturizar drásticamente los ordenadores.

1949

En *enero* se crea en Moscú el COMECON (Consejo de Asistencia Mutua Económica).

El *4 de abril* se firma el Tratado de Washington, con el que se constituye la OTAN; se argumenta en pro del uso de armas nucleares para «defender» Europa. Este año se inicia la carrera de armamentos.

La URSS experimenta en *septiembre* su primera bomba atómica.

El *29 de septiembre* se proclama la República Popular China.

En 1950-1951 el gobierno comunista ejecutará a más de un millón de terratenientes.

La RFA, y poco después la RDA, se constituyen en Estados alemanes independientes. Adenauer es elegido canciller federal de la RFA.

En 1949 Simone de Beauvoir publica *Le deuxième sexe*, obra fundacional del feminismo de la posguerra.

1950

En *enero*, el presidente estadounidense Truman autoriza la construcción de la bomba de hidrógeno.

El *8 de junio* comienza la guerra de Corea (hasta el 27.7.1953), con la invasión de Corea del Sur por las fuerzas norcoreanas. El general McArthur, jefe supremo del ejército de intervención norteamericano, propondrá varias veces la utilización de bombas nucleares, pero el poder político impone la guerra convencional. En Alemania (1949) y en Corea (1950-1953) se consagra la «bipolaridad» del mundo de la posguerra. Desde estonces las estructuras de las relaciones internacionales se reducen al enfrentamiento entre los dos bloques antagónicos y la dinámica propia de la Guerra Fría.

El *29 de agosto* Konrad Adenauer entrega al Alto Comisario estadounidense en la RFA un memorándum donde declara la disposición de Alemania Occidental a participar en un ejército europeo internacional, si éste llega a constituirse.

En 1950-1951 China invade y conquista el Tíbet.

1951

El *5 de abril* son electrocutados en los EE.UU. –después de un juicio de dudosa legalidad– los esposos Ethel y Julius Rosenberg, acusados de ser espías comunistas. La *caza de brujas* se halla en su apogeo en Hollywood.

El *18 de abril* se firma el Tratado de París, que supone la creación de la CECA (Comunidad Europea del Carbón y del Acero), embrión de la Comunidad Europea.

El *12 de mayo*, EE.UU. realiza el primer ensayo de la bomba de hidrógeno (que multiplica por mil la potencia explosiva del artefacto que destruyó Nagasaki). Casi simultáneamente se produce la segunda explosión nuclear soviética.

En *primavera* se inician en Alemania Occidental las protestas por la remilitarización del país. Esta primera fase del movimiento pacifista tras la guerra durará hasta 1955.

En *octubre* el presidente de la Comisión de Energía Atómica de los EE.UU., Gordon Dean, declara que el desarrollo de armas atómicas de carácter táctico ha modificado la anterior concepción de la guerra atómica, y sugiere que «en adelante podría hacerse uso de las armas atómicas, según las necesidades del momento, del mismo modo que se emplea cualquier otra arma».

Éste es el año en que se construyen los primeros reactores nucleares «civiles» en EE.UU. y Gran Bretaña.

1952

El *14 de agosto* el economista francés Alfred Sauvy propone por vez primera el término *Tercer Mundo* (en un artículo publicado por *France-Observateur*).

En *octubre* estalla la primera bomba atómica británica en Monte Bello (noroeste de Australia).

Del *5 al 9 de diciembre* tiene lugar el desastre ambiental del *Great London Smog* en Inglaterra, que origina unos cuatro mil fallecimientos (por agravamiento de enfermedades pulmonares). A consecuencia de ello se aprobará en 1956 la *Clean Air Act*, pionera ley inglesa sobre la limpieza del aire, que impone medidas estrictas para controlar la contaminación atmosférica. Sin embargo, la paradójica consecuencia de la política de altas chimeneas para dispersar estas emisiones, practicada hasta los años setenta, será generalizar la «lluvia ácida» (y la muerte de lagos y bosques por acidificación) en todo el hemisferio norte del planeta. Este tipo de «política ambiental» por dispersión de contaminantes tiene valor paradigmático para lo que vendrá después.

En *1952* se abre una carrera cada vez más acelerada de experimentación y verificación (atmósferica y subacuática) de las armas nucleares. *Entre 1952 y 1962* se realizan más de 200 explosiones atómicas atmosféricas y unas 75 subterráneas y submarinas.

1953

El *5 de marzo* muere Stalin. Su sucesor al frente de la URSS, Jruschov, denunciará algunos de los episodios del terror estalinista (durante el vigésimo congreso del PCUS, en *febrero de 1956*) y proclamará el principio de la coexistencia pacífica entre el socialismo y el capitalismo.

En *junio*, boicot del sistema de autobuses públicos (sometidos a segregación racial) de Baton Rouge, en Louisiana. 1953-1955 son los años en que se gesta el *civil rights movement* (movimiento por los derechos civiles, contra la discriminación racial) en EE.UU.

El *20 de agosto Pravda* anuncia la explosión de la primera bomba de hidrógeno soviética.

En 1953 EE.UU. introduce en Europa un proyectil nuclear de corto alcance, el *Honest John*.

Este año tiene lugar en Irán el golpe de Estado pro-estadounidense contra Mossadegh, que había tenido la osadía de nacionalizar el petróleo.

1954

El *21 de enero* tiene lugar la botadura del submarino estadounidense *Nautilus*, el primero de propulsión atómica.

El *14 de mayo* los habitantes de las islas Marshall presentan una petición ante la ONU, solicitando «el cese inmediato de todos los experimentos con armas letales en esta zona». Describen los efectos médicos, el traslado de poblaciones y las pérdidas de tierras y medios de vida que están provocando las explosiones nucleares de EE.UU. en sus islas. El representante de EE.UU. en la ONU, Cabot Lodge, responde ese mismo día: «El gobierno de EE.UU. lamenta profundamente que algunos de los habitantes de las islas Marshall al parecer hayan sufrido efectos perjudiciales a resultas de las recientes pruebas termonucleares».

El *14 de septiembre*, en los Urales, los militares soviéticos hacen estallar una bomba atómica en el aire, por encima de 45.000 soldados del Ejército Rojo y miles de civiles. El objetivo es comprobar si los soldados pueden participar en una batalla inmediatamente después de una explosión nuclear. Esta macabra prueba –como tantas otras en las que la URSS y los EE.UU. emplearon a sus propios ciudadanos como cobayas nucleares– no saldrá a la luz hasta después del final de la Guerra Fría.

En *diciembre* el Parlamento de la RFA aprueba una ley de rearme y el ingreso en la OTAN (que se hará efectivo en *mayo de 1955*).

En 1954 es cuando EE.UU. articula una política nuclear de «represalia masiva»... considerada como línea de defensa. También es el año de la intervención militar en Guatemala; y de la independencia de Vietnam, Laos y Camboya (con la Conferencia de Ginebra acaba la primera guerra de Indochina); y de la construcción de la primera célula fotovoltaica.

1955

El *27 de febrero* la RFA ratifica el Tratado de París, que sella su integración en la OTAN (el *5 de mayo* se produce el ingreso efectivo).

El *14 de mayo* se crea el Pacto de Varsovia, después de la firma de los Acuerdos de París sobre la militarización de la RFA y la organización de la OTAN.

Del *18 al 27 de abril* se celebra la Conferencia de Bandung, reunión de 25 países asiáticos y africanos de lo que se ha empezado a llamar Tercer Mundo. En ella se aprueba la Carta de Bandung, una nueva declaración de los derechos del ser humano para países oprimidos. Las grandes ilusiones despertadas por esta conferencia (Leopold Sedar Senghor afirmó que se trataba del «acontecimiento mundial más importante desde el Renacimiento») no se han cumplido nunca; la dominación ha proseguido por vías neocoloniales. A mediados de los ochenta los países industrializados están gastando por término medio el 5,4 % de su PNB para fines militares, mientras que sólo dedican el 0,3 % para ayuda al desarrollo de los países más pobres.

En *agosto* tiene lugar una conferencia internacional sobre los usos pacíficos de la energía atómica.

En *septiembre* se difunde el «manifiesto Russell-Einstein», en el que estos dos grandes pensadores –junto con otros científicos y premios Nobel– toman posición contra el estacionamiento de armas nucleares tácticas en Europa Occidental, y se dirigen a los gobiernos de todo el mundo instándoles a que renuncien a la guerra. «Recuerda que perteneces al género humano y olvida el resto», puede leerse en el manifiesto, que dará origen al movimiento antinuclear *Pugwash*.

En *diciembre* la ciudadana estadounidense negra Rosa Parks rehúsa ceder su asiento en un autobús público de Montgomery (Alabama). Este gesto, y el boicot de autobuses públicos que desencadenará, son la chispa que inicia realmente el movimiento por los derechos civiles en EE.UU. La fase de constitución durará hasta 1960.

1956

El *28 de enero* estalla en los EE.UU. un escándalo por un programa de televisión en el que actúa el provocativo Elvis Presley. El *rock and roll* se prepara para ser «la religión juvenil de los años sesenta» (Manuel Vázquez Montalbán).

En *abril* se disuelve el KOMINFORM, como expresión de la voluntad de una «coexistencia pacífica» por parte de la URSS de Jruschov.

En *julio* un bombardero estadounidense B-47 se estrella en Lakenheath (Suffolk) contra un edificio en el que están almacenadas tres bombas atómicas. El percance (en el que estuvo a punto de liberarse una cantidad de plutonio suficiente para convertir buena parte del este de Inglaterra en un desierto libre de toda forma de vida) no saldrá a la luz pública hasta 1979. Este incidente es típico de los riesgos y del secretismo inherentes a las armas atómicas y la energía nuclear «civil».

El *24 de octubre* comienza la insurrección húngara, aplastada a partir del *4 de noviembre* por las tropas soviéticas.

También en *octubre* tiene lugar la crisis de Suez. La nacionalización del canal de Suez por parte del líder nacionalista árabe Nasser provoca la intervención militar de Gran Bretaña y Francia, que emplean a Israel como fuerza de choque. El ataque israelí se produce el *29 de octubre*: es la segunda guerra árabe-israelí. Inmediatamente la URSS amenaza con emplear armas nucleares para defender a Egipto, y EE.UU. fuerza a sus aliados para que se retiren de la zona.

En *diciembre* EE.UU. ofrece a sus aliados europeo-occidentales dotarles de armas atómicas tácticas.

En 1956 entra en servicio el B-52, bombardero de reacción norteamericano de largo radio de acción. También este año tienen lugar revueltas de estudiantes en España.

Sudán es el primer Estado africano que se independiza, en 1956 (cuando terminó la Segunda Guerra Mundial, sólo Liberia y Etiopía podían enorgullecerse de una identidad nacional e independencia). Le sigue en África todo un alud descolonizador hasta finales de los años sesenta. El *26 de mayo de 1963* se creará la Organización para la Unidad Africana (OUA).

1957

El *12 de abril* se hace pública la resonante declaración antinuclear de los «Dieciocho de Göttingen» en la RFA, con la que se inicia la lucha pacifista contra el equipamiento del Ejército Federal con armas atómicas (1957/1958).

El *25 de marzo* Francia, la RFA, Italia, Holanda, Bélgica y Luxemburgo firman los Tratados de Roma, lo que representa el nacimiento de la CEE.

En *junio*, por iniciativa del premio Nobel Linus Pauling, diez mil científicos norteamericanos hacen un llamamiento para que cesen las pruebas atómicas.

En *agosto* los soviéticos prueban su primer misil balístico intercontinental.

El *4 de octubre*, la URSS coloca en órbita el primer satélite artificial, el *Sputnik I*. (El primero estadounidense, el *Explorer I*, será lanzado el *1 de febrero de 1958*.)

El *8 de octubre* comienza un incendio en el reactor de producción de plutonio Windscale 1 (en Gran Bretaña) que no logra ser controlado hasta cuatro días más tarde; la leche procedente de un área de más de 500 km^2 en torno a la planta, contaminada por la radiación, se vierte a los ríos y el mar. Se crea una comisión de investigación, estableciéndose que «puesto que Windscale es una planta de carácter defensivo, las reuniones del comité no serán públicas. Por el mismo motivo, no se dará publicidad al informe». Dos decenios más tarde, en *julio de 1979*, volverá a producirse un incendio en la planta de Windscale (esta vez en un refugio subterráneo).

En *octubre-diciembre* se acepta el estacionamiento de misiles balísticos intercontinentales (ICBM) en Europa Occidental y Turquía.

En *diciembre de 1957 o enero de 1958* la explosión de un depósito de residuos radiactivos en Chelyabinsk (Urales Meridionales), donde se halla emplazada una planta militar soviética para la producción de plutonio, contamina más de 15.000 km^2 de terreno, mata a algunos centenares de personas y obliga a la evacuación de miles. Se trata de la primera catástrofe nuclear grave que provoca pérdidas masivas de vidas humanas; la URSS la silencia y la CIA la minimiza. Sólo saldrá a la luz con la publicación de un artículo de Zores A. Medvedev en 1973. Por otro lado, los vertidos efectuados durante años en el cercano lago de Karachay han convertido a éste en la zona más contaminada nuclearmente del mundo: es un área entera sacrificada por milenios.

1958

El *24 de enero*, científicos británicos y estadounidenses anuncian que se ha logrado una fusión nuclear controlada.

En *enero* se funda en Gran Bretaña la *Campaign for Nuclear Disarmament* (Campaña para el Desarme Nuclear, CND), el primer movimiento serio de protesta que llegará a adquirir dimensiones masivas. En *febrero*, la CND se estrena con un mitin de dos mil personas. Su primera acción importante es la Marcha de Pascua hacia Aldermaston (centro de investigación nuclear británico): cinco mil personas se reúnen en Trafalgar Square para emprender la marcha el *4 de abril*; cuatro días más tarde, más de diez mil personas llegan a Aldermaston. El símbolo de la CND, los tres brazos del desarme nuclear, se convertirán desde entonces en símbolo universal del pacifismo. La CND decaerá a partir de 1963-1964, se recuperará levemente a partir de 1975 y lo hará espectacularmente a partir de 1980 (nuevo movimiento pacifista).

El *25 de marzo* el parlamento de la RFA aprueba dotar al ejército de su país de armamento táctico atómico. Ese mismo mes arranca en serio la Campaña contra la Muerte Atómica germano-occidental (*Kampf dem Atomtod*) impulsada principalmente por el SPD y los sindicatos; en *abril y junio* centenares de miles de personas se reúnen en concentraciones antiatómicas (por ejemplo, unas 150.000 personas en Hamburgo el 17.4.1958). Pero los socialdemócratas abandonarán la campaña al comprobar que no pueden sacarle rendimiento electoral en las elecciones (al parlamento regional de Renania del Norte-Westfalia) del *6 de julio*; después de ese día ya no habrá grandes manifestaciones.

En *abril* nace en San Luis (EE.UU.) el *Committee for Nuclear Information* (CNI), organismo que intenta combatir la información tendenciosa de la *US Atomic Energy Commission*, que minimizaba el riesgo de lluvia radiactiva sobre la población norteamericana. Uno de los miembros del CNI es Barry Commoner, quien posteriormente se convertirá en uno de los más importantes ecologistas norteamericanos; su evolución personal resume la de parte del CNI, que se transformará en los años sesenta en un movimiento ambientalista y ecologista.

Del *1 al 4 de septiembre* se celebra la segunda conferencia internacional de la ONU sobre usos pacíficos de la energía atómica.

Este año se produce la intervención estadounidense en Líbano. Crece la tensión entre la URSS y China, país que protagoniza el «Gran Salto Adelante».

1959

El *1 de enero* los revolucionarios cubanos encabezados por Fidel Castro entran en la Habana, derrocando al dictador Batista. (Esta gesta revolucionaria había comenzado el *26 de julio de 1953* con el asalto al cuartel de Moncada.)

El *17 de enero* se celebra en Londres el Primer Congreso Europeo Pro-Desarme nuclear.

Este año se desplazan a Europa Occidental misiles de alcance medio (los Thor y Júpiter norteamericanos); la URSS emplaza por su parte los SS-4, que apuntan a países europeo-occidentales. La URSS empieza a verter residuos radiactivos al Mar de Kara (Océano Ártico), donde también arrojará 17 reactores nucleares de submarinos. Los vertidos se prolongarán hasta 1992 y sólo serán reconocidos por el gobierno ruso en 1993.

1960

El *1 de febrero* comienza la protesta estudiantil negra en EE.UU. con la sentada o *sit-in* de Greensboro (en Carolina del Norte); este tipo de acciones se extenderán como la pólvora. Hasta finales del año unos 70.000 estudiantes, la mayoría negros pero también algunos blancos, habrán participado en sentadas contra la discriminación racial. En *abril* se funda el *Student Nonviolent Coordinating Committee* (SNCC), con lo que se abre la segunda fase del *civil rights movement*. En el tercer período (1965-1969) el movimiento se polariza irremediablemente en un ala reformista y otra revolucionaria, y desaparecerá a partir de 1970.

En la *Semana Santa* tiene lugar la primera de las Marchas de Pascua (*Ostermarsch-Bewegung*) en la RFA, según el modelo de la CND británica. Unas 1.200 personas se manifiestan contra el estacionamiento de misiles atómicos caminando durante varios días por el norte del país. Así comienza una nueva fase, cualitativamente diferente, del movimiento pacifista en la RFA, que cuatro años más tarde reunirá en Marchas de Pascua a más de 150.000 personas en todo el país (unas 10.000 participan en la de 1961, en la de 1962 ya más de 50.000). Este nivel de participación se mantendrá hasta 1967. Después de 1968 cesarán las Marchas de Pascua.

En *junio*, conferencia de dirigentes comunistas en Bucarest. Ruptura entre la URSS y China, que defiende una «línea dura» sobre la inevitabilidad de la guerra mientras siga existiendo el imperialismo norteamericano (mientras que Jruschov reafirma la doctrina soviética de la «coexistencia pacífica»).

En *junio*, protestas estudiantiles y huelgas masivas en Tokio.

El *17 de julio* el partido socialdemócrata de la RFA excluye a su organización universitaria SDS (*Sozialistischer Deutscher Studentenbund*) de sus propias filas. En pocos años el SDS, de vivero para políticos socialdemócratas, se convertirá en una organización socialista de vanguardia que canalizará la protesta estudiantil en Alemania.

El *18 de agosto* se inicia la comercialización de la píldora anticonceptiva en EE.UU. El control efectivo por parte de las mujeres de su propia fecundidad supondrá uno de los cambios más importantes del siglo.

En *octubre* se bota el primer submarino nuclear británico. También es en este mes cuando se crea una nueva organización pacifista, el Comité de los Cien, presidido por Bertrand Russell.

En 1960 explota la primera bomba atómica francesa. Entre este año y 1966 Francia realiza 17 pruebas nucleares en el sector argelino del Sahara; tras la independencia de Argelia traslada el escenario de pruebas al Pacífico Sur. La primera explosión nuclear en Polinesia tiene lugar el *2 de julio de 1966*; hasta 1990 Francia efectuará más de cien pruebas nucleares en las islas de Polinesia, y los residuos radiactivos se dispersarán por todo el Pacífico.

En 1960 comienza a publicarse en EE.UU. –en forma de artículos que aparecen en el semanario *New Yorker*– *Silent Spring* (*La primavera silenciosa*) de Rachel Carson, el primer «clásico» del ecologismo (la edición en forma de libro es de *1962*). La autora, química de profesión, denuncia el insidioso envenenamiento del medio ambiente por los pesticidas. En los años sesenta y setenta, una proliferación de *best-sellers* ecologistas popularizará los argumentos y los temores de los defensores del medio ambiente: el biólogo estadounidense Barry Commoner publica en 1963 *Science and Survival* (*Ciencia y supervivencia*), en 1971 *The Closing Circle* (*El círculo que se cierra*), en 1973 *Ecology and Social Action* (*Ecología y acción social*). *Only One Earth* (*Una sola tierra*), informe de René Dubos y Barbara Ward a la Conferencia de Estocolmo sobre el Medio Ambiente, se publica en 1972. Paul y Anne Ehrlich publican en 1968 *The Population Bomb* (*La bomba poblacional: 7.000 millones de seres humanos en el año 2.000*) y en 1970 *Population, Resources and Environment* (*Población, recursos y medio ambiente*). De 1971 es *Avant que Nature meure* (*Antes de que la naturaleza muera*) de Jean Dorst. El agrónomo francés René Dumont publica en 1966 *Nous allons à la famine* (*Nos encaminamos hacia el hambre*) y en 1973 *L'utopie ou la mort* (*La utopía o la muerte*). Inmensa es también la repercusión de los informes encargados por el Club de Roma, a los que me referiré más abajo.

John Kennedy, tras derrotar a Richard Nixon, accede a la presidencia de EE.UU. (toma posesión del cargo el *20 de enero de 1961*). Los analistas destacan el papel condicionante que tuvo en el resultado final la retransmisión en directo por televisión de un debate entre los dos candidatos. Comienza la era de la democracia televisiva (en 1960, el 87 % de los hogares norteamericanos ya posee un televisor). Puede compararse esta nueva fase de la televisión como medio de intervención y mediación política decisivo con fases anteriores de los medios de formación de la opinión pública: la prensa de masas desde el último tercio del XIX, la radio desde los años treinta de este siglo.

Este año se proclama la República Surafricana, y otros 17 Estados africanos acceden a la independencia. También se crea la OPEP.

1961

En *enero* es asesinado Patricio Lumumba, primer ministro del Congo y líder independentista de izquierdas africano, incómodo para las potencias occidentales.

El *3 de enero* explota el reactor nuclear experimental de Idaho Falls, en EE.UU., y mueren tres operarios. Sus cuerpos quedan contaminados hasta tal punto que se los entierra en un depósito de residuos radiactivos.

El *17 de abril* desembarcan fuerzas anticastristas procedentes de EE.UU. en Bahía Cochinos. Después de tres días de combate, el ejército cubano aborta esta operación de la CIA.

El *21 de abril* el astronauta soviético Yuri Gagarin se convierte en el primer ser humano lanzado al espacio exterior. El norteamericano John Glenn le emulará el año siguiente.

En *abril* y *septiembre* se producen importantes manifestaciones antinucleares en Londres, organizadas por el Comité de los Cien. En la segunda son detenidas 1.314 personas (entre ellas el propio Bertrand Russell).

El *28 de mayo* el abogado inglés Peter Benenson publica su artículo «Los presos olvidados»; es el primer paso hacia la creación de Amnistía Internacional.

El *13 de agosto* se construye el muro de Berlín (en los meses anteriores, más de 15.000 ciudadanos estaban abandonando la RDA cada mes). La «crisis de Berlín» da un nuevo impulso a la Guerra Fría: Kennedy incrementa el presupuesto de armamento de EE.UU. en tres mil millones de dólares y amplía los programas Skybolt, Minuteman y Polaris; la URSS interrumpe su moratoria unilateral de pruebas nucleares (en vigor desde 1958) y aumenta también su presupuesto militar.

Durante el *otoño*, entre 50 y 100 niños nacen mensualmente en la RFA afectados por gravísimas deformaciones de origen desconocido. Se descubrirá que han sido originadas por el medicamento Contergan –forma en que se comercializa la imida del ácido N-ftalilglutámico o talidomida–, ingerido por la madre como sedante durante la gestación; pasarán años antes de que se conceda una modesta indemnización a los afectados por este escándalo farmacéutico. En los países de la Europa Central se darán más de dos mil casos. El incidente es típico de los nuevos riesgos para la salud humana generados por las industrias química y farmacéutica.

En *diciembre*, el presidente norteamericano Kennedy (que ha asumido sus funciones el *20 de enero*) ordena el desplazamiento de 15.000 «consejeros» norteamericanos a Vietnam, para ayudar en la lucha contra el Vietcong. Esta lucha se transformará paulatinamente en una guerra de exterminio: desde 1964 hasta 1967, los norteamericanos lanzarán sobre Vietnam más bombas que en toda la Segunda Guerra Mundial y emplearán armas químicas prohibidas por la Convención de Ginebra.

Se crea el *World Wildlife Fund* (Fondo Mundial para la Naturaleza), fundación internacional que reúne fondos con objeto de financiar proyectos de conservación de la biosfera. 1961 es también el año en que los biólogos Francis Crick y James Watson desenmarañan la estructura molecular del ADN, que controla la transmisión hereditaria de los genes.

Este año se celebra en Belgrado la primera cumbre del Movimiento de Países No Alineados. Comienza la guerra de independencia de Angola contra Portugal, que se prolongará hasta 1975.

1962

El *11 de enero* se inaugura el concilio Vaticano II.

En *febrero* se establece un mando militar estadounidense en Saigón. El *27 de marzo* militares estadounidenses apoyan la primera gran ofensiva contra el Vietcong lanzada por las tropas gubernamentales vietnamitas.

El *3 de julio*, la independencia de Argelia pone fin a una larga y cruenta guerra de liberación que había empezado en 1954.

Sólo protegido por la Guardia Nacional consigue el *1 de octubre* James Meredith matricularse en la Universidad de Oxford (Mississipi, EE.UU.). Es el primer estudiante negro admitido en ella. Será asesinado cuatro años después, por atreverse a viajar en solitario a través del Estado con intención de verificar la aplicación de la nueva legislación sobre derechos civiles.

En *octubre* se produce la «crisis de los misiles» en Cuba: el mundo está al borde de una guerra nuclear entre las superpotencias. Después de la dramática crisis se inicia un período de distensión o «deshielo», en el que los bloques pierden algo de rigidez. En conferencias múltiples se plantean cuestiones como el desarme, la limitación del acceso al «club nuclear» y la suspensión de pruebas nucleares. Se celebran «conferencias en la cumbre» entre Kennedy y Jruschov (Viena, 1961) y Johnson y Kosiguin (Glassboro, 1967). El final de esta fase y el comienzo de una «nueva Guerra Fría» se produce en 1979-1980 (invasión soviética de Afganistán, «doble decisión» de la OTAN, acceso de Ronald Reagan a la presidencia de EE.UU., etc.).

En 1962 es cuando un pequeño grupo de universitarios estadounidenses reunido en Port Huron (Michigan) funda la organización *Students for a Democratic Society* (SDS), núcleo del posterior movimiento estudiantil.

1963

El *28 de agosto* se produce una importante marcha por los derechos civiles en Washington. A partir de este año, el problema negro se agudizará considerablemente en los EE.UU.

El *13 de octubre* la BBC emite un programa televisivo que catapulta a los Beatles a la fama (y el mismo año ganan popularidad también los Rolling Stones).

En *octubre* se produce la ratificación del Tratado de Prohibición Parcial de Pruebas Nucleares por EE.UU., la URSS y Gran Bretaña (el tratado prohíbe las pruebas nucleares no subterráneas).

El *22 de noviembre* el presidente Kennedy es asesinado en Dallas. Le sucede Lyndon B. Johnson, reelegido en 1964.

Se lanza el satélite Telstar, que emite imágenes televisivas de Francia y el Reino Unido a EE.UU. A partir de este año, las televisiones de Europa y EE.UU. pueden retransmitir en directo un mismo acontecimiento a través de Mundovisión.

En 1963 la estadounidense Betty Friedan publica *The feminine mystique* (La mística de la feminidad), el segundo de los clásicos del nuevo movimiento feminista (después de *Le deuxième sexe* de Beauvoir). Seguirán en años siguientes otros títulos de enorme trascendencia: *The dialectic of sex* (La dialéctica del sexo) de Shulamith Firestone (1970), *The female eunuch* (El eunuco hembra) de Germaine Greer (1970), *Women's estate* (La condición de la mujer) de Juliet Mitchell (1971), *Sexual politics* (Política sexual) de Kate Millet (1971), *The politics of women's liberation* (La política de la liberación de la mujer) de Jo Freeman (1975)...

Este año se firma el Tratado de No Proliferación Nuclear (que no logrará impedir la proliferación), y nace la Organización para la Unidad Africana (que no conseguirá unir al desgarrado continente).

1964

En *febrero*, primeros conflictos con motivo de la guerra de Vietnam en la Universidad Libre de Berlín.

Durante el *verano* el movimiento por los derechos civiles de EE.UU. realiza su importante campaña *Freedom Summer*, que llevó a unos mil estudiantes blancos de las universidades del Norte al sureño Mississippi, para ayudar a los activistas negros en la arriesgada tarea de incitar a los ciudadanos negros rurales a inscribirse como votantes. A los diez días del comienzo de la campaña ya habían sido asesinados tres estudiantes, lo que por primera vez atrajo masivamente la atención de los medios de comunicación sobre la violencia racial practicada contra los activistas pro-derechos civiles.

En *agosto* tienen lugar los primeros bombardeos norteamericanos en Vietnam, lo que supone el verdadero comienzo de una guerra que durará hasta el *30 de abril de 1975* (capitulación incondicional de Vietnam del Sur).

El *15 de octubre* cae Nikita Jruschov; le sustituye Brézney. En *octubre* estalla la primera bomba atómica china.

De *septiembre a diciembre*, el primer movimiento estudiantil de masas (*Free Speech Movement*) se alza en Berkeley (California), donde la Administración había prohibido hablar al dirigente negro Malcolm X y tratado de suprimir el activismo en favor de los derechos civiles (difundido en los medios universitarios a partir de 1960).

En 1964 funda el austriaco Robert Jungk su *Institut für Zukunftsfragen* (Instituto para las Cuestiones del Futuro) en Viena, el primero de su especie en el mundo; también desarrolla sus primeros «talleres de futuro» (*Zukunftswerkstätten*). Los primeros trabajos de prospectiva (o futurología) desde una perspectiva crítica, humanista y emancipatoria se remontan a mediados de los años cincuenta (y sus autores son los franceses Gaston Berger y Bertrand de Jouvenel; este último funda en Francia *Futuribles International* en 1960). La primera Conferencia Mundial de Futurología la organizarán Jungk y Johan Galtung en 1967 (en Oslo).

Nelson Mandela es condenado a cadena perpetua en Suráfrica. Se crea la OLP (Organización para la Liberación de Palestina).

1965

El *7 de febrero* la aviación estadounidense inicia los bombardeos sistemáticos con napalm de Vietnam del Norte, argumentados como represalia a un supuesto ataque al destructor norteamericano «Maddox» por fuerzas norvietnamitas que en realidad nunca tuvo lugar (ello no se sabrá hasta 1971, con la publicación de papeles secretos del Pentágono). A mediados de 1966 ya se habrán arrojado sobre Vietnam más bombas que en toda la Segunda Guerra Mundial. En diez años perderán la vida en esta guerra más de dos millones de vietnamitas.

El *21 de febrero* es asesinado en Harlem (Nueva York) Malcolm X, líder revolucionario negro. Durante el *verano* tendrán lugar revueltas en los guetos negros de EE.UU.

El *25 de febrero* más de 5.000 estudiantes se manifiestan en Madrid (mientras son expedientados los profesores que apoyaron el movimiento estudiantil).

El *17 de abril*, en Washington, tiene lugar la primera protesta norteamericana significativa contra la guerra del Vietnam. A la manifestación, organizada por el SDS (*Students for a Democratic Society*), acudieron unas 25.000 personas, en su mayoría estudiantes. (Había entonces unos 25.000 soldados estadounidenses en Vietnam.)

En *mayo* tiene lugar en muchas universidades germano-occidentales la campaña «La democracia ante el estado de emergencia», contra la legislación de excepción (*Notstandgesetze*) que estaban consensuando democristianos y socialdemócratas.

El *19 de agosto* finaliza en Francfort del Meno el proceso de Auschwitz, que se había iniciado el *20 de diciembre de 1963* (se dictan seis condenas a cadena perpetua, once condenas a prisión temporal y tres absoluciones). El pasado nazi, reprimido en los «años de reconstrucción» de la posguerra, vuelve a salir a la luz pública en la RFA y se convierte en un tema político importante.

En *octubre*, más de 100.000 estudiantes de más de 30 *colleges* norteamericanos protestan en el *Vietnam-Day* (Día de Vietnam) contra la guerra imperialista en Vietnam.

En *noviembre*, un gran apagón deja sin energía eléctrica a parte de EE.UU. y Canadá, evidenciando la vulnerabilidad de la civilización hipertecnológica. (El suceso servirá de arranque al importante ensayo de Barry Commoner *Ciencia y supervivencia*, publicado en 1966.)

Este año se produce también la intervención militar estadounidense en la República Dominicana.

1966

El *17 de enero* un avión norteamericano sufre un accidente en Palomares (Almería) en el que una bomba H de las cuatro que transportaba se pierde en aguas del Mediterráneo.

El *5 de febrero*, en una manifestación estudiantil contra la guerra de Vietnam, se bloquea por vez primera en la RFA una gran avenida urbana: el Kurfürstendamm de Berlín Occidental.

En *marzo* el escritor soviético Mijaíl Cholojov se dirige angustiado a la tribuna del XXIII congreso del PCUS: «Me da miedo que nuestros herederos no nos perdonen que hayamos dejado desaparecer el Baikal sagrado». Desde comienzos de los años sesenta, la *intelligentsia* soviética se ha movilizado en una primera ola de protesta ecologista para defender el lago Baikal. Pero las destrucciones ambientales continúan con una intensidad aterradora.

También en *marzo, provos* holandeses arrojan bombas de humo contra la carroza nupcial de la reina Beatriz en Amsterdam.

El *26 de marzo*, más de 100.000 manifestantes protestan en Nueva York contra la guerra de Vietnam en el «Día Internacional de la Protesta».

El *25 de mayo* comienza en China la «Gran Revolución Cultural Proletaria», con la extensión de un periódico mural en el comedor de la Universidad de Pekín. Al año siguiente se acentuará la ruptura chino-soviética (asedio a la embajada soviética en Pekín; envío de tropas a la frontera común, cuarenta divisiones soviéticas y dos millones de soldados chinos según las estimaciones; incidentes en el río Amur).

En *mayo* se crea en Italia la Liga para la Institución del Divorcio (LID) con la participación del líder radical Pannella. En *diciembre* tiene lugar la primera manifestación pública a favor del divorcio en la Piazza del Popolo de Roma.

En *junio* se crea en Gran Bretaña la *Vietnam Solidarity Campaign.*

Durante el *verano*, San Francisco y Nueva York se convierten en los bastiones del movimiento *hippie* en los EE.UU. 1966/1967 marca el clímax del movimiento; en EE.UU. participarán en él más de medio millón de jóvenes.

En *octubre*, concentración internacional de 5.000 personas en Lieja, en apoyo del FLN vietnamita.

El *30 de octubre* tiene lugar el congreso *Notstand der Demokratie* (Estado de Emergencia de la Democracia) en Francfort del Meno, organizado por los sindicatos y el movimiento estudiantil germano-occidental.

En *noviembre*, una imponente marcha contra la guerra de Vietnam recorre las calles de Washington. El *13 de noviembre* Bertrand Russell abre las sesiones del primer Tribunal sobre Vietnam.

En *noviembre y diciembre* se intensifican en Berlín las manifestaciones de solidaridad con Vietnam impulsadas por el SDS (*Sozialistischer Deutscher Studentenbund*), produciéndose violentos enfrentamientos con la policía en el centro de la ciudad.

Este año es cuando se funda en EE.UU. la *National Organization of Women* (Organización nacional de las mujeres) presidida por la feminista Betty Friedan; se trata de un organismo reformista con estructura jerárquica convencional, que concentrará sus energías en presionar al gobierno y en la lucha en pro de la igualdad de derechos. En 1982 agrupará a 220.000 afiliadas.

En 1966 es cuando se funda en Holanda el Consejo Inter-iglesias por la Paz, que se convertirá en una fuerte organización pacifista. También es este año cuando se funda en Oakland (California) el *Black Panther Party*, organización separatista negra que aboga por la lucha armada. El FBI perseguirá implacablemente a sus militantes.

Se inician las matanzas de campesinos por el gobierno de Guatemala, que en los dos decenios siguientes se cobrarán más de 50.000 víctimas, muchas de ellas atrozmente torturadas.

Conferencia «Tricontinental» en la Habana, organizada en la Habana por Ernesto «Che» Guevara y Mehdi Ben Barka, para «pasar de la lucha anticolonial a la lucha antiimperialista».

1967

En *enero* la Oposición Extraparlamentaria (*Ausserparlamentarische Opposition*, APO) de la RFA, formada por la coalición de varios grupos de izquierda radical, es ya una realidad política. Se inician revueltas estudiantiles en España e Italia.

El *18 de enero* naufraga el petrolero Torrey Canyon frente a las costas de Bretaña, vertiendo todo su cargamento al canal de la Mancha. Esta marea negra constituye una de las primeras catástrofes ecológicas de los tiempos modernos.

En la noche del *20 al 21 de abril* se produce el golpe militar derechista en Grecia (la dictadura se prolongará hasta 1974).

En *abril* la visita del vicepresidente norteamericano Humphrey a Berlín desencadena violentos enfrentamientos entre los estudiantes y la policía. Los enfrentamientos se reanudarán durante la visita del sha de Persia en *junio*, resultando en esta ocasión muerto el estudiante Benno Ohnesorg (el *2 de junio*). Desde este momento la chispa de la rebelión estudiantil salta a la mayoría de las universidades germano-occidentales, y se forma un verdadero movimiento de masas.

El *5 de junio* estalla la tercera guerra árabe-israelí (Guerra de los Seis Días), que concluye con la expulsión de los árabes de Jerusalén y la conquista de Gaza y el Sinaí por el ejército israelí.

En *julio* tiene lugar la primera marcha antimilitarista organizada por el Partido Radical en el noroeste de Italia.

En *julio* se legaliza el aborto en Gran Bretaña, y son derogadas las leyes que penalizaban la homosexualidad.

En *julio* comienza la cruenta guerra civil en Nigeria, con el intento de secesión de Biafra: se prolongará hasta enero de 1970.

En *julio* tienen lugar grandes revueltas negras en Newark (EE.UU.). La intervención de la Guardia Nacional causa 27 muertos y unos 1.100 heridos.

El *10 de octubre* es apresado y asesinado Ernesto «Che» Guevara en Bolivia.

De *septiembre a diciembre* se multiplican en la mayoría de las ciudades germano-occidentales las manifestaciones de solidaridad con Vietnam; también en otras ciudades europeas, como Roma, Londres, París y Amsterdam. El *21 de octubre*, el Pentágono estadounidense sólo puede ser protegido del cuarto de millón de manifestantes contra la guerra del Vietnam que lo asedian merced a la intervención de más de 10.000 policías y soldados. En *noviembre* están luchando en Vietnam 525.000 soldados norteamericanos.

En *diciembre* se presenta públicamente en Gran Bretaña el *Women's Liberation Movement* (Movimiento de Liberación de la Mujer).

Durante todo el año se suceden las ocupaciones de universidades italianas. De la de Turín parte en *noviembre* un manifiesto contra el autoritarismo académico.

A partir 1967 se inicia la resistencia al reclutamiento obligatorio en los EE.UU. En *invierno* se crea el ASU (*American Servicemen's Union*), primera asociación de la historia de los EE.UU. que reúne sin distinción de razas a soldados en contra del militarismo y el imperialismo. En 1970 cuenta con 8.000 hombres activos en las fuerzas armadas; ese mismo año están encerrados en cárceles militares unos 25.000 soldados por actos de insubordinación relacionados con la guerra de Vietnam. En 1968 el número de desertores llega a los 200.000.

En 1967 Francia construye el primer prototipo de un reactor nuclear de neutrones rápidos (o «copergenerador») de sólo 24 megawatios. En 1973 construirá la primera planta de 250 mw, bautizada Phénix.

1968

El *5 de enero* Alexander Dubcek accede a la dirección del partido comunista checoslovaco. Comienza la «primavera de Praga».

En *enero*, más de la mitad de las universidades italianas se encuentran ocupadas por los estudiantes, y en Turín se celebra el primer congreso de militantes universitarios. En *febrero* tienen lugar violentos enfrentamientos entre estudiantes y policías en Roma y otras ciudades italianas. En *diciembre*, serán 2.700 los estudiantes acusados por desarrollar actividades ilegales durante el curso académico 1967-1968.

En *enero y febrero* se desarrolla la ofensiva del Tet en Vietnam; el ejército norvietnamita llega a las puertas de Saigón. El gobierno de los EE.UU. accede a entablar negociaciones de paz.

De *enero a marzo* hay revueltas en diversas universidades de Gran Bretaña. En este último mes se celebran manifestaciones masivas organizadas por la *Vietnam Solidarity Campaign*.

El *17 de febrero* se celebra en Berlín Occidental un Congreso

Internacional de Solidaridad con Vietnam, con más de cinco mil participantes venidos de toda Europa. Al día siguiente, más de 12.000 participantes se manifiestan en la ciudad.

El *18 de febrero* Jerry Rubin y Abbie Hoffmann fundan en los EE.UU. el Youth International Party, los «yippies».

El *16 de marzo* el ejército norteamericano arrasa la aldea vietnamita de My Lai y mata a todos sus habitantes.

El *4 de abril* es asesinado en Memphis el dirigente negro estadounidense Martin Luther King. Su muerte desencadena la que será la última de las oleadas de revueltas negras en los años sesenta. En *junio* será asesinado Robert Kennedy. Este año, Richard Nixon es elegido presidente de los EE.UU.

El *6 de abril* se funda (en Roma) el Club de Roma, por iniciativa de Aurelio Peccei y Alexander King.

El *11 de abril* Rudi Dutschke, el dirigente estudiantil alemán, sufre un grave atentado (a resultas del cual morirá once años más tarde, en las Navidades de 1979). Los estudiantes responden organizando un asedio de las oficinas de la cadena periodística de prensa amarilla Springer, que había incitado al asesinato de Dutschke y a la represión del movimiento estudiantil. (Los cócteles molotov empleados para pegar fuego a algunos vehículos de la empresa los proporciona la policía secreta de Berlín Occidental –*Berliner Verfassungsschutz*– a través de su funcionario Peter Urbach, empleado como agente provocador.) En *abril y mayo*, una oleada de agitación estudiantil conmueve a toda la RFA. Se trata de los choques entre manifestantes y policía más violentos en toda la historia de la RFA; hay más de 400 heridos, y dos muertos en Munich (un estudiante y un fotógrafo). En *mayo* es presentado en el parlamento otro proyecto de leyes de excepción; la APO reacciona con vigor en todo el país. *Mayo y junio* es el momento culminante de la lucha contra las leyes de excepción, con manifestaciones, asambleas, huelgas y ocupaciones. El *30 de mayo* se aprueba definitivamente la nueva legislación excepcional. A partir de este momento decaerá el movimiento antiautoritario estudiantil.

El *3 de mayo* se cierra la Sorbona y comienzan los enfrentamientos entre estudiantes y policías en el Barrio Latino de París. El *13 de mayo* hay enormes manifestaciones organizadas por los sindicatos; en la huelga general que paraliza al país a partir del *15 de mayo* participan diez millones de personas. Emergen reivindicaciones antiautoritarias, antijerárquicas y de control obrero del proceso de trabajo que parecen presagiar una mutación del movimiento sindical. Se crea una situación de doble poder. Durante algún tiempo, el gobierno de De Gaulle considera la posibilidad de reprimir la rebelión empleando a tropas estacionadas en la RFA. A partir del *6 de junio* comienza a remitir el proceso huelguístico. Las elecciones legislativas del *23 y 30 de junio*, que ganan los gaullistas, sellan el final del episodio revolucionario. En general, en los movimientos estudiantiles de los años sesenta se revitalizan las tradiciones críticas socialistas y comunistas (tanto las de raíz marxista como las inspiradas en el anarquismo), que confluyen con la protesta contracultural.

A partir del *21 de agosto*, la intervención militar soviética en Checoslovaquia yugula el experimento de «socialismo con rostro humano» puesto en marcha por el pueblo checo bajo la dirección de Alexander Dubçek.

Agosto: primera manifestación en Irlanda del Norte en que la minoría católica pide igualdad de derechos con la comunidad protestante.

El *13 de septiembre* Sigrid Rüger, de la organización estudiantil germano-occidental SDS, le pega a su camarada Hans-Jürgen Krahl (dirigente de la misma organización) un tomatazo en la cara en medio del último congreso regular de delegados del SDS. El decaimiento del movimiento estudiantil coincide con el nacimiento del nuevo movimiento feminista. Las mujeres del SDS se sublevan contra las «eminencias socialistas provistas de picha burguesa». El movimiento de liberación de la mujer de los años setenta comienza para muchas mujeres como crítica de las organizaciones izquierdistas y de la política estudiantil: se dan cuenta de que –como se oye en Italia a finales de los sesenta– las mujeres han pasado «de ángel del hogar a ángel del ciclostil», limitándose su papel revolucionario a escuchar los discursos masculinos, preparar el café y copular con los líderes. En EE.UU., el dirigente radical negro Stokely Carmichael había declarado que «la única posición que le convenía a la mujer en el SNCC (*Student Non-violent Coordinating Committee*) era estar tumbada boca arriba»; en 1970, estudiantes varones irrumpirán en una de las primeras reuniones de mujeres en la universidad de Vincennes al grito de «el poder está en la punta del falo».

El *2 de octubre*, diez días antes de los Juegos Olímpicos, la policía mexicana dispara en una asamblea de estudiantes en la Plaza de las Tres Culturas (Ciudad de México) y mata a 500 personas.

A lo largo de 1968 va tomando cuerpo el nuevo movimiento feminista en Gran Bretaña. Su actuación pública se iniciará con algunas acciones espectaculares, como el lanzamiento de bombas de flúor durante la ceremonia de proclamación de Miss Mundo en Londres en *noviembre de 1969*.

Este año es también cuando EE.UU., la URSS y Gran Bretaña firman el Tratado de No Proliferación Nuclear.

En *1968* se destapa en Brasil el escándalo del Servicio de Protección a los Indios: la propia organización encargada de «proteger» a los indios organiza su exterminio. Cuatrocientos funcionarios del SPI son juzgados y declarados culpables (de asesinatos, violaciones, contagio deliberado de enfermedades, expulsiones de sus tierras, etc.), pero no se detiene a ninguno. Un reportaje de Norman Lewis en el *Sunday Times* populariza el tema. En Londres comienza una serie de reuniones que finalmente desembocan en la creación de *Survival International* (organización de defensa de los pueblos indígenas).

1969

El *20 de enero* se inician graves disturbios en las universidades españolas al difundirse la noticia de la muerte del estudiante Enrique Ruano. El *24 de enero* se impone el estado de excepción en España.

De *enero a abril* el movimiento de las guarderías antiautoritarias se extiende desde Berlín Occidental a otras ciudades de la RFA.

En *junio*, cuando la policía neoyorquina efectúa una redada rutinaria en un bar de homosexuales de Greenwich Village (el Stonewall), las fuerzas del orden son atacadas por quienes iban a detener. Durante las tres noches siguientes Greenwich Village, que es el gueto homosexual neoyorquino, vive una especie de guerrilla urbana. Desde entonces el 25 de junio es el Día Internacional del Orgullo Gay –y en estos sucesos puede cifrarse el arranque del movimiento gay.

El *21 de julio*, el astronauta norteamericano Neil Armstrong imprime sus huellas en la superficie lunar.

El *17 de agosto* comienza el magno festival *pop* de Woodstock, tres días de «love and peace».

Agosto: violentos enfrentamientos entre católicos y protestantes en Belfast. El IRA (Ejército Republicano Irlandés) entra en el conflicto el *28 de septiembre*.

El *23 de octubre* Nixon (que ha accedido a la presidencia en *enero*) anuncia la retirada de Vietnam. En *noviembre* los soldados norteamericanos que combaten en Vietnam son medio millón, y tal es también el número de personas que se manifiestan en Washington contra la guerra (se trata de la manifestación más grande de la historia estadounidense; simultáneamente, otros centenares de miles se manifestaban en otras ciudades del país). El mismo año, antes de ser destruido por divisiones sectarias, el SDS estadounidense alcanza los cien mil miembros.

Noviembre-diciembre: sesiones preliminares de las Conversaciones de Limitación de las Armas Estratégicas (SALT).

Diciembre: atentado fascista en la Piazza Fontana de Milán (16 muertos y un centenar de heridos). En los años siguientes, atentados, masacres y diversas iniciativas de desestabilización política se adensarán en una *estrategia de la tensión* destinada a impedir que el Partido Comunista Italiano acceda democráticamente al poder.

Este año el ecologista estadounidense David Brower abandona la organización conservacionista *Sierra Club* para fundar *Friends of the Earth* (Amigos de la Tierra, FOE), que se desarrollará a escala mundial como una red de coordinación de grupos ecologistas. En 1974 *Friends of the Earth* contará con 25.000 miembros en los EE.UU. En *1970* existen más de 3.000 grupos ecologistas en los EE.UU., aunque la gran mayoría de ellos –unos 2.500– operan únicamente a nivel local. Las asociaciones conservacionistas con mayor número de miembros son también las más antiguas: la Audubon Society (214.000 miembros, fundada en 1905) y el Sierra Club (150.000 miembros, fundada en 1892).

En *1969* la National Academy of Sciences norteamericana publica un informe titulado *Resources and Man* (*Los recursos y el hombre*), en el que llama dramáticamente la atención sobre el agotamiento de los recursos y la explosión demográfica. Entre sus conclusiones cabe citar la siguiente: «Una población mundial de 10.000 millones estaría cerca (si no por encima) del máximo tolerado por la esperanza de ser alimentada y mantenida, en un mundo intensivamente transformado y mecanizado, conservando alguna medida de calidad de vida y libertad individual».

Este año concluye la Revolución Cultural China, y en Libia el coronel Gadafi derroca al rey Idris.

1970

En *febrero* se funda en Italia el *Movimento di Liberazione della Donna* (Movimiento de Liberación de la Mujer). En *diciembre*, el parlamento italiano aprueba la ley que instituye el divorcio.

En *febrero* los matrimonios Bohlen y Stowe planean en Canadá impedir una explosión atómica de los EE.UU. en Amchitka (Alaska) prevista para el año siguiente. Forman para ello el Comité No Hagáis Olas, embrión de la posterior organización ecologista de acción directa *Greenpeace*. El primer barco de la organización –llamado precisamente *Greenpeace*– se hace a la mar el *15 de septiembre de 1971*. (No obstante, la bomba atómica estalla en Amchitka el *6 de noviembre*.) La organización va a expandirse rápidamente: su vigésima sección nacional, Greenpeace Irlanda, se inaugurará el *12 de mayo de 1988*.

El *5 de marzo* entra en vigor el Tratado de No Proliferación Nuclear con 47 signatarios (otros cincuenta países lo habían firmado, pero no lo habían ratificado aún en este momento). No lo firmaron Francia, China, Argelia, Argentina, Brasil, Chile, Cuba, España, India, Israel, Pakistán, Suráfrica ni Uruguay, entre otros países.

El *21 de marzo* el SDS (*Sozialistischer Deutscher Studentenbund*), la organización estudiantil de la RFA, se autodisuelve.

También en *marzo* se constituye en Gran Bretaña el Comité Nacional de Coordinación de los grupos del movimiento de liberación de la mujer.

El *14 de mayo* Andreas Baader (condenado a prisión en la RFA por incendiar unos grandes almacenes) es liberado por la fuerza, en una acción que organizan Ulrike Meinhof y Gudrun Ensslin. Comienza así a formarse el grupo terrorista de extrema izquierda *Rote Armee Fraktion* (RAF, Fracción del Ejército Rojo).

El *22 de abril*, más de veinte millones de personas se suman en EE.UU. a la celebración del *Earth Day* (Día de la Tierra). El gigantesco acto de afirmación ecologista se propone aumentar la escasa conciencia sobre la belleza y la fragilidad de la vida en la tierra (los peligros percibidos entonces más agudamente se derivaban de la contaminación y la superpoblación); como una de sus consecuencias puede verse la creación de la Agencia de Protección del Medio Ambiente en EE.UU. La iniciativa se repetirá veinte años más tarde, el *22 de abril de 1990*, y será seguida entonces en más de 130 países por unos cien millones de personas.

En *abril* China pone en órbita su primer satélite artificial.

En *agosto* tiene lugar en París la primera manifestación de esta «segunda ola» del feminismo francés; pocos meses antes ha sido fundado el *Mouvement de Libération des Femmes*.

El *17 de septiembre* entran por primera vez en acción las *Brigate Rosse* italianas (incendio del coche de un directivo de la Sit-Siemens). El *3 de marzo de 1972* tendrá lugar el primer secuestro político (de Idalgo Machiarini, otro directivo de la misma empresa).

1971

El *12 de abril*, más de 1.500 personas se manifiestan ante la central nuclear que se está construyendo en Fessenheim (Alsacia). Es el nacimiento del movimiento antinuclear francés.

El *11 de mayo*, 2.200 científicos de todo el mundo y de todas las especialidades dirigen a la ONU el «Mensaje de Menton», grito de alarma ecologista («Vivimos en un sistema cerrado, totalmente dependientes de la Tierra y unos de otros, y eso durante toda nuestra vida y durante la de las generaciones que vendrán») que insta a superar las divisiones nacionales y afrontar los problemas globales.

En *marzo* se celebra en Londres la primera de las grandes manifestaciones feministas en Gran Bretaña, apoyando una plataforma de cuatro puntos que recoge las principales reivindicaciones del movimiento: *a*) a trabajo igual salario igual; *b*) iguales posibilidades de recibir enseñanza y encontrar trabajo; *c*) libre circulación de los métodos anticonceptivos y liberalización del aborto; *d*) guarderías abiertas las 24 horas, gratuitas y gestionadas por el Estado para las madres trabajadoras. En *abril* 343 mujeres –entre ellas Simone de Beauvoir, Jeanne Moreau y Marguerite Duras– firman en Francia un manifiesto en el que declaran haber abortado y reivindican el derecho de todas las mujeres a hacerlo libremente. En *junio*, 374 mujeres de la RFA publican un manifiesto autoacusatorio semejante. A partir de él se desarrolla el movimiento *Aktion 218* que lucha por la liberalización del aborto («Mi vientre me pertenece»). En 1971 es también cuando se funda en Austria la *Aktion Unabhängiger Frauen* (Acción de Mujeres Independientes), núcleo del movimiento feminista autónomo de los dos decenios siguientes. En toda Europa Occidental, el problema de la despenalización del aborto ejerce como factor unificante de las distintas corrientes feministas que componen el naciente movimiento de mujeres.

El *26 de septiembre* media docena de periodistas daneses entran en lo que hasta entonces era una zona militar abandonada, en una isla en pleno centro de Copenhague, y fundan en ella el Estado Libre de Christiania, una verdadera ciudad alternativa cuyas dos primeras «leyes» son: nada de automóviles y nada de drogas duras. En este primer invierno ya la habitan 400 personas (entre ellas ancianos y niños). El gobierno, desbordado, declara la zona «experimento social» por un período de cinco años; transcurridos éstos, la pacífica y solidaria comunidad alternativa consolida su existencia. Veinte años después, en 1991, sus más de mil habitantes siguen constituyendo una comunidad libertaria muy viva.

Acercamiento entre China y EE.UU. Bangladesh se independiza de Pakistán: en la guerra morirán más de un millón y medio de personas.

1972

El *9 de febrero* Sicco Mansholt (miembro de la Comisión de la CEE desde su fundación en 1958 hasta 1974), impresionado por una lectura del primer informe al Club de Roma (*Los límites del crecimiento*) que está a punto de publicarse, envía su famosa carta al presidente de la Comisión de la CEE, en la que viene a concluir la incompatibilidad del modo de producción capitalista con la supervivencia de la humanidad en el planeta Tierra.

El *12 y 13 de marzo* se celebra en Francfort del Meno el Primer Congreso Federal de Mujeres, al que acuden más de cuatrocientas mujeres (representando a más de 40 grupos de unas 20 ciudades de la RFA).

En *abril* se funda en Tasmania (estado federado australiano) el primer partido ecologista del mundo: el *United Tasmania Group* (Grupo Unido de Tasmania). Le seguirá, al mes siguiente, el *Values Party* (Partido de los Valores) de Nueva Zelanda.

En *mayo*, una gran manifestación ecologista de más de 10.000

ciclistas recorre los Campos Elíseos de París. También es en este mes cuando la URSS y EE.UU. firman en Moscú el primer tratado SALT (*Strategic Arm Limitation Talks*).

En *mayo y junio*, cadena de atentados de la *Rote Armee Fraktion* (Fracción del Ejército Rojo, RAF) en la RFA. Son detenidos los líderes del grupo Andreas Baader (el *1 de junio*) y Ulrike Meinhof (el *15 de junio*). En *junio*, catorce escritores germano-occidentales firman una carta en la que protestan contra la «caza del hombre» desencadenada para desarticular a la RAF.

El *18 de junio* la policía estadounidense descubre el robo que el día antes se ha cometido en los archivos del Partido Demócrata en el edificio Watergate, robo realizado por los hombres del presidente Nixon. Aunque la CIA, instigada por Nixon, obstaculiza las investigaciones del FBI, finalmente el «escándalo Watergate» obligará al presidente a dimitir el *8 de agosto de 1974*.

En *junio* se celebra en Estocolmo la primera Conferencia Mundial sobre el Medio Ambiente Humano, organizada por la ONU (sólo veinte años después, en junio de 1992, tendrá lugar en Río de Janeiro una Conferencia de las Naciones Unidas sobre Medio Ambiente y Desarrollo). Anteriormente, los temas ecológicos dentro de la ONU se habían tratado siempre en la UNESCO, desde que en 1949 se celebró la reunión sobre problemas medioambientales de Lake Success (Nueva York). La Conferencia de Estocolmo induce la creación del Programa de las Naciones Unidas para el Medio Ambiente (PNUMA), con sede en Nairobi.

El *14 de julio* tiene lugar la primera gran manifestación (unas 20.000 personas) contra la extensión de la base militar de Larzac en Francia. El Larzac se convertirá en uno de los bastiones de la resistencia ecologista y antimilitarista en Francia durante diez años de luchas.

Durante el verano tiene lugar en Japón el juicio contra la empresa Chisso Corporation, cuyos vertidos de sulfato de mercurio en la bahía de pescadores de Minamata habían causado 463 víctimas humanas desde 1953. (El mercurio se acumulaba en la cadena trófica que acababa en los pescadores nipones, envenenándolos hasta que morían con el sistema nervioso gravemente dañado.) El resultado final ascenderá a unos 1.200 muertos (con 200.000 japoneses afectados).

En *noviembre y diciembre*, el líder del Partido Radical italiano Marco Pannella realiza una dramática huelga de hambre de cuarenta días pidiendo una ley sobre la objeción de conciencia (que finalmente es aprobada).

En *diciembre* se funda, en el cantón de Vaud, la primera lista electoral regional verde suiza con el nombre de *Mouvement Populaire pour l'Environnement*; su objetivo es impedir la construcción de una autopista a lo largo del lago Neuchâtel. El *7 de mayo de 1973* obtienen el 17,8 % de los sufragios en las elecciones cantonales (8 de los 41 escaños). La autopista no se construirá.

Este año se publica el primero de los informes del Club de Roma, *The Limits of Growth* (*Los límites del crecimiento*, el llamado «informe Meadows»), que tendrá un impacto enorme sobre la opinión pública mundial. Seguirán el informe Mesarovic/Pestel en 1974, *Mankind at the Turning Point* (*La humanidad en la encrucijada*); el informe Tinbergen en 1976; el informe Global 2000 en 1981; el informe Bruntland en 1987; una actualización del informe Meadows (*Más allá de los límites del crecimiento*) en 1992...

En 1972 el dominico Bruno Hussar funda, a medio camino entre Jerusalén y Tel Aviv, la aldea de Newe Shalom/Wahat al-Salam («Oasis de paz»), la única en todo Israel donde judíos y árabes viven en igualdad de derechos y concordia civil. La asamblea del pueblo autogestiona sus asuntos de manera democrática. Es el único lugar de Israel donde existen guardería y escuela bilingües para que los niños árabes y judíos se eduquen juntos, por ejemplo. Desde 1980 la aldea organiza encuentros y seminarios en su «Escuela de paz», a la que han acudido en los años ochenta unas 15.000 personas. La comunidad ha apoyado la *intifada* palestina.

Este año, EE.UU. y la URSS firman un tratado sobre limitación de armas estratégicas (SALT).

1973

En *enero* se funda en Gran Bretaña el antecesor del actual partido verde con el nombre de *People's Party*; pasará a llamarse *Ecology Party* en 1975 y *Green Party* en 1985. Este mismo año, 1973, surgen en Suecia listas electorales verde-alternativas que concurren a las elecciones municipales con el nombre de la ciudad o pueblo en cuestión (Partido de Estocolmo, Partido de Sollentum, etc.). Un partido verde de nivel nacional no se fundará sino unos años después, el *20 de septiembre de 1981*, con el nombre de *Miljöpartiet*.

En *febrero*, el diputado italiano Loris Fortuna presenta en el Parlamento un proyecto de ley que liberaliza el aborto.

En *marzo*, un grupo de leñadores llega a la aldea de Gopeshwar (en la provincia india de Uttar Pradesh, Himalaya meridional) para talar diez fresnos por encargo de una fábrica de artículos deportivos. Topan con la cortés pero firme resistencia de los lugareños. En la asamblea local, una de las mujeres dice: «Una madre estrecha a su hijo contra el pecho cuando lo amenaza un tigre. Abrazaremos a los árboles para protegerlos». Es el nacimiento del *chipko andolan* (literalmente «movimiento del abrazo»), un movimiento de protección de los bosques inspirado en la acción directa no violenta de tradición gandhiana. (Ya en tiempos de Gandhi existió en las regiones montañosas de la India un movimiento de desobediencia civil contra la rapaz política forestal de la administración colonial británica.)

En *abril*, en Francia, estalla el «caso LIP». En *junio*, obreros y técnicos ocupan la fábrica de relojes de Besançon.

En *agosto-septiembre* alcanza su máxima virulencia la campaña contra los disidentes en la URSS, iniciada el año anterior, con una violenta campaña de prensa en contra de Andrei Sajárov y Alexander Soljenitsin.

El *11 de septiembre* tiene lugar el asalto al Palacio de la Moneda; muere defendiéndolo el presidente de Chile Salvador Allende (elegido democráticamente en octubre de 1970). Comienza la sangrienta dictadura militar del general Pinochet: en 1974 el gobierno ejecutará a más de 20.000 personas.

Del *6 al 25 de octubre* tiene lugar la cuarta guerra árabe-israelí, la guerra del Yom-Kippur. Alerta nuclear; la URSS envía refuerzos a Egipto y EE.UU. a Israel. La guerra provoca la reducción de la extracción de petróleo de los países árabes de la OPEP (Organización de Países Productores de Petróleo), el corte de suministros a diferentes naciones y el encarecimiento del crudo. Es el *22 de diciembre* cuando la OPEP duplica los precios del petróleo: en pocos meses pasará de costar tres a trece dólares el barril. Comienza la llamada «crisis del petróleo», que supondrá el detonante de una crisis económica generalizada del capitalismo.

Este año tienen lugar los primeros experimentos de ingeniería genética con éxito. En 1974 se impone en EE.UU. una moratoria en las investigaciones sobre ingeniería genética. En 1975, el congreso de Asilomar adopta al respecto una serie de principios más bien cautelosos. Un grupo de influyentes genetistas encabezado por Paul Berg publica un manifiesto abogando por la moratoria en las investigaciones sobre genética molecular.

En 1973 se incorporan a la CEE Dinamarca, Gran Bretaña e Irlanda; en Grecia tiene lugar el «golpe de los coroneles». La cuarta Cumbre de los No Alineados, celebrada en Argel, reivindica un nuevo orden económico internacional, que la ONU aprobará solemnemente al año siguiente.

Este año se celebra en París el Primer Congreso Internacional sobre energía solar.

1974

En *marzo*, el primer ministro francés Pierre Messmer anuncia un acelerón brutal del programa electronuclear de su país, que se convierte así (proporcionalmente) en el mayor del mundo: construcción de trece reactores de mil megawatios en dos años.

A partir del *24 de abril*, la «revolución de los claveles» portuguesa derriba incruentamente a la dictadura salazarista, la más antigua de Europa.

En *abril*, las Brigadas Rojas italianas raptan al fiscal de Génova Mario Sossi.

El *9 de mayo* se celebra en Berlín Occidental (en los comedores de la Universidad Técnica) la primera fiesta pública alemana sólo para mujeres, amenizada por el grupo de rock femenino *Flying Lesbians*.

Para las elecciones presidenciales de *mayo* en Francia se forma una candidatura ecologista a nivel nacional (es el primer país donde sucede). El candidato, el agrónomo René Dumont, obtiene unos 340.000 votos.

En *diciembre* se aprueba en el parlamento francés, con los votos de la izquierda, la nueva ley sobre el aborto presentada por la ministra centrista Simone Veil.

Este año es cuando se organiza en Gran Bretaña la Campaña contra el Comercio de Armas, dirigida fundamentalmente contra las armas convencionales.

También es en 1974 cuando la India realiza su primera explosión nuclear; cuando el emperador Haile Selassie es derrocado por el ejército etíope; y cuando Nixon tiene que dimitir de la presidencia de EE.UU. a consecuencia del «escándalo Watergate».

1975

En *enero* se celebra en Roma la primera conferencia nacional sobre el aborto, organizada por el Movimiento de Liberación de las Mujeres y el Partido Radical.

El *17 de febrero*, unos centenares de activistas antinucleares germano-occidentales ocupan los terrenos en que ha de construirse la proyectada central nuclear de Whyl (cerca de Friburgo); el *20 de febrero* son desalojados violentamente por la policía, y el día 23 los antinucleares vuelven a ocupar las obras... pero esta vez son treinta mil y la ocupación durará ocho meses. Con esta «batalla de Whyl» comienza en serio el movimiento antinuclear en la RFA. (El *21 de marzo*, una resolución judicial paraliza la construcción de la central, que se desestimará definitivamente por decisión del Tribunal Administrativo de Friburgo el *14 de marzo de 1977*.)

El *22 de marzo* el reactor nuclear de 1.000 mw de la Central de Browns Ferry (Alabama) roza la catástrofe. Los bomberos sólo logran apagar el incendio 16 horas después de encenderse las alarmas y cuando ya estaba a punto de fundirse el núcleo del reactor.

El *17 de abril* las fuerzas comunistas de los *jemeres rojos* entran en Pnom Penh, capital de Camboya; impondrán en el país un sangriento igualitarismo campesino, que se cobrará (sólo en 1975-1978) más de dos millones de vidas.

El *30 de abril* finaliza la guerra de Vietnam: Saigón se convierte en la Ciudad de Ho Chi Min y los últimos norteamericanos deben abandonar la ciudad en helicóptero. Se trata de la primera derrota militar del imperialismo norteamericano.

En la *primavera*, numerosas manifestaciones contra la nuclearización del curso del Rin en la RFA, en las que también participan grupos franceses.

En *julio* se presentan en Italia 800.000 firmas para pedir la celebración de un referéndum que derogue los artículos del Código Penal que penalizan el aborto. En *diciembre* tiene lugar la primera gran manifestación feminista en Roma, con participación de decenas de miles de personas, para pedir la despenalización del aborto. También en *diciembre* entran en vigor en Gran Bretaña la *Sex Discrimination Act* y la *Equal Pay Act*, que sancionan legalmente la igualdad absoluta entre ambos sexos.

Del *6 al 9 de diciembre* se celebran en Madrid las Primeras Jornadas Nacionales por la Liberación de la Mujer (el *20 de noviembre* ha muerto el dictador Francisco Franco), primer encuentro feminista de carácter nacional que tiene lugar en España. El período de expansión del feminismo español durará hasta 1979; tras las Jornadas Feministas de Granada en mayo de ese año comenzará un período de declive.

El *21 de agosto* tienen lugar los «sucesos de Alesia» (tiroteo entre militantes autonomistas corsos y la policía), que marcan el giro del autonomismo corso hacia el independentismo.

Este año se crea el *chip* de 64K, una pastilla de silicio con capacidad para almacenar más de 64.000 *bits* de memoria. A partir de 1978 los microordenadores inundan el mercado mundial.

También es este año cuando se celebra la Conferencia de Seguridad y Cooperación Europea en Helsinki (declaración de Helsinki sobre los derechos humanos), cuya Acta Final ratifica las fronteras derivadas de la Segunda Guerra Mundial. Comienza la guerra civil en Líbano. Angola y Mozambique se independizan de Portugal, tras sendas largas guerras de liberación.

1976

El *4 de mayo* se crea el Frente de Liberación Nacional de Córcega.

El *9 de mayo* Ulrike Meinhof aparece ahorcada en su celda de Stammheim (RFA). Aunque se trate verdaderamente de un suicidio, las infernales condiciones de prisión lo convierten en un crimen de Estado.

El *8 de junio* las Brigadas Rojas italianas realizan su primer gran atentado mortal contra el fiscal Francesco Coco, en Génova.

El *10 de julio* tiene lugar la catástrofe químico-ecológica de Seveso, en Italia: una nube de dioxina contamina a todos los seres vivos de la región.

El *9 de septiembre* muere Mao Zedong.

El *30 de octubre* unos 6.000 activistas antinucleares ocupan los terrenos fortificados donde ha de construirse la central nuclear de Brokdorf (en Slesvig-Holstein) y son violentamente desalojados por la policía. El *13 y 14 de noviembre* unas 30.000 personas vuelven a intentar la ocupación del recinto fortificado; en esta ocasión la policía responde con una violencia que sobrepasa todo lo conocido antes (en esta «batalla de Borkdorf» resultarán heridos 500 manifestantes y 80 policías). Otra manifestación tres meses después reúne a 70.000 personas. Si en Whyl nace el movimiento antinuclear alemán, en Brokdorf se convierte en un movimiento de masas.

Este año se inicia la producción de los misiles SS-20 soviéticos.

Golpe de Estado del general Videla en Argentina: en los tres años siguientes se contabilizarán más de 14.000 «desaparecidos» en el país austral.

1977

En los primeros meses del año, una nueva oleada de protesta estudiantil recorre Italia.

En *marzo*, 20.000 activistas antinucleares ocupan Gorleben (Baja Sajonia), donde el gobierno de la RFA planea construir una planta de reprocesamiento de residuos nucleares. El mismo mes tiene lugar la «batalla de Grohnde» entre otros 20.000 antinucleares y la policía, con rasgos casi de guerra civil (800 heridos, cincuenta de ellos hospitalizados). La cuestión violencia/no violencia amenaza con dividir al movimiento ecologista y antinuclear. Se va abriendo camino la idea de una intervención parlamentaria.

El *23 de mayo* James Carter, recién elegido presidente de EE.UU., encarga al *Council for Environmental Quality* y a otras instituciones gubernamentales que realicen una investigación acerca de las previsibles transformaciones en la situación de la población, los recursos naturales y el medio ambiente mundial durante los años que quedaban hasta el final de siglo; estudio que serviría para la planificación a largo plazo de su gobierno. El informe se publicará en 1980 con el título *Global 2000. Report to the President of the U.S.*, y sus previsiones son tan alarmantes como las de los dos primeros informes al Club de Roma.

Las acciones armadas de la RAF germano-occidental llegan a su punto de máxima tensión esta primavera, coincidiendo con el juicio contra Andreas Baader, Gudrun Ensslin y Jan-Carl Raspe. Al asesinato del fiscal general Siegfried Buback (*7 de abril*) seguirá el del directivo bancario Jürgen Ponto (*30 de julio*) y el secuestro del presidente de la patronal Hans Martin Schleyer (*5 de septiembre*), a cambio de cuya vida la RAF exige la liberación de once de sus presos. El episodio se complica con el secuestro de un avión de la Lufthansa por un comando palestino (el *13 de octubre*) que transmite sus exigencias a través del abogado que hace de intermediario con los presos de la RAF. Tras varias escalas, en una de las cuales es asesinado el comandante, la policía alemana asalta el aparato el *17 de octubre*. Al día siguiente aparecen muertos en sus celdas de Stammheim Baader, Ensslin y Raspe. La versión oficial es suicidio, pero muchos indicios apuntan hacia un asesinato de Estado, y el ministro de justicia del Estado de Baden-Wurtemberg dimite ante las dudosas circunstancias de las muertes. El *19 de octubre* aparece asesinado el presidente de la patronal Schleyer. Los traumáticos acontecimientos de este «otoño alemán» influirán grandemente en la vida política de la RFA.

El *14 de julio* más de 150.000 personas se manifiestan en Bilbao contra la central nuclear de Lemóniz.

El *30 de julio* más de 50.000 franceses se manifiestan contra el supergenerador nuclear Superphénix en el lugar de las obras; la policía mata a uno de los manifestantes, el ecologista Vital Michalon. A partir de este acontecimiento, la protesta antinuclear va disgregándose en Francia.

El *24 de septiembre* más de 70.000 antinucleares alemanes se manifiestan contra el supergenerador de Kalkar.

A finales de año, un notable fenómeno se observa por primera vez en Moscú: la nieve cae negra (por haberse combinado con hollín y otros elementos contaminantes en capas altas de la atmósfera).

1978

En *enero* la izquierda espontaneísta de la RFA celebra el congreso TUNIX en Berlín Occidental. Tras el endurecimiento de la represión y el autoritarismo en el ominoso «Otoño Alemán» de 1977, la consigna es *apearse del «Modelo Alemania»*. El clímax del movimiento alternativo urbano se alcanzará en 1978-1980.

El *16 de marzo* es secuestrado por las Brigadas Rojas italianas Aldo Moro, cuyo cadáver aparece el *9 de mayo*.

El *16 de marzo* el petrolero Amoco-Cadiz provoca una inmensa marea negra frente a las costas bretonas: se vierten al mar unas 230.000 toneladas de crudo.

En *abril* el presidente Carter anuncia la decisión norteamericana de posponer la fabricación de la bomba de neutrones.

El *17 y 18 de junio* se celebra en Albany el Congreso de Mujeres sobre el Medio Ambiente, testimonio del surgimiento de un feminismo ecologista en EE.UU. El mismo año se publican dos clásicos del ecofeminismo: *Woman and Nature – The Roaring Inside Her*, de Susan Griffin, y *Gyn-Ecology: The Metaethics of Radical Feminism*, de Mary Daly.

El *26 de julio* nace Louise Brown, la primera bebé-probeta del mundo. En *1984* nacerá en Melbourne Zoe Leyland, la primera bebé-probeta nacida de un embrión congelado. En *1986*, en Italia, vendrá al mundo Teresa Ferrero, primer bebé fecundado *in vitro* del que los padres habrán decidido previamente el sexo. El *1 de octubre de 1987*, una abuela surafricana dará a luz a tres nietos procedentes de óvulos de su hija fecundados *in vitro*.

Del *22 al 24 de agosto* los sandinistas asaltan el Palacio Nacional en Managua; el *20 de julio de 1979* la Junta de Reconstrucción Nacional nicaragüense asumirá el poder.

El *5 de noviembre* los antinucleares austríacos ganan (por un estrecho margen de 30.000 votos) un referéndum sobre la energía nuclear: ni la central nuclear de Zwentendorf (ya construida) ni ninguna otra entrarán en servicio. En su momento culminante, el movimiento antinuclear austríaco (1975-1978) habrá agrupado a medio millón de personas.

En *diciembre* los EE.UU. reconocen a la República Popular China, abriendo así las puertas al suministro de armas, y reducen sus compromisos con Taiwan. La URSS reacciona con escepticismo ante las afirmaciones del presidente Carter de que no se trata de una medida dirigida contra la URSS.

A partir de *diciembre*, una revolución islámica acaudillada por Ruhollah Jomeini derriba el régimen del sha Reza Pahlevi –aliado de los EE.UU.– en Irán. La desaparición de uno de los principales productores de petróleo de los mercados mundiales, y pocos meses después el comienzo de la cruenta guerra entre Irak e Irán, provocan la «segunda crisis del petróleo» (entre octubre de 1973 y noviembre de 1981, el precio del barril de petróleo pasó de costar 3 dólares a costar 34). Esta doble crisis petrolera fue uno de los factores desencadenantes de una larga y profunda crisis económica general a partir de 1973, que se caracterizó por la caída del crecimiento económico, la aceleración de la tasa de inflación, el aumento del desempleo estructural, la aparición de la *estanflación* (estancamiento con inflación), la inutilidad de las recetas económicas tradicionales que habían servido para combatir otras crisis del capitalismo, la quiebra de numerosos países del llamado Tercer Mundo y el retorno al proteccionismo en el comercio mundial.

En Suiza, se funda en 1978, en Zurich uno de los primeros partidos verdes regionales (*Grüne Partei Zürich*). Este partido podrá participar en las elecciones generales de 1979 con su propia lista de candidatos, y ganará un diputado en el parlamento nacional gracias al sistema de representación proporcional.

Acuerdos de Camp David entre Egipto e Israel. Juan Pablo II es elegido Papa. Vietnam invade Camboya para acabar con la sangrienta tiranía de Pol Pot.

1979

Febrero-noviembre: «crisis de los rehenes» de la embajada de EE.UU. en Teherán, retenidos por los jomeinistas.

El *28 de marzo* tiene lugar el accidente en la central nuclear estadounidense de Three Mile Island cerca de Harrisburg, el más grave desde la utilización de la energía nuclear «civil» hasta esa fecha. (Una bolsa de hidrógeno resultante de la fusión parcial del núcleo del reactor amenazaba con hacer explosión; hubiera causado una tragedia de proporciones dantescas.) El accidente da el golpe de gracia al programa nuclear norteamericano (ya desacelerado a mediados de los años setenta, por la escasa rentabilidad de las inversiones) y paraliza otros programas europeos (el alemán occidental y el italiano, por ejemplo).

El *31 de marzo*, tres días después del accidente de Harrisburg, unos 120.000 antinucleares germano-occidentales se manifiestan en Hanover contra la construcción de un cementerio nuclear y una planta de reprocesamiento en Gorleben. El *3 de mayo de 1980* más de 5.000 manifestantes ocuparán el terreno de obras, proclamando en él la «República Libre de Wendland» (*Freie Republik Wendland*); el poblado será desalojado 33 días después.

A partir de 1979 se hace patente que el consumo de electricidad en los países industriales avanzados no sigue las previsiones que se habían barajado pocos años antes: los pronucleares lo habían sobreestimado extraordinariamente. De hecho, a partir de 1973 el consumo de energía se ha estabilizado en los países industriales avanzados, mientras que ha seguido creciendo la economía. (Entre 1960 y 1973 el consumo energético mundial aumentó el 5,2 % anualmente; a partir de la «crisis del petróleo» en 1973, sólo el 1,1 % al año.)

En *junio* los EE.UU. sacan adelante el programa de producción de sistemas móviles de misiles MX.

El *7 de octubre*, en las elecciones al *Bremer Bürgerschaft* (el parlamento regional de Bremen), por primera vez una lista verde germano-occidental logra entrar en un parlamento regional.

14 de octubre: unos 150.000 manifestantes contra la energía nuclear en Bonn (mientras continúan los enfrentamientos en Brokdorf y Gorleben), en lo que constituye el clímax del movimiento antinuclear.

En *octubre*, una manifestación organizada por la Confederación de Sindicatos británica (*Trade Unions Congress*) en contra de la propuesta de limitar la ley del aborto reúne a más de 80.000 personas.

El *9 de diciembre* se manifiestan en Bruselas entre 50.000 y 70.000 personas contra la proyectada instalación de misiles de alcance medio en Europa Occidental.

El *12 de diciembre* la OTAN adopta la llamada «doble decisión»: desplegar en Europa misiles Pershing 2 y misiles de alcance medio si no se consigue que los soviéticos desmantelen sus SS-20. El *26 de diciembre* la URSS invade Afganistán. En enero de 1980 habrá ya 85.000 soldados soviéticos estacionados en este país. Desde finales de los setenta y hasta 1987-1988 el mundo entra en una «nueva guerra fría» (aunque cabe preguntarse si la «antigua» había cesado en algún momento).

A finales de año nacen clubs ecologistas en la mayoría de las grandes ciudades polacas; en *octubre de 1981* se creará el «Movimiento de los Verdes» con el apoyo de Solidarnosc.

Margaret Thatcher se convierte en primera ministra británica.

Se inician guerras civiles en Chad y El Salvador.

En las elecciones parlamentarias de 1979 en Finlandia, los ecologistas de este país presentan por primera vez una lista electoral (obtiene el 0,1 % del voto nacional). De 1979 a 1983 los verdes finlandeses consolidarán su representación a nivel local. Por fin, en las elecciones generales de 1983 entran en el parlamento (obtienen 1,5 % de los sufragios y dos diputados).

Este año, un brote de ántrax producido por investigadores militares soviéticos que intentaban fabricar un arma bacteriológica se cobra numerosas vidas en Sverdlovsk (Urales). Las autoridades rusas no reconocerán los hechos hasta 1992.

1980

Enero-marzo: lucha obrera en Polonia. El *24 de agosto* obreros polacos de varias ciudades en huelga crean una dirección unificada de la huelga, a cuyo frente está Lech Walesa. Son los comienzos de Solidaridad, que será fundado como sindicato independiente el *18 de septiembre*.

El *5 de marzo* se presenta la Estrategia Mundial de la Conservación de la Naturaleza, plan para la conservación de los recursos naturales preparado por la UICN, el PNUMA y el WWF.

En Suecia, un referéndum celebrado en *marzo* obliga al gobierno a programar la salida de la energía nuclear para el año 2010. En *septiembre* se funda el *Miljöpartiet* (Partido del Medio Ambiente) sueco, que cambiará su nombre a Partido Verde en 1984. En las elecciones generales de *septiembre de 1988* los verdes suecos obtienen el 5,5 % de los sufragios y entran por primera vez en el parlamento nacional (con veinte diputados).

En *abril* fracasa el comando estadounidense que intentaba liberar a los rehenes retenidos en la embajada de EE.UU. en Teherán. Ello, y las altas tasas de paro e inflación, condicionarán la derrota electoral de Jimmy Carter ante Ronald Reagan.

En *abril* se crea END (European Nuclear Disarmament, Desarme Nuclear Europeo), organización europea internacional que luchará por la desnuclearización de toda Europa (tanto

Oriental como Occidental) y el respeto de los derechos civiles y humanos.

En *junio* el Tribunal Supremo de los EE.UU. dictamina que se pueden patentar los microbios obtenidos mediante ingeniería genética. En *mayo de 1984* un tribunal federal de los EE.UU. accede a la demanda de un grupo ecologista –la *Foundation on Economic Trends* de Jeremy Rifkin– y prohíbe el primer experimento de ingeniería genética fuera del laboratorio (liberación en la naturaleza de una bacteria alterada genéticamente). En 1985, científicos estadounidenses proponen el Proyecto Genoma, programa científico que aspira a determinar la secuencia de cada una de los aproximadamente 3.000 millones de sustancias químicas que componen el genoma humano. En *mayo de 1987* causan gran revuelo las declaraciones del antropólogo italiano Brunetto Chiarelli a *L'expresso*, según las cuales en un laboratorio de California se había fecundado en los años sesenta a una hembra de chimpancé con esperma humano (aunque el animal abortó). El *16 de abril de 1987* la Oficina de Patentes de los EE.UU. anuncia oficialmente que se admiten solicitudes para patentar nuevas formas de vida obtenidas artificialmente por ingeniería genética. El *12 de abril de 1988* esta misma oficina aprueba por primera vez el registro de un animal genéticamente alterado (por un «oncorratón» patentado por la Universidad de Harvard).

El *22 de septiembre* comienza la guerra Irán-Irak.

El *10 de octubre* el Tribunal Administrativo de Hesse autoriza la ampliación del aeropuerto de Francfort (*Startbahn West*): la resistencia ecologista contra estas obras se prolongará durante años.

El *4 de noviembre* accede Ronald Reagan a la presidencia de los EE.UU. La belicosa agresividad de su gobierno impulsará la «nueva guerra fría»: en 1980, año en que la carrera de armamentos experimenta un acelerón vertiginoso, la ONU anuncia que el mundo está gastando en armamento un millón de dólares por minuto. A mediados de los ochenta, el arsenal atómico acumulado es suficiente para matar a 58.000 millones de personas (es decir, para matar doce veces a cada ser humano del planeta), y el mundo gasta 900.000 millones de dólares anuales en armamento. El segundo mandato de Reagan abarca desde *diciembre de 1984* hasta *noviembre de 1988*.

El *15 y 16 de noviembre* se reúnen en Krefeld (RFA) unos 1.500 pacifistas, y aprueban el Llamamiento de Krefeld contra el estacionamiento de los euromisiles. En seis meses lo habrán firmado más de 800.000 personas en la RFA.

Golpe de Estado militar en Turquía.

Este año, dos médicos –uno estadounidense y otro ruso– fundan la Organización Internacional de Médicos para la Evitación de la Guerra Nuclear, que sólo cinco años después contará con 135.000 miembros en 41 países.

1981

El *28 de febrero* más de 100.000 antinucleares germano-occidentales se manifiestan contra la construcción de la central de Brokdorf; batalla campal contra la policía.

El *8 de marzo* sucede un grave accidente en la central nuclear japonesa de Tsuruga. El hecho se mantendrá oculto durante mes y medio, hasta que se detecta la radiación en la zona circundante.

El *11 de abril*, más de 30.000 personas se manifiestan en Berlín Occidental en solidaridad con los ocupantes de casas vacías.

El *1 de mayo* fallecen en España las primeras víctimas del envenenamiento masivo (síndrome tóxico) causado presumiblemente por aceite de colza desnaturalizado. La catástrofe causará más de 700 muertos y 25.000 afectados crónicos. Es una de las epidemias tóxicas alimentarias más importantes de la historia de la humanidad.

En *mayo*, la Organización Mundial de la Salud adopta una normativa internacional para regular la venta y la publicidad de alimentos infantiles. (En el Tercer Mundo la alimentación de los lactantes con leche en polvo entraña graves riesgos para su salud, por las condiciones higiénicas a menudo deficientes del agua; pero las multinacionales de la alimentación difunden este procedimiento que les proporciona pingües beneficios.) El mayor boicot de consumidores de la historia, organizado a partir de 1978 en Norteamérica, Europa y el Tercer Mundo, fuerza a la multinacional suiza Nestlé –el mayor productor mundial de esos alimentos infantiles– a plegarse a las normas de la OMS en 1984.

Científicos británicos anuncian este año que cada primavera, desde 1970, se viene produciendo un «agujero» en la capa de ozono estratosférico situada sobre la Antártida, causado presumiblemente por las emisiones de gases clorofluorocarbonados (CFC). (La capa de ozono resulta esencial para el desarrollo de la vida sobre el planeta, porque protege a la tierra de los efectos nocivos de la radiación ultravioleta del sol.) En 1990 se confirmará que otro agujero similar ha surgido sobre el Polo Norte.

Con la manifestación pacifista del *20 de junio* en Hamburgo, consecutiva a unos encuentros de la Iglesia Evangélica, comienza la fase de grandes manifestaciones masivas en el nuevo movimiento por la paz de la RFA.

El *8 de agosto* llega a París una marcha pacifista organizada por la asociación internacional Mujeres por la Paz (asociación originada en Suecia), conmemorando así el aniversario de la explosión de las bombas de Hiroshima y Nagasaki. Mujeres por la

Paz organizará periódicamente otras marchas antinucleares (por ejemplo, una hasta Minsk el *verano de 1982*).

El *9 de agosto* el presidente estadounidense Reagan decide la construcción de la bomba de neutrones (que mata a las personas, pero preserva los objetos), cuya posibilidad se conoce desde 1977.

13 de septiembre: más de 50.000 manifestantes en Berlín Occidental contra el militarismo de EE.UU., con ocasión de la visita de Alexander Haig a la ciudad.

El *10 de octubre*, unos 300.000 manifestantes pacifistas exigen medidas de desarme en Bonn. Este otoño marca el despegue del nuevo movimiento pacifista en casi toda Europa Occidental (con la significativa excepción de Francia). La CND británica, por ejemplo, cuenta con 3.000 miembros en *enero de 1980*; en *1981* alcanzará los 300.000 miembros, con una media de 500 adhesiones por semana.

El *30 de noviembre* comienzan en Ginebra las negociaciones EE.UU.-URSS sobre misiles de alcance medio.

13 de diciembre: golpe militar en Polonia.

En las elecciones generales belgas de 1981, por primera vez diputados verdes entran en un parlamento nacional europeo. La coalición de los dos partidos verdes belgas, ECOLO (el partido verde valón) y AGALEV (el flamenco), obtiene 4,8 % de los sufragios y cuatro diputados.

Este año comienza el acoso militar de la «contra» financiada por EE.UU. en Nicaragua; y François Mitterrand es elegido presidente de la República Francesa.

En 1981 comienza a funcionar el Centro de Investigación y Rehabilitación de Víctimas de la Tortura en Copenhague, el primero en su género que existe en el mundo (después se fundarán otros en Canadá, Francia y Holanda). En el informe *La tortura en los ochenta*, de Amnistía Internacional (que envía grupos de médicos a los países donde se tortura desde comienzos de los setenta), hecho público en *abril de 1984*, la organización humanitaria divulga que en 1980-1984 ha comprobado 2.687 casos de tortura en 45 países, y ha recibido denuncias de otros 55. Tres países de Europa Occidental figuran en la lista macabra de los Estados torturadores: España, Turquía y en menor grado Italia. AI estima que existe aproximadamente un millón de presos políticos en el mundo, y la mayoría de ellos y ellas sufren tortura. «Para quien ha sido torturado, el mundo ya no puede volverse hogar», ha escrito Jean Améry.

1982

En *abril-junio*, ocupación de las islas Malvinas por Argentina y guerra entre este país y Gran Bretaña.

El *31 de mayo*, una mujer turca se quema viva en Hamburgo para protestar contra la xenofobia en la RFA.

El *5 de junio* las organizaciones pacifistas francesas *Comité pour le Désarmement Nucléaire en Europe* y *Mouvement pour le Désarmement, la Paix et la Liberté* convocan una gran manifestación contra la visita del presidente Ronald Reagan a París y Versalles. Sin embargo, el movimiento pacifista independiente francés no se transformará en movimiento de masas (una anomalía en la Europa Occidental de la primera mitad de los ochenta).

Del *9 al 11 de junio*, el presidente norteamericano Ronald Reagan visita la RFA. El *10 de junio* unas 400.000 personas se manifiestan en Bonn contra el rearme tanto en el Este como en el Oeste.

En *julio* se celebra en Bruselas la primera convención de END (*European Nuclear Disarmament*). Seguirán otras en 1983 (Berlín), 1984 (Perugia), 1985 (Amsterdam), 1986 (París), 1987 (Coventry), 1988 (Lund), 1989 (Vitoria), 1990 (Helsinki-Tallín).

En *verano* Israel invade Líbano.

Este año se fundan dos partidos verdes en Austria: la *Alternative Liste Öesterreichs* (Lista Alternativa de Austria) y los *Vereinte Grüne Öesterreichs* (Unión Verde Austriaca). Aliados en las elecciones generales de 1986, obtendrán un 4,8 % de los sufragios, entrando por primera vez en el parlamento.

1983

En las elecciones generales de *marzo* en la RFA, el partido verde *Die Grünen* (fundado en *enero de 1980*) obtiene un 5,6 % de los sufragios y entra por vez primera en el Bundestag (con 27 diputados).

En *mayo* el Instituto Pasteur de París consigue aislar el virus del SIDA, que a finales del decenio habrá causado más de 300.000 víctimas y proseguirá su todavía imparable expansión.

También en *mayo*, un diputado verde (elegido gracias a un acuerdo preelectoral con el Partido Comunista Portugués) entra por vez primera en el Parlamento portugués.

El *22 de octubre*, una cadena humana de 220.000 personas se forma entre las bases norteamericanas de Neu-Ulm y Stuttgart en la RFA.

El *25 de octubre* EE.UU. invade la pequeña isla de Granada. La renovación de su papel de gendarme imperial llevará al ejército estadounidense a bombardear Trípoli –la capital libia– el *14 de abril de 1986*.

En el *otoño*, un grupo de 21 «diplomáticas del pueblo» estadounidenses viaja por primera vez a la Unión Soviética. Son mujeres pacifistas que ponen en práctica la «distensión desde abajo», en tanto ciudadanas normales y corrientes que, sin vínculos ni misiones oficiales, se informan de primera mano y establecen contactos amistosos con el «enemigo oficial». A partir de estos esfuerzos de «diplomacia popular» se desarrolla el *Center for US/URSS Initiatives* de San Francisco. Desde 1988/1989 también se realizan viajes de «diplomáticos del pueblo» soviéticos a EE.UU.

Es en 1983 cuando se funda el pequeño Partido Verde danés. También en 1983, el partido feminista de Islandia Alianza de Mujeres consigue llevar al parlamento nacional de su país a tres diputadas; se trata del primer partido feminista del mundo que lo logra. En 1975 hubo en Islandia una huelga general de mujeres (en este país casi boreal trabaja el 80 % de la población femenina) que paralizó el país.

EE.UU. decide emprender un costoso programa de militarización del espacio exterior: la Iniciativa de Defensa Estratégica o «Guerra de las Galaxias».

1984

En *febrero* se funda el partido verde francés Les Verts (por fusión de dos pequeños partidos verdes preexistentes).

El *14 de abril* en la central nuclear de Bugey (Francia) se roza la catástrofe, a saber, la fusión del núcleo de su reactor número 5.

En *mayo*, una reunión internacional convocada por el PNUMA trata en Nairobi el dramático problema de la desertización mundial causada por la acción humana. Está sufriendo tales procesos entre el 35 y el 40 % de la superficie terrestre, lo que afecta a más de 850 millones de personas (sobre todo en las zonas áridas de América del Sur, gran parte de África, Asia Central, la costa oeste de EE.UU. y casi toda Australia). Las causas: explotación excesiva de la tierra, destrucción de los bosques y falta de sistemas adecuados de riego.

En las elecciones europeas de *junio* algunos partidos verdes obtienen notables resultados: los *Grünen* germano-occidentales el 8,2 % de los sufragios (7 escaños), AGALEV y ECOLO de Bélgica respectivamente 3,9 y 4,4 % (un escaño cada uno), el Acuerdo Verde Progresista en Holanda 5,6 % (dos escaños), *Les Verts* en Francia 3,4 % (ningún escaño). También Italia enviará un eurodiputado verde al parlamento de Estrasburgo. En el total de los países de la CE que participaban en las elecciones, 3.383.000 sufragios verdes (el 3,1 % del total). El grupo parlamentario Arcoiris que se formará en el Parlamento Europeo contará con los eurodiputados verdes anteriores y otros ocho de izquierda abigarrada (alternativos, regionalistas o de izquierda comunista), totalizando veinte miembros.

En el *verano*, durante el congreso de END en Perugia, se funda la Red Europea para el Diálogo Este-Oeste, una red de grupos del movimiento europeo occidental por la paz que tienen interés en estrechar su colaboración con grupos independientes en los países de Europa del Este y la URSS. Este grupo, en un laborioso proceso de trabajo internacional, redactará el importante memorándum «Insuflar verdadera vida al Tratado de Helsinki», presentado a la Conferencia de Seguridad y Cooperación Europea en su congreso de *noviembre de 1986* de Viena.

El *21 de septiembre*, el Informe Sábato cifra en 8.961 el número de desaparecidos en Argentina desde el golpe militar de 1976. (Pero otras fuentes elevan esta cifra hasta 14.000.)

El *3 de septiembre*, el Vaticano condena la teología de la liberación.

En *octubre* se reúne por primera vez la Comisión Mundial sobre el Medio Ambiente y el Desarrollo (creada por la Asamblea General de las Naciones Unidas en 1983), presidida por Gro Harlem Brundtland. En *abril de 1987* la Comisión publicará su importante informe *Nuestro futuro común* («un programa global para el cambio», que propone estrategias «para alcanzar un desarrollo sostenible para el año 2000 y a partir de esta fecha»). Según recuerda el mismo informe, durante esos 900 días:

«*La crisis del medio ambiente y desarrollo en África, provocada por la sequía, culminó poniendo en peligro la vida de 35 millones de personas y causando la muerte de tal vez un millón.

*Un escape de una fábrica de plaguicidas de Bhopal, India, causó la muerte de 2.000 personas y ceguera y lesiones a otras 200.000.

*Los tanques de gas licuado que explotaron en la ciudad de México causaron la muerte de 1.000 personas y dejaron sin techo a millares de ellas.

*La explosión del reactor nuclear de Chernóbil esparció nubes radiactivas por Europa aumentando el riesgo de cáncer en el futuro.

*A causa del incendio de un depósito en Suiza, productos químicos agrícolas, disolventes y mercurio contaminaron el Rin causando la muerte de millones de peces y amenazando el abastecimiento del agua potable en la RFA y los Países Bajos.

*Un número de personas estimado en 60 millones murió de enfermedades diarreicas relacionadas con agua potable inadecuada y malnutrición; las víctimas, en su mayoría, fueron niños.»

El *3 de diciembre*, un escape de gas venenoso en la fábrica de plaguicidas que la multinacional Union Carbide posee en Bhopal (India) provoca la muerte casi inmediata de 2.000 personas y causa ceguera y lesiones diversas a otras 200.000.

1985

A *comienzos de año* el gobierno y las empresas eléctricas de la RFA deciden finalmente la construcción de una planta de reprocesamiento nuclear en Wackersdorf (Baviera): se trata del proyecto atómico mayor, más caro y tecnológicamente más complejo de todos los emprendidos en el país. La resistencia del movimiento antinuclear y las poblaciones afectadas se intensifica sobre todo en 1986-1987.

En *febrero* se celebra en París una conferencia mundial sobre la desforestación. Cada año desaparecen del planeta diez millones de hectáreas de superficie arbolada; en la primera mitad de los ochenta, la mitad de los bosques de la RFA ha sufrido las consecuencias de la «lluvia ácida»; en este siglo ha desaparecido el 40 % de los bosques tropicales.

El *11 de marzo*, Mijail Gorbachov es elegido secretario general del PCUS. Se inicia la *perestroika* soviética, uno de los acontecimientos fundamentales del final de siglo. Aunque se plantea al principio como esfuerzo por dinamizar un sistema económico ineficaz y anquilosado, a partir de 1987 las reformas se radicalizan y escapan paulatinamente del control de la dirección soviética. En 1988 se reforma la constitución para preparar unas elecciones auténticas, y en *marzo de 1989* éstas dan victorias aplastantes a algunos candidatos de la oposición. Surge un Congreso de Diputados que representa legítimamente al país y en cuyo seno el llamado Grupo Interregional realiza una oposición radical y presiona a Gorbachov para que acelere la reforma política (hacia una democracia multipartidista) y económica (hacia una economía de mercado). Gorbachov es elegido presidente de la URSS en *marzo de 1990*; en *agosto de 1991* un fallido golpe de Estado propiciado por sectores del PCUS y del Ejército Rojo precipita la desintegración del inmenso Estado multinacional soviético.

El *10 de julio* agentes del servicio secreto francés hunden en el puerto de Auckland (Nueva Zelanda) el barco de la organización ecologista *Greenpeace*, que protestaba contra las explosiones nucleares francesas en el Pacífico.

En 1985 se funda en Madrás (India Meridional) el Museo de la Técnica Sencilla: seis cabañas de bambú en las que se exponen aparatos sencillos para mejorar la vida cotidiana de la gente pobre. Esquemas y dibujos sin texto muestran cómo construirlos de un modo accesible incluso a los analfabetos. Responsable del proyecto es el arquitecto francohúngaro Yona Friedman, que trabaja en el Communication *Centre of Scientific Knowledge for Self-Reliance* de París.

La ONU establece sanciones económicas contra Suráfrica. Nueva Zelanda toma una posición firme de no nuclearización, incluyendo la prohibición de entrada en sus puertos de buques con armamento nuclear.

1986

El *28 de enero* explota el transbordador espacial estadounidense *Challenger*.

En *febrero* se funda en la RFA la *Dachverband Kritischer Aktionäre* (Coordinadora de Accionistas Críticos). Reúne a los grupos de accionistas críticos (ecologistas, representantes de iniciativas ciudadanas, miembros de grupos de solidaridad con el Tercer Mundo) que han adquirido pequeños paquetes de acciones de grandes empresas (por ejemplo, el consorcio químico Bayer) para realizar «desde el interior» trabajo de control y alerta de la opinión pública.

El *2 de marzo* asesinan al primer ministro sueco Olof Palme.

El *12 de marzo* triunfa el *sí* en el referéndum sobre la permanencia de España en la OTAN. Tras la derrota del movimiento pacifista (en España con la pérdida del referéndum, y en Europa con el despliegue de los euromisiles) comienza un período de reflujo de los nuevos movimientos sociales en casi toda Europa Occidental.

El *15 de abril,* en un ataque por sorpresa, EE.UU. bombardea Libia.

En la noche del *26 de abril,* el reactor número 4 de la central nuclear ucraniana de Chernóbil estalla, liberando al aire una nube inmensa de agentes radiactivos contaminantes que se extiende sobre la URSS y Europa Occidental. Aunque hubo sólo 32 muertos directos, más de 140.000 personas fueron evacuadas de sus hogares, y en 1990 unas 640.000 personas afectadas se hallaban bajo estricto control médico.

En las regiones afectadas han aumentado los abortos y las malformaciones genéticas, y *Greenpeace* ha calculado que en los próximos setenta años morirá medio millón de personas a causa del accidente. La vida normal ha desaparecido en un radio de 30 km; más de 30.000 km^2 de la URSS serán tierra baldía por lo menos durante dos generaciones. La catástrofe de Chernóbil (el mayor cataclismo de la historia en tiempo de paz) provoca un salto cualitativo en la emergencia de la conciencia ecologista en Europa Oriental y la URSS.

En *mayo,* 6.500 investigadores estadounidenses (entre ellos quince premios Nobel) firman un documento en el que se comprometen a no realizar trabajo científico para la *Strategic Defence Initiative* (popularmente conocida como «guerra de las galaxias»).

En *junio* cuatro mil mujeres finlandesas inician una «huelga de embarazos» en la campaña «Ningún niño para desecho atómico»: se comprometen a no tener hijos hasta que el gobierno de Finlandia no cambie su política energética y abandone la energía nuclear.

El *1 de noviembre* se incendia la empresa química Sandoz en las cercanías de Basilea; venenos químicos contaminan el Rin, aniquilando a gran parte de su fauna piscícola. Poco antes del incendio, una gran cantidad de pesticidas de la empresa Ciba-Geigy había contaminado también el Rin. El *21 de noviembre* lo harán también pesticidas de la empresa BASF. El *2 de diciembre*, una fábrica química de Waldshut arroja cinco metros cúbicos de una sustancia cancerígena a las aguas del malhadado río. El *17 de diciembre*, por si fuera poco, BASF arroja 500 kg de ciclohexanón.

El *5 de noviembre*, el gobierno de la RFA comunica que el 54 % de todos los árboles del país están enfermos por la lluvia ácida (8 % en 1982, 50 % en 1984).

Este año se produce el ingreso de España y Portugal en la CEE.

En 1986 un submarino soviético con armamento nuclear se hunde cerca de las Bermudas: se trata de la mayor fuente de radiactividad sepultada en los océanos hasta la fecha. En total, hasta 1992 se habrán hundido cuatro submarinos nucleares soviéticos y dos estadounidenses.

1987

En *enero* se destapa en la RFA el escándalo de la venta a Egipto de alimentos con alta contaminación radiactiva procedente de Chernóbil. Es sólo un caso particular de negocios más extendidos tras la catástrofe ucraniana; y de forma general ejemplifica cómo el Norte intenta librarse de sus problemas exportándolos al depauperado Sur.

El *2 de marzo* Gorbachov ofrece la eliminación de los misiles de alcance medio en Europa y deja de vincular las negociaciones con tal objeto a la renuncia de EE.UU. a su programa de «Guerra de las Galaxias» (lanzado por Reagan en 1983). El acuerdo se firmará el *7 y 8 de diciembre* en Washington: esta «opción doble cero» supone la eliminación de una pequeña parte del arsenal nuclear, los euromisiles con alcance entre 500 y 5.000 km.

El *12 de marzo*, en la fábrica nuclear germano-occidental NUKEM, catorce obreros resultan contaminados con plutonio. Es uno de tantísimos accidentes de la era nuclear. A finales de los ochenta, por ejemplo, los periódicos informaban de que en las afueras de París se habían derramado 2.500 barriles que contenían plutonio en el suelo cercano a un parque infantil; y que en la planta nuclear estadounidense de Rocky Flats se habían hallado, alojadas en los conductos de aire, nada menos que 62 libras de plutonio (¡suficientes para construir siete bombas nucleares!).

En *junio* se celebran elecciones generales en Italia; la Lista Verde (una coalición de todas las listas verdes italianas, que comenzaron a formarse a partir de 1980) obtiene 2,5 % de los sufragios, entrando por primera vez en el parlamento (con 13 diputados).

El *20 de julio* abre sus puertas el Colegio Verde de Villa de Leyva (Colombia), el primer colegio universitario de ecología en

América Latina. Guía su trabajo la divisa ecologista «Pensar globalmente-actuar localmente» que acuñara al parecer la economista estadounidense Hazel Henderson.

En *julio* la Tierra alcanza una población de 5.000 millones de habitantes; en el año 2000 se habrán sobrepasado los 6.000 millones; parece ya imposible, incluso en las hipótesis más optimistas, detener el explosivo crecimiento demográfico antes de alcanzarse los 10.000 millones de personas a mediados del siglo próximo. (A principios del siglo XIX los habitantes de la Tierra eran sólo 1.000 millones. En poco más de un siglo esta cifra se duplicó, y entre 1930 y 1975 volvió a duplicarse para totalizar 4.000 millones.) De los 5.000 millones de habitantes actuales de la Tierra, unas tres cuartas partes habitan en los países más pobres y disponen de una escasa proporción de recursos que resultan insuficientes para satisfacer sus necesidades básicas. La cuarta parte restante vive en los países más ricos, en un régimen de sobreabundancia de consumo y de generación de residuos.

El *16 de octubre* se celebra el Día Mundial de la Alimentación. Los datos de la FAO señalan que cada año mueren 15 millones de niños por causas relacionadas con el hambre (unas 40.000 muertes diarias). Además, unos 800 millones de personas padecen subnutrición (100 de ellos en África). A finales de los años ochenta, la situación alimentaria mundial empeora drásticamente. Entre 1986 y 1988 la producción mundial de cereales por cabeza desciende en un 14 %, retrocediendo al nivel de 1970 (a causa del rápido crecimiento de la población y de la reducción de las cosechas). La erosión del suelo, la desertización, la salinización de tierras de regadío y la escasez de tierras roturables y de agua limpia se combinan para situar el incremento de la producción de alimentos por debajo del crecimiento demográfico en decenas de países del Tercer Mundo.

En Italia, un referéndum obliga este año al gobierno a programar la salida de la energía nuclear. Se extiende en los territorios ocupados de Israel la *intifada* o revuelta popular palestina.

1988

En *marzo*, la NASA da a conocer un estudio según el cual la capa de ozono atmosférico que protege la vida terrestre de las dañinas radiaciones ultravioleta ha comenzado a perder espesor en torno a todo el planeta (y no sólo en las regiones polares). Entre 1969 y 1986, el ozono se había reducido entre un 1,7 y un 3 % a lo largo de una franja densamente poblada del hemisferio septentrional (que abarca prácticamente la totalidad del territorio continental de los EE.UU. y Europa). El inadecuado control de las emisiones de agentes químicos (entre otros, los compuestos clorofluorcarbonados o CFC) capaces de descomponer el ozono hace prever un incremento casi seguro en la incidencia del cáncer de piel, en la pérdida de cosechas y en el deterioro de la vida marina.

En *mayo*, la reproducción anormal de un alga marina (originada por un aumento considerable de azufre y fósforo en el mar) provoca la muerte de millones de peces en las costas de Suecia y Noruega. A lo largo del *verano* la contaminación aniquila parte de la vida animal de los mares Báltico y del Norte (mueren, por ejemplo, más de la mitad de la población de focas de los dos mares).

En *junio*, la NASA (por medio de James H. Hansen, presidente dentro de esa institución norteamericana del *Goddard Institute for Space Studies*) aporta las pruebas de que el calentamiento del planeta por medio del «efecto invernadero», previsto desde hacía décadas, está comenzando a hacerse realidad. No sólo se ha producido un calentamiento gradual a largo plazo (la temperatura media del planeta era de 14,5 grados en la década de 1890, y fue de 15,2 grados en la década de 1980), sino que además los cuatro años más cálidos del siglo han transcurrido en el último decenio: 1980, 1981, 1983 y 1987. Un cambio climático global acelerado (que, por todo lo que hoy sabemos, no puede ya evitarse, sino sólo moderarse y controlarse en cierta medida) supondrá una catástrofe global de rango inconmensurable: ha sido adecuadamente comparada con una guerra termonuclear en lo que hace a sus efectos de alteración de ecosistemas, degradación del sistema agrícola y trastornos económicos.

En *agosto*, más de diez mil mujeres se reúnen en el Foro Escandinavo de Mujeres de Oslo. A finales de los ochenta, el movimiento feminista parece hallarse en una situación paradójica: es más grande y poderoso que nunca, ha llevado a cabo (al menos incipientemente) transformaciones culturalmente revolucionarias, pero al mismo tiempo se ha vuelto más difuso e invisible que nunca.

En *septiembre* tiene lugar en Berlín Occidental una cumbre del Fondo Monetario Internacional y el Banco Mundial, y se organiza simultáneamente un importante contracongreso alternativo.

El *22 de diciembre* un asesino a sueldo de los grandes propietarios de Acre mata a Chico Mendes, dirigente (ecologista y sindicalista) de los *seringueiros* brasileños que luchan por preservar la selva amazónica. Actualmente se están destruyendo más de 100.000 km^2 cada año. La superficie de selva amazónica abrasada sólo en 1987 ascendió a ocho millones de hectáreas (un territorio equivalente a la superficie de Austria). A este ritmo, este inmenso «pulmón verde» del planeta desaparecerá por completo en los primeros decenios del siglo XXI.

La cosecha de cereales estadounidense de 1988, perjudicada por la sequía, sitúa la producción por debajo del consumo por primera vez en la historia reciente (desde que EE.UU. comenzó a mostrarse como gran fuente de alimentos a escala planetaria). Esto ilustra el modo en que el calentamiento del planeta puede afectar a largo plazo a la agricultura en EE.UU. y en otras partes del mundo. Por otra parte, los países deficitarios de África y Asia se verían imposibilitados para alimentar a sus poblaciones en ausencia de los cereales norteamericanos: del grano de EE.UU. y Canadá dependen en gran medida, por ejemplo, ciudades como Leningrado, El Cairo, Lagos, Caracas y Tokio. En una economía alimentaria integrada a escala mundial todos los países padecen las consecuencias de las malas cosechas.

La URSS anuncia reducciones unilaterales de sus fuerzas militares convencionales. Janos Kadar dimite como dirigente máximo de Hungría. Irán e Irak firman un alto el fuego definitivo, que pone fin a su cruenta guerra.

Este año, por primera vez en la historia humana, más de la mitad de la población mundial llega a vivir en ciudades.

1989

En *febrero* concluye la retirada de las tropas soviéticas de Afganistán iniciada el año anterior.

El *24 de marzo* el petrolero norteamericano Exxon Valdez encalla en las costas de Alaska, provocando una letal marea negra de más de 20.000 km^2: 42 millones de litros de petróleo cubren el mar. Se trata del mayor desastre ecológico en la historia de los EE.UU.

En *junio*, *Greenpeace* hace público un informe según el cual las fuerzas navales de EE.UU. y la URSS perdieron en el mar 50 cabezas nucleares y 9 reactores atómicos desde 1945.

El *3 de junio* mueren decenas de personas en Pekín al desalojar el ejército chino la plaza de Tiananmen, ocupada por estudiantes que pedían democracia.

En las elecciones europeas de *junio* una «marea verde» manifiesta la fuerza de la ecología política en casi todas las sociedades europeo-occidentales. El *Green Party* británico obtiene el 15 % de los sufragios (ningún escaño, por la falta de proporcionalidad del sistema electoral británico), *Les Verts* franceses el 10,6 % (nueve escaños), *Die Grünen* de la RFA el 8,8 % (ocho escaños), los verdes italianos de *Lista Verdi* y *Arcobaleno* en total 8,2 % (cinco escaños), los holandeses de *Groen Links* un 7 % (dos escaños), ECOLO un 16,1 % en Valonia (Bélgica francófona) y AGALEV un 8,4 % en Flandes (Bélgica flamenca; en total tres escaños para los verdes belgas). También una eurodiputada verde es elegida en Portugal. El número de escaños atribuidos a estos partidos y coaliciones en el Parlamento Europeo prácticamente se duplica.

En las elecciones del *4 de junio* en Polonia, Solidarnosc obtiene una victoria arrolladora. El *9 de noviembre* cae el Muro de

Berlín. El *10 de diciembre*, el gobierno de Praga anuncia elecciones libres en Checoslovaquia. El *17 de diciembre* se inicia la sublevación popular en Rumanía que derrocará al tirano Ceausescu (fusilado el día 25).

El *5 de junio*, Día Mundial del Medio Ambiente, se celebra bajo el lema «Alerta mundial, la Tierra se calienta» (propuesto por la ONU). El «efecto invernadero» (producido por la acumulación en la atmósfera de CO_2 y otros gases) amenaza con provocar el deshielo progresivo de los casquetes polares y hacer subir el nivel de los mares.

De Klerk se convierte en presidente de Suráfrica e inicia una etapa de reformas para acabar con el *apartheid*. George Bush toma posesión de la presidencia de EE.UU., y en su primer año de presidencia invade Panamá.

En 1989 se estima en 25 millones el número de norteamericanos adictos a la cocaína (eran 18 millones en 1982). El narcotráfico mundial supone un negocio de unos 500.000 millones de dólares anuales (vale decir, el equivalente al PIB de España este año).

A finales de año, un informe del *Worldwatch Institute* pronostica fuertes restricciones de agua y alimentos en muchos países –sobre todo del Tercer Mundo– a partir del año 2000. El caso de Egipto será el primero en presentarse y el más radical de todos. Las causas: el incremento de la población y prácticas de riego despilfarradoras.

Este año, las seis potencias nucleares oficiales tienen almacenadas unas 52.000 armas nucleares, lo que representa 1.600 veces toda la potencia de fuego empleada en las tres últimas grandes guerras (la segunda guerra mundial, la guerra de Corea y la de Vietnam), en las que murieron más de cincuenta millones de personas.

Este año, la ayuda de los países industrializados al desarrollo de los países del Sur equivale en promedio a un modestísimo 0,33 % de sus PNB (mientras que consagran más del 5 % a gastos militares).

Este año, el 57 % de los países del Tercer Mundo se hallan bajo alguna forma de dominio militar (en 1960, ese porcentaje era del 26 %).

Se están expulsando anualmente a la biosfera un millón de toneladas de contaminantes peligrosos (en concreto, sustancias químicas cancerígenas o perjudiciales para el sistema nervioso). Más de un millón de personas sufren cada año envenenamientos por pesticidas. Se calcula que cuatro de cada cinco cánceres están directa o indirectamente relacionados con causas ambientales.

NOTAS

Capítulo 1

1. «El que la investigación del joven Engels sobre las condiciones de la clase obrera en Manchester en 1844 haya sido llamada el primer ejemplo de ciencia social empírica no es accidental; ni tampoco debería sorprendernos que profesores owenistas en escuelas del movimiento obrero fuesen los primeros en desarrollar una teoría del valor-trabajo. Los primeros economistas, sociólogos y psicológos sociales fueron contemporáneos de los movimientos sociales de los decenios de 1830 y 1840.» (Eyerman/Jamison, 1991, 82.)

2. Gustave Le Bon [1895]: *Psicología de las multitudes*, La Habana, 1961 (también hay una edición francesa reciente: *Psychologie des foules*, París, Presses Universitaires de France, 1988). Sigmund Freud [1921]: *Psicología de las masas*, Madrid, Alianza Editorial, 1991.

Vale la pena subrayar que los autores de estos primeros estudios sobre el comportamiento colectivo de las «masas» eran intelectuales burgueses –como Tarde, Le Bon u Ortega y Gasset– inquietos, cuando no aterrados, por la amenaza que el movimiento obrero representaba para el orden establecido. De ahí su difamación de las «masas» y sus diatribas antidemocráticas. Le Bon, por ejemplo, inicia su estudio con un jugoso párrafo en el que, tras dar por sentado que la llegada de las clases populares a los puestos dirigentes de la sociedad es una característica definitoria de su época (¡finales del siglo XIX!), escribe que las «multitudes» desgraciadamente se dedican a fundar sindicatos que vulneran las leyes históricas de la economía (¡poniendo límites a la explotación de la fuerza de trabajo!) y logran imponerse a todos los demás poderes. Y añade que tales reivindicaciones se proponen destruir por completo la civilización occidental para retrotraerla al comunismo primitivo de sus orígenes (¡sumo horror!). Para Le Bon, las multitudes son esencialmente irracionales, y análogas en esto a otras «formas inferiores de la evolución» como (¡no faltaría más!) los salvajes, los niños y las mujeres... etc., etc.

3. Prefiero hablar de *marcos o enfoques teóricos* que, de forma grandilocuente, de *teorías científicas* omnicomprensivas; creo que el Estado de la disciplina, a pesar del mucho y buen trabajo realizado, todavía no da para más.

4. Para este trabajo de cartografía puede uno servirse de Eyerman/Jamison, 1991 (capítulo 1: «Social Movements and Sociology»); Cohen, 1985; Pastor, 1991a; D'Anieri/Ernst/Kier, 1990; el exhaustivo Rucht, 1991a; Schneider, 1987; Ahlemeyer, 1989; Kriesi, 1987; Diani/Eyerman, 1992; mi favorito para casi todo Raschke, 1985 y el muy útil Dalton/Küchler, 1990. El texto de Eyerman/Jamison es especialmente bueno en su esbozo del desarrollo de los distintos enfoques sociológicos sobre los MS como respuesta al desafío práctico e intelectual representado por los propios movimientos, y así queda a la altura de las intenciones de sus autores, quienes pretenden subrayar (en la perspectiva de una sociología del conoci-

miento compleja) *la importancia de los movimientos sociales para la producción social de conocimiento*. Más adelante daré alguna noticia adicional del sugestivo enfoque de estos dos sociólogos estadounidenses afincados en Suecia.

5. Otro importante antecedente de esta línea de reflexión es la *sociología del intelectual* esbozada por Joseph A. Schumpeter ya en los años cuarenta (en *Capitalismo, socialismo y democracia*): según Schumpeter, del desacoplamiento entre sistema educativo y sistema económico se derivaría un exceso de personas «sobrecualificadas», y ello induciría descontento y aversiones antisistémicas entre los intelectuales subempleados o en paro.

6. El nexo entre movilización feminista y puesto de la mujer en el mercado de trabajo, por ejemplo. O el hecho de que el partido verde alemán obtenga un apoyo desproporcionado entre los jóvenes universitarios frustrados por sus dificultades en encontrar un empleo a la altura de su cualificación académica (Bürklin, 1984, 1985; Alber, 1985).

7. El concepto, en un primer momento, fue empleado sobre todo por sociólogos germano-occidentales (*Neue soziale Bewegungen*; véase Brand, 1982, 1985), pero rápidamente se generalizó entre los investigadores europeo-occidentales. Por el contrario, en EE.UU. –el otro gran foco de la sociología de los MS en la actualidad– el concepto ha tropezado con mucha mayor resistencia. Allí, tanto la ausencia de un movimiento obrero importante como la existencia de tradiciones liberales radicales –desde la revolución que llevó al país a la independencia en el siglo XVIII, pasando por corrientes populistas de izquierda, hasta los movimientos modernos que arrancan con el movimiento por los derechos civiles y las corrientes contraculturales de los cincuenta y sesenta– hacen mucho más difícil el contrastar «viejos» con «nuevos» movimientos sociales. Mientras que en Europa Occidental bajo el concepto de NMS se entiende un espectro de MS contemporáneos con perfil diferenciado de «izquierda libertaria» y numerosos rasgos comunes «alternativos», en EE.UU. movimiento «nuevo» tiende a significar solamente «contemporáneo», e incluye por tanto a MS de derecha («contramovimientos») como la *Moral Majority*. La mejor guía existente para la investigación contemporánea en MS, con capítulos individuales consagrados a la situación en numerosos países y a tradiciones nacionales de investigación, es Rucht, 1991a.

8. De todos modos, el mismo Olson dudaba de que su teoría pudiese aplicarse a colectivos y organizaciones de naturaleza no económica. Los responsables de su aplicación al estudio de los MS son otros autores, empezando por Oberschall (1973). En Beckmann (1988) puede verse un intento (pintoresco para mi gusto) de emplear la teoría olsoniana para explicar la fundación de nuevos partidos, y del partido verde alemán en particular. Afortunadamente, el mundo contiene más cosas de las que los teóricos de la elección «racional» están dispuestos a admitir. Una buena introducción en castellano al enfoque de la elección racional en ciencias sociales es Aguiar, 1992.

9. Una versión algo menos estrecha de la cuestión de los incentivos que motivan a la participación política puede verse en Lange, 1977. Según Lange, habitualmente se dan varios tipos de incentivos que actúan sinérgicamente: *incentivos colectivos*, relativos a la consecución de fines programáticos, y, por otra parte, *incentivos selectivos*, que pueden ser de tres tipos: *de identidad, de solidaridad, e incentivos materiales*. En los NMS, los últimos sólo tienen importancia en casos excepcionales: por ejemplo los afiliados al *British National Trust*, una importante organización conservacionista británica, disfrutan de libre acceso al gran número de parajes naturales y edificios históricos de que es propietario el *Trust*, lo cual sin duda es un incentivo material nada despreciable (Rüdig/Lowe, 1986b, 522). Pero dado que los MS en general son siempre pobres en bienes y dinero (su recurso más importante son los activistas dispuestos a proporcionar trabajo voluntario), los incentivos materiales en general tienen poca importancia, y por el contrario los de identidad, solidaridad, contactos sociales, autoestima, etc. sue-

len desempeñar un papel mayor. (Aun así, sigue siendo necesario explicar por qué la gente se afilia a grupos ecologistas en vez de a clubs sociales o deportivos, que igualmente podrían satisfacer su necesidad de amistad y contactos sociales.) «Al contrario que los grupos de interés y los partidos políticos, que están organizados y actúan más instrumentalmente, los MS ofrecen una gran variedad de formas para la satisfacción de necesidades expresivas.» (Raschke, 1985, 203.)

10. Para muchos de estos investigadores, cambios fundamentales en la estructura social y productiva llevan a la aparición de una *sociedad postindustrial*: Touraine, 1978; Offe, 1985; Melucci, 1985.

11. Precisamente este autor subraya que estos diferentes enfoques reflejan diferencias de perspectiva o énfasis en determinados problemas más que verdaderas incompatibilidades teóricas, y lo muestra analizando los debates que enfrentaron el enfoque del comportamiento colectivo contra el de movilización de recursos, o un enfoque estructural contra uno interaccionista simbólico: Raschke, 1985, 439-443.

12. En verdad, hay que recalcar la importancia de las diferentes culturas políticas nacionales y locales para la comprensión de los MS: «Las tradiciones nacionales de protesta social han condicionado firmemente la "nacionalización" de los nuevos movimientos en los pasados dos decenios, no a causa de ninguna "ley de hierro" de la cooptación, sino porque la necesidad que el movimiento tiene de consenso, aliados y legitimación le lleva a hacer uso de las tradiciones de organización de movimientos sociales ya existentes, y de los depósitos de sentimiento y expectación ya existentes, como materia prima» (Klandermans/Tarrow, 1988, 25).

13. Cohen aventura que la *teoría de la acción comunicativa* desarrollada por Jürgen Habermas en los ochenta (Habermas, 1985a) podría proporcionar elementos teóricos para la necesaria recomposición de la teoría de los MS, ya que los cuatro tipos de acción analizados por Habermas (acción teleológica, acción normativamente regulada, acción dramatúrgica, acción comunicativa) agotan los tipos de acción practicados por los movimientos, y por añadidura se correlacionan con los enfoques hasta ahora desarrollados para el estudio de los MS (Cohen, 1985, 705-708). La idea de Cohen es sugestiva, pero no podemos explorarla a fondo en este punto.

14. Inicialmente Inglehart empleaba la pareja de términos «valores adquisitivos» *versus* «valores posburgueses», conceptos que tampoco dejan de plantear problemas.

15. Véase, por ejemplo, Carl Amery, el gran novelista y ecologista alemán de raíces cristianas, en su influyente obra *Natur als Politik*: «Sólo un materialismo que conciba al ser humano político como ser de la naturaleza puede dar su oportunidad ecológica al ser humano».

16. «*Erst kommt das Fressen, und dann die Moral.*» *Die Dreigroschenoper*, canción *Denn wovon lebt der mensch?*

17. «No hay necesidades radicales, salvo en un sentido trivial. En general, la especie ha desarrollado en su evolución, para bien y para mal, una plasticidad difícilmente agotable de sus potencialidades y sus necesidades. Hemos de reconocer que nuestras capacidades y necesidades naturales son capaces de expansionarse hasta la autodestrucción. Hemos de ver que somos *biológicamente* la especie de la *hybris*, del pecado original, de la soberbia, la especie exagerada.» (Sacristán, 1987, 10.)

18. En las formulaciones más recientes de su teoría Inglehart es más consciente de las debilidades de la hipótesis maslowiana sobre la existencia de una jerarquía universal y lineal de necesidades. Así, en Inglehart (1991, 161), cita con aprobación un estudio de Lawler en 1973: «Existe fuerte evidencia a favor del punto de vista de que a no ser que se satisfagan las necesidades vitales, la gente no se preocupará de necesidades más elevadas. No obstante, hay muy poca evidencia en qué basarse para afirmar que existe una jerarquía por encima del nivel de seguridad. Así pues, probablemente no sea sensato asumir nada más

que una jerarquía en dos niveles, con las necesidades vitales y de seguridad en el nivel más bajo y todas las necesidades de orden más elevado en el nivel siguiente». Con otras palabras, por encima de un nivel mínimo de necesidades vitales básicas, no existe ninguna jerarquía «natural» de necesidades ni valores. Véase sobre esta cuestión, además de la *Teoría de las necesidades* de Agnes Heller, sobre todo la importante obra de Joaquim Sempere: *L'explosió de les necessitats*, Barcelona, Edicions 62, 1992.

19. Con más precisión: la primera y más usada batería de cuatro preguntas de Inglehart clasifica como «posmaterialistas» a quienes dan más importancia a «mayor participación de la gente en las decisiones del gobierno» y «proteger la libertad de expresión» que a «mantener el orden en la nación» y «luchar contra el alza en los precios» (Inglehart, 1991, 69). Nótese que las dos primeras preguntas no detectan valores posconsumistas en ningún sentido sustancial, sino sólo la afirmación de convicciones democráticas elementales.

20. Francisco Andrés Orizo estudia la cuestión del posmaterialismo inglehartiano en España en su libro *Los nuevos valores de los españoles*, y constata: «Dado un cierto soporte económico, esos objetivos posmaterialistas son los objetivos del futuro. El primero, el de la participación, apoya el argumento de una progresiva mayor demanda de *participación política*, lo cual es cierto, pero se combina con un menor interés por la política, una rebaja de las militancias y una menor participación real o de hecho por parte de los ciudadanos en toda clase de instituciones, organizaciones, instancias públicas y acciones políticas convencionales» (Orizo, 1991, 46). Que no intenten convencerme de que los españoles y españolas canalizan sus no empleadas energías participativas en acciones políticas no convencionales, porque sé –como cualquier persona activa en los escuálidos movimientos sociales españoles– de qué va ese paño. Así que: mayor demanda de participación, ¡pero menor participación real! Por lo demás, y para consuelo del lector o lectora, en España hay más posmaterialistas inglehartianos que en la media de la Comunidad Europea (Orizo, 1991, 44). El orgullo patriótico puede sentirse halagado. ¡Otro de estos trenes europeos hacia el radiante futuro de color de rosa que no hemos perdido!

21. Por ejemplo, según las encuestas el porcentaje de posmaterialistas en la RFA pasó del 5 al 12 % entre abril y octubre de 1979, o saltó del 7 al 17 % entre octubre de 1981 y mayo de 1982 (Gabriel, 1990, 32), sin que semejantes oscilaciones puedan deberse a errores de muestreo. Inglehart ha replicado que estas oscilaciones se deben a los efectos periódicos asociados con la variación de la coyuntura económica, y que en particular se correlacionan con las tasas de inflación (véase Inglehart, 1991, 73-84); y que sus tesis sólo implican que «el proceso de cambio en los valores se caracteriza por efectos periódicos (que reflejan fluctuaciones a corto plazo en el medio socioeconómico) superpuestos a efectos de cohortes a largo plazo (que reflejan las condiciones que prevalecían durante los años formativos de un determinado grupo de edad)» (Inglehart, 1991, 79). Empíricamente la respuesta puede parecer convincente, pero si su índice de «posmaterialismo» depende hasta tal punto de los movimientos erráticos de un sólo parámetro, cabe fundadamente dudar de que sirva para medir preferencias valorativas bien arraigadas: *el posmaterialismo a lo Inglehart no es lo mismo que un posconsumismo en sentido sustancial* (a lo Erich Fromm, por ejemplo), *con implicaciones importantes para la conducta, sino que se trata de un concepto mucho más débil.*

22. Por citar otro ejemplo conexo: una investigación sociológica (Wilcox, 1991) realizada a partir de los datos del *Eurobarómetro 1983* arrojaba un número sorprendentemente alto de mujeres feministas en Europa Occidental. Por ejemplo, según esta investigación eran feministas el 49 % de las francesas, ¡en un momento en que el movimiento feminista francés, en plena crisis, seguramente no reuniría más que a unos pocos cientos de feministas organizadas en todo el país!

23. Según el *Eurobarómetro 25* (de abril de 1986), así lo hacen el 12 % de los franceses, el 22 % de los británicos, el 26 % de los italianos, el 37 % de los alemanes occidentales, el 38 % de los holandeses, el 42 % de los españoles o el 50 % de los griegos.

24. Algunos datos más sobre la situación española: la inmensa mayoría de la población aprueba los NMS. Así, el 91 % aprueba el movimiento pro derechos humanos; el 91 %, el movimiento ecologista; el 82 %, el movimiento contra la segregación racial; el 79 %, el movimiento pacifista; el 76 %, el movimiento antinuclear; el 58 %, el movimiento feminista... Pero cuando se pregunta quién presta trabajo voluntario en asociaciones y organizaciones de estos movimientos, las respuestas son: 1 % en asociaciones pro desarrollo del Tercer Mundo y pro derechos humanos, 1 % en grupos ecologistas, 1 % en movimientos pacifistas, 0 % en grupos feministas... Y estas tasas de participación real han descendido en picado (hasta la mitad, más o menos) entre el comienzo y el final de la década de los ochenta (Orizo, 1991, 134-139). A mí lo de «revolución participativa», cuando alguien se atreve a aplicarlo por nuestros pagos, me parece un chiste.

25. Véase el excelente artículo de Lennart Sjöbert en el número 121 de la *Revista internacional de ciencias sociales* (Sjöbert, 1989), así como la discusión más general en Harms (1990). Los estudios clásicos sobre esta incoherencia entre comportamiento verbal y comportamiento real tienen ya más de medio siglo: los realizaron Richard T. LaPiere y Stephen M. Corey en los años treinta. En uno de sus experimentos sociopsicológicos, por ejemplo, LaPiere viajó en coche con una pareja de chinos por todo EE.UU., pernoctando en múltiples hoteles y moteles sin que –salvo una excepción– tuviesen problemas. Después envió a los mismos establecimientos cartas preguntando si aceptarían clientes chinos, a lo que la mayoría de los hoteleros contestaron negativamente. Este tipo de experimentos muestran que *no puede suponerse ninguna relación mecánica entre discurso y conducta real*, lo cual relativiza el valor de las encuestas de opinión para investigar los verdaderos valores de las personas (y no digamos para intentar predecir su conducta en situaciones reales). Una exploración inteligente, y empíricamente bien fundamentada, de las incoherencias entre actitudes y comportamiento en lo que hace a los problemas ecológicos se hallará en Uusitalo (1990).

26. Y tales son también los resultados obtenidos por medio de los famosos cuestionarios inglehartianos: por ejemplo, según una encuesta de ASEP, en 1991, eran posmaterialistas-IN el 55 % de los españoles con posición social muy alta, el 42 % de los de posición alta, el 31 % de los de posición media, el 22 % de los de posición baja y el 17 % (nada menos que un 17 %) de los españoles de posición social muy baja. Véase Inglehart, 1991, XXII; así como todo el capítulo 5 del libro.

27. Otra pregunta incómoda para el modelo de Inglehart: ¿De qué manera se compadece el continuo avance de los valores posmaterialistas con el retroceso del «Estado del Bienestar» en casi todos los países occidentales en los años ochenta?

28. El hecho de que los valores o los fines que guían la acción no pueden considerarse como entidades ontológicamente superiores, sino que *a su vez son parcialmente modificados en los procesos de acción e interacción social*, quedó bien establecido en los debates de los sociólogos sistémicos norteamericanos (Parsons, Znaniecki, Sorokin, etc.) a comienzos de los años cincuenta. Puede verse al respecto Gouldner, 1979, capítulo 6 (pág. 167 y sigs.).

29. Por ejemplo, en Austria el porcentaje de materialistas-IN menos el de posmaterialistas-IN es uno de los más altos (casi el 40 %) y en Canadá uno de los más bajos (menos del 8 %), pero pese a ello Austria cuenta con un partido verde-alternativo importante (*Die Grüne Alternative*; véase Müller-Rommel, 1989, 23-37) y unos nuevos movimientos sociales que han logrado victorias importantes enfrentándose al Estado (por ejemplo, impedir la nuclearización del país), mientras que el minúsculo partido verde de Canadá, fundado en 1983, sigue siendo insignificante (véase Parkin, 1989, 306-313). Para los porcentajes de materialistas y posmaterialistas-IN, véase Inglehart, 1991, 49.

30. De todas formas, esta objeción no preocuparía demasiado a Inglehart, quien no pretende ofrecer explicaciones monocausales: «El fenómeno del cambio cultural está íntimamente relacionado con el cambio social, político y económico. (...) Preguntar ¿cuál es el factor que realmente explica lo que está sucediendo? no tiene sentido alguno. (...) Cada factor es parte de un sistema interdependiente de causas» (Inglehart, 1991, XL). Lo cual permite salvar la cara en casi todas las situaciones, pero a fuerza de rebajar tanto el poder explicativo de la teoría que la vuelve casi inocua.

31. Y estos últimos se identifican como conflictos «de intereses». Pero ¿por qué diablos vamos a llamar *conflicto de intereses* a aquel en que las dos partes se disputan una parte del valor económico creado, y *conflicto de valores* aquel en que se disputan la posibilidad de respirar aire limpio o no contraer cáncer inducido química o radiactivamente? *El segundo es un conflicto de intereses igual que el primero, pero la gente no tiene sólo intereses crematísticos*. Esta terminología me parece intolerable: refleja la misma *tendencia a escamotear los problemas de los NMS como problemas reales y sustantivos* que se aprecia en tantos investigadores.

32. Aquí se sugiere una interpretación del conflicto social en la sociedad industrial avanzada con la que estoy radicalmente en desacuerdo: resueltos los problemas de la escasez, el conflicto se centraría sobre todo en los problemas de «calidad de vida». Después de lo necesario, los debates sobre lo superfluo. Por el contrario, pienso que los conflictos en torno a los cuales se han constituido los NMS tienen un «núcleo duro», durísimo. En ese núcleo, no se pelea sobre la «calidad de vida»: se pelea por la supervivencia. Lejos de haber resuelto los problemas de la escasez, la sociedad industrial avanzada tropieza con escaseces nuevas, con *límites absolutos*. Tendremos ocasión de reflexionar sobre estas cuestiones en el capítulo siguiente.

33. En la muestra de Inglehart analizada por Savage, con datos de los nueve países europeos de la CEE en 1973, los primeros superan a los segundos en la proporción de tres a dos como promedio.

34. Una crítica de la teoría del materialismo/posmaterialismo-IN emparentada con la aquí esbozada es la de Scott Flanagan. En una serie de importantes artículos (véase, por ejemplo, Flanagan, 1982, 1987) ha señalado que en realidad la dimensión materialista/posmaterialista-IN mezcla y encubre dos dimensiones independientes: una materialista/no materialista (referida sólo a los problemas económicos) y otra autoritaria/libertaria. Flanagan arguye que el cambio axiológico a lo largo de la segunda dimensión es más importante que en la primera. Para otra aguda crítica que señala que la construcción materialista/posmaterialista-IN es demasiado rígida para captar la complejidad de las orientaciones valorativas de las personas, véase Reimer, 1988.

Capítulo 2

1. El término *movimiento social* se generalizó después de la Revolución Francesa de 1789, y mucho más después de las revoluciones europeas de 1848. Se aplicó sobre todo al movimiento obrero, pese a que casi simultáneamente con él estaba surgiendo (primero en EE.UU. y algo después en Europa) un importante movimiento feminista. Pero no cabe duda de que el movimiento obrero fue *el movimiento* por antonomasia del siglo XIX, e inspiró «una idea de movimiento social como manifestación consciente de la acción colectiva de grupo, que transgredía los límites institucionales impuestos por un sistema social y que, además, buscaba un cambio sustancial del mismo,» (Pastor, 1991a).

2. Y se diferencian nítidamente de los movimientos sociales premodernos, como, por ejemplo, los movimientos quiliásticos medievales. Una de las diferencias principales entre MS premodernos y modernos estriba en la *mayor ra-*

cionalidad en la determinación de fines y la elección de medios de estos últimos (véase Raschke, 1985, 80); también hay diferencias básicas en las formas de comunicación y de movilización predominantes. No existe ningún «prototipo» ahistórico de MS, sino que los diferentes tipos de MS se basan en condiciones sociales e históricas específicas. Para una periodización plausible que divide los MS de la Edad Moderna en tres tipos correspondientes a una fase preindustrial/modernizante, una fase industrial y una «postindustrial» (véase Raschke, 1985, 84-104, y más adelante el apartado 2.3 de este capítulo).

3. Otra definición aceptable sería: movimiento social es un segmento significativo de la población que desarrolla y define intereses incompatibles con el orden sociopolítico existente, y que busca satisfacer esos intereses por vías no institucionalizadas, invocando potencialmente el uso de la fuerza física y/o la coerción (Dalton/Küchler, 1990, 277). Pero puede objetarse que *no todos los intereses de MS son incompatibles con el orden sociopolítico existente*, pues frecuentemente se forman *contramovimientos* para luchar contra los MS que desafían el orden existente: y los intereses de estos contramovimientos pueden muy bien coincidir con la defensa a ultranza de este orden. «Un contramovimiento tiende a desarrollarse si una organización de MS tiene éxito. Los contramovimientos a menudo reciben el apoyo (a veces abiertamente) de las élites y el orden establecido.» (Klandermans en Dalton/Küchler, 1990, 128.) Los ejemplos abundan: fascismo y nazismo se desarrollaron en los años veinte como contramovimientos de los movimientos obreros revolucionarios; los movimientos antiaborto (y el movimiento contra la *Equal Rights Amendment* en EE.UU.) son contramovimientos del movimiento feminista; en EE.UU., el sector antipornografía del movimiento feminista ha generado contramovimientos pro libertad de expresión que incluyen a otros sectores feministas; en Holanda, los éxitos movilizadores del IKV (Consejo Interiglesias por la Paz) contra el despliegue de los euromisiles hicieron surgir, como contraorganización eclesial militarista, el ICTO (Comité Interiglesias por el Desarme Recíproco).

4. Por *movilización* se entiende la activación de recursos para alcanzar los fines del movimiento (véase Raschke, 1985, 186 y sigs.). En general, los MS son *pobres en recursos* (activistas, dinero, legitimidad, prestigio, información, poder político, etc.) en comparación con las autoridades a las que se enfrentan. El recurso más valioso para ellos son los activistas del movimiento y su trabajo voluntario.

5. «Las organizaciones de los nuevos movimientos sociales son como tiburones, tienen que seguir moviéndose para permanecer con vida.» (Dalton/Küchler, 1990, 16.)

6. Alain Touraine (Touraine, 1965 y 1978) define el *principio de oposición* como uno de los tres principios de existencia de los movimientos sociales: sin oposición no puede existir un movimiento social, o más exactamente, no puede seguir existiendo como movimiento social. Los otros dos principios son el de *identidad* y el de *totalidad*: para Touraine, los movimientos se autodefinen, además de aclarando *contra quién luchan* (principio de oposición), especificando *a quién representan* (principio de identidad) y *en nombre de qué valores generales lo hacen* (principio de totalidad).

7. Como ha señalado por ejemplo Pietro Ingrao, «los grupos musicales, teatrales y los círculos cinematográficos (y también las formas de deporte de masas que ven millones de personas cierto domingo por las calles de la ciudad) son fenómenos, mensajes, a los que la política debe prestar mucha atención. Sin embargo todavía no son "movimientos" que de una u otra forma expresen una *política nueva*» (Ingrao, 1983, 26).

8. El concepto de *rol social*, uno de los más básicos de la sociología moderna, designa el conjunto de normas a las que se sujeta la acción de los individuos que ocupan una posición o desempeñan una función particular en el seno de un grupo social. La intuición importante que se encuentra detrás de este concepto

es que, en cualquier colectividad humana, existe una *diferenciación de funciones sociales* entre las personas o entre los grupos, y que estas funciones se caracterizan por conjuntos de normas y expectativas que son especificables *e independientes de la persona o grupo concreto que desempeña la función*. A cada una de estas funciones corresponden unas conductas particulares, unas maneras de hacer que responden a determinadas expectativas de los demás: un «papel social» o *rol*.

9. Francesco Alberoni desarrolla la categoría de «estado naciente» en los capítulos 2, 3 y 4 de su libro. Como se ha observado, este tipo de reconstrucciones típico-ideales del desarrollo de los MS, inspiradas en metáforas organicistas, no dejan de ser problemáticas. Sería erróneo, en particular, suponer que la *organización* sólo aparece en una fase tardía del movimiento: «La organización no es ningún producto tardío en el ciclo vital de los MS, sino un correlato necesario en todas las fases» (Rucht en Roth/Rucht, 1987, 239).

10. Para situar estos movimientos en un marco más amplio remito a mi cronología de los nuevos movimientos sociales, en el anexo que sigue a este libro.

11. Y con ello modifico mi posición anterior, tal y como la expuse en Riechmann, 1991, 33-34.

12. Para una interesante discusión de supuestos aspectos cíclicos de los NMS véase Brand en Dalton/Küchler, 1990. Brand sugiere que el surgimiento de los NMS en 1960-1970 fue favorecido por un clima cultural o *Zeitgeist* de «crítica de la modernización», que se manifestaría (cíclicamente) por tercera vez en las sociedades modernas después de dos primeras oleadas en 1830-1840 y 1890-1910, también simultáneas a numerosos movimientos sociales alternativos. (No obstante, Brand afirma explícitamente que este resurgimiento periódico del *Zeitgeist* antimoderno no coincide con los ciclos largos de Kondratieff.) Esta perspectiva lleva a enfatizar la continuidad entre los NMS y sus predecesores históricos, lo que parece cuando menos cuestionable. Entre el conservacionismo decimonónico y el ecologismo moderno, ¿verdaderamente hay más semejanzas que diferencias? Hay buenas razones para pensar que no (véase Dalton/Küchler, 1990, 284).

13. Este cambio de coyuntura no escapó a la observación de los contemporáneos perspicaces. Así, por ejemplo, Manuel Sacristán registra un declive de los NMS desde 1984: «Desde hace algo así como año y medio se puede registrar un cierto parón de los movimientos alternativos en España y, en algunos aspectos, también en los dos países clave de Europa para los movimientos alternativos, Alemania Federal y Gran Bretaña» (Sacristán, 1985). Algún tiempo más tarde, una pareja de investigadores constata: «Los movimientos en sí mismos parecen estar sufriendo un proceso de institucionalización (más allá de la formación de partidos políticos); parecen ser cada vez más proclives a aprovechar los ofrecimientos y ventajas del Estado de Bienestar allí donde sea posible, más que apoyarse sólo en la autoayuda autónoma –tendencia que es particularmente visible en el movimiento feminista» (Dalton/Küchler, 1990, 295).

14. Otra denominación de conjunto que se usa frecuentemente es la de «movimientos alternativos».

15. Véase Brand, 1985; Tokar, 1987; Maurice, 1987; Eyerman/Jamison, 1991, *y mientras tanto* 36/37 –monográfico sobre *El 68, veinte años después*. «Esenciales para la praxis cognitiva del movimiento por los derechos civiles fueron las técnicas de acción directa no violenta, enseñadas sistemáticamente e incluso profesionalmente por intelectuales del movimiento, muchos de los cuales habían leído sobre las luchas de Gandhi por la independencia de la India. (...) Primero los boicots y las reuniones masivas en las iglesias negras –el *spiritual high* de canto y predicación–, y después las sentadas y los *freedom rides*, los esfuerzos más ofensivos por organizar el escenario de las acciones no violentas. Y luego las manifestaciones masivas y los esfuerzos políticos más amplios y omnicomprensivos para difundir el mensaje y comprometer a gentes de toda la so-

ciedad en la lucha por la igualdad. Lo que representó el movimiento por los derechos civiles, a este nivel, fue la innovación de la acción de masas organizada, una innovación que heredaría el movimiento de estudiantes y después los NMS de los años setenta.» (Eyerman/ Jamison, 1991, 123-124.)

16. «La ecología es una ciencia que nace vinculada a la biología. En tanto que productos científicos, los conocimientos ecológicos *sin más* no implican necesariamente una práctica política determinada (con un determinado contenido de clase) ni un modelo de sociedad alternativo determinado (con una u otra orientación clasista determinada). Por eso existen ecólogos que no son ecologistas y ecologistas con orientaciones político-sociales muy diferentes, las cuales abarcan todo el arco que va desde la derecha clásica hasta la izquierda revolucionaria.» (Fernández Buey, 1993 [1980], 153.) Véase también 4.8 más abajo.

17. No debe ignorarse, por otra parte, que casi todos los MS comienzan siendo movimientos *contra*, «negativos» (por ejemplo, los movimientos pacifistas europeos que comienzan como reacción al rearme nuclear occidental plasmado en la «doble decisión» de la OTAN en diciembre de 1979) para, en un momento posterior de su desarrollo, convertirse en movimientos *a favor de*, «positivos» (en nuestro ejemplo, los movimientos pacifistas elaboran propuestas alternativas de seguridad, modelos de defensa no ofensiva, etc.). Por añadidura, *los NMS se diferencian de MS anteriores en que su aspecto constructivo, «positivo», está más acentuado*: ello es especialmente obvio en los movimientos ecologista y pacifista, pero también en el feminista (por seguir con el ejemplo anterior: los movimientos pacifistas en la RFA de los años cincuenta criticaban el *statu quo* sin elaborar alternativas positivas; por el contrario, el nuevo movimiento pacifista de los ochenta es mucho más creativo en este sentido –véase Wasmuth en Roth/Rucht, 1987, 127-128).

18. El venerable filósofo y luchador antinuclear alemán Günther Anders (fallecido en diciembre de 1992) dirigió aceradas críticas contra las formas expresivas y no violentas de protesta que caracterizan a los NMS (por ejemplo, en Anders, 1987). Según Anders, estas nuevas formas de protesta estetizada son esencialmente *happenings*, inofensivos acontecimientos teatrales, simulacros de acción política que distraen de la verdadera acción (coercitiva) y no inquietan a los poderosos de este mundo. Sin negar los peligros que rondan a estas formas de acción política (por ejemplo, la complacencia en un cierto narcisismo individual o grupal, la inserción en los nichos de calidez de otra cotidianeidad, perdiéndose de vista los *fines de transformación* que han de orientar la acción), *que en cualquier caso no son mayores que los que amenazan con desvirtuar otras formas de acción colectiva*, la crítica me parece sin embargo desenfocada. Todas estas «nuevas» formas de acción política basadas en la no violencia, y guiadas por el principio de que «el fin no justifica los medios, sino que los medios prefiguran los fines», forman un continuo que incluye la desobediencia civil y la huelga (de las que difícilmente puede decirse que sean *happenings* o simulacros); el problema fundamental es lograr que *traspasen un umbral de «densidad política»* (un umbral organizativo, cuantitativo –en lo referente al número de personas que participan– y de visibilidad social) que les otorgue su verdadera eficacia práctica. Entonces dejarán de ser ejemplos más o menos aislados de honrosas actitudes resistenciales (como la que representa, por ejemplo, la objeción fiscal tan tristemente subdesarrollada en nuestro país) para transformarse en poderosas herramientas de acción colectiva. *El problema fundamental es la obtención de hegemonía y mayorías sociales*. Y creo que las vías violentas, amén de rechazables por motivos morales, no conducirían a una salida de la desesperada situación actual sino a su empeoramiento. Pero ésta es otra discusión, que no puedo abordar aquí.

19. El «en cierto modo» resulta inevitable, porque *«modernidad» y «modernización» son conceptos sociológicamente polisémicos*. Ya los aspectos normativo-emancipatorios y los técnico-instrumentales del «proyecto de la moderni-

dad» son al menos parcialmente contradictorios, y ésa es la razón por la que puede afirmarse con igual veracidad tanto el antimodernismo de los NMS como que representan «una modernidad alternativa» (Ely, 1990a), «la crítica moderna de la modernización en marcha» (Offe, 1988) o que son «parteras de una fase reflexiva de la modernización» (Brand/Büsser/Rucht, 1986). Esta dualidad nos ocupará en más ocasiones.

20. «La *sociedad del riesgo* es la época del industrialismo en la que los seres humanos han de enfrentarse al desafío que plantea la capacidad de la industria para destruir todo tipo de vida sobre la Tierra, y su dependencia de ciertas decisiones» (Beck, 1991, 31).

21. Ésta es la razón por la cual bastantes pensadores definen a los NMS como integrantes de una *posmodernidad política*. Pero aquí no nos meteremos en la camisa de once varas de las interminables discusiones sobre posmodernidad que florecieron en los años ochenta. A mí, personalmente, el prefijo *post* ha acabado por hacérseme muy antipático.

22. Por ejemplo, Leif, 1985 y 1989, sobre el movimiento pacifista alemán, o Rothgang, 1990, sobre los movimientos pacifista y ecologista/ambientalista en Gran Bretaña. Huelga señalar que las virtudes de esta forma de organización laxa y descentralizada vienen contrapesadas por defectos. En 1982, en plena movilización del movimiento pacifista en la RFA, Roland Vogt –miembro entonces de la Presidencia Federal de *Die Grünen*, y comprometido pacifista– se lamentaba: «No existe ninguna instancia, organización o grupo de personas que disponga de la suficiente autoridad y fuerza organizativa como para ayudar a imponerse a una estrategia reconocida como correcta por la mayoría del movimiento» (citado en Brand/Büsser/Rucht, 1986, 227).

23. Lo que en ocasiones se ha llamado *eco-terrorismo* (y que más bien habría de llamarse *eco-sabotaje*, pues se trata de violencia contra los objetos, nunca que yo sepa contra las personas) sólo se practica en franjas marginales del movimiento ecologista: militantes antinucleares que sierran postes eléctricos en las cercanías de las centrales de Gorleben o Krümmel, cócteles molotov contra instalaciones de Union Carbide en Husum, o el ataque contra una pintura de Rubens que emprendió un joven de Zurich para protestar contra la devastación ecológica. Tampoco los atentados de *Rote Zora* (organización feminista clandestina en la RFA; véase Aierbe, 1989, 154-170) pueden considerarse característicos del repertorio de acción del movimiento feminista.

24. Así, por ejemplo, en junio de 1986 cuatro mil mujeres finlandesas iniciaron una «huelga de embarazos» en la campaña «ningún niño para desecho atómico», comprometiéndose a no tener hijos hasta que el gobierno de Finlandia no cambiase su política energética y abandonase la energía nuclear.

25. José Félix Tezanos ha propuesto la siguiente definición de los NMS: «aquellos movimientos semiestructurados que surgen en las sociedades industrializadas de nuestro tiempo, como reacción crítica contra algunos aspectos de la industrialización avanzada, desarrollando determinadas formas de actuación política y social al margen de las organizaciones políticas tradicionales (partidos políticos y sindicatos) y por lo general fuera del ámbito de los cauces políticos establecidos» (Tezanos, 1987, 151). La definición me parece pobre. En primer lugar, «semiestructurados» lo son todos los movimientos sociales y no sólo los NMS (si no fuera así, no se trataría de movimientos sino de organizaciones). Además, aunque nosotros también estamos restringiendo nuestra investigación a los NMS de Europa Occidental, hay que señalar que hoy en día se dan movimientos feministas y ecologistas no sólo en las sociedades altamente industrializadas sino también en los países del Tercer Mundo (el movimiento *chipko* en la India o las luchas de los *seringueiros* brasileños contra la devastación de la selva amazónica). Tampoco es cierto que todos los NMS surjan «como reacción crítica contra algunos aspectos de la industrialización avanzada»: el feminismo,

por ejemplo, es una reacción crítica contra el patriarcado, no contra el industrialismo.

26. Por ejemplo, Fuentes y Gunder Frank lo niegan: «Los múltiples movimientos sociales de Occidente, Sur y Este que hoy en día son denominados "nuevos" constituyen, salvo contadas excepciones, nuevas formas de movimientos sociales que han existido a través de los tiempos. Irónicamente, los movimientos "clásicos" de clase trabajadora y sindicales surgieron principalmente en el último siglo, y con el paso del tiempo parecen ser más bien un fenómeno transitorio, relacionado con el desarrollo del capitalismo industrial. (...) Sólo los movimientos ecológicos/verdes y los pacifistas pueden llamarse legítimamente "nuevos", y esto porque responden a necesidades sociales que han sido generadas más recientemente por el desarrollo mundial» (Fuentes/Gunder Frank, 1988, 50).

27. Otro ejemplo, interrogando de nuevo el texto de Orwell: en la pág. 219 leemos que «ninguna guerra hoy imaginable podría destruir la industria en todos los países a la vez». En este caso sólo tendrían que pasar muy pocos años hasta que las bombas atómicas lanzadas sobre Hiroshima y Nagasaki desmintiesen esta afirmación; y con ello la humanidad iniciaba una etapa históricamente nueva, la era atómica, en la cual el antiquísimo movimiento pacifista se transformaría en un movimiento nuevo, el pacifismo antinuclear. Aquí, como en los otros casos, tenemos continuidad y discontinuidad entrelazadas en trabada dialéctica.

28. El feminismo, para Herrad Schenk, es «una rebelión de la esfera de la reproducción contra las condiciones de la esfera de la producción» (Schenk, 1980, 216).

29. Autodestrucción inevitable en el «invierno nuclear» que seguiría a una guerra en la que se emplease sólo una ínfima fracción de los arsenales nucleares existentes. Y al menos desde 1972, año en que se publica el primero de los informes al Club de Roma (*Los límites del crecimiento*), tiende también a generalizarse la percepción científicamente fundada de que si logra evitarse la guerra, la autodestrucción puede sobrevenir en forma de hecatombe ecológico-social.

30. La metáfora del «caminar al borde del abismo», empleada por el «halcón» estadounidense John Foster Dulles en los años cincuenta para caracterizar la política de los EE.UU. durante la Guerra Fría, puede aplicarse en mi opinión al entero discurrir de nuestra civilización. Con una pequeña modificación: caminamos al borde del abismo, cada vez más deprisa, *por un estrechísimo sendero que acaba despeñándose en el abismo*.

31. Los Verdes Alemanes conceptualizan esta crisis como *una crisis del medio ambiente, de la economía y de los contextos vitales*: «En los últimos decenios se ha desarrollado una crisis que amenaza la vida en todos los ámbitos: medio ambiente y naturaleza, contextos vitales de la economía y la sociedad, se hallan expuestos a un peligro de destrucción cada vez mayor» (Die Grünen, 1983, 3). Niklas Luhmann ha propuesto una sugestiva metáfora que puede ilustrar este punto: la dinámica autodestructiva de la moderna sociedad industrial sería análoga a un vuelo sin visibilidad, en el que si los pilotos se quedan dormidos, los pasajeros no tienen más opción racional que hacerse cargo de los mandos del avión.

32. En lo que hace a la novedad de los valores de los NMS, comparto el juicio de Claus Offe: «Lo menos "nuevo" de los movimientos sociales de hoy son sus valores. Ciertamente no contienen nada "nuevo" los principios y exigencias morales acerca de la dignidad y la autonomía de la persona, de la integridad de las condiciones físicas de la vida, de igualdad y participación y de formas pacíficas y solidarias de organización social. Todos estos valores y normas morales (...) están firmemente enraizados en las filosofías políticas (así como en las teorías estéticas) *modernas* de los dos últimos siglos, y han sido heredados de los movimientos progresistas tanto de la burguesía como de la clase obrera. Esta continuidad sugeriría que los NMS, en lo que respecta a sus orientaciones normativas básicas, no son ni "posmodernos", en el sentido de que enfaticen nue-

vos valores que (aún) no han sido asumidos por la sociedad más amplia, ni tampoco "premodernos" en el sentido de hacer propios los residuos de un pasado romantizado prerracional. Teniendo en cuenta su filosofía moral implícita, son más bien los *contemporáneos* de las sociedades en que viven y en las que se oponen a los planteamientos de racionalidad económica y política que hacen las instituciones. En cualquier caso, no se da esta oposición en primer lugar entre valores "viejos" y "nuevos", sino entre concepciones conflictivas respecto al grado en que se satisfacen de un modo igual y equilibrado los diferentes elementos *dentro* del repertorio de valores modernos» (Offe, 1988, 214).

33. Los movimientos alternativos contemporáneos no se han limitado a evocar fáciles imágenes utópicas de la «nueva Tierra donde mana leche y miel», sino que han ido realizando una tarea programática cada vez más rigurosa y realista en los últimos dos decenios. Puede verse, como convincente ilustración, el capítulo 7 de Riechmann, 1994: «Otra forma de trabajar, producir y consumir: los programas económicos de *Die Grünen*».

34. Galtung entiende por «movimiento verde» un movimiento-paraguas bajo el que se cobijan un conjunto de movimientos parciales: ecologista, feminista, pacifista, etc., de modo que su esquema se refiere a las políticas de lo que aquí estamos llamando NMS.

35. Joachim Raschke sostiene que se da un *cambio estructural de los tipos de movilización* asociado a la transición entre diferentes fases históricas: a la *movilización ideal* de los primeros movimientos burgueses en la fase preindustrial modernizante sucede el tipo de *movilización organizativa* característica del movimiento obrero en la fase industrial, y tras ésta se impone la *movilización orientada a proyectos* típica de los NMS en la fase postindustrial. Véase para el despliegue de estos conceptos Raschke, 1985, 233-266 y 271.

36. Por *paradigma político* puede entenderse el punto de vista acerca de lo que primariamente es objeto y tarea de la política imperante en un sistema político dado. Se ha sugerido que en Europa Occidental el *paradigma de la dominación* rige aproximadamente entre 1850 y 1950, sucediéndole el *paradigma de la distribución* (véase Murphy y otros, 1981, 402-403); este último sería el puesto en tela de juicio por el «nuevo paradigma político» actualmente.

37. En el paradigmático caso alemán el grupo de soporte primario lo formarían los activistas de los NMS y del partido verde; el grupo de resonancia puede identificarse, para su estudio empírico, con el electorado del partido verde. Por eso, y más allá de las sintéticas consideraciones (apoyadas, eso sí, en gran cantidad de estudios empíricos) sobre la base social de los NMS que introducimos en este apartado, puede ahondarse más en esta cuestión acudiendo al capítulo 6 de Riechmann, 1994: «Sociograma del ecopacifismo germano-occidental».

38. Véase Dale E. Johnson, *Class and Social Development. A New Theory of the Middle Class*, Londres, 1982; y Salustiano del Campo, *La sociedad de clases medias*, Madrid, 1989.

39. Así, por ejemplo, se ha comprobado que el rechazo a las instalaciones nucleares es mayor antes de su instalación que una vez éstas han entrado en funcionamiento; o bien que la gente empleada en empresas muy contaminantes, o que vive cerca de éstas, desarrolla menos inquietudes ambientales que la gente menos directamente amenazada (véase Rüdig/Lowe, 1986b, 519). Aquí, además de el «poder de coacción y soborno» de las fuerzas industrialistas (en forma de pagos monetarios a los municipios nuclearizados, por ejemplo), están en juego mecanismos sociopsicológicos bien conocidos de *preferencia adaptativa* y *reducción de la disonancia cognitiva* (véase por ejemplo el capítulo 4 del clásico manual de Elliot Aronson, *El animal social*, Madrid, Alianza 1990). Puede también consultarse mi artículo «Límites, inconsistencias y bloqueos» en *mientras tanto* 56, Barcelona, 1993.

40. «El hecho de que los NMS posean la misma base estructural constituye

una primera e importante característica común a todos ellos. En el período de posguerra surgieron, a consecuencia de la expansión del sector de servicios y la construcción del Estado del Bienestar, cada vez más puestos profesionales en general, y en particular en el ámbito de los servicios sociales y culturales. Esta categoría de profesionales, claro está, ya existía antes del surgimiento de los NMS. Pero su expansión cuantitativa, sin embargo, constituye un fenómeno estructuralmente nuevo.» (Kriesi, 1987, 318.)

41. Señalemos de pasada (no es éste el lugar de argumentarlo rigurosamente) que para aumentar aún más esa base, los NMS están interesados en impulsar una estrategia de *reparto del trabajo* (con disminución y autogestión del tiempo de trabajo) *e igualitarismo social* que generalice a todo el cuerpo social la abundancia de tiempo libre, la seguridad material y el alto nivel de formación favorecedores (en ausencia de motivaciones religiosas o cuasirreligiosas) de la acción colectiva emancipatoria. Para esta cuestión, véase Lipietz 1989, capítulo 8; y también Jorge Riechmann y Enric Tello, «Trabajar menos: para trabajar todos y para transformar la sociedad», *mientras tanto*, 35, Barcelona, 1988.

42. Esta anticipación de los intelectuales como «nueva clase» cuenta con precedentes ilustres, aunque no alienten al optimismo: «Bakunin consideraba a la *intelligentsia* científica como una nueva clase. Sería la clase más despótica, autoritaria y despiadada que jamás hubiera gobernado en la sociedad humana, controlaría la riqueza y el conocimiento, y forzaría a las masas ignorantes a vivir, trabajar y marchar al compás del redoble del tambor o de palabras que ejercieran aproximadamente el mismo efecto» (Noam Chomsky en Oltmans [comp.], 1975: *Debate sobre el crecimiento*, México, FCE, pág. 330).

43. Si bien la satisfacción generalizada de las necesidades materiales básicas en las sociedades industriales avanzadas crea condiciones para un desplazamiento hacia las necesidades «inmateriales», no se da ningún automatismo necesitario a lo Maslow: para que se actualice el potencial así creado hacen falta condiciones suplementarias. Ya discutimos este punto en el capítulo anterior.

44. Por ejemplo, el gobierno de Kennedy apoyaba militarmente el régimen de Diem en Vietnam del Sur desde 1961, y la escalada militar norteamericana empezó en agosto de 1964, pero no fue sino desde 1965 cuando la guerra de Vietnam empezó a ser percibida como *problema* y a originar *movilización* en sectores de la juventud germano-occidental.

45. El concepto de *political opportunity structure* fue introducido por Eisinger, 1973, elaborado por Tarrow, 1983 y 1989b, y adoptado luego por numerosos estudiosos (por ejemplo, Brand, 1985; Kitschelt, 1986; Rüdig, 1988). En la definición original de Tarrow el concepto tiene tres dimensiones: el grado de facilidad/dificultad de acceso al sistema político formal, el grado de estabilidad/inestabilidad de los alineamientos políticos, y la existencia (y orientaciones estratégicas) de potenciales aliados (Tarrow, 1983, 28). En su conceptualización más reciente, Tarrow añade una cuarta dimensión: conflictos políticos dentro de las élites, y entre ellas (Tarrow, 1989b, 35). Se consultará con provecho Kriesi, 1991, donde se lleva a cabo la conceptualización más rigurosa que conozco de esta noción (en castellano, Kriesi, 1992).

46. Parte de lo que el concepto de estructura de oportunidades políticas expresa en un plano objetivo, subjetivamente se traduciría en el concepto de *horizonte de expectativas*: una movilización importante no surge si los actores sociales no perciben, subjetiva pero colectivamente, la «oportunidad histórica» de que algunas cosas cambien de manera sustancial. Sin duda es cierto, como quería el viejo socialista italiano –y durante algún tiempo presidente de la República– Sandro Pertini, que a veces hay que dar batallas aunque se cuente casi con la certidumbre de perderlas; pero es la situación contraria –la percepción de una posibilidad de victoria– la que más favorecerá la acción colectiva.

47. Contaminación de tierras, aires y aguas; destrucción de ecosistemas; ex-

tinción de especies animales y vegetales; erosión y desertificación; problemas globales como el «efecto invernadero», la acidificación del medio ambiente, la desaparición de la capa de ozono estratosférico; pérdida de la seguridad alimentaria mundial; hambre y enfermedades evitables para centenares de millones de personas; feminización de la pobreza; coexistencia del despilfarro de la minoría con la penuria de la mayoría, lo que se ha llamado «la plétora miserable»; en los países centrales del sistema, enajenación y miseria psíquica creciente, etc., etc.

48. Claus Offe juzga que en este sentido las raíces de los NMS pueden encontrarse «en la difusa y no específicamente clasista incidencia y distribución de los costes y privaciones que son resultado del progresivo proceso de modernización tecnológica, económica, política y militar; del profundo incremento de sus efectos en lo referente al virtualmente irreversible deterioro ecológico, físico y moral de las infraestructuras de la vida social; y de las dudas ampliamente difundidas concernientes a las potencialidades conocidas que están implícitas, tanto en las instituciones económicas existentes (propiedad privada, mercado, situación de mercado de la fuerza de trabajo), como en las instituciones políticas (democracia competitiva de partidos, sistema de democracia representativa, sistemas de dominación burocrático-legal)...».

49. Sugiero este término para indicar la movilización causada no por una exposición directa a los problemas, sino por una percepción de éstos mediada cognitivamente. El término *movilización cognitiva* sería también adecuado si no tuviese ya otro sentido técnico: con él sociólogos y politólogos (véase, por ejemplo, Inglehart, 1977, 1991) se refieren a la difusión de las habilidades cognitivas necesarias para poder participar en las comunidades políticas extensas y complejas propias de la Edad Moderna. «La educación formal no es en modo alguno lo mismo que la movilización cognitiva, pero probablemente sea éste el mejor indicador de que disponemos.» (Inglehart, 1991, 377.)

50. «Sean las que fueren las características que definen la novedad de los NMS, ni la marginalidad ni el desapego respecto a las organizaciones sociales y políticas de la sociedad son cruciales. Por el contrario, (...) las organizaciones de los NMS, como cualquier organización de movimiento, forman parte de una más amplia red de organizaciones de apoyo y opositoras.» (Klandermans en Dalton/Küchler, 1990, 122.) Lejos de estar aisladas en no sé qué márgenes del sistema, «las organizaciones de los NMS, como todas las organizaciones de movimientos, mantienen todo tipo de lazos con organizaciones e instituciones de su medio sociopolítico» (ibíd., pág. 125).

51. Todo ello se da en el contexto de formación de un «Estado del Bienestar». Si hace setenta años el gasto público en la mayoría de los países occidentales era de menos del 10 % del PNB, hoy en día varía entre aproximadamente un tercio del PNB en EE.UU., hasta más del 60 % en los países que más han desarrollado el *Welfare State*, como Holanda o Suecia. Para una aguda meditación sobre la crisis del «Estado del Bienestar» en la crisis de civilización contemporánea, véase Capella, 1991.

52. Los dos últimos puntos, B y C, pueden considerarse como la forma que adopta en la sociedad industrial avanzada una transformación general, vinculada con la industrialización, que la sociología ha conceptuado como *movilización social* (así, por ejemplo, Karl W. Deutsch desde comienzos de los sesenta). No debe confundirse este concepto con el de *movilización* que definíamos en la nota 4 de este mismo capítulo. Ahora nos referimos al *proceso mediante el cual las gentes son arrancadas de sus contextos sociopsicológicos tradicionales* (en la sociedad agraria), *y se rompen sus tradicionales vínculos sociales, económicos y psicológicos*. Al destruirse el tejido social tradicional cambian sus ocupaciones, modos de vida y lugares de residencia, y se integran en redes de comunicación más modernas y extensas. Este fenómeno es propio de la transición de la sociedad

agraria a la sociedad industrial, pero adquiere nuevas y más intensas modalidades en la transición de la sociedad industrial a la «postindustrial». «Para realizar el crecimiento económico, la igualdad social, la participación política, todos estos valores de la sociedad moderna, se acaba necesariamente atenuando los lazos sociales tradicionales, los que unen a las personas en un sistema de control social. En muchos sentidos las sociedades contemporáneas encierran un elemento de lo que Émile Durkheim llamaba "anomia". (...) Una de las consecuencias del aumento de las opciones, de las elecciones, es la disminución de los vínculos sociales. Y yo creo que este debilitarse de las relaciones ha conducido a muchas personas a la desorientación. Una desorientación en la que, quizá por vez primera para muchos, se toma conciencia de lo que los existencialistas escribían inmediatamente después de la guerra, que es preciso verificar la propia identidad a través de un *acte gratuite*. Ésta es una sociedad desorientada, en la que no sólo el suicidio, como decía Durkheim, sino también el homicidio pueden convertirse en un modo de expresar la falta de identidad estructurada en la vida social del ambiente de una persona.» (Dahrendorf, 1982, 92.)

53. El reto político que plantean estas transformaciones (individualización, en su lado bueno; atomización social y privatismo, en su lado malo) es inmenso. Se trata, en cierta medida, de *reinventar las formas de acción colectiva* en una situación en que los viejos partidos políticos «de masas» y el sindicalismo corporativo están históricamente exhaustos en tanto herramientas de emancipación. Alberto Melucci considera que nos hallamos frente a un auténtico *cambio de forma de la acción colectiva*. Para el politólogo italiano, «los conflictos se desplazan ahora hacia la defensa y la reivindicación de identidad contra aparatos distantes e impersonales que hacen de la racionalidad instrumental su "razón", y sobre esta base exigen una identificación. Las demandas antagónicas no se limitan a atacar el proceso de producción, sino que consideran el tiempo, el espacio, las relaciones y los individuos. Plantean demandas relacionadas con el nacimiento y la muerte, con la salud y con la enfermedad y que ponen en primer plano la relación con la naturaleza, la identidad sexual, los recursos de comunicación, la estructura biológica y afectiva del comportamiento individual. En estas áreas, aumenta la intervención de los aparatos de control y de manipulación, pero también se manifiesta una reacción difusa a las definiciones de identidad externas, aparecen demandas de reapropiación que reivindican para los individuos el derecho a "ser" ellos mismos» (Melucci, 1983, 82).

54. «La "altura de caída" de una sociedad se determina por su posibilidad de reacción ante las catástrofes. (...) Si cae una sociedad tradicional con economía de subsistencia, incluso si es muy pobre, se romperá un hueso; nosotros nos estrellaríamos contra el asfalto desde una altura de cuarenta pisos.» (Amery, 1991, 112.)

55. Puede compararse este pronóstico con las dos fases de movilización obrera en el siglo XIX: la primera en los decenios de 1830-1840 y la segunda en los decenios de 1880-1890, separadas por un profundo bache.

56. Así, por ejemplo, hay que convenir con Pietro Ingrao en que «la batalla por la liberación de la mujer no sólo puede significar unos golpes a una opresión que ha oprimido a *una parte* (aunque sea grandísima) de la humanidad (óptica tradicional de las luchas por la liberación de la mujer desde el campo proletario) sino también un gran recurso nuevo, un bien para todos, tanto en el terreno de los afectos y sentido de la vida como en el de la creatividad de argumentos colectivos e individuales» (Ingrao, 1983, 39).

57. Nueve de cada diez ciudadanos de la Comunidad Europea consideran que los problemas ambientales son «muy importantes», y siete de cada diez que son «muy urgentes». En Hofrichter/Reif, 1990, se hallará un análisis de las actitudes ambientales en la CE, tal y como han sido documentadas demoscópicamente en las encuestas *Eurobarómetro* desde los años setenta.

Capítulo 3

1. Hay que señalar que algunas corrientes minoritarias del movimiento obrero, señaladamente el anarco-comunismo de un Kropotkin, inspiraron ya a finales del siglo XIX y a comienzos del XX prácticas político-sociales estrechamente emparentadas con el ecologismo social o el ecosocialismo actuales. Recoge directamente aquella herencia una corriente actual como es el *ecoanarquismo* propugnado por Murray Bookchin (véase, por ejemplo, Bookchin, 1978). También los *Naturfreunde* o Amigos de la Naturaleza, asociaciones encuadradas dentro de los grandes partidos socialdemócratas alemán y austriaco (fundadas en 1895 en Viena, en 1905 en Munich; véase Hermand, 1991, 81), representaban una corriente de «protoecologismo obrero» hacia el cambio de siglo.

2. En 1899 se crean la Liga Alemana para la Protección de las Aves y la Asociación de los Países Bajos para la Protección de las Aves. De 1912 data la Liga Francesa para la Protección de las Aves, y la primera federación proteccionista internacional –constituida en junio de 1922– será el Consejo Internacional para la Protección de las Aves (véase Varillas, 1991, 11). Hoy en día, este Consejo aglutina a 330 asociaciones de un centenar de países, que agrupan a unos diez millones de asociados.

3. Se fundó una *Society for the Prevention of Cruelty to Animals*, y en 1821 se promulgaron las primeras leyes contra los tratos crueles infligidos innecesariamente a los animales.

4. Después de Yellowstone se crean, también en EE.UU., los parques de Yosemite, General Grant, Sequoia y Mount Rainier, este último en 1899. (Para comparar, tengamos presente que los primeros parques nacionales españoles, en Covadonga y Ordesa, no se crean hasta 1918, y durante muchos años no habrá otros en España; y que el primer parque natural francés, el de La Vanoise, no se crea hasta 1963, es decir, noventa y un años después que el de Yellowstone...).

5. *Naturdenkmäler*. Despertó expectación, sobre todo, la lucha por preservar un bello paraje natural en la ribera del Rin, Drachenfels, que la municipalidad de Königswinter había vendido en 1826 a cierto empresario para que explotase allí una cantera. Finalmente, la intervención personal del príncipe heredero de Prusia «salvó» Drachenfels (véase Hermand, 1991, 47).

6. Algunos datos, finalmente, sobre otros países europeos. En Holanda se crean en 1899 la Asociación Holandesa para la Protección de las Aves y en 1905 la Asociación para la Protección de la Naturaleza en los Países Bajos (esta última cuenta con más de 250.000 socios a finales de los ochenta). De 1909 datan la Asociación para la Conservación de la Naturaleza en Suecia y la Liga Suiza para la Protección de la Naturaleza, que también se transformarán en grandes organizaciones con el correr de los años (150.000 y 106.000 socios respectivamente, a finales de los años ochenta).

7. Muchos de los problemas ecológicos globales fueron intuidos, anticipados o padecidos localmente decenios antes de que surgiesen como amenazadoras realidades globales. Así, el fenómeno de la lluvia ácida lo estudió el químico inglés Robert August Smith ya en 1872, al establecer la relación que existía entre el aumento de la acidez de las lluvias en la región de Manchester y la contaminación que padecía dicha ciudad industrial (Parra, 1984, 195); pero la acidificación de regiones enteras del hemisferio Norte, con la muerte de lagos y bosques, sólo se hizo evidente un siglo después. Análogamente, en 1863 el físico inglés John Tyndall ya sugiere que la acumulación de dióxido de carbono en la atmósfera podría provocar un cambio climático (Deléage, 1991, 216): las pruebas en favor de este cambio, ahora bautizado como «efecto invernadero», comenzaron a acumularse también un siglo después.

8. Un conflicto similar se dio, por ejemplo, en Suecia, donde *Fältbiologerna* (Asociación Juvenil de Biólogos de Campo), sección juvenil creada en 1947 de la Asociación Sueca para la Protección de la Naturaleza (*Svenska Naturskyddföreningen* o SNF, fundada en 1909), se radicalizó y politizó hasta escindirse de su más conservadora asociación madre a mediados de los setenta (aunque posteriormente la conservacionista SNF también evolucionó hacia posiciones más ecologistas; véase Varillas, 1991, 124-125). Análoga evolución realiza, en la RFA, la Liga Alemana para la Protección de las Aves (*Deutscher Bund für Vogelschutz*, fundada en 1899), desde una asociación ornitológica conservadora hasta una moderna organización ambientalista/ecologista, con vivos debates y escisiones en torno a la cuestión de la energía nuclear: la mayor parte de la organización se ecologizará y pasará a llamarse Liga para la Protección de la Naturaleza en Alemania (*Naturscutzbund Deutschland*) en 1990 (Cornelsen, 1991, 63-73). En España, muchas asociaciones de las agrupadas en la CODA (Coordinadora de Organizaciones de Defensa Ambiental) ofrecerían ejemplos similares.

9. Los dos enfoques coexisten desde los orígenes de la ciencia ecológica. Para el más restringido y «naturalista» el concepto central es el de *ecosistema*, y su campo de estudios clásico la dinámica de las poblaciones; un «biólogo de los ecosistemas» en este sentido rechazará que estudiar la contaminación atmosférica, por ejemplo, sea asunto de los ecólogos (lo dejará en manos de los químicos especialistas en medio ambiente). En cambio, para el segundo enfoque, más globalista, el concepto central es el de *biosfera* (introducido por Eduard Suess en 1875, pero acuñado verdaderamente por Vladimir Vernadsky en los primeros años veinte), y el campo de estudio es sobre todo la bio-geoquímica de la Tierra, los grandes ciclos bio-geoquímicos dentro de la biosfera. Un ecólogo del primer tipo rechazará hablar de «crisis ecológica global», prefiriendo el término «crisis ambiental»; un ecólogo del segundo tipo insistirá en emplear el término «crisis ecológica». Como es obvio, yo me inclino más bien por el segundo de estos enfoques.

La historia de la ecología como disciplina científica está admirablemente trazada en la *Histoire de l'écologie* de Jean-Paul Deléage (Deléage, 1991). Puede consultarse también la *Historia de la ecología* de Pascal Acot (Acot, 1990).

10. El monismo de Haeckel quiso aunar un panteísmo de estirpe goethiana-romántica con el evolucionismo darwiniano en una doctrina con elementos filosóficos y religiosos. Haeckel concebía su monismo como «el eslabón entre ciencia y religión». De la fama de este profesor de biología hacia el cambio de siglo da idea el pintoresco hecho de que la Liga de Librepensadores le proclamara antipapa en Roma, en una solemne ceremonia celebrada en septiembre de 1904. Sobre el monismo puede consultarse Hermand, 1991, 70-75.

11. Según observa Ramón Folch, «inicialmente, hasta el más científico de los proteccionistas no se interesaba por la erosión, ni por los problemas energéticos, ni por las cadenas tróficas, ni por la limitación de los recursos no renovables, etc., y centraba exclusivamente su atención en las especies en peligro o en los últimos parajes todavía vírgenes» (Folch, 1977, 19).

Las propuestas conservacionistas, que tenían su sentido en la primera fase de la sociedad industrial, lo pierden crecientemente desde que entramos en la fase de la crisis ecológica global. Pues en la época de las macrocontaminaciones como el «efecto invernadero», en la época del «final de la naturaleza» (Bill McKibben) y del ser humano como «fuerza geológica planetaria» (Vladimir Vernadsky), *ya no hay santuarios, ya no hay islas vírgenes*: y afirmar lo contrario denota ignorancia, autoengaño o mala fe. Por ejemplo, intentar preservar la biodiversidad mundial mediante la creación de reservas de naturaleza silvestre (camino emprendido en las actuales negociaciones internacionales sobre biodiversidad) es sin duda un esfuerzo vano: sólo una transformación bastante radical de nuestros sistemas industriales y agrícolas según pautas ecológicas podría realmente mejorar las perspectivas de supervivencia de las demás especies animales y vegetales. La idea de los «santuarios» pierde sentido cuando los contaminantes químicos se encuentran hasta en la última gota de agua de mar y en el último gramo de grasa animal, y cuando el rápido cambio climático inducido industrialmente puede aniquilar ecosistemas enteros (en particular los bosques) sin darles la menor oportunidad de desplazarse ni adaptarse.

Los autores que trabajan en ética ambiental y ética ecológica han dado un sentido algo distinto a «conservacionista», dentro de la oposición *conservacionista/preservacionista* (véase De Roose/Van Parijs, 1991, 106). Para ellos, el *preservacionismo* es la concepción ética que justifica la protección de la naturaleza por el valor intrínseco que ésta posee en sí misma y no, como en el caso del *conservacionismo*, por el valor instrumental que posee para el ser humano. En este libro, nosotros no emplearemos tal terminología.

12. La distinción que Murray Bookchin establece entre *ambientalismo* y *ecologismo* coincide sustancialmente con la que aquí proponemos: «El término "ambientalismo" refleja, cada vez más, una actitud instrumentalista que considera la naturaleza como un hábitat pasivo, un conglomerado de objetos y fuerzas externas cuya mejor adecuación al uso humano debemos intentar, sin preocuparnos de cuál vaya a ser ese uso. De hecho, el "ambientalismo" se preocupa de los "recursos naturales", de los "recursos urbanos" o hasta de los "recursos humanos". (...) El "ambientalismo" no pone en entredicho esta concepción subyacente de la sociedad actual según la cual el hombre debe dominar la naturaleza. (...) La ecología, a mi juicio, propone una concepción más amplia de la naturaleza y de la relación entre la humanidad y el mundo natural; considera el equilibrio de la biosfera y su integridad como un fin en sí. Si vale la pena cultivar la diversidad de la naturaleza, no se debe únicamente al hecho de que cuanto más diversificados estén los elementos constitutivos de un ecosistema, más estable será ese ecosistema; vale la pena, además, buscar la diversidad por sí misma, en tanto que valor inscrito en una representación espiritualizada del mundo vivo» (Bookchin, 1978, 121).

No debe ignorarse, sin embargo, que en castellano *ambientalismo* ha significado también otra cosa: entre los geógrafos ha designado la doctrina que sometía la historia al imperativo del medio geográfico (es decir, un *determinismo geográfico*). Este sentido del vocablo no ha de confundirse con el que nosotros hemos introducido más arriba.

13. Para Folch, «las actitudes auténticamente ecologistas revolucionan todo el planteamiento. Suponen un cambio de estrategia de las relaciones actuales entre el hombre y su entorno, incluidos los recursos explotables. No es ya la complacencia estética, la integridad ética o el enardecimiento cognoscitivo lo que lleva al ecologista a oponerse a según qué transformaciones, sino el convencimiento de que tales transformaciones desequilibrarán los ecosistemas de los que el hombre forma parte» (Folch, 1977, 27); convencimiento científicamente fundado, añadiría yo.

Capítulo 5

1. Mientras que la primera posición tiende a permanecer centrada en la condición humana y señala que la especie humana ocupa un lugar excepcional en la biosfera, aunque no sea más que por su excepcional poder destructivo de sí misma y de las restantes especies animales y vegetales, la perspectiva biocéntrica defiende que la naturaleza y la vida silvestre tienen su propia justificación en sí mismas y por sí mismas, sin referencia alguna a su valor de uso para los seres humanos. El arranque del ecologismo biocéntrico (que, sustancialmente, coincide con lo que los anglosajones llaman *deep ecology* o «ecología profunda») es un famoso artículo del filósofo noruego Arne Naess (Naess, 1972), en el que se

propugnaba una posición ético-filosófica de «igualitarismo biosférico –en principio–». Mientras que el ecologismo antropocéntrico representa una continuación radicalizada de la Ilustración, la *deep ecology* rompe con ella. Allí donde el primero afirma su antiproductivismo, y lucha por una reconstrucción ecológica de la sociedad industrial, el segundo se declara antiindustrial, y se orienta por un neorruralismo nostálgico de imposibles e inexistentes Arcadias. La *deep ecology* plantea una ruptura de fondo con la civilización occidental, y busca sus afinidades antes entre las tribus indias norteamericanas que en las filosofías políticas occidentales. A mi entender –y a pesar del riesgo de injusticia que entrañan siempre semejantes generalizaciones–, el ecologismo biocéntrico encierra en bastantes de sus manifestaciones un importante potencial irracionalista, antiilustrado y anticientífico. Además, barrunto que se trata de una posición autocontradictoria, imposible de mantener con coherencia. ¿Tienen el virus del SIDA o el mosquito anofeles el mismo valor intrínseco y el mismo «derecho a la existencia» que la especie humana? ¿Podemos responder a esta pregunta sin otro criterio que el igualitarismo biocéntrico? Mi propia respuesta es que el antropocentrismo, al menos en un sentido débil, es probablemente inherente a la condición humana y sin duda un presupuesto de la acción emancipatoria (lo cual no implica considerar que todos los seres no humanos tengan sólo un valor instrumental para los humanos, pero sí aceptar que para un ser humano los humanos son el centro del mundo y la referencia fundamental). Una discusión bastante concluyente al respecto se hallará en el capítulo dos del magnífico *Green political thought* de Andrew Dobson (Dobson, 1990). Las dos perspectivas se hallan bien ejemplificadas en sendas obras recientes de dos ecologistas catalanes: la biocéntrica en *L'ecologisme: aprenent a rehabitar la Terra* de Josep Puig (Puig, 1991) y la antropocéntrica en *Que lo hermoso sea poderoso* de Ramón Folch (Folch, 1990).

2. Hay quien defiende, como el profesor Martínez Alier, que la base social «natural» del ecologismo de izquierdas sería un neopopulismo ecológico, un «neonarodnikismo ecológico como ideología de los desposeídos de la tierra» (Martínez Alier, 1985). Pero es ilusorio esperar tal cosa en las metrópolis del Norte, donde apenas existen campesinos; y en los predios y pegujales del Sur, por desgracia, sólo se perciben hasta la fecha tímidos indicios de ese nuevo comunalismo campesino con sensibilidad ecológica. A mediados de los ochenta, por ejemplo, se constataba en México –país en donde Martínez Alier cifra muchas de sus esperanzas neonarodniks– que «hasta donde se sabe, ninguna organización campesina del país ha incluido (o simplemente discutido) tesis ecologistas en sus programas, y sólo muy recientemente el movimiento ambientalista, en pleno desarrollo organizativo, ha ampliado el espectro de preocupación a los espacios rurales» (conclusiones del «Primer Encuentro Nacional de Ecologistas», citadas en Toledo, 1990, 18). Hoy por hoy, «neopopulismo ecológico» denota más una esperanza que una realidad.

3. Con estos términos técnicos (*dealignments, realignments*) los politólogos se refieren al debilitamiento de los lazos entre líneas fundamentales de conflicto político (*political cleavages*) y partidos políticos, así como a la pérdida de funcionalidad de los partidos políticos en las sociedades industriales avanzadas, en el primer caso; y a la recomposición o reajuste de las relaciones entre *cleavages* y partidos políticos (que puede entrañar la aparición de nuevos partidos) en el segundo caso.

4. Es decir, la correspondencia entre la adscripción de clase y el voto a un partido vinculado con esa clase que representa sus intereses.

5. Es decir, los cambios agregados en la fuerza electoral de un partido medida en dos elecciones consecutivas del mismo tipo.

6. Este partido nació en enero de 1973 con el nombre de Partido del Pueblo, *People's Party*; pero ya en su primera campaña electoral (elecciones generales de 1974) se dieron cuenta de que muchos electores asociaban «del Pueblo» con «co-

munista». Como esto contrariaba a la mayoría de los miembros del Partido (el *People's Party* estaba organizado de manera jerárquica y centralista, y propugnaba una «dictadura de los ecologistas» con tintes neocomunitaristas/conservadores, según las tesis de Edward Goldsmith), se rebautizaron como *Ecology Party* en la primavera de 1975. Posteriormente, en 1985, cambiaron otra vez de nombre: en esta ocasión, rebautizarse como *Green Party* indicaba un desplazamiento de la mayoría a posiciones verde-alternativas, más de izquierda.

Debe tenerse en cuenta que la fundación de nuevos partidos no es la única manera en que la ecología política ha entrado en escena. En algunos países, pequeños partidos socialistas de izquierda, o formaciones de la «nueva izquierda», adoptan gradualmente contenidos de los movimientos ecologistas: es el caso del Partido Socialista danés, del Partido Socialista Pacifista y del Partido Radical en Holanda, del Partido Socialista Unificado francés o de los primeros años del Partido Radical italiano. En otro grupo de países, son partidos liberales, agrarios o regionalistas los que enfatizan cuestiones ambientales, la oposición a la energía nuclear y la descentralización: así el Partido del Centro sueco, Democracia "66 en Holanda, el partido Venstre en Noruega...

7. Pueden verse dos buenas exposiciones de conjunto sobre partidos verdes, elaboradas por uno de los estudiosos que mayor atención ha prestado al fenómeno desde sus mismos inicios, en Müller-Rommel, 1989 y 1993. También son interesantes para esto Parkin, 1989 y Franken/Ohler, 1989. Algunas monografías sobre movimientos ecologistas y partidos verdes en países concretos: Riechmann, 1991 y 1994, Frankland/Schoonmaker, 1992, Hülsberg, 1988 (RFA); Rebeaud, 1987, Church, 1992 (Suiza); Tokar, 1987 (EE.UU.); James, 1980 (Nueva Zelanda); Bennulf/Holmberg, 1990, Gaiter, 1991 (Suecia); Aardal, 1990 (Noruega); Riechmann, 1991, Sainteny, 1991, Pronier/Le Seigneur, 1992 y Bennahmias/Roche 1992 (Francia); Rüdig/Lowe, 1986 (Gran Bretaña); Biorcio/Lodi, 1988 y Biorcio, 1991 (Italia); Christian, 1983, Giller, 1984 y Lind, 1988 (Austria); Kitschelt, 1989 y Kitschelt/Hellemans, 1990a (Bélgica); Riechmann, 1991 (Holanda). Esta lista, que no es ni mucho menos exhaustiva, puede ampliarse en la bibliografía al final de este libro.

Para los interesados en los contenidos del proyecto verde-alternativo, una buena aproximación sintética a los programas económicos de varios partidos verdes europeos la proporcionan los tres textos siguientes: Lipietz, 1994 (Francia), Serafini, 1993 (Italia) y el capítulo 7 de Riechmann, 1994 (Alemania).

8. Se trata de Alemania, Bélgica, Holanda, Suiza, Austria, Luxemburgo, Gran Bretaña, Finlandia, Suecia, Noruega, Dinamarca, Irlanda, Italia, España, Portugal y Grecia.

9. Que, típicamente, incluyen un fuerte énfasis en la igualdad de derechos, especialmente para las mujeres y las minorías; un ideario ecologista y antinuclear; solidaridad con el Tercer Mundo; pacifismo, incluyendo medidas de desarme unilateral; y en general una orientación igualitaria y emancipatoria.

10. «Las encuestas muestran que los votantes a partidos de izquierda libertaria provienen de las clases medias con alto nivel educativo, son jóvenes, trabajan en los servicios sociales (enseñanza, salud, trabajo social), tienen convicciones políticas de izquierda, apoyan valores "posmaterialistas", y simpatizan con los movimientos ecologistas, feministas y pacifistas.» (Kitschelt, 1989, 10.)

11. Puede verse un breve análisis de algunas corrientes de política verde en países del Sur (México, Brasil, Ecuador, India, Kenia...) en Siebert, 1990 (capítulo 2), y en Redclift, 1987 (capítulo 7). La revista *Ecología política* también presta atención a estas cuestiones.

12. Kitschelt basa su análisis en el estudio de 18 casos (todos ellos «democracias occidentales») y sopesa el poder explicativo de distintas variables antes de decidirse por las integradas en su esquema de los dos «filtros»: sus conclusiones me parecen bastante fiables.

13. «Los MS no están necesariamente acabados cuando dejan de crecer, no desarrollan una actividad externa en aumento o muestran tendencias claras hacia la institucionalización. Crisis internas, fases de latencia, de autorreflexión, de (re)consolidación institucional a un nivel más bajo o también acontecimientos externos contingentes pueden constituir un presupuesto para nuevas fases de expansión y actividad» (Dieter Rucht en Roth/Rucht, 1987, 239).

14. En cuanto a la corriente conservacionista/ecologista, ya a comienzos de los años setenta se forman coordinadoras nacionales en la mayoría de los países europeos. La *Fédération Française des Sociétés de Protection de la Nature* (FFSPN) se funda en 1969, el *Bundesverband Bürgerinitiativen Umweltschutz* (BBU) de la RFA en 1972, el *Miljvardsgruppernas Riförbund* (MIGRI) sueco en 1971, la *Veriniging Milieudefensie* (VMD) holandesa en 1972. A mediados de los setenta, será precisamente el combate antinuclear el que hará sentir la necesidad de movimientos de ecología política a escala nacional, ya que los problemas energéticos no podían resolverse a nivel local.

15. Los datos proceden del *Eurobarómetro* 21 (abril de 1984). Los electorados verdes potenciales en los diez países son: RFA 55 %, Irlanda 57 %, Francia 56 %, Italia 52 %, Gran Bretaña 31 %, Holanda 43 %, Bélgica 49 %, Luxemburgo 53 %, Dinamarca 36 %, Grecia 27 % (Inglehart, 1991, 288).

16. Que el origen de la fórmula sea la derecha ecologista no es sorprendente: no se trata, ni mucho menos, de la primera corriente política que pretende no ser de derechas ni de izquierdas. En Alemania el ejemplo más ilustre lo proporciona el que fue *el movimiento (die Bewegung)* por antonomasia en el período de Weimar: el nacionalsocialismo. Como afirmó uno de sus ideólogos, Wilhelm Stapel, «los populares (*die Völkischen*) no se dejan situar ni "a la derecha" ni en la "izquierda" ni "en el medio", no casan con el hemiciclo de los partidos, sino que son sencillamente pueblo» (Stapel, «Das Elementare in der völkischen Bewegung», *Deutsches Volkstum*, cuaderno 5, mayo de 1924, pág. 214; citado por Richard Stöss en Roth/Rucht, 1987, 283).

17. Está bien expuesta por Ernest Garcia en su epílogo a la edición catalana del manifiesto ecosocialista *Por una alternativa verde en Europa* (Antunes, 1990), págs. 184-188.

18. Por el contrario, me parece más cercano a la verdad postular que «nunca se vuelve a empezar *desde el principio*, esto es, sin referencia a tradiciones, a un marco de ideas, creencias e ideales», como señala Francisco Fernández Buey.

19. Walter Benjamin: *Discursos interrumpidos I*. Madrid, Taurus, 1973, pág. 184. Las «Tesis» se redactaron en 1940.

20. Como es sabido, el origen de la distinción izquierda/derecha es topográfico: proviene de la Asamblea Nacional francesa de 1789, en la que la nobleza se sentaba a la derecha del rey y el Tercer Estado a su izquierda. Klaus von Beyme ha señalado que «esta terminología fue popularizada primeramente en Gran Bretaña, en 1837, por la obra de Carlyle *La Revolución Francesa*, pero la dualidad expresada por la oposición entre izquierda y derecha no se afirmó en este país hasta después de la Primera Guerra Mundial, cuando el Partido Laborista se convirtió en uno de los principales partidos. En EE.UU., la dicotomía entre liberales y conservadores, que dominó el escenario político en Gran Bretaña durante mucho tiempo, es más importante mientras la división entre izquierda y derecha ha desempeñado un papel mucho menos significativo. No deja de ser llamativo el que exista una mayor predisposición a considerar el escenario político en términos de la oposición entre izquierda y derecha en aquellos casos en los que se ha consolidado un fuerte partido socialista» (von Beyme, 1986, 323).

En Alemania la pareja de conceptos es de uso común ya desde comienzos del XIX (Murphy y otros, 1981, 399). En cuanto a España, parece que el término no se emplea en la primera mitad del siglo XIX (cuando el antagonismo que predomina es el de liberales contra absolutistas), y hacia 1860 aún se cita con carácter topográfico, cuando los diputados en Cortes se refieren al lugar donde están situados aquellos a quienes se dirigen; parece que cuaja en su sentido político actual con la radicalización de las ideas políticas paralela a la Revolución de 1868 (véase la voz «Derecha» en el *Diccionario de ciencias sociales* del Instituto de Estudios Políticos, Madrid, 1975). También entonces se inicia la articulación del movimiento obrero en España (constitución de la Federación Obrera Regional Española en Madrid en 1869).

Jean Laponce ha mostrado que la dimensión izquierda/derecha tiene raíces profundas en la herencia cultural de la mayoría de los pueblos: desde los mitos de Mot y Baal, la divinidad se coloca simbólicamente en la derecha y quienes la desafían a la izquierda (Laponce, 1981).

Diversos estudios empíricos y encuestas llevados a cabo en los países occidentales muestran que *izquierda* se asocia con horizontalidad, igualitarismo, tendencia al cambio y orientación hacia el futuro; mientras que *derecha* connota verticalidad, aceptación de jerarquías sociales y religiosas, continuidad y preservación del *statu quo* (von Beyme, 1986, 325).

21. La única excepción parece ser Suiza; véase von Beyme, 1986, 326.

22. En el sentido de una igualdad radical de oportunidades, o, lo que es lo mismo, igualdad como superación de la desigualdad clasista. En palabras de un clásico: «El real contenido de la exigencia proletaria de igualdad es la exigencia de la *supresión de las clases*. Toda exigencia de igualdad que vaya más allá de eso cae necesariamente en el absurdo» (Friedrich Engels en el *Anti-Dühring*).

23. Raschke en Fücks, 1991, 171. Lo que supondría un inadmisible reduccionismo es afirmar que no existen otras dimensiones políticas relevantes que la dimensión izquierda/derecha. Pero la falsedad de tal afirmación es notoria, como se echa de ver tras una breve reflexión sobre los ejemplos siguientes: el pacifismo antinuclear es compatible con pronunciamientos tanto a favor como en contra de la igualdad social. Los nuevos movimientos étnicos y regionalistas/nacionalistas pueden ser tanto de izquierdas como de derechas. O, como menciona Klaus von Beyme: «racistas militantes en organizaciones sindicales norteamericanas, que se consideran situados en la izquierda, apoyan sin embargo, de acuerdo con algunos estudios norteamericanos, al Ku Klux Klan. Por otra parte, en Israel, un 63 % de entrevistados manifestaron ser de izquierdas, aun cuando estaban a favor de una política exterior militarista» (von Beyme, 1986, 327). El espacio político, en suma, es y será *multidimensional*: resulta inaceptable reducirlo a uno solo de sus ejes. Pero también resulta inaceptable la pretensión de un modelo coherente del espacio político moderno si se priva a éste de su eje izquierda/derecha.

24. Esta tendencial *mundialización* se ha acelerado sustantivamente tras la Segunda Guerra Mundial, realizándose en acontecimientos y procesos históricos como los siguientes: posibilidad técnica de la autodestrucción de la humanidad en una guerra atómica; proceso de descolonización en África y Asia; surgimiento de una «economía-mundo», transnacionalización de las economías, expansión del mercado mundial; creación de un sistema mundial de información, comunicación y transporte; crisis ecológica global; final de la «Guerra Fría» y de la geopolítica bipolar de las superpotencias, transición al capitalismo de los países del llamado «socialismo real»...

25. «Si el partido verde se presentó al principio con el eslogan "ni a la derecha ni a la izquierda, sino adelante", pronto se mostró que esa autodefinición sólo atinaba en la medida en que *Die Grünen* causaban una redefinición parcial de lo que significa política de izquierdas en un país altamente industrializado» (Thomas Poguntke en Hermann/Schwegler-Rohmeis, 1989, 167).

SELECCIÓN DE LECTURAS RECOMENDADAS EN CASTELLANO

CAPELLA, Juan Ramón: *Los ciudadanos siervos*. Trotta, Madrid, 1993.

DALTON, Russell J./KUECHLER, Manfred (comps.), *Los nuevos movimientos sociales: un reto al orden político*. Edicions Alfons el Magnànim, Valencia, 1992.

FERNÁNDEZ BUEY, Francisco, 1993: *Discursos para insumisos discretos*. Libertarias, Madrid.

FERNÁNDEZ DURÁN, Ramón, 1993: *La explosión del desorden. La metrópoli como espacio de la crisis global*. Fundamentos, Madrid.

GORDILLO, José Luis, 1993: *La objeción de conciencia*. Paidós, Barcelona.

IBARRA, Pedro (comp.), 1992: *Objeción e insumisión. Claves ideológicas y sociales*. Fundamentos, Madrid.

MARTíNEZ ALIER, Joan, 1992: *De la economía ecológica al ecologismo popular*. Icaria, Barcelona.

OFFE, Claus, 1988: *Partidos políticos y nuevos movimientos sociales*. Sistema, Madrid.

PASTOR, Jaime, 1990: *Guerra, paz y sistema de estados*. Libertarias, Madrid.

RIECHMANN, Jorge, 1991: *¿Problemas con los frenos de emergencia? Movimientos ecologistas y partidos verdes en Alemania, Holanda y Francia*. Revolución, Madrid.

—, 1994: *Los Verdes alemanes: historia y análisis de un experimento ecopacifista a finales del siglo* XX. Editorial Comares, Granada.

SACRISTÁN, Manuel, 1987: *Pacifismo, ecología y política alternativa*. Icaria, Barcelona.

TEODORI, Massimo, 1978: *Las nuevas izquierdas europeas (1956-1976)*. 3 vols. Blume, Barcelona.

THEBAUD, Françoise, 1993: *Historia de las mujeres* (coordinación general de Georges DUBY y Michelle PERROT), vol. 5 (siglo XX). Taurus, Madrid.

VARILLAS, Benigno (comp.), 1991: *Las organizaciones no gubernamentales de medio ambiente en Europa Occidental*. Asociación CODA/Quercus, Madrid.

Revistas: *mientras tanto, En pie de paz, Papeles para la paz, Ecología Política, Gaia, Viento Sur, Debats*.

BIBLIOGRAFÍA SELECTA SOBRE NUEVOS MOVIMIENTOS SOCIALES Y PARTIDOS VERDES

AAVV, 1972: *Les mouvements féministes dans le monde*. Dossier en la revista *Problèmes politiques et sociaux* 125. La Documentation Française, París.

AAVV, 1981: *Les mouvements écologistes dans le monde*. Dossier *Problèmes politiques et sociaux* 418. La Documentation Française, París.

AAVV, 1984: *Umdenken. Analysen Grüner Politik in Österreich*. Junius-Verlag, Viena.

AAVV, 1988: *El 68, veinte años después*. Monografía en la revista *mientras tanto* 36/37, Barcelona.

AAVV, 1991: *Movimientos sociales en Latinoamérica*. Monografía en *El nudo de la red* 16 (septiembre de 1991), Madrid.

AARDAL, Bernt, 1990: «Green Politics: A Norwegian Experience». *Scandinavian Political Studies* vol. 13, n. 2.

ABENDROTH, Wolfgang, y otros, 1983: *Nicht links –nicht rechts? Über die Zukunft der Grünen*. VSA-Verlag, Hamburgo.

—,1985: «Los Verdes y el movimiento obrero». En *mientras tanto* 24 (septiembre de 1985), Barcelona.

ACOT, Pascal, 1990: *Historia de la ecología*. Taurus, Madrid.

AGUIAR, Fernando (comp.), 1992: *Intereses individuales y acción colectiva*. Editorial Pablo Iglesias, Madrid.

AGUIRRE, J./ARANGUREN, J.L.L./SACRISTÁN, M., y otros, 1969: *Cristianos y marxistas: los problemas de un diálogo*. Alianza, Madrid.

AHLEMEYER, Heinrich W., 1989: «Was ist eine sociale Bewegung? Zur Distinktion und Einheit eines sozialen Phänomens». *Zeitschrift für Soziologie* 18/3.

AIERBE, Peio, 1989: *Lucha armada en Europa*. Gakoa (Tercera Prensa), San Sebastián.

ALBER, Jens, 1985: «Modernisierung, neue Spannungslinien und die politischen Chancen der Grünen». *Politische Vierteljahresschrift* 26.

ALBERONI, Francesco, 1984: *Movimiento e institución*. Editora Nacional, Madrid.

ALBIAC, Gabriel, 1993: *1968*. Ediciones El Mundo, Madrid.

ALLAN MICHAUD, Dominique, 1989: *L'avenir de la société alternative*. L'Harmattan, París.

ALMOND, Gabriel, y otros, 1992: *Diez textos básicos de Ciencia Política*. Ariel, Barcelona.

ALONSO, Luis Enrique/RODRÍGUEZ VILLASANTE, Tomás, y otros,

1993: *Los movimientos sociales hoy*. Revista *Documentación social* 90 (número monográfico), enero-marzo de 1993, Madrid.

ALPHANDÉRY, Pierre/BITOUN, Pierre/DUPONT, Yves (comps.), 1991: *La sensibilité écologique en France*. Dossier *Problèmes Politiques et Sociaux* 651, La Documentation Française, París.

ALTBACH, Edith H., y otras (comps.), 1984: *German Feminism: Readings in Politics and Literature*. State University of New York Press, Nueva York.

ANTUNES, Carlos, y otros, 1990: *Per una alternativa verda a Europa*. Universidad de Valencia.

AMERY, Carl, 1991: *Bileams Esel. Konservative Aufsätze*. List Verlag, Munich.

AMIN, Samir/ARRIGHI, Giovanni/GUNDER FRANK, André/WALLERSTEIN, Immanuel, 1990: *Transforming the Revolution. Social Movements and the World-System*. Monthly Review Press, Nueva York. (Hay trad. francesa: *Le grand tumulte? Les mouvements sociaux dans l'économie-monde*. La Découverte, París, 1991).

AMIS, Martin/BELLOW, Saul, y otros, 1987: *Modernity and Its Discontents*. Brook Productions, Londres.

ANDERS, Ann (comp.), 1988: *Autonome Frauen. Schlüsseltexte der Neuen Frauenbewegung seit 1968*. Athenäum Verlag, Franckfort del Meno.

ANDERS, Günther, 1987: *Gewalt: Ja oder nein*. Knaur, Munich.

ANDERSEN, Jorgen Goul, 1990: «"Environmentalism", "New Politics" and Industrialism: Some Theoretical Perspectives». *Scandinavian Political Studies* vol. 13, n. 2.

ANDERSON, Leslie E., 1990: «Postmaterialism from a Peasant Perspective. Political Motivation in Costa Rica and Nicaragua». *Comparative Political Studies* vol. 23, n. 1.

APPEL, Roland/HUMMEL, Dieter, 1988: «Modellfall Volkszählung –ein Beispiel zum Umgang staatlicher Institutionen mit einer aussenparlamentarischen Bewegung». *Forschungsjournal Neue Soziale Bewegungen* 2/88.

ARKIN, W.M./DURRANT, D./CHERNI, M., 1991: «Las técnicas de guerra moderna y el medio ambiente. Un estudio sobre la guerra del Golfo Pérsico» (resumen del estudio elaborado para la V Convención de Ginebra sobre la protección del medio ambiente en tiempos de conflicto armado). Editado por Greenpeace International y la London School of Economics. Londres, junio de 1991.

AUTONOMEN FRAUENREDAKTION der Zeitscrift *Das Argument*, 1988: *Frauenbewegungen in der Welt –Band 1 (Westeuropa)*. Argument– Verlag, Berlín/Hamburgo.

BAHRO, Rudolf, 1978: *La alternativa*. Materiales, Barcelona.

—, 1980: *Elemente einer neuen Politik*. Olle & Wolter, Berlín (Oeste).

—, 1984: *From Red to Green*. Verso, Londres.

—, 1986: *Cambio de sentido*. Ediciones HOAC, Madrid.

BANKS, J., 1972: *The Sociology of Social Movements*. Macmillan, Londres.

BARCELLONA, Pietro, 1992: *Postmodernidad y comunidad. El regreso de la vinculación social*. Trotta, Madrid.

BEA PÉREZ, E., 1993: *Simone Weil: la memoria de los oprimidos*. Encuentro, Madrid.

BECK, Ulrich, 1986: *Risikogesellschaft. Auf dem Weg in eine andere Moderne*. Suhrkamp Verlag, Francfort del Meno.
—, 1988: *Gegengifte. Die organisierte Unverantwortlichkeit*. Suhrkamp Verlag, Francfort del Meno.
—, 1991: «La irresponsabilidad organizada». *Debats* 35/46 (marzo/junio de 1991), Valencia.
—, 1992: «From Industrial Society to the Risk Society: Questions of Survival, Social Structure and Ecological Enlightenment». *Theory, Culture and Society* vol. 9 n. 1.
BECKMANN, Michael, 1988: «Die Logik des kollektiven Handelns und die Logik von Parteigründungen am Beispiel der Grünen». *Zeitschrift für Politik* 35/4.
BEIER, Siegfried/FISCH, Horst/POLLACH, Günter, 1986: *Neue demokratische Bewegungen in Westeuropa*. Dietz Verlag, Berlín (DDR).
BELL, Daniel, 1960: *The End of Ideology: On the Exhaustion of Political Ideas in the Fifties*. Free Press, Glencoe (Illinois). (Hay trad. castellana: Tecnos, Madrid, 1962).
—, 1974: *The Coming of Postindustrial Society*. Heinemann, Londres. (Hay trad. castellana.)
BENJAMIN, Walter, 1980: «Anmerkungen zu den Thesen *Über den Begriff der Geschichte*», en *Gesammelte Schriften* I,3. Francfort del Meno.
BENSAID, Daniel, y otros, 1987: *El nuevo movimiento estudiantil*. Monografía en *inprecor* 53 (abril de 1987).
BENNAHMIAS, Jean-Luc/ROCHE, Agnès, 1992: *Des Verts de toutes les couleurs. Histoire et sociologie du mouvement écolo*. Albin Michel, París.
BENNULF, Martin/HOLMBERG, Sören, 1990: «The Green Breakthrough in Sweden». *Scandinavian Political Studies* vol. 13 n. 2.
BERLINGER, Enrico, 1977: *Austeridad: ocasión para transformar Italia*. Materiales, Barcelona.
—, 1987: *Idee e lotte per la pace* (antología). CUEN, Nápoles.
BERRINGTON, Hugh, 1985: «New Parties in Britain». *International Political Science Review* vol. 6 n. 4.
BETZ, Hans-Georg, 1990: «Value Change and Postmaterialist Politics. The Case of West Germany». *Comparative Political Studies* vol. 23 n. 2.
BEYME, Klaus von, 1986: *Los partidos políticos en las democracias occidentales*. CIS/Siglo XXI, Madrid.
BIORCIO, Roberto/LODI, G. (eds.), 1988: *La sfida verde. Il movimiento ecologista in Italia*. Liviana, Padua.
BIORCIO, Roberto, 1991: *Il movimento verde in Italia*. Ponencia presentada en el *workshop* «Els verds a l'Europa del sud: els casos de Catalunya i Itàlia», Universidad Autónoma de Barcelona, 22.11.1991. Material multicopiado.
BOFF, Leonardo, 1992: *América Latina: da conquista á nova evangelizaçao*. Atica, Sao Paulo.
BOLLINGER, Stefan/MALECK, Berhard, 1987: *Denken zwischen Utopie und Realität. Weltanschauliche Positionen der Alternativ- und Ökologiebewegung in der BRD*. Dietz Verlag, Berlín (DDR).

BOGGS, Carl, 1986: *Social Movements and Political Powers: Emerging Forms of Radicalism in the West*. Temple University Press, Filadelfia.

BOOKCHIN, Murray, 1978: *Por una sociedad ecológica*. Gustavo Gili, Barcelona.

BOSSEL, Hartmut, 1978: *Bürgerinitiativen entwerfen die Zukunft*. Fischer Verlag, Francfort del Meno.

BOTEY, Jaume, 1993: *Testimonios de la izquierda resistente*. Tesis doctoral. Bellaterra, Universidad Autónoma de Barcelona.

BOTKIN, J./ELMANDJRA, M./MALITZA, M., 1979 [1978]: *Aprender, horizonte sin límites* (informe sobre el aprendizaje al Club de Roma). Santillana, Madrid.

BOURG, D./FAGOT-LAUGECULT, A./POURSIN, J.M./VAN PARIJS, Ph., 1991: «Écologie, bioétique, démographie: quelles responsabilités?». *Esprit*, mayo de 1991.

BRAND, Karl-Werner, 1982: *Neue soziale Bewegungen. Entstehung, Funktion und Perspektive neuer Protestpotentiale*. Westdeutscher Verlag, Opladen.

—, (comp.), 1985: *Neue soziale Bewegungen in Westeuropa und den USA. Ein internationaler Vergleich*. Campus Verlag, Francfort/ Nueva York.

—, 1987: «Zur politischen Kultur der neuen sozialen Bewegungen». *Politische Vierteljahreschrift*, Sonderheft 18.

—, 1992: «Neue sociale Bewegungen», in: WEIDENFELD, Werner/ KORTE, Karl Rudolf (comps.), *Handwörterbuch zur deutschen Einheit*. Campus-Verlag, Francfort del Meno.

BRAND, Karl-Werner/BÜSSER, Detlef/RUCHT, Dieter, 1986: *Aufbruch in eine andere Gesellschaft. Neue soziale Bewegungen in der Bundesrepublik*. Campus Verlag, Francfort/Nueva York.

BROWN, Lester R./FLAVIN, Christopher/POSTEL, Sandra, 1992: «Esbozo de una sociedad ecológicamente compatible». *mientras tanto* 49.

BRUNDTLAND REPORT (de la Comisión Mundial sobre Medio Ambiente y Desarrollo), 1987: *Our Common Future*. Oxford University Press, Londres. (Hay trad. castellana: *Nuestro futuro común*, Alianza, Madrid 1988).

BÜHNEMANN, Michael/WENDT, Michael/WITUSCHEK, Jürgen, 1984: *Die Alternative Liste Berlín. Entstehung, Entwicklung, Positionen*. Lit-Pol Verlag, Berlín (Oeste).

BÜRKLIN, Wilhelm, 1984: *Grüne Politik*. Westdeutscher Verlag, Opladen.

—, 1985: «The German Greens: The Post-industrial Non-established and the Party System». *International Political Science Review* vol. 6 n. 4.

—, 1988: «Theorie und Empirie gesellschaftlichen Wertwandels». Capítulo 8 de su libro *Wählerverhalten und Wertwandel*, Leske & Budrich, Opladen.

BUTTEL, Fred/LEMKOW, Luis, 1983: *Los movimientos ecologistas*. Editorial Mezquita, Madrid.

BUTTON, J., 1988: *A Dictionary of Green Ideas: Vocabulary for a Sane and Sustainable Future*. Routledge.

BYRNE, Paul, 1981: *The Campaign for Nuclear Disarmament*. Croom Helm, Londres.

—, 1988: *The Campaign for Nuclear Disarmament. For a Discussion of*

CND's Renaissance in the Eighties and its "Friendly Competition" with the Green Party and Other Environmental Groups. Croom Helm, Londres.

CAPELLA, Juan Ramón, 1985: *Entre sueños. Ensayos de filosofía política*. Icaria, Barcelona.

—, 1989: «Otra manera de hacer política». *mientras tanto* 38, Barcelona.

—, 1990: «El partido "orgánico" emancipatorio y las instituciones». Tiposcrito fotocopiado.

—, 1991: «La crisis del "Estado del bienestar" en la crisis de civilización». En Enrique OLIVAS (comp.), *Problemas de legitimación en el estado social*, Trotta, Madrid.

—, 1993: *Los ciudadanos siervos*. Editorial Trotta, Madrid.

CARBONDALE *telos* GROUP, 1982: «Ecology and the Welfare State: A Conference Report». *Telos* 52 (verano de 1982).

CASALS COSTA, Vicente, 1990: «De lo global a lo local: el caso de la Sierra de Collserola». *mientras tanto* 42, Barcelona.

CERNY, Philip C. (comp.), 1982: *Social Movements and Protest in France*. St. Martin Press, Londres.

CHAFER, Tony, 1983: «The Greens and the Municipal Elections». *Newsletter of the Association for the Study of Modern and Contemporary France* 14.

—, 1984: «The Greens in France: An Emerging Social Movement?» *Journal of Area Studies* 10.

—, 1985: «Politics and the Perception of Risk: A Study of the Anti-Nuclear Movements in Britain and France». *West European Politics* vol. 8 n. 1.

CHOMSKY, Noam, 1985: *La quinta libertad*. Crítica, Barcelona.

CHOMSKY, Noam/HERMAN, E.S., 1988: *Manufacturing Consent. The Political Economy of the Mass-Media*. Pantheon Books, Nueva York. (Hay trad. castellana: Crítica, Barcelona 1989).

CHRISTIAN, R. 1983: «Die Grünen– Momentaufnahme einer Bewegung in Oesterreich». *Oesterreichisches Jahrbuch für Politik 1982*, Verlag für Geschichte und Politik, Viena.

CHURCH, C., 1992: «The Development of the Swiss Green Party». *Environmental Politics* 2.

CIPRIANI, A. y G., 1991: *Sovranità limitata. Storia dell'eversione atlantica in Italia*. Edizioni Assoziate, Roma.

CLAUDIN, Fernando, 1970: *La crisis del movimiento comunista, I: de la Komintern al Kominform*. Prólogo de Jorge Semprún. Ruedo Ibérico, París.

COHEN, Jean L., 1982: «Between Crisis Management and Social Movements: The Place of Institutional Reforms». *Telos* 52 (verano de 1982).

—, 1983: «Rethinking Social Movements». *Berkeley Journal of Sociology* vol. 28.

—, 1985: «Strategy or Identity: New Theoretical Paradigms and Contemporary Social Movements». *Social Research* vol. 52 n. 4.

COHEN, Jean L./TOURAINE, Alain/MELUCCI, Alberto/JENKINS, J. Craig, 1988: *Teoría de los movimientos sociales*. FLACSO, San José de Costa Rica.

COHN-BENDIT, Daniel, 1987: *La revolución y nosotros que la quisimos tanto*. Anagrama, Barcelona.

COMBLIN, J./GONZALEZ FAUS, J.I. y otros, 1993: *Cambio social y pensamiento cristiano en América Latina*. Trotta, Madrid.

COMIN, C., 1977: *Cristianos en el partido, comunistas en la Iglesia*. Laia, Barcelona.

COMMONER, Barry, 1972 [1966]: *Ciencia y supervivencia*. Plaza y Janés, Barcelona.

—, 1978 [1971]: *El círculo que se cierra*. Plaza y Janés, Barcelona.

—, 1977 [1976]: *La escasez de energía*. Plaza y Janés, Barcelona.

—, 1992 [1990]: *En paz con el planeta*. Crítica, Barcelona.

CORNELSEN, Dirk, 1991: *Anwälte der Natur. Umweltschutzverbände in Deutschland*. Beck Verlag, Munich.

COSTA MORATA, Pedro/FRUTOS GARCíA, José, 1983: «Proyección de los movimientos ecologistas en las sociedades occidentales». *De Juventud* (junio de 1983).

COTGROVE, Stephan, 1982: *Catastrophe or Cornucopia: the Environment, Politics and the Future*. Wiley, Chichester.

COTGROVE, Stephan/DUFF, Andrew, 1980: «Environmentalism, Middle Class Radicalism and Politics». *Sociological Review* 28.

—, 1981: «Environmentalism, Values and Social Change». *British Journal of Sciology* vol. 32 n. 1.

CROUCH, Colin, 1970: *The Student Revolt*. Londres/Sidney/Toronto.

DAHLERUP, Drude (comp.), 1986: *The New Women's Movement: Feminism and Political Power in Europe and the USA*. Sage Books, Londres.

DAHRENDORF, Ralf, 1982: *El nuevo liberalismo*. Tecnos, Madrid.

DALTON, Russell J., 1988: *Citizen Politics in Western Democracies*. Chatham House, New Jersey.

DALTON, Russell J./FLANAGAN, Scott C., 1984a: «Parties under Stress: Realignment and Dealignment in Advanced Industrial Societies». *West European Politics* vol. 7 n. 1.

—, (comps.), 1984b: *Electoral Change in Advanced Industrial Democracies: Realignment or Dealignment?* Princeton University Press, Princeton.

DALTON, Russell J./KÜCHLER, Manfred (comps.), 1990: *Challenging the Political Order. New Social and Political Movements in Western Democracies*. Polity Press, Cambridge. (Hay traducción castellana: *Los nuevos movimientos sociales: un reto al orden político*. Edicions Alfons el Magnànim, Valencia 1992.)

D'ANIERI, Paul/ERNST, Claire/KIER, Elisabeth, 1990: «New Social Movements in Historical Perspective». *Comparative Politics* vol. 22 n. 4.

DECLARACIÓN DE MEXICO, 1991: II encuentro de los movimientos y partidos políticos del Foro de Sao Paulo. Ciudad de Méjico, junio de 1991.

DELÉAGE, Jean-Paul, 1991: *Histoire de l'écologie*. La Découverte, París. (Hay traducción castellana: *Historia de la ecología*, Icaria, Barcelona 1992).

DENITCH, Bogdan, 1982: «Social Movements in the Reagan Era». *Telos* 53 (otoño de 1982).

DEÓ, Francesc Josep, 1989: «O sole mio! Movimiento ecologista en Italia». *Integral* 116 (agosto de 1989).

DE ROOSE, Frank/VAN PARIJS, Philippe, 1991: *La pensée écologiste*. De Boeck, Bruselas.
DEL RIO, Eugenio, 1992: *Crítica de la política en Occidente*. Talasa, Madrid.
DIAMOND, Irene/ORNSTEIN, Gloria (comps.), 1989: *Reweaving the World: The Emergence of Ecofeminism*. Sierra Club Books, San Francisco.
DIANI, Mario/EYERMAN, Ron (comps.), 1992: *Studying Collective Action*. Sage Publications, Londres.
DÍAZ SALAZAR, Rafael, 1990: *Refundación de la izquierda y cristianismo*. Cuadernos de Fe y Secularidad.
—, 1991: *El proyecto de Gramsci*. Anthropos, Barcelona.
DIE GRÜNEN, 1983: *Gegen Arbeitslosigkeit und Sozialabbau. Sinnvoll arbeiten –solidarisch leben*. (Programa social aprobado en Sindelfingen en enero de 1983). Bonn.
DÍEZ NICOLÁS, Juan, 1983: «Ecología humana y ecosistema social». En CEOTMA, *Sociología y medio ambiente*, MOPU, Madrid.
—, 1992: «Postmaterialism and the Ecosystem». Ponencia en el simposio *Culture for the Benefit of Nature* (Sevilla, 21-25.9.1992).
DOBSON, Andrew, 1990: *Green Political Thought*. Unwin Hyman, Londres.
DRÄGER, Klaus/HÜLSBERG, Werner, 1988: *Aus für Grün? Die grüne Orientierungskrise zwischen Anpassung und Systemopposition*. isp-Verlag, Francfort del Meno.
DUBIEL/FRANKENBERG/RÖDEL, 1989: *Die demokratische Frage*. Suhrkamp, Francfort del Meno.
DUTSCHKE, Rudi, 1976: *Tentativa de poner a Lenin sobre los pies*. Icaria, Barcelona.
EBERT, Theodor, 1980: *Gewaltfreie Aktion und Bürgerinitiativen*. Deutsches Pax-Christi-Sekretariat, Francfort del Meno.
EDELMANN, B./HERMITTE, M.A. (comps.), 1988: *L'homme, la nature et le droit*. Christian Bourgeois, París.
EDER, Klaus, 1982: «A New Social Movement?» *Telos* 52 (verano de 1982).
—, 1985: «The "New Social Movements": Moral Crusades, Political Pressure Groups, or Social Movements?» *Social Research* vol. 52 n. 4.
—, 1990: «The Rise of Counter-Culture Movements Against Modernity: Nature as New Field of Class Struggle». *Theory, Culture and Society* vol. 7 n. 4.
EHMKE, Wolfgang (comp.), 1987: *Zwischenschritte. Die Anti-Atomkraft- Bewegung zwischen Gorleben und Wackersdorf*. Colonia.
EINSTEIN, Albert, 1980: *Ideas y opiniones*. Antoni Bosch, Barcelona.
EISENSTEIN, Zillah R., 1981: *The Radical Future of Liberal Feminism*. Longman, Nueva York.
—, 1984: *Feminism and Sexual Equality*. Monthly Review Press, Nueva York.
EISINGER, Peter K., 1973: «The Conditions of Protest Behaviour in American Cities». *American Political Science Review* vol. 67.
ELFFERDING, W./HAUG, Wolfgang Fritz (comps.), 1982: *Neue soziale Bewegungen und Marxismus*. Argument-Sonderband 78, Berlín (Oeste).
ELKINS, Stephan, 1989: «The Politics of Mystical Ecology». *Telos* 82 (invierno de 1989-1990).

ELY, John, 1985: «Green sprouts, rootlets, runners and rhizomes: the growing ecology movement in Europe». *Harbinger* 3.

—, 1990a: *The Greens of West Germany: An Alternative Modernity*. Temple University Press.

—, 1990b: «1992: ¿el verdear de Europa o un neo-capitalismo europeo?» *Ecología política* 1, Barcelona.

ENZENSBERGER, Hans Magnus, 1974 [1973]: *Para una crítica de la ecología política*. Cuadernos Anagrama, Barcelona.

ESPING-ANDERSON, Gosta, 1993: *Los tres mundos del Estado del Bienestar*. Alfons el Magnànim, Valencia.

EVANS, R. (comp.), 1969: *Readings in Collective Behaviour*. Rand McNally, Chicago.

EVANS, Richard J., 1980: *Las feministas*. Siglo XXI, Madrid.

EYERMAN, Ron/JAMISON, Andrew, 1991: *Social Movements: A Cognitive Approach*. Polity Press, Cambridge.

FABER, Daniel/O'CONNOR, James, 1990: «La lucha por la naturaleza: la crisis ambiental y la crisis del ambientalismo en EE.UU.». *Ecología Política* 1, Barcelona.

FABIANI, Jean-Louis: «Les Français et la protection de la nature», *Regards sur l'actualité* 117 (enero de 1986), La Documentation Française, París.

FALS BORDA, Orlando, sin fecha: «El nuevo despertar de los movimientos sociales». Centro el Canelo de Nos, Chile.

FEHER, Ferenc/HELLER, Agnes, 1984: «From Red to Green». *Telos* 59 (primavera de 1984).

FERNÁNDEZ BUEY, Francisco, 1986: *Albert Einstein, filósofo de la paz*. Centro de Documentación e Investigación sobre Problemas de la Paz y el Desarme, Valladolid.

—, 1990: «Programas sindicales, intereses obreros y reivindicaciones ecologistas en la lucha por un mundo habitable». *mientras tanto* 41, Barcelona.

—, 1991a: «Nuevos movimientos sociales, izquierda alternativa y cuestión cristiana». En AAVV, *Euroizquierda y cristianismo: presente y futuro de un diálogo*, Fundación Friedrich Ebert/Instituto Fe y Secularidad, Madrid.

—, 1991b: *La ilusión del método. Ideas para un racionalismo bien temperado*. Crítica, Barcelona.

—, 1993a: *Discursos para insumisos discretos*. Libertarias, Madrid.

—, 1993b: «Paz y medio ambiente en el mundo de hoy». En AAVV, *El Magreb y una nueva cultura de paz*. Publicaciones del Seminario de Investigación para la Paz del Centro Pignatelli, Zaragoza.

FERNÁNDEZ DURÁN, Ramón, 1993: *La explosión del desorden. La metrópoli como espacio de la crisis global*. Fundamentos, Madrid.

FINGER, Matthias/HUG, Simon, 1992: «Green Politics in Switzerland. Environmental Attitudes and Political Parties». *European Journal of Political Research* vol. 21, 289-306.

FINGER, Matthias/SCIARINI, Pascal, 1991: «Integrating "New Politics" into "Old Politics": The Swiss Party Elite». *West European Politics* vol. 14 n. 1.

FLANAGAN, Scott, 1982: «Changing Values in Advanced Industrial Society». *Comparative Political Studies* vol. 14.

—, 1987: «Controversy: Value Change in Advanced Industrial Societies». *American Political Science Review* vol. 81, n. 4.
FOLCH, Ramón, 1977: *Sobre ecologismo y ecología aplicada*. Ketres, Barcelona.
—, 1990: *Que lo hermoso sea poderoso*. Alta Fulla, Barcelona.
FORSCHUNGSGRUPPE NEUE SOZIALE BEWEGUNGEN, 1992: *Von der DDR zu den FNL. Soziale Bewegungen vor und nach der Wende. Forschungsjournal Neue Soziale Bewegungen* 1/92 (número monográfico).
FORUM ECOLOGISTA ALTERNATIVO, 1992. Sacaven, Río de Janeiro.
FRANKEL, Boris, 1989 [1987]: *Los utópicos postindustriales*. Eds. Alfons el Magnànim, Valencia.
FRANKEN, Michael/OHLER, Walter (comps.), 1989: *Natürlich Europa. 1992 –Chancen für die Natur?* Kölner Volksblatt Verlag, Colonia.
FRANKLAND, E, Gene/SCHOONMAKER, Donald, 1992: *Between Protest and Power. The Green Party in Germany*. Westview Press, Boulder, Colorado.
FRANZ, Peter/WARREN, Donald I., 1987: «Neighborhood Action as a Social Movement. Perspectives on Trends in the United States and West Germany». *Comparative Political Studies* vol. 20 n. 2.
FREEMAN, Jo, 1975: *The Politics of Woman's Liberation*. Longman, Nueva York.
—, sin fecha: «La tiranía de la falta de estructuras». Fórum de Política Feminista, Madrid.
FUCHS, Dieter, 1990: «The Normalization of the Unconventional. Forms of Political Action and New Social Movements». Discussion Paper FS III 90-203, Wissenschaftszentrum Berlín.
FUCHS, Dieter/RUCHT, Dieter, 1992: «Support for New Social Movements in Five Western European Countries». Discussion Paper FS III 92-102, Wissenschaftszentrum Berlín.
FÜCKS, Ralf (comp.), 1991: *Sind die Grünen noch zu retten?* Rowohlt, Reinbek bei Hamburg.
FUENTES, Marta/GUNDER FRANK, André, 1988: «Diez tesis acerca de los movimientos sociales». *Alfoz* 54-55, Madrid.
GABRIEL, Oscar W., 1990: *Cambio social y cultura política. El caso de la RFA*. Gedisa, Barcelona.
GAITER, Ph.J., 1991: *The Swedish Green Party. Responses to the Parliamentary Challenge 1988-1990*. Stockholm International Studies, Stockholm.
GALTUNG, Johan, 1984: «The Blue an the Red, the Green and the Brown: On the Relation between Peace-Liberation-Alternative Movements». Ponencia en las Jornadas de Malta, 15-18 de marzo de 1984.
—, 1985: «Dos estilos de vida». *Integral* 72 (noviembre de 1985).
—, 1987: «Los nuevos movimientos sociales y la izquierda actual». En AAVV, *El nuevo compromiso europeo*, editorial Sistema, Madrid.
GERHARDS, Jürgen/RUCHT, Dieter, 1991: «Mesomobilization Contexts: Organizing and Framing in Two Protest Campaigns in West Germany». Discussion Paper FS III 91-101, Wissenschaftszentrum Berlín.
GERRATANA, V., 1990: «Laicità e comunismo». *Critica marxista* 1.

GIGON, F., 1975: *Le 400e chat ou Les pollués de Minamata*. Robert Laffont, París.

GILLER, Joachim, 1984: *Soziale Bewegung und Wertwandel in Oesterreich. Von der "Studentenbewegung" zu den "Grünen" und "Alternativen"*. Viena.

GITTLIN, Tod, 1980: *The Whole World is Watching: Mass Media in the Making and Unmaking of the New Left*. University of California Press, Berkeley.

GODELIER, Maurice, 1990: *Lo ideal y lo material*. Taurus, Madrid.

GOLDSMITH, Edward, y otros, 1972: *Manifiesto por la supervivencia*. Alianza, Madrid.

GÓMEZ CAFFARENA, J., 1980: «Filosofía y fe religiosa». Actas del seminario *Racionalidad científica y convicción creyente*. Memoria del curso 1979-1980 del Instituto Fe y Secularidad.

GONZÁLEZ, Anabel, 1982: «El movimiento antinuclear en Europa y EE.UU.». *A priori* 1 (abril-junio de 1982).

GONZÁLEZ FAUS, J.I. y otros, 1980: *La batalla de Puebla*. Laia, Barcelona.

GORDILLO, José Luis, 1993: *La objeción de conciencia*. Paidós, Barcelona.

GORZ, André, 1978: *Écologie et politique*. Galilée, París. (Hay trad. castellana: El Viejo Topo, Barcelona 1979).

—, 1988: *Metamorphoses du travail –Quête du sens*. Galilée, París.

—, 1991: *Capitalisme, socialisme, écologie*. Galilée, París.

GOUL ANDERSEN, Jorgen, 1990: «Denmark: Environmental Conflict and the "Greening" of the Labour Movement». *Scandinavian Political Studies* vol. 13 n. 2.

GOULDNER, Alvin W., 1979: *La sociología actual: renovación y crítica*. Alianza, Madrid.

—, 1980: *El futuro de los intelectuales y el ascenso de la nueva clase*. Alianza, Madrid.

GRASA, Rafael, 1984: «Los movimientos pacifistas en la era nuclear: en pie de paz por la supervivencia». *mientras tanto* 18.

—, 1991: *La objetividad de las ciencias sociales y el análisis de las relaciones internacionales*. Tesis doctoral. Facultad de Filosofía de la Universidad de Barcelona.

GRAUE PANTHER (comp.), 1990: *Die Macht der Alten. 15 Jahre «Graue Panther»*. Klartext Verlag, Essen.

GREENPEACE, 1992a: *La otra cara de la conferencia. Guía de Greenpeace sobre la Cumbre de la Tierra*. Madrid, abril de 1992.

GREENPEACE, 1992b: *El legado medioambiental de la Guerra del Golfo*. Madrid, junio de 1992.

GRONNER, Ali/KITZMÜLLER, Erich (comps.), 1988: *Grüne Ausblicke*. Junius Verlag, Viena.

GRÜNE BILDUNGSWERKSTATT, 1988: *Die Republik im Fieber. Ein Jahr Grün-Alternative im Parlament*. Grüne Bildungswerkstatt, Graz.

GRUPP, Joachim, 1986: *Abschied von den Grundsätzen? Die Grünen zwischen Koalition und Opposition*. Edition Ahrens im Verlag Clemens Zerling, Berlín (Oeste).

GUGGENBERGER, Bernd, 1980: *Bürgerinitiativen in der Parteiendemokratie*. Maguncia.

GURR, Ted, 1970: *Why Men Rebel*. Princeton University Press, Princeton.
HABERMAS, Jürgen (comp.), 1979: *Stichworte zur «Geistigen Situation der Zeit»*. Suhrkamp Verlag, Francfort del Meno.
—, 1981: «New Social Movements». *Telos* 49 (otoño de 1981).
—, 1984 [1968]: *Ciencia y técnica como «ideología»*. Tecnos, Madrid.
—, 1985a [1981]: *Theorie des kommunikativen Handelns*, 2 vols. Suhrkamp Verlag, Francfort del Meno.
—, 1985b: *Die neue Unübersichtlichkeit*. Suhrkamp Verlag, Francfort del Meno.
—, 1987: *The Philosophical Discourse of Modernity*. Polity Press, Cambridge.
—, 1991: *La necesidad de revisión de la izquierda*. Tecnos, Madrid.
HANNING, James, 1981: «The Italian Radical Party and the "New Politics"». *West European Politics* vol. 4 n. 3.
HARMS, Hans, 1990: «Palabras o hechos. Valoración crítica de las encuestas de opinión pública». *Anuario Vasco de Filosofía del Derecho* n. 2.
HAUG, Frigga, 1986: «The Women's Movement in West Germany», en *New Left Review* n. 155 (enero/febrero de 1986).
—, 1989a: «Algunas enseñanzas del movimiento feminista de Europa Occidental». *Debats* n. 27, Valencia.
—, 1989b: «Perspectivas de un feminismo socialista». *Debats* n. 27, Valencia.
HAY, P.R./HAWARD, M.G., 1988: «Comparative green politics: beyond the european context?» *Political Studies* vol. XXXVI.
HAWKINS, Howard, 1988: «Potential of the Greens». *New Politics* vol. 2 n. 1.
HERBIG, Jost, 1984: *Los ingenieros genéticos*. Argos-Vergara, Barcelona.
HERF, Jeffrey, 1991: *War by Other Means. Soviet Power, West German Resistance, and the Battle of Euromissiles*. The Free Press, Nueva York.
HERMAND, Jost, 1991: *Grüne Utopien in Deutschland. Zur Geschichte des ökologischen Bewusstseins*. Fischer Verlag, Francfort del Meno.
HERMANN, Winnie/SCHWEGLER-ROHMEIS, Wolfgang (comps.), 1989: *Grüner Weg durch schwarzes Land. Zehn Jahre Grüne in Baden–Württemberg*. Edition Erdmann K. Thienemanns Verlag, Stuttgart-Viena.
HIRSCH, Fred, 1976: *The Social Limits to Growth*. Harvard University Press.
HOEXTER, Michael, 1988: «It's Not Easy Beeing Green». *New Politics* vol. 2 n. 1.
HOFFMANN-MARTINOT, V., 1991: «Grüne and Verts: Two Faces of European Ecologism». *West European Politics* vol. 14.
HOFRICHTER, Jürgen/REIF, Karlheinz, 1990: «Evolution of Environmental Attitudes in the European Community». *Scandinavian Political Studies* vol. 13 n. 2.
HUG, Simon, 1990: «The Emergence of the Swiss Ecological Party: A Dynamic Model». *European Journal of Political Research* vol. 18.
HÜLSBERG, Werner, 1988: *The German Greens. A Social and Political Profile*. Verso (New Left Books), Londres/Nueva York.

HÜLLEN, Rudolf van, 1990: *Ideologie und Machtkampf bei den Grünen*. Bouvier Verlag, Bonn.
INFRANCA, A., 1993: «Telogia della liberazione e civilizzazione dell' America Latina». *Critica marxista* 4.
INGLEHART, Ronald, 1971: «The Silent Revolution in Europe: Intergenerational Change in Postindustrial Societies». *American Political Science Review* vol. 65 n. 4.
—, 1977: *The Silent Revolution. Changing Values and Political Styles among Western Publics*. Princeton University Press.
—, 1981: «Post-materialism in an environment of insecurity». *American Political Science Review* vol. 75, n. 4.
—, 1991: *El cambio cultural en las sociedades industriales avanzadas*. CIS/Siglo XXI, Madrid.
INGRAO, Pietro, 1983: «Los movimientos sociales de los años setenta». *A priori* 6/7 (julio-diciembre de 1983).
INSTITUTO FE Y SECULARIDAD/FUNDACIÓN EBERT, 1992: *Euroizquierda y cristianismo*. Madrid.
INSTITUTO GRAMSCI, 1974: *Uomo natura società. Ecologia i rapporti sociali* (actas del congreso celebrado en Frattochie, Roma, del 5 al 7 de noviembre de 1971). Riuniti, Roma.
JAEGER, U./SCHMID-VÖRINGER, M., 1982: *Wir werden nicht Ruhe geben. Die Friedensbewegung in der BRD 1945-1982*. Verein für Friedenspedagogik, Tubinga.
JAHN, Thomas/WEHLING, Peter, 1991: *Ökologie von rechts*. Campus Verlag, Francfort del Meno.
JAMES, C.J., 1980: «Social Credit and the Values Party». En H.R. PENNIMAN (comp.), *New Zealand at the Polls: The General Election of 1978*. American Enterprise Institute for Public Policy Research, Washington.
JAMISON, Andrew, 1987: *The Making of the New Environmental Movement in Sweden*. Research Reports, Department of Sociology, Universidad de Lund.
JAMISON, Andrew/EYERMAN, Ron/CRAMER, J., 1990: *The Making of the New Environmental Consciousness. A Comparative Study of the Environmental Movements in Sweden, Denmark and the Neteherlands*. Edinburgh University Press, Edimburgo.
JENKINS, J. Craig, 1981: «Sociopolitical Movements». En Samuel LONG (comp.), *Handbook of Political Behaviour* vol. 4, Plenum, Nueva York.
—, 1983: «Ressource Mobilization Theory and the Study of Social Movements». *Annual Review of Sociology* vol. 9.
—, 1989: «States and Social Movements: Recent Theory and Research». *Social Science Research Council Newsletter*.
JOPPKE, Christian, 1991: «Social Movements During Cycles of Issue Attention: The Decline of the Anti-Nuclear Energy Movements in West Germany and the USA». *British Journal of Sociology* vol. 42 n. 1.
JUNGK, Robert/MüLLERT, Norbert R., 1980: *Alternatives Leben*. Signal– Verlag, Baden-Baden.
—, 1989: *Zukunftswerkstätten*. Heyne Verlag, Munich.
KAASE, Max, 1982: «Partizipatorische Revolution –Ende der Parteien?»

En Joachim RASCHKE (comp.), *Bürger und Parteien*, Westdeutscher Verlag, Opladen.

KALTEFLEITER, Werner/PFALTZGRAFF, Robert (comps.), 1985: *The Peace Movements in Europe and the United States*. Croom Helm, Londres.

KATZENSTEIN, M./MÜLLER, C. (comps.), 1987: *The Women's Movements of the USA and Western Europe*. Temple University Press, Filadelfia.

KERN/SCHUMANN, 1989: *¿Fin de la división del trabajo?* Publicaciones del Ministerio de Trabajo, Madrid.

KING, Alexander/SCHNEIDER, Bertrand, 1991: *La primera revolución global. Informe del Club de Roma*. Plaza y Janés, Barcelona.

KITSCHELT, Herbert, 1986: «Political Opportunity Structures and Political Protest: Anti-Nuclear Movements in four Democracies». *British Journal of Political Science* vol. 16 n. 1.

—, 1988: «Left-libertarian parties: explaining innovation in competitive party systems». *World Politics* vol. 40 n. 2, enero de 1988.

—, 1989: *The Logics of Party Formation. Ecological Politics in Belgium and West Germany*. Cornell University Press, Ithaca y Londres.

—, 1990: «La gauche libertaire et les écologistes français». *Revue Française de Science Politique* vol.40 n. 3, París.

KITSCHELT, Herbert/HELLEMANS, Staf, 1990a: *Beyond the European Left. Ideology and Political Action in the Belgian Ecology Parties*. Duke University Press, Durham y Londres.

Los mismos, 1990b: «The Left-Right Semantics and the New Politics Cleavage». *Comparative Political Studies* vol. 23 n. 2.

KLANDERMANS, Bert, 1986: «New Social Movements and Resource Mobilization: The European and American Approaches». *International Journal of Mass Emergencies and Disasters* 4, págs. 13-39.

—, (comp.), 1989: *Organizing for Change: Social Movement Organizations Across Cultures*. JAI Press, Greenwich, Conn.

KLANDERMANS, Bert/KRIESI, Hanspeter/TARROW, Sidney (comps.), 1986: *New Social Movements in USA and Europe*. Cornell University Press, Ithaca (Nueva York).

—, (comps.), 1988: *From Structure to Action. International Social Movement Research*, vol. 1. JAI Press, Greenwich, Conn.

KLEIN, Ethel, 1984: *Gender Politics*. Harvard University Press, Cambridge (Mass.).

KLEINERT, Ulfrid (comp.), 1981: *Gewaltfrei widerstehen. Brokdorf-Protokolle gegen Schlagstöcke und Steine*. Rowohlt, Reinbek bei Hamburg.

KNÄPPER, Marie-Theres, 1984: *Feminismus, Autonomie, Subjektivität. Tendenzen und Widersprüche in den Neuen Frauenbewegung*. Germinal-Verlag, Bochum.

KNOKE, David, 1990: *Organizing for Collective Action. The Political Economies of Associations*. Aldine de Gruyter, Nueva York.

KNORR, Lorenz, 1983: *Geschichte der Friedensbewegung in der Bundesrepublik*. Pahl-Rugenstein Verlag, Colonia.

KNUTSEN, Oddbjorn, 1989: «The Priorities of Materialist and Post-Materialist Values in the Nordic Countries –A Five– Nation Comparíson». *Scandinavian Political Studies* vol. 12 n. 3.

—, 1990: «The Materialist/Postmaterialist Value Dimension as a Party Cleavage in the Nordic Countries». *West European Politics* vol. 13 n. 2.

KOLINSKY, Eva (comp.), 1989: *The Greens in West Germany. Organisation and Policy Making*. Berg Publishers, Oxford/Nueva York/ Munich.

KOLINSKY, Eva/PATERSON, William E. (comps.), 1976: *Social and Political Movements in Western Europe*. Croom Helm, Londres.

KORTE, Karl-Rudolf/WEIDENFELD, Werner, 1991: *Die Deutschen –Profil einer Nation*. Klett-Cotta, Stuttgart.

KREUZER, Markus, 1990: «New Politics: Just Postmaterialist? The Case of the Austrian and Swiss Greens». *West European Politics* vol. 13 n. 1.

KRIESI, Hanspeter, 1984: *Die Zürcher Bewegung. Bilder, Interaktionen, Zusammenhänge*. Campus Verlag, Francfort del Meno.

—, 1985: *Bewegung in der Schweizer Politik. Fallstudien zu politischen Mobilisierungsprozessen in der Schweiz*. Francfort del Meno.

—, 1987: «Neue soziale Bewegungen: Auf der Suche nach ihrem gemeinsamen Nenner». *Politische Vierteljahreschrift* 28/3.

—, 1989: «New Social Movements and the New Class in the Netherlands». *American Journal of Sociology* vol. 94, 1989/5.

—, 1991: «The Political Opportunity Structure of New Social Movements: Its Impact on Their Mobilization». Discussion Paper FS III 91-103, Wissenschaftszentrum Berlín.

—, 1992: «El contexto político de los nuevos movimientos sociales en Europa Occidental». En BENEDICTO/REINARES (comps.), *Las transformaciones de lo político*. Alianza, Madrid.

KUNZ, Norbert W. (comp.), 1986: *Ökologie und Sozialismus. Perspektiven einer umweltfreundlichen Politik*. Colonia.

LADRACH, R., 1989: «Social Movements and Party Systems: The French Socialist Party and New Social Movements». *West European Politics* vol. 12 n. 3.

LAFONTAINE, Oskar, 1990: «El socialismo y los nuevos movimientos sociales». *El socialismo del futuro* 1.

LALONDE, Brice/LEGGEWIE, Claus, 1984: «Ecoliberalism lives». *Telos* 61 (otoño de 1984).

LANG, Regina, 1989: *Frauenquoten –Der einen Freud, des anderen Leid*. Verlag J.H.W. Dietz Nachf., Bonn.

LANGE, Peter, 1977: «La teoria degli incentivi e l'analisi dei partiti politici». *Rassegna italiana di sociologia*, págs. 501-506.

LANGHANS, Rainer y otros, 1989: *Greifen nach Sternen und Steinen. Zum Lernprozess und zur Selbstreflexion der neuen sozialen Bewegungen (1968-1988)*. Materialis, Francfort del Meno.

LANTERNARI, V., 1966: *Movimientos religiosos de liberación y salvación de los pueblos oprimidos*. Seix Barral, Barcelona.

LAPONCE, Jean, 1981: *Left and Right. The topography of political perception*. Toronto, University of Toronto Press.

LAWSON, Kay/MERKL, Peter (comps.), 1985: *When Parties Fail: Emerging Alternative Organizations*. Princeton University Press, Princeton.

LAZSLO, E. y otros, 1979 [1977]: *Metas para la Humanidad*. Informe al Club de Roma. El Manual Moderno, Méjico.

LEIF, Thomas, 1985: *Die professionelle Bewegung. Friedensbewegung von innen*. Forum Europa Verlag, Bonn.

—, 1989: «Die Friedensbewegung zu Beginn der achtziger Jahre. Themen und Strategien». *Aus Politik und Zeitgeschichte* B 26/89.
LIJPHART, Arend, 1987: *Las democracias contemporáneas*. Ariel, Barcelona.
LINBERG, Leon (comp.), 1976: *Politics and the Future of Industrial Society*. Nueva York.
LIND, Karl (comp.), 1988: *Nur kein Rhabarber! Auseinandersetzungen mit grüner Politik in Oesterreich*. Grün-Alternativ Verlag, Viena.
LINSE, Ulrich, 1983: «Neues Leben, neue Sünden. Über die Experimente der Landkommunen in Deutschland». *Kursbuch* 74.
—, 1986: *Ökopax und Anarchie. Eine Geschichte der ökologischen Bewegungen in Deutschland*. Deutscher Taschenbuch Verlag, Munich.
LIPIETZ, Alain, 1989: *Choisir l'audace*. La Découverte, París.
—, 1994: «Exigencias antiguas, esperanzas nuevas». *mientras tanto* 56, Barcelona.
LOWE, Philip/GOYDER, Jane, 1983: *Environmental Groups in Politics*. George Allen & Unwin, Londres.
LÖWY, M. 1991: *Marxismo e teologia da libertaçao*. Cortez, Sao Paulo.
LUKE, Tim, 1983: «Informationalism and Ecology». *Telos* 56 (verano de 1983).
—, 1988: «The Dreams of Deep Ecology». *Telos* 76 (verano de 1988).
—, 1991: «Community and Ecology». *Telos* 88 (verano de 1991).
MACPHERSON, C.B., 1985: *Rise and Fall of Economic Justice and Other Papers*. Oxford.
MADRIGAL, Pedro (comp.), 1978: *Energía atómica y lucha ciudadana. Textos del movimiento antinuclear alemán*. Editorial Icaria, Barcelona.
MANSHOLT, Sicco, 1974: *La crisis de nuestra civilización*. Euros, Barcelona.
MARCUSE, Herbert, 1968 [1964]: *El hombre unidimensional*. Joaquín Mortiz, México.
—, 1970: *Ensayos sobre política y cultura*. Ariel, Barcelona.
MARDONES, José María, 1987: «Sociología y nuevos movimientos sociales». *Inguruak*, diciembre de 1987.
MARSH, Alan, 1975: «The "Silent Revolution", Value Priorities, and the Quality of Life in Britain». *American Political Science Review* vol. 69 n. 1.
—, 1977: *Protest and Political Consciousness*. Londres.
MARTINEZ ALIER, Joan, 1983: *Economia i ecologia*. comps. 62, Barcelona.
—, 1985: «La base social del ecologismo de izquierda: ¿un neopopulismo ecológico?». *mientras tanto* 25, Barcelona.
—, 1992: *De la economía ecológica al ecologismo popular*. Icaria, Barcelona.
MAURICE, Antoine, 1987: *Le surfeur et le militant. Valeurs et sensibilités politiques des jeunes, en France et en Allemagne, des années 60 aux années 90*. Éditions Autrement, París.
MAYER, Margit, 1984: «Zusammenfassende Darstellung der vorläufigen Arbeitsergebnisse des Forschungsprojekts "Stadtteilbezogene Interessen und soziale Bewegungen"». DFG-Projekt Ma 955/1-2.

MAYER-TASCH, Peter Cornelius, 1985: *Die Bürgerinitiativbewegung. Der aktive Bürger als rechts– und politikwissenschaftliches Problem.* Rowohlt Verlag, Reinbek bei Hamburg.

MCCARTHY, John D./ZALD, Mayer N., 1973: *The Trend of Social Movements in America*. General Learning Press, Morristown (New Jersey).

—, (comps.), 1987: *Social Movements in an Organizational Society: Collected Essays*. Transaction Books, New Brunswick (New Jersey).

MEADOWS, Dennis H. y Donella L., 1973 [1972]: *Los límites del crecimiento*. Informe al Club de Roma. FCE, Méjico.

MEADOWS, Dennis H./MEADOWS, Donella L./RANDERS, Jorgen, 1992: *Más allá de los límites del crecimiento.* EL PAÍS/Aguilar, Madrid.

MELUCCI, Alberto, 1980: «The New Social Movements: A Theoretical Approach». *Social Science Information* 19.

—, 1981: «Ten Hypotheses for the Analysis of New Movements». En D. Pinto (comp.), *Contemporary Italian Sociology*, Cambridge University Press, Cambridge.

—, 1982: *L'invenzione del presente. Movimenti, identitá, bisogni individuali*. Il Mulino, Bolonia.

—, 1983: «Los movimientos sociales en el capitalismo tardío». *A priori* 6/7.

—, (comp.), 1984: *Altri codici. Aree di movimento nella metropoli*. Il Mulino, Bolonia.

—, 1985: «The Symbolic Challenge of Contemporary Movements». *Social Research* vol. 54 n. 4.

—, 1986: *Movimenti sociali e sistema politico*. Franco Angeli, Milán.

—, 1988: «Social Movements and the Democratization of Everyday Life». En J. KEANE (comp.), *Civil Society and the State*, Verso Books, Londres.

—, 1989: *Nomads of the Present. Social Movements and Individual Needs in Contemporary Society*. Century Hutchinson, Londres.

MERCHANT, Carolyn, 1980: *The Death of Nature: Women, Ecology and the Scientific Revolution*. Harper and Row, San Francisco.

MESAROVIC, Mihailo/PESTEL, Eduard, 1975 [1974]: *La Humanidad en la encrucijada*. Informe al Club de Roma. FCE, Méjico.

MESSINA, Anthony M., 1987: «Postwar Protest Movements in Britain: A Challenge to Parties». *The Review of Politics* vol. 49 n. 3.

MEYER, Birgit, 1989: «Viel bewegt –auch viel erreicht? FrauenGeschichte der BRD». *Blatter für deutsche und internationale Politik*, 34/7.

MICHALIK, Regina/RICHARDSEN, Elke A., 1985: *Die quotierte Hälfte. Frauenpolitik in den grün-alternativen Parteien.* LitPol Verlag, Berlín (Oeste).

MIES, Maria, 1992: «Consumptions Patterns of the North: The Cause of Environmental Destruction and Poverty in the South». UNCED, Ginebra.

MILBRAITH, Lester, 1984: *Environmentalists: Vanguard for a New Society*. Suny Press, Binghamton.

MILIBAND, R./PANITCH, L./SAVILLE, J., 1993: *El neoconservadurismo en Gran Bretaña y los EE.UU. Retórica y realidad.* Edicions Alfons el Magnànim, Valencia.

MITCHELL, Juliet, 1977 [1971]: *La condición de la mujer*. Anagrama, Barcelona.
MORRIS, Aldon, 1984: *The Origins of the Civil Rights Movement*. Free Press, Nueva York.
MÜLLER-ENBERGS/SCHULZ/WIELGOHS (comps.), 1991: *Von der Illegalität ins Parlament. Werdegang und Konzept der neuen Bürgerbewegungen*. LinksDruck Verlag, Berlín.
MÜLLER-ROMMEL, Ferdinand, 1982: «Ecology Parties in Western Europe». *West European Politics* vol. 5 n. 1.
—, 1985a: «New Movements and Smaller Parties: A Comparative Perspective». *West European Politics* vol. 8 n. 1.
—, 1985b: «The Greens in Western Europe. Similar but Different». *International Political Science Review* vol. 6 n. 4.
—, (comp.), 1989: *New Politics in Western Europe. The Rise and Success of Green Parties and Alternative Lists*. Westview Press, Boulder/San Francisco/Londres.
—, 1992: «Erfolgsbedingungen grüner Parteien in Westeuropa». *Politische Vierteljahresschrift* 33/2.
—, 1993: *Grüne Parteien in Westeuropa. Entwicklungsprozesse und Erfolgsbedingungen*. Westdeutscher Verlag, Wiesbaden.
MÜLLER-ROMMEL, Ferdinand/POGUNTKE, Thomas, 1989: «The Unharmonious Family: Green Parties in Western Europe». En Eva KOLINSKY (comp.), *The Greens in West Germany*, Berg, Oxford/Nueva York/Munich.
MÜLLER-ROMMEL, Ferdinand/WILKE, Helmut, 1981: «Sozialstruktur und "postmaterialistische" Wertorientierungen von Ökologisten. Eine empirische Analyse am Beispiel Frankreichs». *Politische Vierteljahresschrift* 22/4.
MURPHY, Detlef, y otros, 1981: «Haben "links" und "rechts" noch Zukunft? Zur aktuellen Diskussion über die politischen Richtungsbegriffe». *Politische Vierteljahreschrift* 22/4.
MÜSCHEN, Klaus, 1982: *«Lieber lebendig als normal!» Selbstorganisation, kollektive Lebensformen und alternative Ökonomie*. Bensheim.
MUSHABEN, Joyce Marie, 1985: «Cycles of Peace Protest in West Germany: Experiences from Three Decades». *West European Politics* vol. 8 n. 1.
MYNAREK, Hubertus, 1986: *Ökologische Religion. Ein neues Verständnis von Natur*. Goldmann Verlag, Munich.
NAESS, Arne, 1972: «The shallow and the deep, long-range ecology movement», *Inquiry* 16.
NEGRI, Antonio, 1977: *Dominio y sabotaje*. El Viejo Topo, Barcelona.
NELKIN, Dorothy/POLLACK, Michael, 1981: *Extraparliamentary Dissent in France and Germany*. MIT Press, Cambridge (Mass.) y Londres.
NULLMEIER, Frank, 1989: «Institutionelle Innovationen und neue soziale Bewegungen». *Aus Politik und Zeitgeschichte* B 26/89.
NULLMEIER, Frank/RUBART, F./SCHULTZ, H., 1983: *Umweltbewegungen und Parteiensystem: Umweltgruppen und Umweltparteien in Frankreich und Schweden*. Quorum Verlag, Berlín (Oeste).
OBERSCHALL, Anthony, 1973: *Social Conflict and Social Movements*. Prentice Hall, Englewood Cliffs, New Jersey.

O'CONNOR, James, 1992: «A Political Strategy for Ecology Movements». *Capitalism, Nature, Socialism* 9 (marzo de 1992).

O'CONNOR, James/FABER, D., 1989: «The Struggle for Nature: Environmental Crisis and the Crisis of Environmentalism in the United States». *Capitalism Nature Socialism* 2, Santa Cruz (California).

OFFE, Claus, 1985: «New Social Movements: Challenging the Boundaries of Institutional Politics». *Social Research* vol. 52 n. 4.

—, 1988: *Partidos políticos y nuevos movimientos sociales*. Editorial Sistema, Madrid.

OHLEMACHER, Thomas, 1991: «Persönliche Netzwerke und die Mobilisierung politischen Protests. Stand der Forschung und strukturanalytische Perspektiven». Discussion Paper FS III 91-104, Wissenschaftszentrum Berlín.

OLOFFSON, Gunnar, 1988: «After the Working Class Movement? An Essay on What's "New" and What's "Social" in the New Social Movements». *Acta Sociologica* vol. 31 n. 1.

OLSON, Mancur, 1965: *The Logic of Collective Action*. Harvard University Press, Cambridge (Mass.).

OLTMANS, W.L. (comp.), 1973: *Debate sobre el crecimiento*. FCE, Méjico.

OPP, Karl-Dieter, 1986: «Soft Incentives and Collective Action: Participation in the Anti-Nuclear Movement». *British Journal of Political Science* vol. 16 n. 1.

—, 1990: «Postmaterialism, Collective Action, and Political Protest». *American Journal of Political Science* vol. 34 n. 1.

O'RIORDAN, Timothy, 1979: «Public Interest Environmental Groups in the United States and Britain». *Journal of American Studies* vol. 13.

—, 1981: *Environmentalism*. Pion, Londres.

ORIZO, Francisco Andrés, 1991: *Los nuevos valores de los españoles. España en la Encuesta Europea de Valores*. Fundación Santa María/Ediciones SM, Madrid.

OVEJERO, Félix, 1989: *Intereses de todos, acciones de cada uno*. Siglo XXI, Madrid.

PACCINO, Dario, 1975 [1972]: *El embrollo ecológico*. Avance, Barcelona.

—, 1990: *I colonnelli verdi e la fine della storia*. Antonio Pellicani Editore, Roma.

PADRUTT, Hanspeter, 1990: *Der epochale Winter. Zeitgemässe Betrachtungen*. Diogenes Verlag, Zurich.

PARAMIO, Ludolfo, 1990: «Trabajadores y ciudadanos: el socialismo y los movimientos sociales». *Sistema* 98 (septiembre de 1990).

PARKIN, Frank, 1968: *Middle Class Radicalism*. Manchester University Press.

PARKIN, Sara, 1989: *Green Parties –An International Guide*. Herectic Books, Londres.

—, (comp.), 1991: *Green Light on Europe*. Herectic Books, Londres.

PARRA, Fernando, 1984: *Diccionario de ecología, ecologismo y medio ambiente*. Alianza Editorial, Madrid.

PASTOR, Jaime, 1990: *Guerra, paz y sistema de estados*. Libertarias, Madrid.

—, 1991a: «Los "nuevos" movimientos sociales y la política». En AAVV, *Nuevos sujetos y nuevas demandas sociales: alianzas políticas y es-*

trategia socialista, Fundación de Investigaciones Marxistas, Madrid.
—, 1991b: «Movimientos sociales y nuevas demandas políticas: el movimiento por la paz». Separata n. 34 de la *Revista de Derecho Político*, UNED, Madrid.
PECCEI, Aurelio, 1981: *Testimonio sobre el futuro*. Taurus, Madrid.
PEPPER, D., 1984: *The Roots of Modern Environmentalism*. Croom Helm, Londres.
PESTEL, Eduard, 1989: *Beyond the Limits to Growth*. Universe Books, Nueva York.
PIERCE, John C./TSURUTANI, Taketsugu/LOVRICH, Nicholas P./ABE, Takematsu, 1986: «Vanguards and Rearguards in Environmental Politics. A Comparison of Activists in Japan and the United States». *Comparative Political Studies* vol. 18 n. 4.
PILAT, J.F., 1980: *Ecological Politics: The Rise of the Green Movement*. Sage, Beverly Hills (California).
PIRAGES, Denis Clark (comp.), 1987: *The Sustainable Society: Implications for Limited Growth*. Nueva York.
PLASSER, Fritz, 1985: «Die Unsichtbare Fraktion: Struktur und Profil der Grün-Alternativen in Oesterreich». *Oesterreichisches Jahrbuch für Politik 1984*. Verlag für Geschichte und Politik, Viena.
POGUNTKE, Thomas, 1987: «New Politics and Party Systems: The Emergence of a New Type of Party?» *West European Politics* vol. 10 n. 1.
—, 1992: *Alternative Politics. The German Green Party*. Edinburgh University Press.
PONTARA, G., 1990: *Antigone o Creonte. Etica e politica nell'era nucleare*. Riuniti, Roma.
PORRITT, Jonathon, 1984: *Seeing Green: The Politics of Ecology Explaincomp*. (Prólogo de Petra Kelly.) Blackwell, Oxford.
PORRITT, Jonathon/WINNER, David, 1988: *The Coming of the Greens*. Fontana, Londres.
PORTA, Donatella della/RUCHT, Dieter, 1991: «Left-Libertarian Movements in Context: A Comparison of Italia and West Germany, 1965-1990». Discussion Paper FS III 91-102, Wissenschaftszentrum Berlín.
PRONIER, Raymond/LE SEIGNEUR, Vincent-Jacques, 1992: *Génération verte: les écologistes en politique*. Presses de la Renaissance.
PUIG, Josep, 1991: *L'ecologisme: aprenent a rehabitar la terra*. Editorial Barcanova, Barcelona.
QUISTORP, Eva (comp.), 1982: *Frauen für den Frieden. Analysen, Dokumente und Aktionen aus der Frauenfriedensbewegung*. Pädex Verlag, Francfort del Meno.
RASCHKE, Joachim, 1980: «Politik und Wertewandel in den westlichen Demokratien». *Aus Politik und Zeitgeschichte* B36.
—, (comps.), 1982: *Bürger und Parteien. Ansichten und Analysen einer schwierigen Beziehung*. Westdeutscher Verlag, Opladen.
—, 1985: *Soziale Bewegungen –Ein historisch– systematischer Grundriss*. Campus Verlag, Francfort/Nueva York.
—, 1991a: *Krise der Grünen –Bilanz und Neubeginn*. Schüren Presseverlag, Marburgo.

—, 1991b: «Die Parteitage der Grünen». *Aus Politik und Zeitgeschichte* B 11-12/91.
—, 1991c: «Links –gibt's das noch?» *Kantstein* 0, Hamburgo.
RATTRAY TAYLOR, Gordon, 1971 [1970]: *El juicio final*. Bruguera, Barcelona.
REBEAUD, Laurent, 1987: *Die Grünen in der Schweiz*. Zytglogge Verlag, Berna.
REDCLIFT, Michael, 1987: *Sustainable Development: Exploring the Contradictions*. Methuen, Londres/Nueva York.
REIMER, Bo, 1988: «No Values –New Values? Youth and Postmaterialism». *Scandinavian Political Studies* vol. 11 n. 4.
REINHOLD, Christian/ULRAM, Peter, 1988: «Grün-alternative Parteien in österreichsichen Gemeinden». En Andreas KOHL y otros (comps.), *Österreichisches Jahrbuch für Politik 1987*. Verlag für Geschichte und Politik, Viena.
RIBES, Jean Paul (comp.), 1978: *Pourquoi les écologistes font-ils de la politique?* Seuil, París.
RIDGEWAY, J. 1970: *The Politics of Ecology*. E.P. Dutton, Nueva York.
RICHTA, Radovan, y otros, 1968: *La civilización en la encrucijada*. Artiarch, Madrid.
RIECHMANN, Jorge, 1989: «DIE GRÜNEN: diez años del partido verde germano-occidental». *mientras tanto* 38 y 39 (primavera y verano de 1989), Barcelona.
—, 1990a: «*Les Verts*: itinerario a través de dos decenios de ecología política en Francia». *mientras tanto* 42 y 43.
—, 1990b: «El partido verde francés emprende el vuelo. Notas de un observador en la Asamblea General de Marsella». *En pie de paz* 17.
—, 1991: *¿Problemas con los frenos de emergencia? Movimientos ecologistas y partidos verdes en Alemania, Holanda y Francia*. Editorial Revolución, Madrid.
—, 1994: *Los Verdes alemanes. Un experimento ecopacifista a finales del siglo* XX. Editorial Comares, Granada.
—, 1995: «La crisis ecológica: un desafío ético, social y político». En Juan Ramón CAPELLA (coord.), *Problemas ético-jurídicos contemporáneos* (título provisional), publicación prevista para 1995 en comp. Trotta, Madrid.
ROCHER, Guy, 1983: «Los movimientos sociales y los grupos de presión». Capítulo XII.2 de su *Introducción a la sociología general*, Herder, Barcelona.
ROCHON, Thomas, 1988: *Mobilising for Peace: The Antinuclear Movements in Western Europe*. Princeton University Press.
RODRÍGUEZ VILLASANTE, Tomás, 1991: *Movimiento ciudadano e iniciativas populares*. Ediciones HOAC (Cuadernos de Noticias Obreras 16), Madrid.
ROHRSCHNEIDER, Robert, 1988: «Citizen's Attitudes Toward Environmental Issues. Selfish or Selfless?» *Comparative Political Studies* vol. 21 n. 3.
ROOTES, C.A., 1991: «The New Politics and the New Social Movements in Britain». Ponencia en la *Political Studies Association Annual Conference 1991*.

ROTH, Roland/RUCHT, Dieter (comps.), 1987: *Neue soziale Bewegungen in der Bundesrepublik Deutschland.* Bundeszentrale für politische Bildung (Studien für Geschichte und Politik Band 252), Bonn.

ROTHGANG, Heinz, 1990: *Die Friedens- und Umweltbewegung in Grossbritanien. Eine empirische Untersuchung im Hinblick auf das Konzept der "Neuen Soziales Bewegungen".* Deutscher Universitätsverlag, Wiesbaden.

RUCHT, Dieter, 1980: *Von Whyl nach Gorleben.* Beck, Munich.

—, 1982: «Neue soziale Bewegungen oder: die Grenzen bürokratiscer Modernisierung». En Joachim J. HESSE (comp.), *Politikwissenschaft und Verwaltungswissenschaft,* PSV-Sonderheft 13.

—, (comp.), 1984: *Flughafenprojekte als Politikum. Die Konflikte in Stuttgart, Munich und Francfort.* Campus Verlag, Francfort/Nueva York.

—, 1987: «Notizen zum Verhältnis von sozialen Bewegungen und politischen Parteien». *Zeitschrift für Sozialforschung* 27.

—, (comp.), 1991a: *Research on Social Movements. The State of the Art in Western Europe and the USA.* Campus Verlag/Westview Press, Francfort del Meno/Boulder, Colorado.

—, 1991b: «Parteien, Verbände und Bewegungen als Systeme politischer Interessenvermittlung». En NIEDERMAYER, Oskar/STÖSS, Richard (comps.): *Stand und Perspektiven der Parteienforschung.* Westdeutscher Verlag, Opladen.

RÜDIG, Wolfgang, 1980: «Bürgerinitiativen im Umweltschutz. Eine Bestandaufnahme der empirischen Befunde». En Ottheim RAMMSTEDT (comp.), *Bürgerinitiativen in der Gesellschaft. Politische Dimensionen und Reaktionen.* Villingen.

—, 1985: «The Greens in Europe: Ecological Parties and the European Elections». *Parliamentary Affairs* vol. 38.

—, 1988: «Peace and Ecology Movements in Western Europe». *West European Politics* vol. 11 (enero de 1988).

—, 1989: «Explaining Green Party Development: Reflections on a Theoretical Framework». *Paper* presentado en la *U.K. Political Studies Association Conference,* Coventry (4-6.4.1989).

—, (comp.), 1990: *Green Politics One.* Edinburgh University Press.

—, y otros, 1991: *Green Party Members: A Profile.* Delta Publications, Glasgow.

RÜDIG, Wolfgang/LOWE, Philip D., 1986a: «The withered "Greening" of British politics: a study of the Ecology Party». *Political Studies* vol. 34.

—, 1986b: «Review Article: Political Ecology and the Social Sciences-The State of the Art». *British Journal of Political Science* vol. 16, n. 4.

RYLE, Martin, 1988: *Ecology and Socialism.* Century Hutchinson, Londres.

SACRISTÁN, Manuel, 1969: «Checoslovaquia y la construcción del socialismo». *Cuadernos para el Diálogo,* agosto/septiembre de 1969. (Ahora en *Intervenciones políticas* –Panfletos y Materiales III–, Icaria, Barcelona 1985).

—, 1977: «La militancia de cristianos en el partido comunista». *Materiales* 1, Barcelona.

—, 1983: *Sobre Marx y marxismo*. Icaria, Barcelona.
—, 1984: *Papeles de filosofía*. Icaria, Barcelona.
—, 1985a: *Intervenciones políticas*. Icaria, Barcelona.
—, 1985b: «Introducción a un curso sobre los nuevos movimientos sociales». Transcripción inédita de una conferencia pronunciada el 9.7.1985 en Gijón (lección inaugural de un curso sobre los nuevos movimientos sociales).
—, 1987: *Pacifismo, ecología y política alternativa*. Editorial Icaria, Barcelona.
SAINTENY, Guillaume, 1991: *Les Verts*. Presses Universitaires de France, París.
SALDOMANDO, Ángel, 1989: «Movimientos sociales: ¿nuevas características, nueva política?» *Perspectivas* 4, CEP Chile/Editorial Fundamentos.
SALLEH, Ariel Kay, 1984: «Deeper than Deep Ecology: The Ecofeminist Connection». *Environmental Ethics* 6 (invierno de 1984).
SARKAR, Saral, 1993: *Green-Alternative Politics in West Germany*. Vol. 1: *The New Social Movements*. Vol. 2: *The Greens*. Promilla & Co. Publishers, Nueva Delhi.
SAVAGE, James, 1985: «Postmaterialism of the Left and Right. Political Conflict in Postindustrial Society». *Comparative Political Studies* vol. 17 n. 4.
SCANLON, Geraldine, 1988: «Orígenes y evolución del movimiento feminista contemporáneo». En AAVV, *El feminismo en España: dos siglos de historia*, editorial Pablo Iglesias, Madrid.
SCHAEFER, Wolf (comp.), 1983: *Neue soziale Bewegungen: konservativer Aufbruch in buntem Gewand?* Fischer Verlag, Francfort del Meno.
SCHAFF, Adam/FRIEDRICHS, G., 1982: *Microelectrónica y sociedad*. Informe al Club de Roma. Alhambra, Madrid.
SCHENK, Herrad, 1980: *Die feministische Herausforderung. 150 Jahre Frauenbewegung in Deutschland*. Munich.
SCHERER, Klaus-Jürgen, 1984: «Politische Kultur und neue soziale Bewegungen». En GLAESSNER, Gert-Joachim/HOLZ, Jürgen/SCHLÜTER, Thomas (comps.): *Die Bundesrepublik in den siebziger Jahre. Versuch einer Bilanz*. Opladen.
SCHLAEGER, Hilke (comp.), 1988: *Mein Kopf gehört mir. Zwanzig Jahre Frauenbewegung*. Verlag Frauenoffensive, Munich.
SCHMITT, Rüdiger, 1987: «Three Decades of Peace Protest in West Germany». University of Mannheim Research Unit for Social Development Working Paper n. 6.
—, 1990: *Die Friedensbewegung in der Bundesrepublik Deutschland. Ursachen und Bedingungen der Mobilisierung einer neuen sozialen Bewegung*. Westdeutscher Verlag, Opladen.
SCHNEIDER, Norbert F., 1987: *Ewig ist nur die Veränderung. Entwurf eines analytischen Konzepts sozialer Bewegungen*. Peter Lang Verlag, Francfort del Meno.
SCHORSCH, Christof, 1988: *Die New-Age-Bewegung. Utopie und Mythos der Neuen Zeit: eine kritische Auseinandersetzung*. Gütersloher Verlagshaus Gerd Mohn, Gütersloh.

SCHUMACHER, E.F., 1975 [1973]: *Lo pequeño es hermoso*. Blume, Barcelona.

SCHWARZER, Alice, 1981: *So fing es an! 10 Jahre Frauenbewegung*. Colonia.

SCHWENDTER, Rolf, 1978: *Zur alternativen Ökonomie* (3 vols.). Materialien der AG SPAK, Berlín (Oeste).

—, 1983: *Zur Geschichte der Zukunft. Zukunftsforschung und Sozialismus*, Vol. 1. Francfort del Meno.

—, 1984: *Zur Geschichte der Zukunft. Zunkunftsforschung und Sozialismus*, Vol. 2. Francfort del Meno.

—, 1989: «Alternative Ökonomie. Geschichte, Struktur, Probleme». *Aus Politik und Zeitgeschichte* B 26/89.

SCIARINI, Pascal/FINGER, Matthias, 1991: «Les dimensions de l'espace politique suisse et l'intégration de la "nouvelle politique écologique"». *Revue Française de Science Politique* vol. 41 n. 4.

SCOTT, Alan, 1990: *Ideology and the New Social Movements*. Unwin Hyman, Londres.

SCOTT, J., 1977: *The Moral Economy of the Peasant. Rebellion and Subsistence in Southeast Asia*. Yale University Press, New Haven/Londres.

SEMPERE, Joaquim, 1992: «Algunas propuestas alternativas». *mientras tanto* 50.

SEN, Amartya, 1987: *On Ethics and Economics*. Basil Blackwell, Oxford. (Hay trad. castellana: *Sobre ética y economía*. Alianza, Madrid 1989).

—, 1989: *Hunger and Entitlements*. Informe del Instituto Mundial para la Investigación del Desarrollo Económico (WIDER) de la Universidad de las NN.UU.

—, 1991: «Le donne sparite e la desiguaglianza di genere». En *Politica ed Economia*, abril de 1991.

SERAFINI, Massimo, 1993, «Verdes y ocupación: el plan medioambiental del trabajo. Las propuestas de *Legambiente*». *Ecología Política* 6, Barcelona.

SICINSKI, Andrzej/WEMEGAH, Monica, 1983: *Alternative Ways of Living in Contemporary Europe*. The United Nations University, Tokyo.

SIEBERT, Horst, 1990: *Die vergeudete Umwelt*. Fischer, Francfort del Meno.

SIISIÄINEN, Martti, 1992: «Social Movements, Voluntary Associations and Cycles of Protest in Finland 1905-1991». *Scandinavian Political Studies* vol. 15 n. 1.

SJÖBERT, Lennart, 1989: «Comportamientos humanos y cambios en el medio ambiente planetario: perspectivas psicológicas». *Revista Internacional de Ciencias Sociales* 121 (septiembre de 1989).

SMELSER, Neil, 1962: *Theories of Collective Behaviour*. Free Press, Nueva York.

STEINWEG, R. (comp.), 1982: *Die neue Friedensbewegung. Analysen aus der Friedensforschung*. Suhrkamp Verlag, Francfort del Meno.

TAGUIEFF, P.A., 1987: *La force du prejugé. Essai sur le racisme et ses doubles*. Gallimard/La Découverte, París.

TAMAMES, Ramón, 1985: *Ecología y desarrollo*. Alianza, Madrid.

TARROW, Sidney, 1983: *Struggling to Reform: Social Change and Policy*

Change During Cycles of Protest. Cornell University Press, Ithaca (Nueva York).

—, 1986: «Comparing Social Movements». *International Journal of Mass Emergencies and Disasters* vol. 4.

—, 1989a: Democracy and Disorder: *Social Conflict, Protest and Politics in Italy, 1965-1975*. Oxford University Press, Oxford.

—, 1989b: «Struggle, Politics and Reform: Collective Action, Social Movements and Cycles of Protest». Cornell University, Western Societies Program Occasional Paper n. 21.

TAYLOR, Richard/YOUNG (comps.), 1987: *Campaigns for Peace: British Peace Movements in the Twentieth Century*. Manchester University Press.

TEMKIN, Benny, 1983: «State, Ecology and Independence: Policy Responses to the Energy Crisis in the United States». *British Journal of Political Science* vol. 13 n. 4.

TEODORI, Massimo, 1978: *Las nuevas izquierdas europeas (1956-1976)* (3 vols.). Blume, Barcelona.

TEZANOS, José Félix, 1987: «El socialismo y los nuevos movimientos sociales». En AAVV, *Nuevos horizontes teóricos para el socialismo*, Editorial Sistema, Madrid.

THOMPSON. Edward P., 1980: «Notes on Exterminism, the Last Stage of Civilization». *New Left Review* 121, mayo/junio de 1980. (Trad. castellana en *mientras tanto* 11, abril de 1982).

—, 1983: *Opción cero*. Crítica, Barcelona.

TILLY, Charles, 1978: *From Mobilization to Revolution*. Random House, Nueva York.

—, 1985: «Models and Realities of Popular Collective Action». *Social Research* vol. 52 n. 4.

TILLY, Charles/TILLY, Louise/TILLY, Richard, 1975: *The Rebellious Century: 1830-1930*. Harvard University Press, Cambridge (Mass.).

TINBERGEN, J. (coord.), 1977 [1976]: *Reestructuración del orden internacional*. FCE, Méjico.

TOGLIATTI, Palmiro, 1964: *Scritti Scelti*. Riuniti, Roma.

TOKAR, Brian, 1987: *The Green Alternative*. R. & E. Miles, San Pedro, California.

TOLEDO, Víctor M., 1990: «La resistencia ecológica del campesinado mejicano». *Ecología política* 1, Barcelona.

TORCAL LORIENTE, Mariano, 1989: «La dimensión materialista/ postmaterialista en España: las variables del cambio cultural». *Revista Española de Investigaciones Sociológicas* 47.

TOSEL, A., 1989: «La critica marxiana della religione e il ruolo delle ideologie». *Critica marxista* 3.

TOURAINE, Alain, 1965: *Sociologie de l'action*. Seuil, París.

—, 1977: *The Self-Production of Society*. University of Chicago Press.

—, 1978: *La voix et le regard*. Seuil, París.

—, 1982a: *Mouvements sociaux d'aujourd'hui. Acteurs et analystes*. París.

—, 1982b [1980]: *El post-socialismo*. Editorial Planeta, Madrid.

—, 1984: *Le retour de l'acteur*. Fayard, París.

—, 1985: «An Introduction to the Study of Social Movements». *Social Research* vol. 52 n. 4.

—, 1992: «Beyond Social Movements?» *Theory, Culture and Society* vol. 9 n. 1.

TUCKER, Kenneth H., 1991: «How New Are the New Social Movements?» *Theory, Culture and Society* vol. 8 n. 2.

TURNER, Ralph/KILLIAN, Lewis, 1957: *Collective Behaviour*. Prentice-Hall, Englewood Cliffs.

URBAN PAPPI, Franz, 1989: «Die Anhänger der neuen sozialen Bewegungen im Parteiensystem der Bundesrepublik». *Aus Politik und Zeitgeschichte* B 26/89.

UUSITALO, Lisa, 1990: «Are Environmental Attitudes and Behavior Inconsistent? Findings from a Finnish Study». *Scandinavian Political Studies* vol. 13 n. 2.

VALVERDE, José María, 1990: «Sobre la mentalidad cristiana actual». *Realidad* 19, Barcelona.

—, 1993: entrevista en el libro de Francesc ARROYO *La funesta manía*, Crítica, Barcelona.

VARILLAS, Benigno (comp.), 1991: *Las Organizaciones No Gubernamentales de medio ambiente en Europa Occidental*. Asociación CODA/Quercus, Madrid.

VEDUNG, E., 1985: «The Environmentalist Party and the Swedish Five-Party System». En LAWSON, Kay/MERKL, Peter (comps.), *When Parties Fail: Emerging Alternative Organizations*, Princeton University Press, Princeton.

VILMAR, Fritz/RUNGE, Brigitte, 1986: *Auf dem Weg zur Selbsthilfe- Gesellschaft?* Klartext Verlag, Essen.

VOLMERG, Ute, 1990: *Die alternative Herausforderung: Institutionen in Konflikt mit sozialen Bewegungen*. Nexus-Verlag, Francfort del Meno.

VVAA (Col.lectiu de Periodistes Ecologistes de Catalunya), 1978: «Projecte de text de base dels grups ecologistes catalans». El Prat de Llobregat, Barcelona, septiembre de 1978 (multicopiado).

VVAA (Martin Amis, Daniel Bell, Saul Bellow, Cornelius Castoriadis y otros), 1987: *Modernity and its Discontents*. Brook Productions, Londres.

VVAA, 1990: «La società multimediale». *Democrazia e diritto* 3-4, mayo-agosto de 1990.

VVAA, 1991: *Guerra del Golfo, «guerra giusta»?* En *Giano* (ricerche per la pace) 8, mayo/agosto de 1991.

VVAA, 1992a: *Escritores por la paz*. Libertarias, Madrid.

VVAA, 1992b: *Salvemos el planeta*. Propuesta de las ONGs para la Cumbre de la Tierra. Madrid, abril de 1992.

VVAA, 1992c: «Medio ambiente. Situación 1991-1992». En *Situación* (Revista de Economía editada por el Servicio de Estudios del BBV), Madrid.

WALLERSTEIN, Immanuel, 1974: *The Modern World-System*. Academic Press, Nueva York/San Francisco/Londres.

WALLERSTEIN, Immanuel/BALIBAR, Etienne, 1988: *Race nation classe*. Éditions La Découverte, París.

WANTERS-MILTENBURG, Paul, 1982: «El movimiento vecinal holandés: los *krakers*». *A priori* 1 (abril-junio de 1982).

WASMUTH, Ulrike C., 1987: *Friedensbewegungen der 80er Jahre. Zur Analyse ihrer strukturellen und aktuellen Entstehungsbedingungen in der BRD und den USA nach 1945: ein Vergleich* (tesis doctoral). Giessen.

— (comp.), 1988: *Alternativen zur alten Politik? Neue soziale Bewegungen in der Diskussion*. Wissenschaftliche Buchgesellschaft, Darmstadt.

WEIL, Simone, 1972: *Ensayos sobre la condición obrera*. Nova Terra, Barcelona.

WESTLE, Bettina, 1989: *Politische Legitimität*. Nomos Verlag, Baden-Baden.

WESTON, Joe (comp.), 1986: *Red or Green: the Politics of the Environment*. Pluto Press, Londres.

WILCOX, Clyde, 1991: «The Causes and Consequences of Feminist Consciousness Among Western European Women». *Comparative Political Studies* vol. 23 n. 4.

WILLIAMS, Raymond, 1985: *Towards 2000*. Harmondsworth, Londres. (Hay trad. castellana: *Hacia el año 2000*, Crítica, Barcelona 1986.)

—, sin fecha: *Ecology and Socialism*. SERA (Socialist Environment and Ressources Association), Londres.

WOLF, Frieder O., 1986: «Eco-socialist Transition in the Threshold of the 21st Century». *New Left Review* 158.

—, 1992: «Was ist eigentlich heute rechts?» *Kantstein* 1, Hamburgo.

ZADRA, Roberto, 1991: «The Security Policy of the Greens in Italy». *The International Spectator* vol. 26 n. 4.

ZANARDO, A., 1987: «Cultura dei comunisti e fede religiosa». *Critica marxista* 5.

—, 1989: «Cultura di sinistra e fede cristiana». *Critica marxista* 5.

ZECCHI, S., 1974: *Utopia e speranza del comunismo (un'interpretazione della prospettiva de Ernst Bloch)*. Feltrinelli, Milán.

ZWICK, Michael M., 1990: *Neue soziale Bewegungen als politische Subkultur. Zielsetzung, Anhängerschaft, Mobilisierung–eine empirische Analyse*. Campus Verlag, Francfort/Nueva York.